ジャック・デリダ

哲学への権利　2

西山雄二
立花　史
馬場智一
宮﨑裕助
藤田尚志
津崎良典
共訳

みすず書房

DU DROIT À LA PHILOSOPHIE

by

Jacques Derrida

First published by Éditions Galilée, 1990

哲学への権利　2

目次

第Ⅱ部　権威からの転移——哲学の言語と制度

第Ⅲ部　モクロス——大学の眼

哲学への権利　1

目次

凡　例

一、本書は Jacques Derrida, *Du droit à la philosophie*, Galilée, 1990 の全訳である。原書は一巻であるが、日本語訳は二分冊とした。

一、原則として、原著の引用符« »は「 」で、大文字は〈 〉で示す。（ ）はそのまま表示する。

一、原著のイタリック体による強調は傍点で、書名は『 』で示す。

一、訳者による補足は〔 〕で囲んで挿入する。

一、本文中の［ ］は原著者による挿入を示す。

一、原著の - と／はそのまま表記する。= は、複数の翻訳可能性がある場合に、訳語の両義性を示すために用いる。

一、本文中の原註は（ ）、訳註は〔 〕で示す。原註の［ ］はエリザベス・ウェーバーの提案にもとづいて付けられたものである。
原註における〔 〕は訳者による補足を示す。

一、デリダが引用した文献に関して、日本語訳のあるものは参照し、原註の訳者補足において書誌情報と頁数を示す。訳文は文脈に応じて適宜変更する。

哲学への権利

2

第II部

権威からの転移

哲学の言語と制度

翻訳した方がよいとすれば I

哲学自身の国語による哲学（ある「フランス語の文献」に向けて[1]）

> そして自分の教師たちの言語たるラテン語でもってせずに、私の国の言語であるフランス語でもって私が書いているのは、まったく単純な〔純粋な〕自然理性しか用いない人々の方が、古い書物しか信じない人々よりも、私の意見をいっそう正しく判断してくれるだろうと期待しているからである。そして、良識にくわえ研究を重ねる人々、そういった人々だけを私は自分の審判者としたい。そういった人々は、私の諸論拠を通俗語で説明したからといって、それを聞くのを拒むほどラテン語を偏重したりはしないだろうと私は確信している。[2]

以上は、ご存じのとおり、『方法序説』の最後から二番目の段落である。これがフランス語で書かれていることは言うまでもないが、問題がないわけではない。なぜならその現在形（「フランス語でもって私が書く」）は、事実確認的である（私がしていることはおわかりだろう、私はそれを記述している）と同時に行為遂行的である（私が言うことを私自身がしている、事実確認的記述はそれ自体フランス語で書かれている、現在のところ、私は自分が言うことの責任を負ったのであり、それを約束し、自分の約束を守っている）からだ。ところで現在〔形〕たちのこの同時性、この厚みは、たしかに私たちがじきに出会うはずの翻訳のもろもろの問題を予告している。実際のところ、私がこのセミナーを、翻訳を経て英語で講演することになると知りつつ私の言語、つまりフランス語で用意しているこの瞬間に、私はすでにそれらの問題と出会っているのである。しかしこれらの問題は、偶発的な事故やぎりぎりの限界のようにして出会われるわけではない。それらは、現在私たちが扱っている出来事のごとき一つの出来事の構造と賭け金とを開示しているのである。デカルトが、審判者でもある特定の名宛人たちに対して、自己の正当性を述べ、弁論をおこなおうとして、「そして自分の教師たちの言語たるラテン語でもってせずに、私の国の言語であるフランス語でもって私が書いているのは……」云々と書くとき、何が起きているのだろうか。

この弁論を支えている立論は、一読したときにそう見える以上に複雑である。巧妙でさえあると思われる。実際には、これは、他のテクスト、とりわけ書簡において見られるもので（しかもこのことは無意味ではない）、フランス語という手段に訴えることを正当化するために配備された修辞一式のうちの武器の一つ、パッセージの一つ、突き合いの一つにほかならない。

今日、日常的な決まり事のなかでは、フランス語は数ある自然言語の一つである、と言われる。したがって、デカルトは、いくらかの哲学を、それまでギリシア語および特にラテン語で言表されてきたような哲学をそこ〔フランス語〕で述べるに際して、自然言語という手段に訴えることを正当化する必要があった。やはり周知のことだが、当時、とりわけ哲学的言説において支配的言語の位置を占めていたのはラテン語である。

「自然言語」という語は、私たちを惑わせるようなものではない。私たちは、普遍言語となるようにあらゆる部品から構築された人工的、形式的な言語と対比させて、個別的な言語、歴史的な言語を「自然」と呼んでいる。ところでデカルトの議論の主旨は、先ほど途中で垣間見たように、「自然」言語を「まったく単純な〔純粋な〕自然理性しか用いない人々」に向けて使用することを正当化することである。しかし問題は、「自然言語」なのか「自然理性」なのかによって、「自然」という語がはっきり対立した意味を持ってくることだ。このことはきわめて明白だが、この第一の逆説は十分に強調しておかねばならない。すなわち自然言語は、生来の言語ないし国語であるのみならず、個別的、歴史的でもあり、それはこの世のものでもっとも公平に配分されていないものだという逆説である。〔対して〕デカルトが語る自然理性は、原則として普遍的、非歴史的であり、前‐言語的ないし超‐言語的である。私たちはここで、自然性の二つの規定に関わっている。その二つの規定の間にあるのは、一つの歴史そのもの、すなわち、一言語の歴史的次元であり、「理性的」であると自称する（この世のものでもっとも公平に配分されたものに訴えるように、自然理性に訴える）ある哲学的言説がひとつの支配的言語から別の支配的言語へとついに移る瞬間に生ずる、法律上かつ政治上の争点、そしてまた教育上の争点である。そのような出来事は、いかなる哲学を、いかなる言語政治学を、いかなる精神‐教育学を、いかなる修辞的戦略をともなうのだろうか。作品と呼ばれるもの、ここでは『方法序説』というフランス語作品と呼ばれるものと一体になっているとき、そのような出来事の内実はどのようなものだろうか。

　私たちはここで、『方法序説』を何らかの言語で読んでいる。私自身はそれをフランス語で読んだが、私たちは英語で読んでいる。私はこの作品についてフランス語で書いたが、あなたがたに英語で語っている。私たちは、したがって、言語と方法の序説《ディスクール》とを区別しているわけである。一見したところ、私たちはここで言語《ラング》と言説《ディスクール》〔談話〕、言語《ラング》と言述《パロール》を区別し、さらには対比している。ソシュール的な伝統のなかでは、かくして「言語の宝庫」

である言語《ラング》の共時的体系が、言語活動の唯一の実効性である言述や言説という出来事に対立されるだろう。この対立は、社会-制度的なものと個人的なもの（言説はつねに個人的なものとなろう）の対立をも包含するものであろうし、ここでは直接的には取り上げないが、幾多の問題を引き起こすものである。しかし、すでに確認しているように、この対立はある種の言語では言表されにくい。この対立はすでに翻訳に抵抗している。ドイツ語では、Sprache は言語、言語活動《ランガージュ》、言述、言説を同時に言い表し、さらに Rede はより厳密に言説的〔談話的〕価値に限定されている。ソシュールはこの困難をどこか本質的でない用語上の偶発事のように扱いながら、まさしく Rede について、この場合には「語」よりも「事象」に焦点を当てた方がよかろうと述べている。[3] 英語では、皆さんが誰よりもよくご存じのように、language は「言語《ラング》」と「言説」を共に意味しうるのだが、ある種の文脈では〔language の代わりに〕tongue や discourse を用いることがある。

しかしながら、純粋にかりそめの便宜のためにこのソシュール的な対立、「生成的」というより「構造的」なこのモデルに頼るとするならば、したがって、次のように私たちの問題系を定義しなければならないだろう。それは、言説的ないしテクスト的な出来事としての哲学的出来事にあって、つねに言語《ラング》においてとらえられ、言語によって、言語へと到達するものを論じることである。そのような言語行為〔acte de discours〕が言語体系の宝庫から何がしかを汲み出し、ときにはそれに作用し、あるいはそれを変形するとき、何が起きているのだろうか。

『方法序説』はフランス語によってフランス語へと到達するのだが、この言語の使用は哲学的言説の世界にはあまり広まっていなかった。フランス語を用いることはこのタイプの言説においてはそれほど自明のことではなかったので、著者はかなり骨折って、繰り返し、その著作の内部でも外部でもそのことを正当化しなければならなかったのだ。それゆえこの著作はさらに、著作自身の言語による言説となるのと同様に、著作自身の言語についての言説、さらには言説の「概論《トレテ》〔traité〕」となる。というのも「方法序説」という表題における「序説《ディスクール》」はいくつかの意味に加えて「概論」という意味を保持しているからだ。とはいえ、これは「方法」についても同様である。当時「方法」は、表題のなかで、ときおり「概論」ないし「探究」の意味を有していた。この構造——表題の構造と表題が告げる構造——の複雑さに、あなたがたはもう気づかれたことだろう。

フランス語とこの言説〔序説〕のあらゆる種類の関係はどのようになっているのだろうか。いかにして、この例から出発して、ひとつの言語とひとつの哲学的言説の一般的関係、諸言語の多様性といわゆる哲学的言説の普遍主義的な要求との一般的関係を論じたらよいのだろうか。言語と方法の言説〔序説〕とが問題となっている以上、〔語を〕じかに入れ替えて、方法の言語や方法としての言語という仮定を検討することもできよう。この仮定は、後に示唆するようにデカルトとライプニッツにその企図が見られる普遍言語の形成にも、コンディヤックに見られるような計算言語の形成にも繋がってゆくことになろう。この言語は、方法的な言語になる以前に、コード化された諸要素の構造的で共時的な資料体《コーパス》、宝庫、体系を構成しうることになろう。この装置、このプログラム（プログラムされ、かつプログラムするもの）は、方法についてのあらゆる可能な言説を前もって拘束することになろう。なおもソシュール的なこの図式に従えば、方法について語り思考するあらゆる個人、あらゆる哲学者は、ここから材を得るべきだったのだ。彼は諸規定で制御されたこの装置を操作しておかねばならなかったのだが、しかし彼はこの装置の主導権を握ることはなく、この装置からは組み合わせのヴァリエーション以外のいかなる可能性も得ることはないだろう。そうして次のように考えるのはしばしば魅力的である。すなわち、カント、ヘーゲル、あるいはマルクスを経由してプラトンからベルクソンまで、スピノザからフッサールまで、方法についてのあらゆる個別の哲学、方法の概念についてのあらゆる体系的言説を書くことができたのは、もっぱら一つの恒常的な言語のなかでコード化されたもろもろの類型や文字〔caractères〕を組み合わせることによってであろう、と。哲学の言語のなかに、哲学における方法の言語のなかに固定された、すでに構成済みの哲学素たちを、彼らは活用し、そこで置換や代置を行使することに甘んじたのだろう、と。つまりそれは、個々の哲学行為によってでは制御されえないような一種の哲学文法の本質的に修辞的な活用〔作品化〕であろう、と。そのような文法は、この語の広い意味における文法は、もろもろの概念、潜在的判断、論証の切片、比喩の図式、等々からなる体系を形成するだろう。それゆえいかなる発明もなく、存在するのはただ潜在的な力をもった言説の組み合わせだけであり、それは言語《ラング》から材を得ているものであり、諸個人を前もって巻き込む一種の先行確立された社会契約によって拘束されたものである。繰り返すが、いまのところ私は、ソシュールに想を得たこの図式に信任を与えたり、哲学についての一種の構造言語学としてのこの公理を後ろ楯にしたりするつもりはない。言語《ラング》／言説の対立を名指して、それをひとつの問題の表題《タイトル》〔資格〕、さらには研究対象の表題として——真理や確信としてではなく——明示しているのである。

*
* *

それゆえ、デカルトが書いているのはフランス語、彼の国の言語によってであり、彼は、自分はフランス語で書いている、と書いている。彼は、自分が書いている言語について書いており、しかも現在形によって、直説法現在の一人称——オースティンは、行為遂行的発話においてこの一人称が特権的であると力説している[4]——によってである。「現在、私はフランス語で書いている」、つまりこの講演を準備しながら私がしていることは、フランス語でしか書くことができないにちがいなく、翻訳を裏切るにちがいない。文法上のこの現在形は、さらにもっと内容豊富であり、それゆえにこれは行為遂行的な現在をはみ出す。実際、この現在形は言説の最後に置かれて、次のことを意味する。すなわち、本書の全編にわたって私はフランス語で書いたのであり、書いたばかりであり、私は「自分の教師たちの言語たるラテン語でもってせずに、私の国の言語であるフランス語」でもって常に書いているのだ、ということを。

このような現在形は、絶えず対立をはらんだ際限のない歴史的過程が有する、断絶に見える出来事と連続性とを標記している。知ってのとおり、とりわけフランスでは、国語の命令〔impératif〕は、哲学的および科学的な伝達の媒体として、やむことなく想起され、我々を秩序へと立ち戻らせる〔私たちに違反者への警告をおこなう〕。フランスのすべての研究者と大学人に宛てた通達、すなわちフランスで催されながら、少なくとも同時通訳の装置を用いるなどしてフランス語にしかるべき立場を保証しないようなシンポジウムに対しては国が予算を与えないという告知がなされる以前でさえ、産業・研究大臣は、研究と技術についての大規模なシンポジウムについての「指針文書」（一九八二年）のなかで、フランス語は「思考の、科学的または技術的な情報の特権的な媒介者でありつづける、もしくはそれに立ち戻るのでなければならない」と明言していた。このような明確化された言語政策は、脅威によって正当化され、さまざまなニーズに対応しているのだが、そのニーズは、デカルトの時代にすでに顕著であった資料の存在やその矛盾と、類似性、さらには連続性がないわけではない。こうした問題系は、一六世紀以来、相対的には揺らいでいない。一方で、それはつねに、ある時期に国家の言語となったことがあり、みずからの国家的正当性のなかに最近の明確な形成の諸痕跡を保持している一つの国語を、同じ国家的権威に従う、散乱力、遠心力となり、分離どころか転覆の危険となるような国内の特有言語《イディオム》たち〔idiomes〕[1]に対置すること――たとえ、第一の矛盾として、人々がその両者を同時に奨励するにせよ――なのである。他方で、支配的な国民言語にして唯一の国家言語であるこの同じ言語を、慎重に分析すべき技術的かつ歴史的な理由から、哲学的もしくは科学-技術的な伝達の特権的媒介者となってきた自然言語たち（「死語」にせよ「現用語」にせよ）――デカルト以前のラテン語、今日の英米語――に対置できよう。私たちは、こうした諸問題を十分な規模で扱うことができそうにはないが、問題が、多層的であること、同時に社会−政治的、歴史的、宗教的、科学−技術的、教育学的であることは心得ておこう。ここトロントで、私の国の言語であるフランス語で最初に書いたスピーチを、二言語併用の国の英語側において自分で英訳しなければならないときに、私がそれを強調するまでもないのだが。

あらゆる国で見出せる問題だが、その問題に関するフランスの歴史は、三つの大きな劇的時代の調子《リズム》に区切って述べることができる。この三つはすべて、フランスという国家の暴力的で絶え間ない構成と密接な関係をもっている。

一、一つ目は、君主国化が優勢となる重大な時期だった。〔君主国化とは〕つまり、行政的かつ法的な媒体として諸地方に強要されたフランスの一言語の、最終的もしくは決定的ではないにせよ大規模な拡大《プログレ》である。私たちがこのセミナーでたどろうと努めるのは、言語の強要によってなされた法権利的主体と端的な哲学的主体との構成である。知ってのとおり、フランソワ一世の下で、一五三九年に、判決やその他の手続きが「各方面に対してフランスの母語で、言い渡され、登録され、交付される[5]」ことが、ヴィレル＝コトレ王令によって決定される。一五三九年というのは、『方法序説』から見たほぼ一世紀前である。言うなればそれは、哲学への法権利のための一世紀、「フランスの母語」が哲学的な大事件を画するための一世紀である。一歳の時に母親を亡くしていたデカルトにとってこの言語は、祖母語であり（彼は、祖母に育てられていたのだ）、彼はそれを、自分の教師たち——彼らはデカルトに知の法と端的に法そのものとをラテン語で強要していた——に対置する。ラテン語は法の言語であった。というのもそれは、こう言ってよければ父親の言語であり、科学と学校の言語、家庭的でない言語、とりわけ法権利の言語だからである。それゆえ現用語（自然言語、母語など）に対する最大の抵抗は、法曹界から到来したのである。

もちろん、ヴィレル＝コトレ王令それ自体が体現しているのは、フランス語の進展《プログレッション》とフランス語化に対する抵抗との両方においてこの王令を準備しそれに続いたいっそう大きな運動の、法的形式、法律上–行政上の区切りと認可にすぎない。進展と抵抗の要因は多様かつ数多くあった。たとえば、宗教改革は、カトリック教会という装置と闘いながらフランス語を進展させた。それは、経済的闘争であり、ラテン語によって支配されかつ支配する国際的教会組織に向けられた、諸テクストを再我有化するための闘争である。そこにはプロテスタント教会の「ナショナリスト」な一側面があり、それはフランスで宗教改革が鎮圧された後には、一七世紀に、一層「フランス的《ガリカーヌ》」な教会組織に引き継がれていった。プロテスタントたちはフランス語による『新約聖書』を求める。それが、一五二三年のルフェーヴル・デタープルによるもの、一五三五年のオリヴェタンによるものであり、ヴィレル＝コトレ王令の数年前のことだった。一五四一年に、フランスのプロテスタントの神学者カルヴァンが、『キリスト教綱要』をフランス語で再版する。宗教改革の時期に聖書のさまざまな翻訳が、他の国々で果たした役割——ある参照言語の決定的な構成ないし形成と翻訳の問題系の歴史との両方における役割——をここで想起するまでもなかろう。

カトリック教会は、少なくとも一六世紀の間、フランス語の拡張——私たちはそれを、プレイヤッド派、モンテーニュ、ラブレーら辺の文学の中でたどることができる——に抵抗し続ける。デュ＝ベレーの宣言書『フランス語の擁護と顕揚』の刊行は、一五四九年、ヴィレル＝コトレ王令の十年後である。私たちはここで、フランス語の大変面白味のある豊かで複雑な歴史を詳細にたどることはできないが、この歴史をたどらなければ、私たちがこのセミナーで特別に扱いたいと考えている他のすべての主題をおろそかにせざるをえなくなるだろう。基本調査として、まずはフェルディナン・ブリュノーの『起源から一九〇〇年までのフランス語史』をご参照いただきたい。この歴史書はすでに古いもの（一九〇五年）だが、[6]それでもなお、この分野では無視できない金字塔である。マルセル・コーアンの書物『フランス語という一言語の歴史』（一九四七年）[7]において、その内容と情報が、マルクス主義的な尋問によって、つねに興味深く、たいてい必然的な仕方で動員されているが、いずれにせよ、その尋問のおかげで、階級闘争の諸効果、一言語の我有化ないし強要のためのこうした戦闘における政治－経済的な争点、それらにおける技術の歴史とのつながりが、いっそうあざやかに浮き彫りにできている。言語史の比較的現代の時期について、とりわけ学校装置の政治と取りもつ関係については、ルネ・バリバールとドミニク・ラポルトの共著『国民的なフランス語』[8]とルネ・バリバールの単著『架空のフランス語たち』[9]をご参照いただきたい。予備的でやむをえず不完全なこのわずかな書誌の名目で、マルセル・バタイヨンの論文「一七世紀のいくつかの言語学的着想、ニコラ・ル・グラ」も指摘しておこう。この研究は、『言語、言説、社会』と題された論集に掲載されている。[10]この論集は、フランソワ一世によって創設され、（ラテン語、ギリシア語、ヘブライ語の研究のために）三言語のコレージュ（一五二九年―一五三四年）という異名を与えられたコレージュ・ド・フランスにおいて、バタイヨンと同じく教授であったエミール・バンヴェニストに敬意を表して編まれている。幾人かの刷新者は、一六世紀以降、このコレージュでフランス語を教えてきた。もし仮に私たちがこの膨大な歴史に没頭したいと望むのであれば――私たちにそれはできないのだが――、言語史家たちの実践を、同時にかつ系統立てて問題化しなければならないであろう。容易に想像がつくように、彼らの解釈体系は、哲学的にも政治的にもけっして中立的ではない。彼らの体系は、少なくとも暗黙の言語哲学を伝達し、それ自体がある言語（修辞学、文字言語など）を実践し、特定の時期に、言語の戦争において態度決定をおこなう。変化の途上にある一言語をめぐって、それの内部で、この戦争は今日も続いている。そしてこの戦争は、諸制度を横断しており、その軍備が痕跡（修辞学、いくつもの証明手順、諸学科同士の関係、正当化の諸技術）を有している。この点で、ブリュノーの歴史記述（一九〇五年）とコーアンの歴史記述（一九四七年）の違いはすさまじい。しかも違いは政治的イデオロギーにとどまらない。

ここではこの作業〔フランス語史の詳述〕ができない。その必要性を示して、いくつかの方向〔方針〕を標記する数本の「矢印」を書くことに甘んじておこう。このような迷路で矢印を書いたり送ったりすることができると仮定した上でのことだが。これらの矢印は、いずれにせよ方法の序説——方法（methodos、つまり経路（odos）に沿うこと、かならずしも方法的でない道（odos）の方法的な経路化）[11]が提起する問題という意味だが、方法にかかわる問題でもある——と、ある種の関係を保つことになろう。私たちの通路のまさにこの地点では、これらの方向の一つが導くのは、さらに言語政策が、この場合にはさらにフランス語の国家的拡張が通る経路の方向である。この拡張をおこなう君主制は、諸地方と諸方言に対するみずからの権力を確固たるものにするや、それらに言語的統一を強要しつつ領土の支配を獲得し、裏付ける。私は〔ここで〕「開路」に立ち戻るつもりはない。「開路」とは、いわゆる方法の「隠喩」であり、道ないし経路〔*route*〕（via rupta〔切り開かれた道〕）の比喩としての方法の「隠喩」、必ずしも人間の言語でないような言語と、しかしまた動物性と呼ばれるものの言語・痕跡・テクスト・標記——性的かつ経済的な領土を示す跡、そうした領土のための争い——としての方法の「隠喩」である。

国家の言語の強要は、道の開通（パルメニデスの『詩』[12]の雌馬たち、「かくも足早に出かけた」[2]騎士デカルト、〔北アメリカの〕極西部開拓者たちのための列車、空路、海路、もしくは私たちの世紀〔二〇世紀〕の、奇妙なことに「宇宙路」と言われるもの（相当な政治－法律的問題））と同じ名目で、領土の征服と行政的統治という明白な目的をもっている。しかしまた、まさにここで、私たちにとっていっそう重大な必然性、言語の進展を述べるために、開かれるべき道の比喩がいわば内側から重きをなしてゆく〔強要されてゆく〕という必然性が存在する。

一例を挙げるにとどめよう。ルイ一二世からアンリ三世まで、フランス特有言語の普及を助成するために、国王と多くの作家、短編作家、文法家、医者、哲学者とのあいだの共犯性は非常に明白なものとなってゆく。ブリュノーは、彼らがフランソワ一世、アンリ二世、シャルル九世、アンリ三世に宛てた礼状、国王たちに対するデュ・ベレ、アミヨ、アンリ・エチエンヌや他の大勢がおこなった賛辞を、あらためて指摘している。[13] これらは時として滑稽なほどであり、今日では笑い話だが、フランス語の目下の擁護と顕揚の時期に、ある者は熱狂のあまり、「われわれの言語がフランス語という名前をもらい受けたのはフランソワ一世からである」とまで述べている。たしかに王権はフランス〔語〕の文芸を庇護している。こうした言語政策を考慮せずには、フランス文学史のことは何も理解できないだろう。フランソワ一世はけっしてフランス語の教授を任命することがなかったが、ヴィレル゠コトレ王令の数年前にあたる一五四三年に、フランス語の王立印刷所を創設した。国王は、翻訳家にせよ作家にせよ、フランス語で出版する者に報いてやった。微妙な問題――しかもどれほど現在的な問題であることか（これはまた、一種の文化政策や出版政策の問題でもある）――だが、とりわけ国王はいくつもの刊行物を注文し、幾人かの作家の仕事を計画し、それらに補助金を出してやった。注文品のなかには、その目的があまりに明白に見える作品もあった。たとえば、デュ・アイヤンの作品群、フランス国王の歴史など。しかしむしろ即益性の低い計画の作成ないし組織化もあった。たとえば彼ら、これらの作家たち（しかもこれは、この膨大な資料体から私が明白な諸理由で選び出した事例である）は、フランス語による哲学を書くよう促されたのである。

まさにここで、あなたがたは、アンリ二世の大法府が発した勧告のなかに、一つの道が、フランス語によるフランスの道が通り、歩みが通るのを目の当たりにするだろう。一五五六年八月三〇日に、アンリ二世は、ギー・ド・ブリュエスに、『新アカデメイア派の人たちに反対する対話』（一五五七年）を書くように勧告――もしくは命令――を出す。それは大法官の署名が入った手紙を通してなされている。そこから次の一節を抜き出そう。「われわれは、上述の（哲学を国内向けのものにして、哲学をわれわれの臣民の言語でもって彼らが馴染みやすいものにするという大変な務めを果たした）ブリュエスによって開かれた道を、われわれの国の他の善良で優れた人々がたどり、彼らが少しずつギリシアやラテン諸国からこれらの辺境の方に導いて行かれることを切に望むものである」[14]。

これらのフランスの歩み＝辺境（marques〔標記〕、marges〔へり〕など、これは境界の、ここでは国家的もしくは軍事的境界の意味、Marken〔ドイツ語でMark（辺境）もしくはMarke（標記）の複数形〕の意味である。ここでは手短にすませておこうと思うが、別のところで私はmarche、marge、marqueのこうした連鎖について十分に力説しておいた[15]）は、言語によって、道を切り開くある言語によって、フランスへ向けて、ギリシアもしくはラテンの哲学を「導いて行く」〔aconduire〕べき方向、すなわちそれを呼び出し、派生させるべき方向である。以上が、アンリ二世の大法官が述べている内容である。こうした政治的系譜に還元されるわけではないにせよ、この系譜を考慮することなくしては、一世紀弱のちのデカルトの身振りを理解することはできないだろう。

この政治的かつ領土的な配慮は、王権の担い手や宮廷人たちが、必要な教育をすでに受けていることも前提としている。ところが、聖職者たち以外は、特にラテン語を習ったことがないため、無教養が一般的だった。それゆえ、行政官や宮廷人のために、フランス語で書かれた書物を編まなければならなかった。クロード・ドゥ・セイセルとともに初めて「フランス語の文献〔*Licterature en françois*〕」と名付けられたものを、創造しなければならなかった。そのとき、この形とこの意味で、この語が初めて出現したのである。中世ではlettreüreと言われていた。この語とこの助言は、ルイ一二世の非凡な顧問であったクロード・ドゥ・セイセルによるものである。彼は国王のためにポンペイウスを翻訳した。そのうえ、フランス語で書かれた有用な著作が存在しないことに心を痛めて、多くのもの（ラテン語とギリシア語――彼は後者を知らなかったので、後者については人の手を借りた）を翻訳した。しかもそれは、貴族たちや、彼いわく「往々にして貴族たちよりも諸科学に専心する」その他の人々のためだった。一五〇九年の時点でセイセルは、道徳と政治のつまった序文において、ラテン語を知らない人々は、それでも「聖書、道徳哲学、医学、歴史における良質で高尚な事柄」を理解しなければならず、それゆえ「フランス語の文献」が必要であるとすでに提起していた(16)。

さらにセイセルは、王権がもっと見ていた次の利点、フランスの国内外でフランス語の領土を拡大することの政治的利点を率直に表明していた。言語の拡張は、フランスと海外の領土に対する支配力を確立し裏付けるには、ちょうど良い道、まさにちょうど良い方法である。セイセルはイタリアへ行き、旅行中に、言語－軍事－政治的な征服の古代ローマ的モデルを理解し、イタリアをある程度征服するためにフランスが古代ローマと同じことをなしうる見込みがあるとわかった。彼は、自分が訳してルイ一二世に献上した〔古代ローマの歴史家〕ユスティヌス〔による歴史書のフランス語訳〕の序文のなかで、こう助言している。「ローマの民と君主は、世界に対する王政を掌握したとき、それを保存して永続的に維持しようと努めたとき、何をしただろうか。彼らは、帝国の初期には貧弱で粗野だった自分たちのラテン語を立派なものにして、充実させ、純化させること、のちにはラテン語を、それと一緒に、そこに書き込まれた彼らのローマ法を〔3〕、自分たちが征服した国々、諸地方、諸民族へと伝達すること、これら以上に確実で確固たるいかなる方法も見つけることがなかった」。ついでセイセルは、どれほどローマ人たちがラテン語にギリシア語の完璧さを付与する術を心得ていたかを説明し、これらの「著名な征服者たち」を模倣して、フランス語を「充実」せしめ「立派なものに」するよう、国王に奨励した(17)。

あなたがたは、権利と法が強調されていることに、途中で気づかれたはずだ。中央権力は、諸法を支配的な国語のなかに「書き込む〔coucher〕」のが得策だと考えている。この配慮は、言語のあいまいさを縮減するという本来的に哲学的もしくは科学的なプロジェクトと出会い、実際にそれと交じり合う。語の理解、意味の把握に際しての明晰さと判明さの価値は、同時に、法律的、行政的、警察的、それゆえ政治的、しかも哲学的な価値でもあろう。この配慮はデカルトのもとでも見つかるだろう。良識がこの世でもっとも公平に配分されているとしても、誰も法を知らないとはみなされない以上、法のテクストの読解と理解はあらゆるあいまいさがまったく除去された言語メディアを通じて、誤解のなかで〔人々を〕離反させたり分散させたりすることのない言語を通じてなされなければならない。ヴィレル＝コトレ王令が以上のことを明言しているのは、法廷の証書〔actes〕や処理〔opérations〕が今後はフランス語でなされることを定めた一一〇条と一一一条においてである。

上述の裁決の理解を疑う理由のないように「言い換えれば、フランス語の主体たちが、法や法の言語すなわちラテン語を知らないことを引き合いに出すことができないように、したがって、フランス語の主体が、実際に法の主体《スュジェ》と王の臣民《スュジェ》、王政的な法に従属する主体＝臣民であり、またそうなるように、しかもその際に言語において主体＝臣民以外のものとなる可能性、法を知らないとみなされる非主体＝非臣民を生み出す逃げ道の可能性を与えないように」、もろもろの裁決がかくも明晰に〔*si clairement*〕「ここを強調しておこう」おこなわれて書かれることを、いかなるあいまいさも、いかなる不確実さも、解釈を要求する余地もありえないこと「ここでもデカルトを先取りするスローガンを強調しておこう」を、われわれは望み、かつ命じるものである。

そして、このようなことが、上述のもろもろの裁決に含まれたラテン語の単語の理解においてしばしば生じるのであるから、すべての裁決、それとともにすべての他の手続きは、われわれの最高裁や他の二次的で下位的な裁判所によるものも、登録、調査、契約、委員会、判決、遺言、その他の任意の証書と執達書、あるいはそれに依拠するものも、各方面に対して、フランスの母語で、言い渡され、登録され、交付されることを、今後われわれは望むものである。[18]

私たちは、この出来事の射程を、いまだ外見上は外的で法律的な形でしか扱っていないにせよ、この出来事の射程、とりわけその構造の複雑さは誇張のしようがない。その複雑さないし重層決定はこの証書の解放的な側面に起因する。外見上これは、束縛の暴力、ラテン語のそれから国民を解放し、（ラテン語の）言語運用能力が多大な支配力を保証してきた人々の特権を疑義に付しているように見える。この外見によれば、王令は、権力掌握の戦略の一環として、王令自身が国の臣民たちにとって「母」語と呼ぶものの方に譲歩しているようだ。実際、王令は、臣民たちをそっと捕まえ、言うなれば、彼ら固有の言語の罠で彼らを捕えているかに見える。あたかも国王が彼らに対して、「法の――王の――主体〔臣民〕であるからには、最終的にあなたがたはあなたがた自身の「フランス語という母語」を話せるようになる」と言っているかのように。あたかも彼らを父親にいっそう従わせるために母親のもとに返すかのように。

だが事実はまったく異なる。構成されつつある王政国家の法に対する必須の服従は、もうひとつの暴力を兼ね備えていた。すなわち施政者は、ラテン語と同時に、地域の諸方言を手放すよう命じていたのだ。当該の臣民たちの多くはラテン語もフランス語も解さなかった。フランス語は母語とは程遠く、まったく通じないものが大勢いた。言うなればフランス語は、父の言語、学者の言語のままだった。フランス語は――国王のおこないによって――ラテン語のあとに、法の言語、権利上の言語になった。新たな罠が、いわば諸方言《ディアレクト》を法＝掟の前に据えた。端的に正当性を弁論する場合と同様、方言のために弁論するには、翻訳が必要だった。フランス語を学ぶことが必要だった。ひとたびフランス語を学べば、方言の権利要求、「母」語への参照準拠は崩壊した。あなたがたがみずからの言語を保持したい旨を、武力と法の力の両方を握る誰かに説明しようと試みていただきたい。彼を納得させるために、あなたがたは彼の言語を学ばねばならなくなるだろう。修辞的かつ政治的に説得しようとの配慮から、ひとたびあなたがたが権力の言語をわがものにするなら、説き伏せたり打ち勝ったりしようと企てるのに十分なくらい、ひとたびあなたがたがその言語を会得するなら、あらかじめあなたがたの方が、打ち負かされ、非を認めさせられているのである。翻訳〔がなされた〕という事実によって、相手方である国王は、彼自身の言語を話して、それをあなたがたに押し付けることが正しいのだと証明したのである。彼自身の言語を用いて彼と話すことで、あなたがたは、彼の法と彼の権威を認め、彼を正しいとみなし、自分たちが彼の正しさを認める証書に連署〔contresignez〕しているのである。国王とは、あなたがたの権利を要求するために、すなわち彼の権利を裏付けるために、あなたがたに対して、彼の言語を学ぶまで待たせたり、それまで時間を費やさせたりする術を心得た何者かである。私はここで、何らかの構造的必然性の抽象的図式を、主人と奴隷のある種の弁証法《ディアレクティーク》を、意識同士の弁証法よりむしろ言語同士の弁証法として描こうというわけではない。私は、範例的な出来事を語っているのである。この出来事が起きたのは、プロヴァンスの議員たちが、明晰かつ判明に裁かねばならないという口実から彼らに課せられた「フランス語で裁くべきだ」という義務について、国王のもとに不満を申し立てることを望んだときである。この議員たちはパリを目指して、世間で言われるように、上京をする。以下はそこで起きていることだ。ラムスの『フランス文法』（一五七二年）から引用しよう。

「しかし国王のかようなやさしいお心は、彼らをひと月またひと月と遅らせて、彼の言語以外の別の言語で話すのを聴くことをお喜びにならないことをご自分の大法官から彼らに聞かせて、フランス語を入念に習う機会を彼らにお与えになった。しばらくのち彼らは、自分たちの責務をフランス語の演説で述べた。そのときこれは、ほかの演説家たちの物笑いの的となった。というのもこちらの演説家たちは、〔彼らよりも先に〕フランス語と戦いに来て、この戦いのためにフランス語を学んだが、その結果、次のことを明らかにしていたからである。すなわち、自分たちのような大人たちにとってもフランス語がこれほど容易であるのだから、若者にとってそれはさらにたやすく、その言葉遣いがどれほど下層民のものにとどまっていようと――公務についているもっと高名な人々が、〔その〕衣服についてと同様に、このように言葉について、下々の者に対して何らかの優位をもつのだが――、それがまさに適切であるということを。(19)」

そのとき、このような非対称性において確立されるのは、言語契約とさえ呼べずむしろ一言語の分配〔共有〕と呼びうるものである。そこにおいて主体（それは、ある力によって服従させられる主体だが、その力とは、第一にそしてたんに言語的ではない力、その内実は、まずもって経路、領土、通路、道、境界、辺境を切り開き、跡づけ、開放し、制御する権力、自分固有の痕跡をそこに書き込んで保持する権力である）は、みずからの権利を主張するために強者の言語を話さなければならず、それゆえ、みずからが要求する権利をアプリオリにかつ事実上、喪失したり疎外したりする。そうなるとこの権利はもはや意味を持たないのだ。

私がここでほのめかしていることは、前‐あるいは非‐言語的な力、非言語的な闘争に対して、もしくは一般的に言語的でない関係（かならずしも戦争的ではなく、愛情的または欲望的でもあるような関係）に対して、言語や言語の力を、さらにはそのものとしての言語同士の戦いを、二次的に扱うことに帰着するわけではない。そうではなく、こうした言語的関係は、すでに、そのものとして、語のもっとも一般的でもっともよく練り直された意味で、疎隔化する力の関係、切り開かれるべき書字《エクリチュール》的身体の関係であるにちがいないということを、私はたんに強調しているだけである。まさにこのような条件下においてこそ、たとえばある言語が支配的になるとき、ある特有言語が権力を握るとき、場合によってはそれが国家権力を握るときに何が起きているのかを理解する何かしらの可能性を私たちは得るのである。

もちろんそれには王令だけではまったく十分ではない。法的措置へのあらゆる抵抗が止むことはなかった。こうした抵抗を、その複雑さとその長期間において、あらゆる領域を通じて分析するには多くの時間を割かねばならないだろう。その領域には大学も含まれるが、そこにおいて人々は、ラテン語で法学を教え続け、ラテン語でさまざまな（とりわけ哲学的な）言論を出版し続けた。しかし次世紀の初めの一六二四年以降、フランス語で博士論文を〔審査の場で〕擁護し始めることができるようになった。ただしコルベールがフランス語による法学教育を制定するのは一六八〇年になってようやくのことである。これは実に意義深い徴候であり、次の徴候と比較できよう。すなわち、おそらくはフランスにとどまったプロテスタントの子どもたちをカトリックにするために、一六九八年にルイ一四世は無償で必修の公立学校を創設することを決定する。そこではフランス語か、さもなければ方言が唯一の教育言語であり、そこでの教育は本質的に宗教的なものであった。この決定は実効力をともなうことがなかったのも事実だが。

したがって、法的措置に対する抵抗や、その実際の適用の減速があったばかりではない。法権利の状態でさえ単純ではなかった。法権利の状態は、非常に分化した領土的構造でもある歴史的‐言語的構造と折り合わねばならなかった。パリないしイル＝ド＝フランスと地方全般との対立がすでに顕著であり、この状況の遺産の多くが今日も残っている。したがって〔ヴィレル＝コトレ王令の布告と〕そう離れていない時期に〔フランスに〕統合された諸地方に対しては、フランス語は強要されていなかった（ブルターニュは一五三二年〔に統合され〕、ロレーヌの一部は一五五九年、そのあとの一七世紀になって、アルザス、ルシヨン、アルトワ、フランドル〔がそれぞれ統合された〕）。行政文書以外では、国家は言語の複数性を認めざるをえなかった。依然として一六八一年には、ストラスブールの町が国王の権威を認めたとき、この町は、ヴィレル＝コトレ王令の適用をまぬがれた。

この歴史は、通俗語と教会言語・聖書の言語・祭式の言語との関係の歴史と交差する。それは、これらの問いをめぐって（フランス国内とヨーロッパの各地で）展開されてきたありとあらゆる議論であり、とりわけ祭式の言語、祈禱と聖歌に関しては、その幾多の論証の資財が今日でも用いられている。一五二三年にソルボンヌは、無条件に翻訳を禁止しなければならないことを、満場一致で宣言する。一五二五年になると、「聖書の全訳ないし部分訳の［…］登場を認可することは、キリスト教の共和国にとって時宜を得たことでも有益なことでもなく、状況を考慮しても、それはむしろ危険であり、既存の翻訳は容認されるよりはむしろ発禁にされるべきであろう」とソルボンヌは考えている。プロテスタントはこれに不満をこぼしていた。

「君主がお認めにならないのは良きことだろうか。
キリストの御業が、万人に語られ、
共通言語に翻訳されることを」

（大衆歌、一五四六年）[20]

働いているもろもろの力や動機の複雑さを推しはかりたいのであれば、モンテーニュを引用せねばならないであろう。彼は、フランス文学言語の偉大な創始者もしくは先導者の一人であったが、それでもやはり祭式や祈禱においては大衆言語に反対した。

これは、語るための物語ではなく、敬い、恐れ、崇拝するための物語である。この物語を民衆の言語に訳したことでもって、これを人民にとって扱いやすいものにしたと考える人々はおめでたいかぎりである。［…］また、これほど敬虔で重要な言葉を、かくも多種多様な言語にしてまき散らす自由を各人にゆだねるのは、実益よりも危険の方がはるかに大きいと私は思う。ユダヤ教徒やマホメット教徒、さらにはほとんどすべての者たちが、もともと彼らの神秘がそこで生み出された言語を支持した上でそれを敬っており、その変造や変更が禁じられているのには、理由がないわけではない。バスクやブルターニュに、それぞれの言語でなされた翻訳を作成するのに十分な判断をもつ人々がいるかどうかなど、われわれにとってさだかではない[21]。

国家的制度としてのフランス語のこうした歴史が三つの大きな劇的段階を経てきたことを先ほど私は示唆した。このような時代区分は略式のものでしかありえず、私自身そのようなものと見なしている。さらに、各段階と呼ばれるものもそれ自体として非常に独自であって、これらの出来事すべてがただ一つの同じ歴史、フランスまたは唯一の「フランス語」の均質な歴史に属するかどうかは非常にあやしい。この図式は、私たちにとってさしあたり、最初に目についた一連の手がかりに印をつけ、そうして別の機会におこなう練り上げの準備をするのに役に立つ。「第一段階」を予備的に検証し、異論の余地のないいくつかの徴候から描いた基本的な布置を認識しておくことによって、おそらく私たちは、哲学的外見をもつ次の出来事を、すなわち、自分はフランス語で『方法序説』を書いている、とデカルトが書いているという出来事を読み解きはじめることができるのである。この身振りの哲学的、政治的、法律的、言語的な射程は、私たちが先ほど位置づけた局面の上ではもっと明確に現れる。たとえこの「位置づけ〔状況〕」がいまだ不十分で素描にすぎないとしても。また逆に、デカルトのテクストの「内的」で「哲学的」な読解を続けることで、先ほど手短に言及した歴史的出来事たちの賭け金を解釈する何らかの追加的な見込みが得られるだろう。デカルトがまさにそのことについて語っているとか、その件で真実を述べているとかいうわけではない。あえて言えば、そのことが彼のテクストを通じて「語られ」ていて、それは、私たちにとっていまだ翻訳ないし解読がなされるべきものにとどまっているのだ。こうした翻訳や解読は、コンテクストに対するテクストとか、「外的」読解に対する「内的」読解といった慣習的な関係においてなされるのではなく、再配分もしくは再コンテクスト化を、しかもたった一つのテクスト——切れ目のない均質なテクストという意味ではない――の再配分もしくは再コンテクスト化を準備しながらなされなければならない。

そういうわけで私は、こうした諸前提と、フランス語の国家化の「第一」段階とをいくらか強調しておいたのだ。第二段階と第三段階についてここで何も述べるつもりはないが、それぞれ「フランス革命」と現在のある種の科学-技術的変異とに重点を置くことになりそうである。フランス革命のあいだ、国家化の動きは、政令の翻訳と知解可能性との法律-政治的問題にいまだぶつかっている。この点については、ミッシェル・ド・セルトー、ドミニク・ジュリア、ジャック・ルヴェルの『言語をめぐる政治』[22]をご参照いただきたい。革命への抵抗は革命派の人々によって、しばしば言語的な力と形式として解き明かされてきた。言語上の政治が硬化しているとき、〔ベルトラン・〕バレールは公安委員会の報告のなかで、国民公会に向けて次のように書いている。「……連邦主義と迷信は低地ブルトン語を話し、移住と共和国への憎悪はドイツ語を話し、反革命はイタリア語を話し、熱狂はバスク語を話す」。「共和国の諸法を民衆に読み上げて口頭で翻訳する」ために、言語と『人権宣言』を教えるために、「住民たちが外国語を話している」（方言に対しては、人々はもっと慎重である）各市町村において、一名のフランス語の教師が任命される。それゆえ文書は、「野蛮な隠語を維持する」[23]ことになるのではないかと嫌疑をかけられ、人々は、それに背を向けて、声のほうに向かう。熱月二日〔一七九四年七月二〇日〕の政令は、どんな証書においてであれ、たとえ私文書においてであっても、フランス語とは別のいかなる特有言語も禁じている。共和暦二年草月一六日〔一七九四年六月四日〕、アンリ・グレゴワール〔神父〕は、みずから作成した『諸方言を絶滅させてフランス語の使用を普遍化する必要性とその方法についての報告』を国民公会に提出している[24]。そこからいかなる強制的な帰結も引き出されることはないだろうけれども。そして熱月のあと、より寛容なやり方に戻っている。しかし、もしこのような兆候を記憶にとどめておかなければ、フランス人たちがみずからの言語や綴りと取りもつ関係のことも、一九世紀と二〇世紀における共和派的学校の役割のことも理解できないであろう。

「第三」の大きなけいれん〔crispation〕（私たちはそこにいる）について私は何も述べるつもりはない。私たちが先ほど話した二つの遺産から何がしかを引き継ぎながらも、このけいれんは、いっそう新しくいっそう特殊な方法で特徴づけられる。一方で、内部においては、（それは文化的記憶の次元の残存物であり、国民国家の言語的統一をまったく脅かすことがないがゆえにいっそうたやすく）その地位が認められた言語的少数派たちの目覚めによって特徴づけられ、他方で、外部においては、世界を支配する技術－言語的な諸力（遠隔情報伝達、コンピュータ化、ソフトウェア、データバンクなどの商業・産業）を通じて、科学－技術の言語を独占化しようとする幾多の試みに対する戦いによって特徴づけられる。これはよく知られており、力説するつもりはない。次の一言にとどめよう。すなわち、この現代的な問題系に関しては、〔デカルトによる〕ある国語への複雑で控えめな訴えにせよ、彼の言語学にせよ、彼の言語論にせよ、それどころか、私たちが次回に話すつもりの普遍言語のある計画にせよ、「私の国の言語であるフランス語で私が書いている」というデカルト的な出来事は、私たちにとって一つの過去、単一の過去〔単純過去〕ではない。その出来事の現在は、最初のほうで私が語ったのとは別の理由から、たんに文法的なものではない。

『方法序説』のフランス語で書かれた文《エクリチュール》面からこの出来事を思考するためには、読解や解釈の際に、どのような慎重さが求められるのだろうか。まずは、少なくとも三つの次元と三つのテクスト的規模を、考察すべきものとして喚起せねばならないだろう。

言語の社会－法律的または政治－宗教的な歴史の——不規則に展開しつつある、と言っていいような——複雑で不均質な総体が存在する。私たちは先ほどそのことを何度か示唆しておいた。私が示唆したのはデカルトのテクストの外部だと言いたい人がいるかもしれない。だがその外部はテクストのなかに書き込まれており、もしこの書き込みを考慮しなければ、デカルトが、みずからの修辞とともにみずからの戦略や選択を正当化しつつ、みずからのテクストの一つをフランス語で書こうと決意するときに起きていることを理解するのは困難となるだろう。この歴史について私が述べたわずかな言葉だけでも、このことを感じ取らせるには十分である。つまり彼の行為は、たとえそれが哲学的次元において比較的特異に見えて、何らかの断絶の様相を呈しているとしても、単純に革命的というわけではない。実際、彼の行為が、ある種の実践と距離をおき、支配的な慣例を放棄するものだとしても、その行為が、彼とソルボンヌの関係をこじれさせるとしても、にもかかわらずその行為は、国家－王政的な趨勢に従っている。まるでそれは、権力の方へ向かい、フランス語の権利の設立を強固なものにするかのようである。彼〔の行為〕は cogito を je pense〔われ思う〕と翻訳するのだが、それは、フランス語の権利の主体に、言葉だけでなく法までもあたえるもう一つのやり方である。さらに、おそらく付随的とはいえない利点として、彼は、フランス語の使用が流行していた海外の宮廷で顧客を確保している。この複雑な戦略は、主体、まずもってデカルトという主体が、こうしたことについて持ちうる意識、もしくは、この主体がこの件について〔この主体に向けて〕おこないうる宣言とは、かならずしも見合っていなかった。

さて、考察すべき第二の資料体《コーパス》（今度は内的読解と言ってもよかろう）、これはデカルトがみずからの選択を説明し正当化する言表《エノンセ》の総体である。この資料体は二つに分かれる。第一に、『序説』そのものの内部には、明示的な宣言、論証による弁明がある。私が冒頭で読んだのはこれであり、これはそれ自体としてかなり巧妙で、私たちは、少なくとも〔講演後の〕討議では、この件に立ち戻らなければならないだろう。次に、言語の選択についての明示的な宣言からなる同じ資料体のなかには、『序説』そのものとは異質の言表、とりわけ書簡における言表がある。書簡は同時に、知力の弱い人々や女性たちに向けた、ある種の教育法、ある種の教育法的円滑化《ファシリテーション》（「容易さ《ファシリテ》」の必要性、それへのある種の要請がデカルト哲学のスローガンであることを忘れてはならない）に関連している。それは、彼が言うところによれば、「女性たちでさえ容易に何がしかを理解しうることとを、しかしまた、もっとも精神の鋭敏な人たちが、彼らの注意を占めるのに十分な題材を見つけてくれるよう私が望んだ」[25]のだ。この一節は、通俗語の問いを女性の問いにじかに結びつけるものではないが、その論証的な論理が、両方のモチーフを結びつけている。このことはあとで確認しよう。

第三の次元ないし第三のテクスト層は、その固有の次元《オルドル》、その「諸論拠の順序《オルドル》」として、その体系計画として、言語的出来事と哲学素で組織された総体との首尾一貫性と推定されるものとして少なくとも提示されるものであるかぎりでのデカルト資料体の総体である。言語的出来事は、この場合、ある自然言語を選択することにとどまらない。この出来事の内実とは、哲学的言表をいくばくかの言語に結びつけるもの（たとえばそれは cogito ergo sum のような言表構造の問いである）や、哲学的言表を言語や諸記号についてのある種の哲学に結びつけるものである。

当然、私たちが試みることができそうなこの三つの資料体《コーパス》の次元の扱いは、一様ではなく、ひとしなみに分配されてもおらず、切り分けられてもおらず、また順次的でさえないだろう。たとえ、テクスト的内部がコンテクスト的外部と関係するような仕方で、三つのテクスト的次元がお互いに関係するわけではないにせよ、たとえその各々が非常に分化されたままであるにせよ、この三つの次元のあいだの質的もしくは構造的な境界を、私は示しておきたかったのである。とりわけ書簡や『方法序説』におけるデカルトの明示的宣言の論理について、私たちは再び語ることになるだろう。それは、『方法序説』ではまずもって終わりの方の文であり、本日冒頭で私が読み解いたものだが、締めくくりに読みなおしておこう。

　そして自分の教師たちの言語たるラテン語でもってせずに、私の国の言語であるフランス語でもって私が書いているのは、まったく単純な〔純粋な〕自然理性しか用いない人々の方が、古い書物しか信じない人々よりも、私の意見をいっそう正しく判断してくれるだろうと期待しているからである。そして、良識にくわえ研究を重ねる人々、そういった人々だけを私は自分の審判者としたい。そういった人々は、私の諸論拠を通俗語で説明したからといって、それを聞くのを拒むほどラテン語を偏重したりはしないだろうと私は確信している。

あなたがたの予想どおり、この一節は、原書の七年後の一六四四年に刊行されたエチエンヌ・ド・クルセルのラテン語訳においては、端的に姿を消すのである。アダンとタヌリの大部な版において、この一節の省略が指摘されている。その文言は卓抜である。「たしかに（それは）翻訳しなくてもよかった[26]」。

こうして、デカルトの同意とともに、そしてこの世のもので言語以上に公平に配分された良識そのものにしたがって、ある翻訳が、次のような一連の言表を抹消する。いかなる異論の余地なく原文に属するのみならず、その原文がそこで生じる〔演じる〕ところの言語を行為遂行的に語り実践する一連の言表を。それらは、この言語を話し、この言語について話す。ところが翻訳の瞬間に、それらは、形式の点でも内容の点でも、言うなれば身体も魂も、消え失せるのである。それがまさに良識《ボン・サンス》というものである〔翻訳時に消え失せるのは正確な意味《ボン・サンス》そのものである〕。見てのとおり、「私はフランス語を話している」とラテン語で言うことにどんな意味《サンス》があるだろうか。あるいは、まさにここで、英語で、それを言い、それをすることに。

かくして、ある「原文《オリジナル》」が、みずからの言語を話しながら、みずからの言語について話すとき、それは、一種の翻訳自殺――ガス自殺や火による自殺と人が言うのと同様に――を準備する。いやむしろこれは火による自殺だろう。というのも原文は、ほとんど残余もなく、資料体の内部で目につく残余もなく破壊されるからである。

以上は、ある慣用表現《イディオム》一般、ある談話《ディスクール》もしくはある書字《エクリチュール》が、たとえばその特有言語との関係のみならず、あらゆる特有言語性《イディオマティシテ》との関係の下に置かれるような、自己言及的と呼びうる指標の身分規定と機能を雄弁に物語っている。そのとき（メタ言語的かつ言語的な）出来事は、翻訳化の構造のなかで抹消を運命づけられているのだ。さてこの翻訳化の構造は、ご存じのように、通常の意味での翻訳とともに始まるのではない。「オリジナル」のテクストのある種の読解が打ち立てられるやいなや、この構造は始まる。この構造は、それが抵抗するものとそれに抵抗するものを抹消するが、それらを注目すべく与えもする。この構造は、言語を、その抹消それ自体において読むべく与えるのである。つまり道（*odos*）の、道筋《ピスト》〔足跡〕の、抹消された痕跡、抹消路〔抹消する道〕である。translatio、traduction、Übersetzung[4]〔翻訳〕は、言語の道の上方もしくは彼方へと通り抜ける道、立ち止まらずに行く道なのである。

翻訳は、まさにここで、立ち止まらずに行くのだ。

（立花史訳）

したがって〔前回の講演のなかで〕私たちは、ある言語政策が強力に重きをなしていた一つの歴史的シークエンスを解釈しておいた。その論理を、その巧妙さを、その非対称性を分析しておいた。これは、国家の言語としてのフランス語に関する歴史記述のなかにある三つの大きなシークエンスの一つである。そのシークエンスの一つに、少なくとも「私の国の言語であるフランス語」で書かれたかぎりでの、『方法序説』と題される出来事が書き込まれている。次に、私たちが順次もしくは同時に扱うことになる三つのタイプのテクストを区別しておいた。常に——前回の講演の初めから終わりまで、という意味だが——ある宣言の様態に、私たちは関心を寄せてきたのだ。その宣言とは、自分の言語のもとに——それが翻訳に応じるいかなる可能性もないほどまでに——身を投じる宣言である。すなわち、宣言内容をある言語で宣言しているということを、誰かが直説法現在の一人称で宣言している、というものだ。たまたまその言語が自分自身の言語、自国の言語もしくは自分の自然言語、母語や国語なのだけれども、そのことは、この発話《エノンセ》の構造にとっても、この発話において翻訳を裏切るものにとっても、本質的ではない。デカルトが「私はラテン語で書いている」とラテン語で書いたとしても、問題は同じであっただろう。

さて私たちは、次の事実にしばらくこだわっておいた。つまりこの一節（「そして〔…〕私の国の言語であるフランス語でもって私が書いているのは[1]」）は、デカルト自身が確認したラテン語版では省かれていて、あたかも、ある言語で「これはしかじかの言語で書かれている」と指摘する一節が――少なくともある翻訳概念を信用するかぎり――翻訳がそのものとして持ちうるようないかなる意味をもたないかのようだ〔という事実である〕。

しかしこの一文には意味が、かなり単純で結局は翻訳のたやすい一つの意味がある。この一文がみせる翻訳への抵抗は、一篇の詩が――少なくともその形式的効果もしくはその意味論的な重層決定において――見せる抵抗とは同じ次元のものではない。詩が、言うなれば、たとえそう宣言せずとも、ある自然言語、それどころか署名者の「固有」言語への所属を明言していることをつねに含意するかぎりにおいて、翻訳は詩と一定の親近性をもっている。

ただしデカルトのこの一文が明晰かつ判明な意味をもつにせよ、その発話行為の現在は、自明のことだが、この提示－現在化〔*présentation*〕のシニフィアン組織のみならず、意味される〔シニフィエとしての〕主題さえも形成しているある言語に、断固として結びついている。つまりこの場合、言語を取り換えることは、「シニフィエ」の中核そのものを抹消することなのだ。それは、翻訳に際してしばしば危惧されるような、シニフィアン、シニフィエ、もしくは両者の関係をある割合で変更することではもはやなくて、この文の本質的な射程――およびこの段落全体、直接にせよそうでないにせよ、その文に隣接するテクスト全体――をただたんに破壊することなのである。

したがってこの文はたんに翻訳が不可能だというわけではない。この文とともに起きていることはさらに重大でさらに特異である。別の誰かが、これはそれほど深刻ではなく、むしろ凡庸だと言いだすこともありえよう。それにもちゃんとした理由がある。第一の理由は、フランス語でこれを書いた後、私は、あなたがたに英語でこの瞬間に話しているが、見たところどんな大失敗も起きてはいないからである。「そして〔…〕私がフランス語で書いているのは……〔et si j'écris en français ...〕」（この統語法に、そしてsiの巧みな戯れに注目していただきたい）は翻訳にあらがうと私が言ったときも、これよりもっと適切にアダンとタヌリに「翻訳しなくてもよかった〔il n'y avait pas lieu de traduire〕」と言わしめた状況を、私は極端に推し進めたのだった。「しなくてもよい」〔il n'y a pas de lieu〕という表現は複数の記号体系《コード》——義務の法律的コード（「～してはいけない」「～するのは禁じられている」）、技術的利便性のコード（有用もしくは好都合ではない）、社会的適切さのコード（慣例的ではない、場違いだ、等々）——と交差する。さて実のところ、そのものとして与えられているような翻訳、しかもそれが不在のオリジナルを指していることが読者にはっきりわかりそうな翻訳に関して、不都合はどのようなものなのだろうか。「そういうわけで私は、通俗語で、たまたまフランス語である私の国の言語で書いている」と述べる〔『方法序説』の〕ラテン語訳を、私たちはしっかりと思い描くことができる。しかもこうしたことが、現用語（英語、ドイツ語など）による翻訳のなかでは実際に起きたのである。それらの翻訳がフランス語の翻訳として現前して〔自己を提示して〕いれば——しかもそれは読み取れることで、この文そのものによって明らかとなっている——十分であり、あらゆるあいまいさは取り除かれる。事実そういうわけで、これは深刻ではないということになろう。そのときテクストは、「私は翻訳であり、あなたがたは、ある翻訳を読んでいる最中だが、この翻訳は、署名者の言語でもともとは書かれたものとして自己を提示する原書の翻訳として、自己を提示しているのだ」ということを、あなたがたに述べていることになる。

　ところが、こうしたことは、すでにフランス語において、ここで原文と呼ばれるものの中で、すでに生じている、というのが私の主張である。現用語への翻訳ではけっして消されていなかったある段落が、唯一ラテン語訳においてだけ削除されていることは、こういう風にしか説明できない。つまり、このテクストのラテン語版は、それでも翻訳と呼べるならばの話だが、ほかの翻訳とはまったく異なる身分規定を保持しているということだ。それは前回私たちが話した歴史的かつ政治的な状況に起因する。ラテン語は数ある外国語の一つではない。そして少なくとも翻訳がそのものとして現前するのは、約束上原文を指示参照することによってである以上、こうしたラテン語訳はいわゆる翻訳ではない。この場合それは、もとの言語を別の言語へと派生させるもしくは「導いて行く〔aconduire〕」(ギリシア語ないしラテン語からこちらの辺境の方に導いて行くという物言いで、このテクストが語っていたように)ことであるよりむしろ、権利上もとの言語であらねばならなかったものへと連れ戻すことである。正規的かつ規範的と考えられる状況では、科学、法学、哲学の書物はラテン語で書いた方がよかった。なぜデカルトは、ラテン語訳、死語への翻訳を承諾したのだろうか。現用語を死語——もう誰も話していない言語——に翻訳した方がよいと納得する人がかつてどこかにいただろうか。ここでは翻訳が、書字《エクリチュール》、可能的な発話《パロール》から、書字に向けてなされている。デカルトが譲歩したのは、そもそも法の前、規範の前、ある種の環境でいまだ支配的な社会契約の前である。つまりある種のテクストたち、それらにとってフランス語が通俗化の言語にしかなりえないテクストたち——それは哲学なのだが——は、そもそもラテン語で書くことになっていた。もしたまたま、逸脱もしくは違反さえ犯して通俗語で始めるふりをしたのなら、要するに翻訳から始めたのなら、正規とされる原語、それはやはりラテン語であったはずだがそうした原語へとただちに復帰すべきだった。したがってラテン語訳は、秩序への返還、違反者への警告〔秩序の喚起〕、秩序への復帰にほかならない。フランス語版におけるデカルトの困惑した釈明、不安げな弁明は、このように説明される。

以下は、それぞれ次元の異なる二つの注記である。

一、私たちは、翻訳のある論理、ある位相学、ある運動学について話している。translatio〔翻訳／向こうへ運ぶこと〕は、一つの言語的な場から別の場へと、一つの起源から一つの非‐起源へと、権利上〔*en droit*〕、法学の言語〔*langue du droit*〕において、起源でなければならなかったはず〔*aura(it) dû*〕の非‐起源へと向かう。この道行きは、すでに翻訳の作用の下にあるように見えたものを外に運び出し、その直線なき道程は、話し言葉という通常の意味での言語と、書き言葉という狭い意味でのテクストとのあいだをぐるぐると循環する。『序説』をラテン語に翻訳することは、それを書字に返すこと、もしくはある条件下で、ある読者たちに対して、語学的にはフランス語の能力がなくとも特定の領域で能力をもつあらゆる主体に対して、『序説』を読めるようにすることだった。英国、イタリア、ドイツの学者は、たとえ一六三七年刊行の『序説』を理解できなかったとしても、ラテン語というこの書き言葉の言語で、『方法論文〔*Dissertatio de methodo*〕』を読むことができた。しかも『序説〔*Discours*〕』のほうがむしろ話し言葉に近く、『論文』のほうが書き言葉に近いように見える。[2]〔ただし〕ラテン語版が、書字と法権利への返還〔restitution〕だからといって、『序説』の音声言語化〔vocalisation〕には解放あるいは侵犯の意義があったのだと急いで結論してはならない。私たちが確認したように、この音声言語化は、法の力、君主国の力になりつつある別の力〔フランス語〕に対して、文字言語や法の威厳をあたえる。同様に、革命期には、まさに法の下において教師たちがフランス語で法を発音するために市町村に来たのである。この翻訳的な道程を、二極（法／法でないもの、文字言語／口頭言語、死／生、死語／現用語、父の言語／母の言語〔母語〕など）を行き交う通路と見なしたくなる人もいるかもしれない。だがまったくそうではない。しかもこれこそ、事柄の核心であって、つまり暴力は両側にあり、対立の各項は他方の側にも標記されているのは明らかである。いつでも開路と抵抗という二つの力があり、それぞれが生と死の両方を帯びている。

二、返還を語っているとき、私は、潜在的で隠れた構造のことを指しているつもりはない。実際のところ、かなりの程度まで、その名を表題にもつ作品において、方法の序説に関する内容は、『精神指導の規則』のフランス語訳のようにも読める。『精神指導の規則』(1)は『序説』の八年前にラテン語で書かれたテクストで、著者の生前には刊行されなかったがフランス国外では流通したという点で、いわば隠れた原書《オリジナル》である。ライプニッツが読んでいたことが知られている。『規則』は、ちょうどラテン語であり、まさに完成前の、一種の『方法論文』であろう。そこには「方法」という語や「旅路にまつわる〔viatique〕」語彙が多数みられる。規則も、つまり「真理の探究」(「第四規則」の題名〔事物の真理には方法が必要である。〕もまたそれを示しているように)においての認識ないし探究についての技術的かつ倫理的な教え、義務論も多数みられる。規則という語がまさに示しているのは、良き道へ、良き方向〔*direction*〕へ、良き宛先へ、みずからの精神を指導したいと、みずからそちらへ向かいたいと、精神をまっすぐに〔*droitement*〕(*recte*)導きたいと望むとき、認識の道筋上にきちんと至り、その道筋上でふるまうために、規則的、循環的、反復的な仕方で、それゆえ定式化可能な仕方でおこなった方がよい事柄である。それゆえラテン語論文〔『精神指導の規則』〕は、ほとんど秘密のうちに、フランス語の序説に先行していたことになろう。そのためこの序説のほうは、明確にすべき一定部分に関して、通俗化のための翻訳に、翻訳的な道程に似ている。方法、道の製図法、「道」のモチーフ(私は、比喩やメタファーより「モチーフ」という語を好むが、それは別の箇所で私が説明しているか説明するつもりの理由によるもので、しかも「モチーフ」は動作の示唆を保持しているからである。あなたがたもおっしゃるだろうが、その点で「メタファー」と同じようなものだ。ただしこれ以外の修辞学的な想定はやめておこう)については一言にとどめて、もっと長い詳述は討論とセミナーの各回にとっておこう。ご存じのとおり、『規則』において、**chemin** や **via**〔ともに「道」の意味〕のモチーフがすでに決定的である。この未完のテクストもまた、それがこうむった偶発事によって、「旅路にまつわる」運命をたどった。このテクストは〔デカルトが死んだストックホルムから〕輸送されて〔故国フランスに〕戻ったとき、他の文書類とともに、セーヌの川底で発見された箱の中にあった。それらをルーアンからパリに持ち帰る船が沈んだのだ。『規則』は、乾かすために広げておくことになった。伝記作者バイエによると、このために「大きな混同が起きたのかもしれない。とりわけその作業に従事した幾人かの使用人たちには彼らの主人のごとき知性が備わっていなかったために、この文書〔における議論〕の筋道と〔一枚一枚の〕配列をもとのままの状態に保つということができなかった(2)」からだ。推論の順序は主人〔巨匠〕の知性を前提とする。在ストックホルムのフランス大使、デカルトの友人で、少なくともその文書の相続者であるクレルスリエは、『規則』を、急いで出版する必要のないテクストに分類していた。おそらくそれは、この著作が、未完成である上に、ラテン語で書かれており、クレルスリエがデカルトを紹介したかったような「大勢」の公衆の関心を引く可能性が低かったからだと思われる。実際、クレルスリエは〔自身が編纂した〕『書簡集』第二巻の序文で、こう注記している。「出版業者が私に証言したところによると、第一巻に多数のラテン語書簡が収められているため、この言語になじみのない人たちがこの巻を買うことがなかったし、それゆえほかの人たちも、書物のもっとも見事な部分がひと知れず隠れていたと思うことさえなかった(3)」。今日と同じで、特定の言語で書かれた哲学書にあまり需要がないことを指摘するのは当時も、そのことを問われた出版業者である。売るためには言語を変えなければならず、可能なかぎり最大の購買層の読書能力にあわせて自分の序説を調整しなければならない。しかも日常の言語と「難解」な言語（その言語が秘伝的なものであれ定式化されたものであれ）とのへだたりは、二つの特有言語のあいだよりも、一つの「同じ」言語の内部においてさらに顕著なものとなる場合がある。教育学的、学術的、出版的、経済的、政治的な問題の今日性を痛感するのに、別の話で置き替えるまでもないだろう。

通俗語で書くことで、デカルトは、容易さ（このセミナーの間中、私が語るつもりのモチーフ）への接近を容易化したいと、古い書物のなかで保存された知による迂回を回避したいと考えた。そのとき、「知力の弱い人たち」の哲学への耐久力のなさが念頭にあり、彼は何やら戸惑いながらシオン〔哲学者でマザランの秘書〕宛ての手紙のなかでそれを説明している。手紙〔一六三七年三月付〕(4)の冒頭では、諸論拠を「万人にとって容易」にしたい旨が述べられている。「ご指摘のとおり、あなたがご覧の書き物には大きな欠点があること、そこでは万人にとって容易になる〔ここを強調しておこう〕ほど十分に、諸論拠——これによって私は、神の存在と人間の魂の存在よりもそれ自体で〔それゆえもっとも容易く〕明らかで確実なものはこの世にないことを証明できると考えているのですが——を押し進めなかったことは認めます。しかし私があえてそうしようと努めなかったのは、懐疑論者の非常に強力な諸論拠をすべて説明しなければならなかったからです〔…〕」。彼がフランス語で書くときの宛先である「知力の弱い人たち」は、スコラ学による十分な備えができておらず、哲学という学科について熟練してもいない。デカルトが恐れているのは、こうした人々は、彼が修辞学的、方法論的、一時的にしか用いるつもりのない懐疑論者の議論に屈するだろうことだ。彼らは知力が弱いので、「純粋理性」——これによって神の存在などが証明される——が有するもっとも容易いこと、明晰かつ判明な諸観念の明証性、〈われ思う《コギト》〉、自然の光に行きつく、もしくは立ち戻ることができないだろう。学習の場で習ったばかりの議論である懐疑論者の懐疑に影響を受けてしまうだろう。もっとも容易いことへの道筋が、直観的明証性という、この道筋ならぬもの〔non-route〕が、このおのれのそばの始点＝始まりのなさ〔point de départ〕が、彼らには塞がれてしまうだろう。以上は戦略上の逆説となっており、歴史的かつ言語的な状況に起因する。すなわち（十分に就学ないしスコラ化してはいない）知力の弱い人たちにとって物事を容易にするためにフランス語で書きながら、デカルトは、もっとも容易なこと、もっとも確実なことに、この哲学的方法論の絶対的価値に、それほど確実には行き着くことができない。「[…]けれども私は恐れたのです。懐疑論者の見解を導入したがっているのではないかと当初は思われたかもしれないこの導入部［デカルトが復元したもの］が、私が通俗語で書いたという主な理由から、もっとも知力の弱い人たちを混乱させてしまうのではないかと[…][5]」。

「自然理性」——スコラ学や古い書物がいまだ曇らせておらず、陰らせておらず、懐疑に不寛容な独断論がいまだ影響を与えていないもの——にもっとたやすく訴えかけようと通俗語で書く選択をして、デカルトは、言葉の悪い意味である種の安易さ《ファシリテ》を背負い込んでしまった。それは、「良き」容易さへの接近を妨げる。その過ちは、通俗語のせいでも、人々の知力の弱さ、彼らの生来の「愚かさ」、教育されていない人たちの「愚かさ」のせいでもない。それは制度的なもので、スコラ学や伝統に起因する。知力が弱く先入観がなく、フランス語しか解さない汚れなき人々は、学校で習う、文書で保存された、類型的で、慣例の議論である懐疑論的懐疑に縮みあがることだろう。しかしながら順序＝理法〔*ordre*〕は、感覚的確信を疑うことを妨げる感覚論、本能的な独断論から精神を解放するにちがいない。この順序は、懐疑論的懐疑を方法的懐疑に変えるべく、懐疑論的懐疑か、少なくともその議論的図式、その言語、その修辞を経由することを要請する。さて懐疑論的懐疑のこうした言語や修辞は、歴史上、スコラ学の言語やラテン語と結託している。こうしてデカルトは、自分たちの母語のなかで文脈抜きにこの順序を受け入れる「知力の弱い人たち」にもたらすこの順序の逆説的で有害な効果を懸念する。ゆえに彼はこの悪しき安易さに追随せざるをえない。この手紙の宛名人であるシオンは、「知力の弱い人たち」の社会ではなく、デカルトが「自分の審判者としたい」と望む学者たちの社会に属する。彼が通俗語に惑わされることはないだろう。「そして、非常に聡明であられるあなたやあなたのお仲間の方々には、たんに読むだけではなく、私が過ちを犯したかどうかを検討するべく個々の点にかなり長い時間をかけて、私が省察したと述べたのと同じ内容を、順序にしたがって省察する労をとっていただけるなら、私が導いたのと同じ結論を引き出していただけるだろうと［…］、私は期待したのです」（強調は引用者）。

したがって言語、とりわけ書かれたテクストの言語は、デカルトの目には二次的なものにとどまる。読むにとどめてはならないと彼は要求する。順序にしたがって省察する必要もあるのだ。その順序は、読書ないし書字の順序ではなく、それは諸論拠の順序、そして本質的な順序である。

ヴァチエ神父宛ての有名な手紙（一六三八年二月二二日付）に同じ議論が見られる。ただしそこでは、「知力の弱い人たち」のかわりに「女性たち」とある。

この〈方法〉概論のうち神の存在について書いたことに関するかぎり、たしかに私の物言いはあまりにわかりづらかったですし、これがもっとも重要な箇所なのに、この著作のなかでもっとも練り上げが足りない箇所であることを認めます。その部分的原因は、この箇所をこの著作に付け加えようと決意したのが、最後の最後になってからで、出版業者が私を急かしていたときだからです［戦略の現代性に、哲学の通俗化、「メディア」、出版業界の催促などの問題系にご注目いただきたい］。しかしこの箇所があいまいになった主要な原因は、私が懐疑論者の諸論拠にまで話を広げたり［前掲の手紙と同じ議論に同じ単語］、精神ヲ感覚カラ引キ離スタメニ［コード化された議論のためのラテン語！］必要なことをすべて述べたりはあえてしなかったからです。というのも、物質的な事柄についてわれわれがもっているあらゆる知識にかかわる不確実さをわれわれに気づかせる諸論拠を判明に思い出しながらでなければ、私の方法で神の存在を証明する諸論拠の確実性や明証性をきちんと知ることはできないからです。そしてこうした思索は、女性たちでさえ何がしかを理解しうるよう、しかしまた、もっとも精神の鋭敏な人たちが、彼らの注意を占めるのに十分な題材を見つけてくれるよう私が望んだこの書物になかに、盛り込むのはふさわしくないと思いました。(6)（強調は引用者）

またもや同じ戦略、つまり可能なかぎりもっとも多くの読者に達して、「良き」容易さのもとでもっとも多くの哲学者を育成するための、二通りの公衆、二通りの宛先、二通りの言説、それどころか二通りの言語である。すべての人がすべてを理解することはできないし、とりわけ女性たちにはできないが、少なくとも彼女らが「何がしかを理解する」ことができるように、何かをしておこう。当時の女性哲学者たちや学のない女性たち、スコラ学と同じく男性専用である哲学について何がしかを理解したい女性たちへのこの種のほのめかしを、今度は私たち自身がきちんと理解するために、詳細で困難な分析に取りかからなければならないであろう。この時代の女性たちの状況について、各々の社会階層、彼女らの教育に対する関係に応じて、「フェミニズム」運動の諸前提などに沿っておこなわれる分析に。ここでこの分析に着手することはできないが、もしこの調査が、自然（すなわち普遍）理性についての、学術語にせよ通俗語にせよ自然理性が言語と取りもつ関係についてのデカルト的問題系の痕跡をとどめて、この問題系を統合するのでなければ、調査はとりわけ不十分となろう。したがってこの調査が、これとは分離されてはならない――『方法序説』の出来事がそうであったように――翻訳の広大な問題を統合するのでなければ、調査は不十分となろう。デカルト的戦略の巧妙で困惑のうかがえる複雑さには、「フェミニズム」的戦略のそれが釣り合うようだ。つまり女性たちは、哲学的権威と男性的権力とを、これらの我有化がもたらす逆説的な危険もふくめて我有化するべく、ラテン語を学んでスコラ哲学を身につけるべきなのだろうか。あるいは逆に女性たちは、人々が知、哲学、法学、とりわけ医学を母語で「話す」よう求めるべきなのだろうか。あなたがたは、この件にまつわる関連書録をご存じであり、その書録は、私たちの学校がモリエールの『学者きどりの女たち』もしくは『滑稽な才女たち』から私たちに読みとらせるこの件についての内容には、けっしてとどまるものではあるまい。

デカルトは女性たちに語りかけ、要するにこう言いたかった。自然理性というものがある、良識はこの世のものでもっとも公平に配分されている、人は万人が理解できる言語で話さなければならない、と。もちろんこの動向は、女性に対するあらゆる排除にあらがって進む。教師たちやラテン語やスコラ学から免れているため、まさに女性たちはよりいっそう「汚れを知らず」、それゆえもっとも容易なこと、もっとも直観的なこと、もっとも哲学的なことへとたどり着くのによりいっそう向いているかもしれないと考える余地さえ、デカルトはあたえている。この「進歩」あるいはこの「過程」への「対価」は、ここでも同じものであろう。つまり哲学における、哲学による性差の抹消である。順序、まっすぐで本質的な道、もっとも容易ではないことからもっとも容易なことへと進む道は、知解可能な順序であろうし、それゆえ性別をもたず、身体をもたないであろう。証明の順序（可感的事象の懐疑、〈われ思う、われ在り〉、神は実在する、などなど）において避けられない文章《パサージュ》〔通路〕は、性別に関して中性もしくは無差異である。〈われ思う《コギト》〉は、その思考においてもその言表においても、その文の文法においても、いかなる性的特徴も持たない主体に対応する。というのもそれは、思惟する事物であり身体ではないからだ。いつもどおり、この中性化は両義的な効果を生む。それは、ある普遍的な共同体と哲学への通路を女性たちに開くのだが（これは進歩と見なすことができる）、ただし身体の側に格下げされた性的差異が、〈われ思う《コギト》〉、直観、理性、自然の光などにとって本質的ではない性的差異が、中性化〔無化〕されてしまうという犠牲をともなう。そのときデカルトの身振りに基礎づけられた主体の主体性は、身体であろうと言語であろうと、性的差異のないものにとどまるだろう。すでに私が別の場所で[7]示唆しようと試みたように、この「中性化」を再生産しないためには、デカルト的主体を脱構築して現存在の分析論の一種を提起するだけではおそらく不十分である。

「女性たちでさえ何がしかを理解しうる」ような仕方で語るとき、デカルトはまさしく革命派だった。彼は、自分より以前からある環境で誕生し、自分の周囲に大きく広がっていた当時の根本的な動向に従っているのである。ラテン語への反発は激しい。人々はラテン語を、衒学的な言語、それどころか粗野な言語と感じている。ある種の場面では、ラテン語に頼ることは慎みがなく無礼なこととなり、そのときは詫びなければならない。この動向は顕著になる一方で、数十年後にブヴール神父は、「少々ラテン語めいて」いて「いまだスコラ学の粗野さがいくばくか感じられる」単語 inamissibilité〔不変性〕を用いるべきかどうかと自問する社交人たちを、自著『フランス語への懐疑』（一六七四年）の舞台に登場させている。「〝私からすれば〟とル・シュヴァリエ氏は人々の話をさえぎった。〝これはフランス語には思えません。せいぜいフランス風に着飾った異人と言ったところです〟と笑いながら付け加えた。侯爵夫人曰く、〝まったくちんぷんかんぷんですので、その語がなくとも私自身がとくに困ることはないと請け合いますわ〟〔…〕」[8]。

フランス語を擁護してラテン語とスコラ学にあらがうこの戦いにおいて、女性の地位は肝要である。少なくともある種の社交の場では、そしてまずもって宮廷においては。女性は、ラテン語やスコラ学の学科を教わらなかったので、母語と最良の関係にあり、言語の最良の感覚をもつと見なされている。要は、通俗語の真の番人なのだ。ヴォージュラと彼の書いた有名な『フランス語に関する覚え書き』[9]をご覧いただきたい。彼は、良き慣用とは「今日の作家たちのもっとも健全な部分を書く方法に見合った、宮廷のもっとも健全な部分を話す方法」であると書いていた。さてこの言語練磨の巨匠がそのうえ強調していたのは、この規範的なエリートには「男性と同じく女性も」含まれるということであった。さらにこう付け加える。「言語に疑いがかかったら、通常は、男性より女性に、ギリシア語やラテン語に通暁した人々より何も学んでいない人々に相談するほうがよい」と。

自然理性ないし自然の光に言語を奉仕させようと腐心しながらも、デカルトは、たとえ自分の母語であっても、何らかの母語を無条件には擁護できなかった。さらに彼は、ひとつの普遍言語を願わなければならなくなった。

彼は実際にそれを願った。しかし彼の言語思想と関連したこの次元に関心を寄せるためには、前提に立ち戻るかのように一歩さがることを、また同時に、私たちは自分たちの行程がある意味で不連続になることを受け入れなければならない。これだけ時間が短いとあっては、こうしたことは避けられない（二回の講演でこれほど内容豊富な諸問題と、これだけ入り組んだ諸テクストを扱っている）。予備的な目印をつけるだけにしておいて、セミナーのあいだ、作業向けの各回で、何らかの連続性を再現できるよう努めてみよう。

デカルト読解のこの新たな段階に入るには、ひとつの指針が私にとって必要となる。「翻訳の問題と関連するかぎりでの文学的・詩的な言語」もまた扱うことになるこのセミナーの約束をきっと果たすために、小説を、**roman** という語を、指針として選ぶことにしよう。

デカルトはこの語を何度か使った。二回の生起を取りだしてみよう。ひとつめは、一六二九年一一月二〇日付（『方法序説』に十年近く先立つ『精神指導の規則』の時代）でメルセンヌに宛てたアムステルダムからの有名な手紙の末尾にある。彼は、みごとな「新言語」の提案に対して答えている。それは、両義的な返答で、普遍言語を対案として提起するものである。

さて、この言語が可能であると、またこの言語が依拠する〈科学〉を見つけることができるとはっきり言えます。この〈科学〉を用いるなら、農民たちが、哲学者が今日おこなう以上に正確に物事の真理を判断できるようになるでしょう。ですがけっして、この言語が使用されるのを目の当たりにできると期待してはいけません。それは、物事の順序に大きな変化をもたらすことが前提となり、世界全体が地上の楽園にほかならないことが必要となります。このような提案が通用するのは、小説の国くらいです。(10)［強調は引用者］

以上が手紙の末尾である。私たちにも思い描けるように、事態の進展は、あたかもデカルトがここで、農民たちに対しては普遍言語をあきらめ、数年後には、女性に対しては自然言語で書くことに甘んじるかのようだ。roman という語のふたつめの生起は、十年後、「序文の代わりとしての、著者から訳者への手紙」だ。これは『哲学原理』の「序文」であり、虚構の序文のかたちをとった現実の序文である。デカルトは、もし彼が序文を書いていればそう述べたであろうことを述べており、自分がやっている最中のことを、やってはいないと否認しながら述べている。「否認しながら」というのはすなわち、やっていることを認めながらということだが。

　そのうえ私であれば、本書を読む方法について意見を一言付け加えたことでしょう。その一言とは、最初は、私が論じた内容がどのようなものかをただおおよそ知るために、本書で出会いうる難しい箇所でがんばって多くの注意を払ったりそこで止まったりしないで、一冊の小説のように本書全体をざっと通読していただきたい［…］ということです。(11)

そのあとで、ご存じのように、彼は本書を三度読むよう勧めている。

roman という語は、二つの文脈で同じ意味価をもつわけではない。〔メルセンヌ宛ての〕「手紙」では、想像上の作品のこと、実在しない国、虚構の天国に関する架空の記述のことである。「序文」のほうで強調されているのは、本の読み方である。つまり小説を読むとは、物語に没頭すること、思索にふけらず、考えこまず、戻って読みなおしたりもせず、語られていることを足早にたどってゆくことだ。方向性なり力点なりにこうした違いはあるにせよ、どちらの場合も、小説への示唆は、順序にかかわる。それは、『原理』における論述ないし読書の順序、そして「手紙」のなかでは変えられねばならないだろう順序、〔しかし実際には〕変えることができないとされる順序である（「世界全体が地上の楽園にほかならないことが必要となります。このような提案が通用するのは、小説の国くらいです」）。

小説を寓話と混同してはならない。小説は架空の内容を含んでいるが、それに尽きるわけではない。ここでジャン＝リュック・ナンシーの見事な著書のうち「世界ハ寓話デアル〔*Mundus est fabula*〕」という章をご参照いただきたい[12]。私としても、小説のうちで寓話にとどまらないものを強調しておきたい。

おそらく寓話には、小説と共通する特性がある。『序説』の冒頭を思い出そう。「ただしこの著述は、そのなかには模倣してもよい事例もあれば、それにまじって、模倣しないでおくのが正しいような別の事例もおそらく複数あろうという一つの物語として、もしよろしければ、一つの寓話として提示している〔…〕[13]」。寓話とは、事実に関するかぎりでそれが述べている真理についてお墨付きを与えてやる必要のない叙述のことである。ただし寓話は、真理の例示的な意味をもちうる。「ここには説明すべき多くの事柄が残っており、持論にさらなる真実味をあたえるべく、そこにいくつかの論拠を付け加えることすら容易であろう。しかし、この序説の長さがなるべく退屈にならないように、一つの寓話を工夫して、序説の一部をそのなかに包んでみたいと思う。この寓話からは、真理が十分に姿を見せて、私がまったくあからさまに説明した場合におとらず、真理の見晴らしがよくなることを期待している[14]」（『宇宙論』第五章）。

本質を出現させる虚構として、寓話は真理を帯びており、魅力的な方法で真理を開陳もしくは明示する。寓話は真理への欲望をかきたてる。小説もまた退屈を避けるのだが、合致点はここまでにとどまる。というのもデカルトは、roman という語を用いている〔『方法序説』の〕別の箇所で、こうした真理価値を小説には認めていないように思われるからだ。

ですが私は、諸言語ばかりか、また古い書物の読書にさえも、さらにそれらの物語《イストワール》、それらの寓話にも、すでに十分な時間を費やしたと思った。なぜなら旅することは、別の時代の人々と対話するのとほとんど同じようなものだからである。〔…〕ただし旅行に時間を費やし過ぎると、結局は自国にうとい者になるし、過去の諸世紀になされていたことに興味を持ちすぎると、往々にして、今世紀になされていることにひどく無知のままとなる。寓話たちは、到底ありえないいくつもの出来事をありえるかのように想像させ、もっとも史実どおりの歴史でさえ、特定の事象をいっそう読むに値するものにするべく事象の値打ちを変えたり増やしたりまではせずとも、少なくともおよそ平凡でまったくぱっとしない事態をほとんどいつもそこから省いてしまう。その結果、残りの部分もありのままには現れず、そこから引き出した手本によってみずからの品行を律する人々は、われわれが読む小説に登場する遍歴騎士のような奇行に陥ったり、身の程しらずな計画を抱いたりしやすい。私は、雄弁さを高く買い、詩を愛した。ただしそのどちらも、研究の成果というより天賦の才だと考えた[15]。

こうしてメルセンヌ宛ての一六二九年の手紙で告知されていた言語《ラング》の哲学あるいは言語活動《ランガージュ》の哲学に、私たちは近づいている。最終的にデカルトは、不可能な可能言語、ありえない言語の可能性と私が呼ぶつもりのものを提案する。「この言語が可能である〔…〕とはっきり言えます。〔…〕ですがけっして、この言語が使用されるのを目の当たりにできると期待してはいけません。それは、物事の順序に大きな変化をもたらすことが前提となり、世界全体が地上の楽園にほかならないことが必要となります。このような提案が通用するのは、小説の国くらいです」。

「小説の国」は、普遍的な哲学言語より、完成されたバベルの塔のようなものよりむしろ、言語の可能－不可能と本質的な関係をもっているようだ。カフカの短編『町の紋章』のことを考えていただきたい。バベルの塔を主題にしたこの作り話《フィクシオン》は、皮肉にもデカルト的な主題系、話題系《トピカ》、修辞と響き合う。すなわちデカルトが、足場を固めることからはじめて屋根まで積み上げていくべき都市の形象に訴えていること（『序説』第二部および随所で）、この上昇運動、これら階段、こうしたすべては、体系的建築——世代ごとに限りなく異なるようなそれ——としての哲学的企図を告げている。［…］カフカはこう述べている。「初め、人々がバベルの塔を建てはじめたとき、すべてはまずまずうまく行った。［…］第二、第三の世代になると天まで届く塔を建てることに人々は空しさをおぼえたが、そのときにはしがらみが増えすぎて、都市を出て行けなくなっていた」（その都市はプラハのことのようで、「町の紋章には握ったこぶしがある」[16]。しかもデカルトはそこを訪れていたと私には思われる）。こうした建築術は、言語学と切り離せない。

　アルディという人物が提案した新言語の計画を報告してきたメルセンヌに返事を書いているとき、デカルトはすでに『規則』を書いていた。彼はすでに、第四規則の普遍数学〔mathesis universalis〕と一致する一種の普遍的な文字《カラクテリスティック》学の計画を抱いていたのだ。この文脈では、数学とは、順序と尺度〔計量的関係〕について研究可能なすべてを説明する一般科学である。これは、プラトンの伝統、直接にはプラトン以後（スペウシッポス）の、そしてアリストテレスの『形而上学』（たとえば第六巻1026a 26–27と第七巻1061b 19）で提示された伝統——特定の対象をもたない共通普遍の科学としての数学——でもある。デカルトにとってそれは、もっとも必然的でもっとも容易な科学である。容易さのモチーフは、本質的にこの数学と結びついている。そして『規則』において輪郭が現れ、メルセンヌ宛ての手紙のなかで表明される文字学の計画は、容易さの、技術的能力の公理系そのもの、しかもこのセミナーで私たちがたどる「能力」の公理系そのものをふくんでいる。以下、第四規則。

　このことをいっそう注意深く考察することで、最終的に私にとって明らかになったのは、人々がそのなかで順序と尺度を検討するそうした物事だけは、そうした物事すべては数学と関係しており、この尺度が、数、図形、天体、音のなかに、あるいは何か別の対象のなかに求められようとかまわないということ、したがって、なにか特定の素材に割り当てられることのない、順序と尺度に関して研究可能なすべてを説明する一般科学がなければならないということ、そして、この科学は、その力によって他の諸科学が数学の一部であると言われる、そういうすべてを含みもっているがゆえに、この科学は、けっして借りものの名ではなく、すでに古くからあり慣習によって認められている名でもって、普遍数学と呼ばれるということである［彼は、「語の語源を考えるだけでは不十分である。というのも数学という語は学問以上のことを意味しないのだから［…］」等々を、それ以前の箇所であらためて指摘していた］。今日、便利さの点でも容易さの点でも、この科学がどれほど他の諸科学にまさっているかは、それが、他の諸科学と同じ対象に及んでいるのみならず、さらにその他多くの対象にまで及んでいる事実からもたやすく見てとれるのである。(17)

普遍数学の計画、もしくはフッサールが言うような形式存在論の計画が前提としているのは、研究は言語のあいまいさに邪魔されていてはならないということである。定式化し数学化するには、自然言語のもつあらゆるわかりづらさ、紛らわしさ、あいまいさを克服しなければならない。単純で一義的な記法体系〔système de notation〕を提案する前から、第八規則によって、語から事象へ向かうようにと定められている。学者同士の論争を雲散霧消させるには、語たちのあいまいな厚みを通り抜けて事象のほうへ向かえば十分だろう。のちに、依然として通俗語への回帰を導く楽観主義は、まもなく私たちがその効果を確認するつもりの言語学的道具主義を含意している。語、語彙、統語法は、ある程度までは直観的ないし演繹的な思考にとって外的な技術にとどまる。哲学の情報伝達があらゆる誤解を消し去るには、語、語彙、統語法の状態（一義性、容易さ、明白さ）に注意すれば十分である。この楽観主義――その論理は普遍的な文字学の計画を支えている――と、「小説の国」でしか通用しない上述の普遍言語を用いることへのあきらめとを両立させるには、どうすればよいのだろうか。この文字体系とこれら小説のあいだにはどんな関係があるのだろうか。

第一三規則が喚起するように、探究は、語から事象へ、結果から原因へ、原因から結果へ、部分から全体もしくは他の部分へ、最終的には同時にあらゆる事象へと進む――これが単純なものの哲学を、それ自身の迷宮へと開くのである（今回は無理だが、私たちはデカルトにおける方法と迷路、彼のアリアドネの糸について話すつもりだ）。

> 表現のわかりづらさに困難がある場合にはそのつど、探究は語から事象へと向かうのだと言っておこう。このわかりづらさのグループに対応するのは、足がはじめは四本、ついで二本、最後に三本となる動物についてのスフィンクスの謎のような、すべての謎だけではない。［…］博識な人々のあいだに論争を引き起こす大半の問題において、組上に載るのはほとんどいつも語の問題である。［…］こうした語の問題はあまりにひんぱんに提起されるので、哲学者たちが語の意味についてつねに意見が一致するなら、ほとんどすべての論争が消え失せるのを目にすることができよう。[18]

デカルトは慎重にも、「ほとんどいつも」や「大半の問題」と述べている。『規則』以降、ある種のエコノミー、ある種の経済原理によって、数学の容易さも、あいまいさのない言語の容易さも、それどころか言語を越えて、多くの語を倹約する――というのも多くの語はわかりづらいものかもしれないから――ような記法体系の容易さまでもが導かれる。語を倹約するとは、第一四規則〔正しくは第一六規則〕

の表現である。結論に到達するのに必要でありながら、精神の直接的な注意を要しないものをどのように指し示すべきか。記憶の弱さから私たちが犯す危険がないよう、記憶を助けるにはどうすべきか。つねに倹約によって、「簡潔な記号」（« per brevissimas notas »）を用いるべきなのだ。記憶は「不安定」なので、その労力を倹約しなければならない。つまり「人為」〔ars〕によって、ちょうど適切なときに（aptissime）書字の利用法（scribendi usum）が発明された。こうした経済的な記法を紙片や用紙（in charta）に託して、私たちは思考をそれ固有の運動にむけて解放する。ただし慎重さを期すこと、つまり各々の単位に、各々のひとつに、極小の元素ごとに、唯一独自で恣意的な記号をそのつど取っておくことだ。困難を解決するために、ひとつとみなす必要のありそうなものすべてを、唯一独自の記号で指し示そう。こうした記号は、作り上げられ、見せかけられ、創作され、恣意的となるだろう。その結果、こうした人工の文字体系の発明において、小説的とは言わないまでも寓話的なある種の虚構〔*fiction*〕にうったえることとなろう。つまり「われわれは、欲するままに思い描かれうる[〔3〕]〔fingi〕ような単一の記号によってそれを指し示そう」。いくつかの事例（アルファベット文字や数字）を提示したあと、デカルトはこう続ける。「この体系によって、われわれは多くの単語を倹約することになるのみならず、さらにこれこそ肝要なことだが、困難を引き起こす項〔語〕たちを非常に純粋で簡素な形式のもとで明示するだろう。その結果、有用なものは何も省かれず、余分なものも、複数の物事を同時に把握しなければならないときに精神の能力をむだに独占してしまうおそれのあるものも、まったくそれらの項には見あたりはしないだろう[19]」。

新言語の「アルディ」計画に対する、一六二九年、『規則』の執筆後のデカルトの受け止め方、理解を示すと同時に慎重な、熱心であると同時にいくらかやっかみのまじった受け止め方を、今やよりよく理解できるだろう。彼はこの計画を「すばらしい」と言いつつも、「粗悪品＝薬物〔drogue〕を高く売る」ために（もうひとり、ある文化に薬物を導入したとして責められながら言語もしくは文字言語という新技術を提案した者がいる[20]）、さらにデカルト自身の言い方では「みずからの商品を売り込むために」、あるいは「難点を改善する」ために、このアルディ——私たちは彼のことを何も知らない——が主張したらしきことに対して、デカルトは異論をいくつも述べている。探求されるべき言語は「真の哲学」に依拠していなければならないのに、アルディはそれがわかっていないと非難して、デカルトは普遍言語についてのみずからの計画を説明するのだが、最終的には、このような提案が通用するのは、小説の国くらいだろうと言う。

　したがって以上が、言語の小説についての、あるいはロマンス語ではないにせよ小説《ロマン》の言語についての手紙である。[4] この手紙は、のちに『序説』のなかで提案されることになる言語哲学を私たちに紹介している。（セミナーの別の回でこの手紙を分析して、思考の行為でかつ言語行為〔speech act〕としての〈われ思う《コギト》〉の賭け金が明確になるよう努めるつもりである。）

　第一段落から、デカルトは単刀直入に、提案は「すばらしい」ように見えるが、詳細に見てみると失望させられると言いだす。すぐさま彼の批判の土台がすえられる。あらゆる言語には学ぶべきことが二つある。それは統語法と意味論、あるいはデカルトがここで非常に堅固な（ただし非常に疑わしくもある）伝統から借りる言葉で言えば、「語の意味と文法」である。そのどちらの面でもアルディは、なんら新しいことも申し分ないことも提案しなかったようだ。「語の意味」について、デカルトは、アルディの第四命題を皮肉るのに有利な立場にいる。この命題には「辞書を用いてその言語を翻訳すること」とあるが、デカルトに言わせればそれは、「諸言語にいくらか精通した人ならアルディなしであらゆる一般の言語のなかでできる」[21] ことである。語の意味を辞書で探しながら学べる言語を作りあげるというが、「中国語」をふくめ、あらゆる言語についてそれができる。万人にそれができないのは、文法のむずかしさのせいなのだ。「そしてこれが、あなたの言及している人の全秘訣なのだと察します」。しかし、デカルトによれば、まったく単純化された言語を鍛え上げたり形作ったりするのだから、それは容易であるにちがいない。その言語は、たった一つの活用、たった一つの格変化、たった一つの語の組み立てであり、欠如形ないし不規則形をもつ単語、つまり「用法の崩れに由来するもの」[22]が存在しない。デカルトからすれば、これは、言語の歴史や構造、堕落過程についての一解釈を含意するものであり、言語の退廃過程はたまたま歴史的な使用と結びついたものの、言語の根源的本質とは結びついていないらしい。堕落は、復元すべき根源的な規則性や単純さとくらべて、不毛な複雑さや不規則性の形をとっているようだ。同様に、アルディの新言語（たった一つの活用、たった一つの格変化、欠如形ないし不規則形をもたない、たった一つの語の組み立て）では、名詞と動詞の語尾変化が、もっぱら「基本語〔原始語〕」の前か後ろの接辞によっておこなわれる。「基本語」という表現は、かなりパスカル的で実際にはありふれているので、それがアルディの著作に出てくるのか、デカルトの手紙にしか出てこないのかは知りようがない。「基本語」の意味単位は、別のものに分解されたり別のものから派生したりはしない。それは単純かつ原初的な元素であり、そのひとつひとつが立ち止まって分析を要するものである。デカルトは、あらゆる言語にこのような語が実在するという説を持論として取り上げなおしているように思われる。彼の計画、真正で小説的な普遍言語（可能‐不可能）の計画は単純観念を前提とするので、それぞれの「基本語」がそれぞれの単純観念に対応していなければならないのは自明と思われる。後述するつもりだが、デカルトの普遍言語は、これら基本語のようなものから構築されるだろう。さしあたりは、アルディをけなしている。しかもその理由は、アルディ〔の計画〕が困難や異論にぶつかりうるためというより、彼の話の凡庸さ、さらにはその容易さのためだ。新しい辞書とこれほど単純化された文法があれば、「凡庸な人々が、辞書の助けをかりてこの言語で作文するのをおぼえるのに六時間とかからないとしても、なんら驚くにあたりません。これが第一命題の主題です」。

ここまでのところ、デカルトがアルディを非難している点は、その発明のはなはだしい凡庸さだけである。彼はバターを切るワイヤーを発明したようなものだ、と。これは、やっかみからうらみの混じった不誠実なものだという印象を私たちは禁じえない。というのも発明の容易さをたやすく皮肉ったあと、逆説的にもデカルトは、人々がこの言語を受け入れて使用するようにするのにともないそうな困難を非難するからである。この理論的な容易さの実践的な困難におよぶ以前にそもそも、デカルトは、「粗悪品を高く売る」か「みずからの商品を売り込む」ためにアルディ氏が、哲学的に平凡な商品を包んでいるいわば販促のための口上《ディスクール》に、いくどか悪意をにじませている。このくだりは、彼が述べたいことよりもむしろ、彼のうらみを雄弁に物語っている。昔からよくある状況だ。

「粗悪品を高く売るために」、アルディは、ひとたび新言語を知ると、あらゆる言語はその方言となり、その方言として立ち現れるだろうことを考えるよう勧めている――そしてこれは、その原理において大変興味深いと私に思われる第二命題である。こうして自然言語を、見せかけられ、発明され、再発明された普遍言語の、歴史上の下位言語、その普遍言語から系統的に派生した諸言語とみなすふりをすることになろう。この普遍言語は、虚構上、再構成された原始言語ということになろう。そこにあるのは言語の小説であろう。ちょっとした違い――それをデカルトはひどくやっかんでいるのだが――を別にすれば、これは、デカルトがその代案として提案するものと似ている。このちょっとした違いはささいなものではなく、彼はそれを「真の哲学」と呼ぶだろう。そう名づけられたこの哲学に、一度ならずデカルトが自分の手柄として主張するような一貫性と独創性があるかどうかはさだかではない。のちのち彼は、父の死んだ日に、アウグスティヌス的な系譜にあらがって、みずからの「われ思うゆえにわれ在り」を擁護する際に、もしくは、アンセルムスによる神の存在証明に対して「みずからの」存在論的論証を擁護する際に、同じように自分の手柄を主張することになろう。今回の場合、彼がやっかみを見せるのは、原始性そのものの発明、いわゆる原始的で原‐父的または原‐母的なこの言語の発明に対してである。

「粗悪品を高く売る」として発明者を非難することは、平静のままであるべき哲学的議論に放たれたかなり驚くべき毒〔悪意〕の分泌である。被告がそこにおらず、いるのはただメルセンヌ神父という名の仲介者だけであるがゆえになおさらである。争点が深刻にちがいないということは、哲学的反論が告発もしくは密告といった激しい形をとるたびにみずからに言い聞かせるべきで、ゆめゆめそのことを忘れないでおこう。どこがデカルトの気にさわったのだろうか。読んでみよう。

たいへんいじわるな当てこすりの際に、たまたまであるかのように、デカルトが自分のいやみを引き立てるべく見出す唯一の事例は、「愛」「愛すること」〔aimer, amare, philein, etc.〕である。

第二命題、すなわち「この言語を習得した上で、他のあらゆる言語をその言語の方言として習得すること」については、粗悪品を高く売るためでしかありません。というのも彼は、他のあらゆる言語を知ることができるのにどのくらいの時間がかかるのかを書かずに、ただそれらがその諸方言であるかのように見なす、つまりそこ〔アルディの言語〕には、ほかの言語にあるような文法上の不規則さはまったくないがゆえに、それを諸方言たちの原始言語とみなす、としているだけだからです。そのうえ注意すべきは、彼が、あらゆる言語で使われている語たちを、まるで類義語のように、自分の辞書のなかで、基本語として用いることができるという点です。たとえば、*l'amour*〔愛〕を意味するのに、彼は *aimer*、*amare*、*philein* などを用いるでしょう。そしてフランス人は、aimer〔愛する〕に、名詞のしるしとなる接辞をくわえて、l'amour〔愛〕を作るでしょうし、ギリシア人は、*philein* に、同じものを付け加えて、他の言語を話す人たちもそのようにするでしょう。

つぎに、第六命題は「文字を見つけること、云々」で、たいへん理解しやすいものです。というのも、*aimer*、*amare*、*philein* に対応するただ一つの暗号文字と類義語すべてを自分の辞書に書きこんでおけば、それらの暗号文字で書かれた書物は、この辞書をもつ全員が読み解けるでしょうから。[23]

デカルトは、「みずからの商品を売り込むために」アルディが用いる「秘訣〔arcanum〕」(secret)という語についても信用していない。デカルトは秘訣〔謎〕のない哲学を求めており、この語が「どこかの命題に」、とりわけラテン語で現れるとすぐに、「嫌気がさしはじめる」。しかし彼の不誠実さは、なべ論法と呼ばれるものにやはり訴えている(「君に返すなべは新品で、そもそも穴は、私に貸してくれたときにはすでにそこに開いていた、しかも君は私に一度もなべを貸してくれたことはない」)。[5] というのも彼は、「秘訣」という名で、偽の秘訣しか、教えるのがあまりに容易な秘訣しか指し示していないとして、発明者を自称する者を非難しているからである。かくして容易さが罪となる。

非難文書の後半でデカルトは、あまりに容易なこの発明の実行があまりに困難であることを証明しようと試みているが、一方でアルディは、六時間で教えることができると主張する。「私が予測する二つの難点がないかぎり、もし人類全員が、それを用いるのに同意すれば」、この発明は公衆にとって有益であるだろうと、デカルトは認めるふりをしてみせる。

この二つの難点は、厳密には言語学的次元のものではなく、むしろ歴史的かつ社会的である。この区別をおこなう資格が私たちにあるだろうか。

一方で、諸民族は自分たちの言語の音に慣れているが、ほかの言語の音は受けつけない。私たちにとってよどみなく心地よいものがドイツ人たちにとっては耳障りで耐え難いものになる。せいぜいひとつかふたつの言語に対してこの面倒を回避できても、この普遍言語は一国でしか通用しないだろう。「フランス人とだけ話すのに、その普遍言語を学ぶなんてなんの足しにもなりません」。もう一つの逆説、もう一つの否認だろうか。デカルトはユートピアを告発するが、もう少しあとで彼自身が隠さずに提示するのは、これとは別のユートピアである。アルディの場合、慣習の側の抵抗は、「新言語」があまりに哲学的でないという事実に起因しているにちがいないのだから、これは自己矛盾ではあるまい。逆に、デカルトの新言語は、それが哲学的であろうと望むがゆえに、そう望むかぎりにおいて、抵抗にあうだろう。しかも彼の「小説」は哲学小説となろう。

他方で、これが第二の実用的な難点だが、この新言語の単語たちを学ぶことには困難がある。普遍言語というより書記体系、文字体系《エクリチュール》という、デカルトにとってこの計画のうちで唯一魅力的な要素をなすものに説明がおよぶかぎりにおいて、それは私たちの興味を引くことになろう。デカルトはこの要素を口実にして、みずからの普遍言語、普遍的文字体系《エクリチュール》、「偉大な方法」――思い切ってこう言ってよいのなら――の計画を持ち出す。

各人が自分の言語の基本語たちを学ぶことにはなんの問題もないだろう。各人はそれらを知っているか、難なく学ぶ。ただしそれは、同国人にしか理解されまい。他国人が辞書を引くのであれば話は別だが、それは便利ではないし、あらゆる言語の基本語を学びたいとは誰も思うまい。さもなければ文字言語に頼るのが解決策だろう。デカルトが、この発明の唯一の有用性を認めるのは、まさにこの立論においてである。つまり普遍的な文字学《カラクテリスティック》の可能性、それぞれの基本語を共通の文字《カラクテール》で示した分厚い万国語辞書の印刷である。私たちならこの文字を、一般に、もしくは漠然と「表意」文字と呼ぶだろうが、デカルトはこの語を用いていない。この文字は、音とか音綴ではなく概念、意味単位を指し示すらしい。この表意文字言語の事例が、また愛なのだ。「したがってこの発明のなかで成功しうる［強調は引用者］と私が見ている全効用は、文字言語に関するものです。つまり自分が理解してもらいたいあらゆる言語の分厚い辞書を印刷させて、*aimer*、*amare*、*philein* には同一の文字といったように、音綴ではなく意味に対応した共通の文字で、それぞれの基本語を書けばよいのです。そうすれば、この辞書を持ち、その文法を知っている人なら、一文字ずつこの文字すべてを調べて、書かれたものを自分の言語で解き明かすことができるでしょう」。

デカルトは慎重さをくずさない。自分の解読（発明品はそれ自体が解読すべきテクストであり、デカルトがそれを手にするのは、手紙を介してのみ、解釈すべき解釈を介してのみである）が不十分だとする推測をしりぞけて、この新技術は、ほかの使い方をするにはやっぱり鈍重すぎるがゆえに、「宗教的奥義や啓示の数々を読み解く」ときにしか役に立たないのではないかとやはり考える。宗教的奥義や啓示の数々への暗示は、新種の暗号をめぐる当時の熱狂的な活動全体を視野に入れている。ここでそれを扱うことはできないので、『グラマトロジーについて』のなかで示した参考文献をご参照いただきたい[24]。

この批判の先でデカルトが提起する対案とは、どのようなものだろうか。それは要するに、基本語とそれに対応する文字を制定する方法のようだ。ここでは、もっとも厳密な意味で、制定こそが問題なのである。人工知能、翻訳機械、同時に語法と文字であるようなこの方法は、わずかな時間で教えられるだろう。その本質的な原動力、その新しさ、その経済的容易さと同様にその普遍性は、順序の原理、「順序の手段」である。ここにも、道〔odos〕、道筋、通路の決定がある。それは、「人間精神に入りうるあらゆる思考のあいだの順序」である。これら（言語的かつ筆記的な）マークの順序と構造は、意味と思考の順序に基づいているようだ。それは、ここでもまた数学、とくに算術とのアナロジーでもって保証された普遍的で単純な順序である。というのも「数のあいだには自然に設けられた［順序］があるのと同様です。あらゆる数を無限まで数えて、未知の一言語でそのあらゆる数——それらは互いに異なる無数の語となる——を書くことを一日で学べるように、人間たちの精神に現れるほかのあらゆる事象を表現するのに必要なほかのあらゆる語についても同じことができるということになります。もしそれが発見されれば、この言語がすぐに世界中で用いられることになるのはまちがいありません。というのも、あらゆる人に自分の考えを理解してもらえるなら、喜んで五、六日の時間を使うような人は数多くいるからです[25]」。

こういうことを、アルディは考えなかった。哲学者として、順序を考え、この新言語と「真」の哲学との真の従属関係——唯一これによってのみ、「人間のあらゆる思考を数え上げる」ことができ、あらゆる思考を明晰かつ単純に識別することができる——を順序にしたがって考えるということを、彼はしなかった。〔一方デカルトにとっては〕こういうことを考えるのが、唯一の秘訣〔arcanum〕、方法と言語の秘訣としての秘訣、「良き科学」を得るための秘訣なのであろう。

さて、この言語の可能性のみならず、さらにその必然性を、とりわけその容易さを自賛したあと、すぐさまデカルトは、それが実践不可能性であると結論する。したがって結論は以下のとおり。

そして、もし誰かが、人間の想像力にあって、人間が考えることすべてを構成するあらゆる単純観念がどのようなものかをうまく説明して、それが万人に受け入れられたならば、次に私は思いきって、普遍言語を期待することになりましょう。おぼえたり、発音したり書いたりするのが非常に容易で、しかもこれこそが肝要なのですが、あやまりをおかすのがほとんど不可能なほどあらゆる物事を別々にはっきりと表象して、判断の助けとなってくれるような普遍言語を。それにひきかえ、まったく反対に、われわれの持っている語たちときたら、精神がずっと以前から慣れてきたところの不明瞭な意味たちしかほとんど有してはいないのです。このことが、人間たちの精神が何ごとについても完全にはわからないということの原因なのです。
さて、この言語が可能であると、またこの言語が依拠する〈科学〉を見つけることができるとはっきり言えます。この〈科学〉を用いるなら、農民たちが、哲学者が今日おこなう以上に正確に物事の真理を判断できるようになるでしょう。ですがけっして、この言語が使用されるのを目の当たりにできると期待してはいけません。それは、物事の順序に大きな変化をもたらすことが前提となり、世界全体が地上の楽園にほかならないことが必要となります。このような提案が通用するのは、小説の国くらいです。[26]

こうして突如、小説の国は「良き科学」の国となる。哲学が全面的にその国に君臨し、そこでは記号の恣意性と科学‐技術的合理性が法となり――これと同じものだが――そもそも言語ないし文字言語の法となるだろう。この小説の国の地図は、方法論的合理性〔の国〕の地図と一つになることはないにせよ、方法となった順序や道の地図と何かしら似ていることだろう。記号の恣意性を強調しておこう。その主題はきちんと名指されていないが、この「手紙」の論理全体を支えている。しかもとりわけ、二種類の記号論的普遍性を、つまり絶対的に自然な言語のそれと、全面的に人工的で恣意的に組み立てられた記号体系《コード》のそれを区別する次の手紙（これもメルセンヌ宛てで、一六二九年一二月一八日付）の論理を支えているのである。即座かそうでないかはともかく、この二種類は普遍的に知解可能である。自然と技術の、ピュシスとテクネーの対立はこの記号論までも決定している。「泣いたり笑ったりするときに人が発する声は、どの言語でも似ています。しかし私は、天や地を見ているとき、ほかでもないある特定のやり方で名指すのを余儀なくされることはありません。私たちに原初の正しさというものがあったとしても、同じことだろうと思います[27]」。（「自然言語」とは区別されるべき）絶対的に自然な〔生来の〕言語と絶対的に人工的な言語との違いは、依然として乗り越えがたい。ただし、単語や名称から構成されたいわゆる「自然」言語は、こうした記号の恣意性に基づいているのだから、この言語はけっして自然ではなく、デカルトによればあらゆる国の境界を越えるとされる鳴き声や笑い声のあの自然性をけっして有することはないだろう。

「自然言語」は二種類の普遍性のあいだに位置する。さて農民は、（真の哲学の哲学者とは異なる）現実の哲学者と同じく、この自然言語を話す。したがってどちらにも、少なくとも同じくらい、合理的な新言語を受け入れる余地がある。「これを用いるなら〔彼らは〕、哲学者が今日おこなう以上に正確に物事の真理を判断できるようになる」だろうから。どちらも、誤った知や科学の誤った観念によって先入見を持っていたり籠絡されていたりはしない。しかし今日の農民や哲学者——ここに知力の弱い人たちや女性たちを加えてもよかろう——は、この自然言語と同じく、一種の保守的なハビトゥスを共有している。いつだって彼らは、物事の順序を変えてまでして思考の順序に頼ることは拒むだろう。地上の楽園や小説の国を拒むだろう。物事のまちがった秩序は、堕落の宿命に対応しているように感じられる。原罪によって私たちは楽園から追放され、もはや純粋に自然でもなく、けっして純粋に人工的になることもない自然言語を強要されているらしい。小説、そして小説の国は、堕落以前の楽園の言語——つまり、ソノ時〔in illo tempore〕の純粋言語、純粋に自然な、もしくは純粋に人工的な言語という神話——ということになる。そしてどちらも同じところに帰着することになろう。楽園的言語と方法の言語は、普遍的な透明性を共有していることになろう。もはや方法をほしがる必要さえなくなるだろう。

　両者のあいだには、打ち立てるべき方法と、歴史がある。歴史は、小説のように書かれはしないし、小説は実話〔実際の歴史〕を語らない。哲学的想像は、純粋な合理性にいっそう似ており、それは純粋言語を、つまり真の哲学を夢見る。

　今こそ、さらに先に進んで、デカルトの序説の以前やその同時期において、小説の歴史、roman という語とそのように名づけられた文学ジャンルの歴史、修辞と小説の関係の歴史を詳述しなければならないだろう[28]。

（立花史訳）

空位の講座　検閲、教師性、教授性（1）

ここから二つ目の行程を開始しよう。第一の行程と同様に、第二の行程もまた、ある時代ないしある歴史的領分の全体を視野に収めることができるような眺めの良い道筋へと私たちを導くことはないだろう。課題は、ある問題設定の転位ないし変形を推し量るために意義深い指標をいくつか位置づけることである。これに際し、私たちとしてはもろもろの選択と戦略的リスクが想定される。

こうして私は、ヨーロッパにおける哲学の制度的構造が有していた二つの重大な契機のあいだを、明白な過渡的段階なしに一足飛びにしてしまうリスクを選ぶ。これまでの講義を通じて、デカルトは私たちにとって次のような哲学者の例であった。すなわち、あらゆる種類の制度的審級〔instances instituionnelles〕に対して対決的な説明を[1]し、討議したが、教育者、教授、そして国立大学における公務員哲学者としてそれをおこなったことは一度もなかった、そのような哲学者である。デカルトはなるほど、教育に関する問いをいくつか立て、「論述」のためのレトリックと言語を分析したが、しかし、国家によって組織され、国家の奉仕者でもある教師らに託された哲学教育を扱うことはなかった。

ところが、知られているように、一八世紀末から一九世紀初頭にかけて、この件に関する状況はヨーロッパの至るところで変化する。私たちがいまから関心を寄せるのは次の新たな空間の構成である。つまり国立大学における哲学の空間であり、哲学者 - 公務員という形象の空間である。当然のことながら、そのような変化は哲学的言説それ自身、その手続き、その内容に対して外在的であり続けることはできない。ここでは範例となるいくつかの手がかりに限定しつつ、その手始めにこの新たな状況のカント的形象を扱うが、私たちは、いわゆる「外在的な」考察を内容分析から切り離してしまわないように気をつけるつもりである。

では、迂回はこれくらいにして、この第二の行程のために私があえて選んだ出発点、そして導きの糸を明言しておこう。それは、〈理性〉と〈大学〉の狭間で定立されうるような、検閲の問いである。したがって、私たちは、制度としての検閲について、制度外の検閲について、大学内部の検閲について、ないし大学の限界上の検閲について、アカデミックな権力あるいは国家権力として機能しうるような検閲について語るだろう。

その次元を最大限拡大した場合、この問いは次のような逆説的な形式をとるかもしれない。理性は検閲されうるのか。理性は検閲されなければならないのか。逆に、理性は検閲をおこない、自分自身を検閲することができるのか。要するに、理性の問いとしての検閲とは何なのか。

『諸学部の争い』[2]に見られるように、カントは、おそらく事実そうであった〔当時の〕状況を、批判的に分別をもって正当化し（begründen）、理性によって基礎づけようとしている。その状況について概略だけでも想起しておくことにしよう。要するに、問題となっているのは王の死である。法の力あるいは法の力への回帰は亡くなった王をいつも経由するということを確認する出来事としての王の死だ。一七八六年、寛容王《リベラル》・フリードリヒ二世大王の死後、その跡を継いだのはフリードリヒ・ヴィルヘルム二世である。この当時、啓蒙思想〔Aufklärung〕の信奉者に対する弾圧が強まったが、これは時の〔宗教〕大臣ヴェルナーの影響によるものとされている。公認宗教に反するとみられるあらゆるものを禁止する一七八八年七月の宗教令ののち、ベルリンで検閲制度が制定された。一七八八年一二月には出版の自由を制限する法が制定され、フランス革命を挟んで一七九二年、検閲委員会が任命される。一七九二年六月、委員会は『たんなる理性の限界内における宗教』の第二部の出版を禁止する。(3)カントは異議を申し立て、ケーニヒスベルクの神学部に、次いでイェーナの文学部に訴える。最終的にはイェーナの学部長が出版権を認可する。一七九三年、出版によってカントは王からかの有名な譴責を受けた。これに対しカントは『諸学部の争い』の「序文」で応答し、弁解している。(4)このような状況では、検閲の行使を宣告する権利と権限は、神学の専門家や（国家により）認可された公認の神学者に帰される。彼らはある知について世に認められた正統な管理人であり、何が公認宗教に抗うもので、何がそうではないのかを知っているということになっている。さて、分割線〔ligne de partage〕について、決定的な分割について、紛争の種となる境界について、これから検討する領域内を走っている内的な分断線について、最初のイメージを得ておこう。そのために、カントが言うように、神学者が唯一の人格のうちに二つの役割を引き受けなければならないときに被りうる分割を、紋章《エンブレム》として位置づけておこう。『たんなる理性の限界内における宗教』初版の「序文」（一七九三年）で、カントは検閲の必要性と正統性について説明している。道徳法則がもつ合理的な神聖さは「このうえなき尊敬」（der größten Achtung）の対象、崇拝の対象でなければならない。この崇拝は、これら道徳法則を完成させる最高の原因（Ursache）に向けられるのである。ところで、存在するもののうちもっとも崇高なものは人間の手中に、つまり有限な存在の手中にあると卑小になってしまう（verkleinert sich）。よって、道徳法則への自立した敬意、唯一の真性な敬意に付け加えなければならないのは、強制的法律（Zwangsgesetze）である。力のともなう批判、つまり、検閲を甘受しなければならないのである。ところで書物を検閲にかける神学者（der Bücher richtende

Theolog）は、二つの機能において、二つの目的をもって、教会の同意を得て、国家により任ぜられ、配置され、任命され（angestellt）、職務に就かされ、給与を得ることができる。この同一の個人は二つの機関に属しうる。この個人は検閲者に任命されるのだが、彼は魂の平安（Heil der Seelen）に携わるために聖職者として、諸学の平安（Heil der Wissenschaften）のために学者（Gelehrter）として任命されるのである。二つの平安は少なくとも直接的には両立しないことを想定しておくべきだ。諸学の平安の監視を任ぜられた学者として、この神学者は実際のところ（この時代は）、公的制度に、大学という名の下にすべての学が委ねられている制度に属していたのである（Glied einer öffentlichen Anstalt der unter dem Namen einer Universität...）。検閲がこの制度のなかで実行される場合、大学によって自由に培われている諸学と真理にいかなる損害をも与えてはならない。さらに指摘しておくと、大学のすべての学部（上級ないし下級の学部）にとっての真理の保証人、番人は哲学者であり、哲学者もまた大学制度内の全領野において検閲権をもっている（あるいは、カントによれば、こうした権利をもつべきである）。魂の救済を任ぜられた神学者はしたがって、仮にそれがひとつの同じ人格の内部においてであれ、諸学の救済を任ぜられた大学の神学者とははっきり区別されよう。この二分割の規則を無視してこの境界線を踏み越えるなら、ガリレオ以前の状況に逆戻りしてしまうことになろう。ガリレオによって起こったことを再び繰り返すことになろう。すなわち、聖書神学者が「諸学の誇りを傷つけ、しかも自らは諸学の労を免れて」、諸学の領域（天文学、古代史、地球史等）に介入する、ということだ。

これが聖書神学者の内的分割だろう。しかし、神学者一般の内的分割もある。彼は聖書神学者（実定的な啓示宗教の専門家）であり、また哲学的神学者、「理性的」神学者でもありうる。

この問題に戻る前に、検閲のモチーフを一度踏まえた上で、この主題についての私の選択と主張をさらに正当化しておきたい。この〔検閲という〕主題は、現代的な大学理性についての省察を開始しようと望む者の目には時代錯誤的なものに映るかもしれない。今日では、とりわけ私たちが住む諸地域では、さきほど喚起したような厳密な意味での検閲形態はもはや存在しないように思われる。国家から給与を得ている幾人かの大学関係者らによって構成された検閲委員会が答申をとりまとめ、これを元に作成された政令（場合によっては勅令）によって、大学関係者が発言ないし執筆した言論の出版が禁止されることはもはやない。しかし、だから検閲はなくなったのだなどと結論づけることは素朴にすぎるだろう。たとえカントによる定義、つまり「力のともなう批判」、それゆえ、文書にせよ発言にせよ思考の表現を禁止したり、沈黙させたり、制限したりする批判という定義を参照したとしても、そのように結論づけることなどできない。おそらく変化したのは、この力の行使がまとう姿、力の適用と分配の場所と装置、力の行程の複雑化、多様化、重層化である。これを否定することなどできようか。大学の中で――そして大学の外で――表現できないことはある。正統でもなく許可されてもいない特定の事柄について述べるための特定の方法がある。至極単純に言うと、大学の特定の学部において研究し、分析し、調査することのできない「対象」が存在するのである。ところで、検閲とは完全な沈黙を強いることではない。〔言論の〕宛先の範囲、あるいはそのやりとり全般の範囲を限定すれば事足りる。（もろもろの評価権限や象徴的構造に結びついた）ある種の強制力が、研究領域の広がりや、ある言論の反響ないし拡大を限定すれば、それだけで検閲は存在するのだ。今日では、中央の専門的組織から、ある一人の人物（王あるいはその家臣）から、当該の目的のために公的に設置された委員会から検閲がなされるわけではかならずしもない。非常に多様化した、さらには相矛盾したネットワークを通じて、大学にのしかかる、あるいは大学から発せられる検閲（なぜなら、大学はいつでも検閲されるものであり、かつ検閲するものであるからだ）、この禁止する権力はその他の機関と連合している。その他の研究教育機関、国立あるいは国際機関、出版権力、メディア、等々といった機関と連合しているのである。ある言論がたとえ禁止されていないとしても、それを公的な仕方で、いかなる制限も受けずに発表し議論するための条件を得られないなら、その時点で――これは実に度を超した主張にみえるかもしれないが――検閲の効果について語ることができるのである。この点についての分析はこれまでにないほど必要であり困難である。

一例を挙げよう。ある制度が（ここで私は最近創設された国際哲学コレージュのことを念頭においている）、他の（フランスあるいは外国の）制度ではいまのところ正統とされていない、もしくは十分に展開されていない研究を優先的に受け入れようとするとき、それは、検閲に対する挑戦、ないし特定の検閲を取り除こうという計画（コレージュの創設を目指す調査団の報告[2]にはっきりと書いてある計画）を意味するのでなければ、何を意味するというのか。重要なのは、現存する制度ではたやすく表現されない、実行されない「事柄」へのアクセスを優先することである。「現存する制度」が意味するのは、先ほど述べたように、大学や大学に相当する機関、出版、報道、メディア、新たな記録システム等によって組織された領野全体である。あれこれの基準にしたがって、「正統化し」ないこと、表現の手段を与えないこと、これはすでに検閲である。もちろん、研究すべき、言うべき、なすべき「事柄」の領野には権利上、課すことのできる限界というものがないので、必然的に論争の的となる限られた領野においては、検閲をともなう限界画定は依然として避け難い。一刻一刻、〔検閲に抗する〕活力は実にさまざまな手練手管によって鎮圧され、制限され、抑圧され、周縁化され、少数派にされる。今日、二千部しか刷られていない本、翻訳されないままの本などは、私的な機密文書同然の状態にある。他の諸制度のシステムにおいて実行されている検閲を取り除こうとする一見逆説的な制度を提案する際にわきまえておくべきは、本質上、到達不可能な統整的理念――まさしくカント的な意味での理念――がこの制度に課せられているということである。このような制度が日の目を見て、現実のものとなりうるのは、この制度が現状のシステムと、それゆえ、検閲のある種の装置、検閲する側とされる側のある種の力関係と、つまり時には自己検閲の関係と妥協を結ぶような特定の（したがって限定された）状況においてのみである。純然たる検閲や検閲の純然たる撤去などけっしてありえない。そのため、検閲概念が、理性や判断なしに、法への依拠なしにはけっしてうまくいかないにもかかわらず、この概念の理性的な純粋さは疑わしくなる。またわきまえておくべきことだが、検閲を取り除こうとするこの新たな制度は、新たな「事柄」を自由に表現し実行するだけでなく、この制度のなかにあらゆる種類の検閲や非‐正当化の効果がないかどうかを検知するため、自らがたえず理論的‐制度的な分析（自己分析、そして他者分析）に身を委ねなければならない。この制度は自分自身の分析手段を分析しなければならないだろう。たとえば、この検閲という概念（今日ではいささか廃れている概念）、あるいは異なる位置でその跡を継いだ、正統化（非‐正統化や脱‐正統化）という概念である。この正統化の概念はきわめて厳密な起源を社会学や政治学の思想史、たとえばマックス・ヴェーバーの側にもっているのだが、その概念構造自体においてもろもろの限界、つまりそれ自身の検閲的効果（正統性という概念の「正統性」とはなんだろうか）を含んでいるはずである。検閲や正当化というこれらの概念は理論的、実践的障壁を内に含んでいるのだが、その理由は、まさにこれらの概念が由来する領野にある。アプリオリにそう言うことができるが、だからと言ってこれら概念の信用が完全に失墜するわけではない。端的に言うと、この領野はもはや私たちのものではないのだ。実に控え目に、またまったく予備的な仕方でそのような作業を始めるにあたって、カントにおける検閲の哲学的概念の構成へと立ち戻る必要があると思う。

それではこの概念の本質的な特徴を確認しておこう。純粋理性（ここではそのもっとも高次な形態、実践的な純粋理性において）と力の自由な行使、国家が自由に行使する力とのあいだに何らかの制度が介在し、その媒介を担う場において、検閲の可能性――その必要性と正当性――が立ち現れる。制度が検閲を用いるとか検閲を受けるとさえ言うべきではない。本当のことを言えば、制度という概念はそこに検閲機能を組み入れることなく構築することができないのだ。実践理性の純粋法則が義務を課さなければならないのは、ひとえに自由な敬意によって讃えられる限りである。道徳法則の崇高性が人間に掌握されて「矮小化」する以上、敬意は外側から「強制的法律」によって強要されなければならない。それゆえ、強制的法律は人間の有限性と過謬性に起因するのである。検閲の問いとともに、先鋭的な仕方、さらにはアポリアの形で大学の問いが再び立ち現れるのはまさに悪の主題、「根本悪」の可能性という主題に関してである。こう手軽に要約してもよいなら、人間のなかに悪の原理がなければ、大学など存在しないと言うことができるだろう。これは間違いではないだろうが、そこまで足早に話を進めるのは好ましいことではない。

　カントによる検閲の定義は単純で、力（Gewalt）をともなった批判というものである。純粋な力だけでは検閲をおこなうことはなく、さらには、言論や出版物一般に関わることができないだろう。力なき批判が検閲しないのはなおさらである。力を喚起しながらカントが念頭においているのは明らかに、国家権力に結びついた政治的な力である。Gewaltとは法的な力のことだ。少なくとも一七世紀以来（印刷技術の発展にともなった宗教を巡る争い、カトリック教会のための検閲、あるいは有名な事例ではジュネーヴのカルヴァン派の検閲）、公的制度として検閲が行使されるほとんどの場合、検閲はとりわけ教会が携わる事柄だったが、このことはつねに神学政治的な権力、教会と国家の組織的な連帯を想定している。したがって、公的な力をともない、公文書によって活動する国家制度としての検閲がつねに問題となるわけである。数々の委員会が任命され、承認され、中央に集められる。大学の専門家、とりわけ神学部の専門家たちがつねにこうした委員会で本質的な役割を果たす。直接的であるなしにかかわらず、大学は〔検閲の〕定義、〔検閲を担う〕能力の形成、〔検閲対象の〕評価、出版権の交付、著作の取り押さえや輸入禁止、等々に関わってきたのである。

　カント的な政治の全体、つまり、三大批判書を通じた批判の企てによって陰に陽に実行されたカント的な政治は、次のものを公認しそして限界画定する〔*délimiter*〕ことを狙った政治的企てとして解釈することができるだろう。すなわち、検閲する権力を公認し――そして、検閲する理性、検閲する権力としての国家理性の正統性をも公認し――、しかしまた、この権力を限界画定することも狙った政治的企てである。こうした権力に対抗権力〔contre-pouvoir〕を対置するのではなく、一種の非‐権力〔non-pouvoir〕を、権力とは異質な理性を対置することによって限界が画定されるのである。それは純粋理性という非‐権力であり、あるいはその制度的な翻訳という観点からいえば、哲学部という非‐権力なのであろう。おそらくカントは、哲学部が一定の条件下で「検閲」の権利（実際、この言葉をカントは『諸学部の争い』で発している）を所持することを願っている。しかし、カントは、哲学部がいかなる実効的権力をも所持するべきではない、命令を下す権限をもってはならないと主張しているため、その概念自体において検閲の権限や力（Gewalt）と切り離せない検閲の権利を拒否するに至るのである。

以上がこれから私たちが分析を試みるものである。しかし、分析を洗練させるために、焦点の範囲を絞らなければならないだろう。理性や信仰に関わるものであれ、実践理性や宗教に関わるものであれ、政治や歴史に関わるものであれ、この焦点に含まれるあらゆる問題を直接扱うことはやめておこう。とりわけ判断一般に関わるものは扱わないが、なぜなら、検閲のいかなる政治も、検閲のいかなる批判も判断の批判だからである。検閲とは何らかの判断であり、法廷、法律、法典を想定する。われわれは理性と検閲について語っているのだから、**ratio**〔ラテン語の「理性」〕を勘定、計算、検閲に結びつける連関を簡単に明るみに出すことができよう。〔ラテン語の〕**censere** とは見積もる、数える、計算することを意味する。〔ラテン語で〕「**census**」「**cens**」とは、調査人〔censeurs〕が、市民の数を数え上げること（人口調査〔recensement〕）、市民の財産評価をすることである。しかし、この連関が必然的で意義深いものだとしても、今は脇に置いておこう。

特定の条件下、特定の限界内で検閲する権利をもつと想定される検閲的理性として、カントは国家理性を正統化しようとする。しかし彼は他方で、純粋理性それ自体はあらゆる検閲の権限と無関係にしておきたいと思っている。純粋理性は権利上、いかなる検閲も行使せず、あらゆる検閲を免れるはずだろう。ところで、検閲的理性と検閲に無縁な理性との境界は大学の周囲に走っているのではなく、大学自身の内部で、諸学部の二つの階層のあいだを走っている。すなわち、国家権力と結びついた上級学部（神学、法学、医学）があり、これら上級学部は国家権力の代理である。そして、下級学部（哲学）がある。哲学部が行為をともなわずに言うことに満足すること、命令を下すことなく真実を言うこと、大学の外ではなく、大学の中で真実を言うことという条件でのみ、いかなる権力も哲学部を監視する権利をもたない。

この奇妙な境界は数々の対立を生むのだが、カントはこれを争い、しかも解消可能な争いのなかで解決しようとする。カントはまさに争いと戦争を区別している。戦争は野蛮で自然であり、法に訴えることがないし、審判を下す制度的審級とは関わりがない。争いはといえば、調整され、予見可能な、規範化可能な対立である。争いはまた、解決されなければならず、敵対する陣営は、審判を下す審級の前に出頭可能でなければならない。

先に進むまえに、二つのことを指摘しておきたい。二つとも、理由＝理性なき検閲はないという事実あるいは原則、この原則的事実に関わっている。これは何を意味するのだろうか。

第一の指摘。理由なき検閲はない（そして、特定の理由なき検閲はない）。というのも、検閲は乱暴で無言の弾圧としてはけっして生じないからである。ある支配勢力の得にならないことがたやすく表現され、宣言され、喧伝されるのを、検閲自身が沈黙に帰させるような弾圧として生じるわけではないからである。カントが限定しようとする厳密な意味に即して言えば、検閲はたしかに権力を使用し、しかもある言論に対して使用する。しかしこの権力の使用は、つねにある別の言論の名の下において、ある法ともろもろの制度、専門家、能力、公的行為、ひとつの政府、ひとつの国家理性を前提にした合法的な手続きに則ったものである。仮に検閲が発言を「私的」な表現という条件に還元するとしても、私的な検閲というものはない。弾圧作戦のための検閲であるとか、私的な発言（発言されていない思想についてはなおのこと）を標的にした、したがって密輸入され、翻訳され、置換され、変装された策略を制限する抑圧のための検閲について語ることなどできないのだ。公的領域、国家型の中央集権化というものがなければ検閲は存在しない。教会もまた、国家権力として、あるいは国家機構と協働して機能しうる。フロイトは抑圧の機制を記述するために、検閲の「隠喩」とでもやや性急に呼べるようなものに訴える。このとき、検閲の形象はひとつの比喩形象にすぎないのだが、それは、心的「検閲」が、厳密で字義通りの意味での検閲とは異なり、諸制度や国家という公的な回路を経ていないからである。たとえ国家が〔意識の〕舞台上で幻想的な役割を演ずることができるとしても、である。しかし他方で、この形象が「よい」形象であるのは、これが秩序原理に訴えるから、もろもろの言説、監視者－専門家、とりわけ代表者をともなった中央集権的組織化に訴えるからである。

したがって、仮に検閲がたしかに理性の問題であるならば、仮に理由＝理性なき検閲などないならば、弾圧ないし禁止する権力の問いを検閲の問いのみに限定することはできない。限定してしまうなら、国家権力を引き継ぐ諸作用を分析するだけで満足することになるだろう。必ずしも国家理性の審級を経ることなく、あるいは公的に宣言されないまま諸言説を禁止する、ないし周縁に追いやるあらゆる手続き、技法、戦略、策略を無視することになるだろう。国家の公的制度としての大学はカントの時代において、検閲する理性と検閲される理性の境界線が実に顕著となる場であったし、今日でもある程度はそうである。弾圧のもっとも巨大な形態が国家の検閲を通じてなされる「全体主義的な」諸国家においては依然として、大学は実に顕著な場であり続けている。しかし自由で民主主義的であるとされる政権下の産業社会では、仮に国家の検閲が〔社会〕体制全体にとって非常に僅少である（検閲がまったくないとは言うまい）としても、逆に、（厳密な意味での）検閲を欠いた禁止、弾圧、抑圧のさまざまな機構がある。特定の言説、行為、「詩」を周縁に追いやり、その評判を落とし、非正統化する機構はますます多数化し、洗練され、重層化している。

こうした機構はすでにカントの時代に存在しており、すでにかなり複雑であった――カントがこの点について沈黙していることは分析に値するだろう。しかし今日、この超‐潜在化は、われわれのあらゆる分析手段を寄せつけないのである。超‐潜在化は数多くの解読体系を、次のような多様な仕方で構造化されたさまざまな場に向けて動員しているにちがいないだろう。すなわち、資本の論理、言語体系、学校装置とその統制と再生産の規範と手続き、さまざまな技術――とりわけ情報技術――、ありとあらゆる政治――とりわけ（私的な領域と公的な領域における）文化とメディアの政治――、出版の構造、そして最後にあらゆる制度――「心身の」健康に関わる諸制度を含めて――である。こうしたもろもろの場の狭間では、超‐潜在化はこれらの体系すべてと、そこに所属するかそこで産出される諸主体と絡み合ってもいる、しかも当の主体の生物‐心理的な機能や各人に固有な機能が複雑に重層規定されているという条件のもと、絡み合っているのだ。ところで、これらの体系の総体が統御され、その全体的な図表を巨大なコンピュータ上に表示させると想定したとして、それでもコンピュータにはこう質問しなければならないだろう。なぜこれが――たとえばしかじかの発言が――禁じられたままなのか、公言されてはならないのか、と。このような問いを発しうること、上述の禁じられた文言が言われる、あるいは禁じられているものとして感じられることから、いかにささやかで束の間のものだとしても、体系の、禁止の組織図〔organigramme〕のどこかの故障〔défaillance〕が想定される。体系は自らのうちに不調〔dérèglement〕の原理を、脱構築的な力ないし対抗力を含んでおり、これによって禁止された文言が語られ、さらには解読されうるのだ。体系は他の仕方では「検閲」することさえできないだろう。語ってはならないと言うとき、検閲する者たちは何らかの仕方で、自分たちが何について語っているかを知っている。

第二の指摘。理由＝理性なき検閲はない、と私たちは言った。これは別の意味でも本当である。理性の可能性と検閲の可能性を結びつけうるもの（言わなければ、あるいは言ってはならないことについての技術的な計算や強制的な全力の臨検）の手前あるいは彼方で、カントは大学に関する言説において検閲を説明しようとしている。彼は理性の審級から検閲の真理を述べようとしている。そうしながら、そう言いながら、彼は理性それ自身を検閲から免れさせようとしているのだ。どのようにしているのだろうか。

すでにみたが、カントは検閲を正統化している。彼は検閲の必然性を合理的に説明している。現状〔un état de fait〕を正当化するために、実のところは国家という既成事実〔le fait de l'État〕を正当化するために、他の場所でもしているように、彼は純粋でアプリオリな合理性の図式を構築する。大学を上級と下級の「階級」に分割することを正当化するために彼は同じ振る舞いをしたのである。こうしてカントは検閲を理性において正当化し、いわば武装した批判を、警察に支持された批判を正当化しているのである。ところで、この正当化の本質的な主張とはどのようなものだろうか。それは人間の可謬性である。では誰が人間における悪を理解できるのか、誰がそれを説明できるのか。誰がその意味と真理を語ることができるのか。それゆえ、検閲の意味、真理、可能性、必然性、根拠そのものを誰が語ることができるのか。「誰が」という問いは即座に「どの学部が」という問いに至る。大学内のどの専門家が、どの専門家集団が、どの管轄機関が？　国家に依存し、その権威に従属し、したがって検閲の権力に従属した上級学部の構成員にこの権限は帰属しえない。神学者も、法学者も、医者も悪について考え、検閲の意味そのものに到達することはできない。彼らは検閲を体現しているというのに。検閲の真理は哲学者にのみ、哲学部にのみ到達可能である。この「下級」学部は純粋理性の場所を体現しており、本質上、また契約上、いかなる権力〔pouvoir〕ももたないのである。私たちはのちほど、端的に哲学部が生じる＝場をもつ〔*elle a* lieu〕のか、何らかの場をもつのか、そして哲学者自身が生じる＝場をもつのかどうか、問うてみたい。三つの上級学部はいずれも根源悪についての特有な解釈を有している。しかし、この悪がたんに「始祖伝来の〔遺伝的な〕もの〔héréditaire〕」であると認めることによって自由を否定してしまうので、三学部はすべて根源悪を理解することに失敗する。医学部にとっては始祖伝来の病気であり、法学部にとっては始祖伝来の債務であり、神学部にとっては始祖伝来の罪、というわけだ(5)。

この証明については、少し前の箇所、『たんなる理性の限界内の宗教』の第一部冒頭(6)をもう一度見なければならない。すでに第二版の「序文」、つまりこの冒頭部の直前において、件の問題は権威と権限の観点から提起されていた。カントは第一版の「序文」で述べたことを再度取り上げている。つまり、彼が企てていたことが十全な権利をもって（mit vollem Recht）、学者に、宗教理論の研究者に、哲学的観点から宗教を研究する者に帰属するということである。こうした研究に従事するからといって、聖書神学者がもつ排他的な権利を（in die ausschließlichen Rechte）、聖書によって歴史的に啓示された実定宗教において権限を有する者の排他的な権利を侵害することはまったくない。「それ以来、私はこの主張が、あの二つの分野〔哲学と聖書神学〕に造詣の深かったミヒャエリスの『道徳学』でも述べられているのを見出した。［…］かといって、上級学部はこの解釈にみずからの権利に対して何か損害を与えるようなものを見出したわけではない」。この法学的語彙がその手がかりを与えている。理性の法廷に関わるこれらの哲学的問いは、ある法典にしたがって、法に適った諸審級によって決着がつけられねばならない。

この権利と権限の共有が想定しているのは、境界線や線をもち、純粋で決定可能な限界をもつ制度である。カントはまさにこの限界を表象するためにある場所論的な〔topologique〕形象を提起したばかりであった。この形象〔figure〕について少し考えてみよう。それは「純粋理性の教師」（reiner Vernunftlehrer）という哲学者の定義を提起し、カント的な大学における哲学部の独自な位置を予示したり〔préfigurer〕、その形状を与えたりしている〔configurer〕。

著作の題名（『たんなる理性の限界内における宗教』）を説明しながら、カントは、啓示（Offenbarung）一般がそれ自体で純粋な理性宗教（reine Vernunftreligion）を、理性のみにしたがった宗教を包含しうると述べている。この理性的宗教は啓示の歴史的要素を含まず、歴史的なものを一切もたないのだ。それでも二つの宗教、理性的宗教と歴史的宗教のあいだで両立、さらには調和が考えられる。まさにここに、この著作のテーマと謎めいた難しさがある。この二つの啓示ないしこの二つの空間、自然的な空間と歴史的な空間は互いに外在的なのではなく、互いに書き込まれている二つの「領域〔sphère〕」ないし二つの「円〔cercle〕」である（カントはこの二つの語を数行はさんで使用している）、つまり、同心円を描いている〔concentrique〕わけだ。同じ円の周りで、内側の円が啓示ないし歴史的宗教であり、外側の円が理性的宗教である。この時、哲学を位置づける代わりに、カントが大きい方の円に書き込むのは哲学者である。それを彼は「純粋理性の教師」と呼ぶのだ。

それは少なくとも三つのことを意味する。

一、哲学教師は宗教領域の外側に、少なくとも実定宗教の歴史的領域の外側にいる。実定宗教はいくつかの点において、哲学教師の公的な権限には属さないように思われる。私は「いくつかの点において」と表現しておくが、〔他の点では〕そうした権限をもっているように思われる。

二、しかし、他の観点からすれば、哲学者は、哲学部のように、他学部の領域全体を認識することができる。〔たとえば〕神学部は哲学者がもつ歴史的知識の中で〔認識される〕。なぜなら哲学部は歴史的な知の全体としての知の領域と、真理に関わるすべての領野を同時に網羅しているからである。カントは『諸学部の争い』でそのことをはっきりと述べている[7]。

哲学部に含まれるのは二つの部門——一つは歴史的認識の部門（自然学が経験的認識として提供するすべてのものを含め、歴史、地理、言語学、人文学がこれに属する）であり、もう一つは純粋な理性認識（純粋数学、純粋哲学、すなわち自然および道徳の形而上学）の部門——であり、また、学識のこの両方の部分の相互関係である。まさにそれゆえに哲学部は人間的知識のあらゆる部分に（したがって歴史的認識の点では上級学部にまでも）およんでいる。ただし、そうはいっても、すべての部分（つまり上級学部に固有の教説ないし命令）を内容とするわけではなく、学問の利益を意図して自らの吟味と批判との対象にする。それゆえ哲学部は、教説が真であるかどうかを吟味にかけるために、あらゆる教説を取り上げることを要求できる。哲学部に政府から禁令が課されることは、政府がその本来の本質的意図に背かないかぎりありえない。

純粋理性の教師は一つの学部に、二つのうち大きな方の円がもつ外部空間に、たとえば聖書神学の空間の外側にある空間に配置されているのだが、同時にその視線を、その批判的な視察の目を知の領野全体に向けることができる。彼には二つの場所がある。一つは区画に仕切られた場所であり、もうひとつはすべてを一望できる遍在性にも等しい非‐場所である。こうした場所論は法的権力を規定している。上級学部は「［哲学部］が公に申し立てる異論や疑念を受け入れなければならない〔3〕」。

三、この哲学者は「純粋理性の教師」と呼ばれる。これは意味のない細部ではない。哲学者はたんに個的な主体として位置づけられているだけではなく（哲学者の位置が問題なのであって、たんに哲学や純粋理性の位置だけが問題なのではない）、制度のなかで教える主体、教義を授ける権限をもつ官吏たる主体としても位置づけられている。すなわち、それは「講師《ドツェント》〔Dozent〕」、門弟に教育を施す者、その資格が国家によって認定される者である。彼はある地位を有しているが、この知はカント以前の哲学において支配的であったものとはまったく異なる。デカルトも、スピノザも、ライプニッツも、ヒュームも一八世紀の哲学者の誰一人としてそのような地位を有していなかった。ライプニッツによる根拠律の定式とカントの諸批判のあいだには、一種の理性の制度化〔devenir-institution〕がある。より厳密に言えば、理性の学部化〔devenir-faculté〕のような、国家制度化があるのである。

カントの言説におけるこの教育制度の場所論的構造は、純粋理性の建築術と本質的な関係をもっている。この建築術は、知られているように、『純粋理性批判』の最後で陳述されている。[8] ここは有名な章であるが、少なくとも教育制度という観点からはほとんど問いに付されたことはない。だが、この章はそうした観点で決定的で独創的である。つまり、純粋理性の建築術を〔哲学という〕学問分野との本質的な関係において記述することは特異なことである。これは歴史的にみて新しいことだ。おそらくフランスの高校《リセ》ではこの章は馴染みのあるものだ。というのも、「哲学を学ぶことはできない、哲学することしか学ぶことはできない」(nur philosophieren lernen) という有名な格言がバカロレア〔大学入試資格試験〕の〔小論文の〕テーマとしてしばしば抜粋されるからだ。この格言がお馴染みのものであるということ自体が、この格言を規定し、この格言に意味を与えている緊迫し困難な文脈を見えなくしてしまう。

一、問題は教育、つまり、純粋理性の教育である。これは自明ではないのだが、カントが証明するのは純粋理性が教えられるということだ。そして彼は私たちにこの教育を、この独特な教科＝訓練〔discipline〕を教える。ところでこの科目が特異なのは、この科目を学ぶことなくある仕方で教えるからだ。この教育は非－教育〔non-enseignement〕である。何かを学ぶように、たとえば歴史的な内容を学ぶようには学ばれえないことが理性である。非常によく引用される件の有名な一文は、同じ章のなかで二度現れるということを忘れないようにしよう。一度目と二度目では強調点が移動している。最初の文は私たちにこう語る。

それゆえ、すべての理性的な（アプリオリな）学のうちで〔哲学部で教えられるであろう諸学のこと。それとは別に歴史的であるゆえに学ばれる歴史的諸分野がある〕、数学だけが学習されうる。これに対して哲学は、（それが歴史的認識でない限り）けっして学習されうるものでない。哲学においては、理性に関する事柄をせいぜい哲学することが学ばれうるだけである。〔4〕

哲学はたしかに学ぶことができるが、哲学的な仕方によってではなく、歴史的な仕方によってのみ可能である。この引用文に続く、内容の乏しい最終章、「純粋理性の歴史」をご覧頂きたい。これは哲学史の短い教本である。あるいは、現在まで無駄に「好奇心」を引きつけて、〔哲学大系の〕もろもろの構築物を廃墟のなかにとどめてきたある教科における人間理性の歴史である。これは一種の哲学の幼年時代という前史である。これについてカントは超越論的観点から、つまり純粋理性の観点から一瞥するだけでよいと言っている。

二、哲学者、学ぶことなく教える者、何を教えるにせよ教えずに教える者、行為を教えて内容は教えない者。にもかかわらず、彼は教師（Lehrer）であるが、しかし、予想されるのとは違って、技術者〔芸術家〕（Künstler）ではない。なぜなら、いわゆる哲学そのもの〔*la* philosophie〕ではなく、哲学的行為を実践することを教える者を技術者〔芸術家〕と見なすことができるだろうからである。しかし、

（a）この教師《レーラー》〔Lehrer〕、この師《マギスター》は理性の立法者である。彼の教師たる根拠〔maîtrise〕と師たる根拠〔magistralité〕は権利と法とに本質的な関係をもつ。

（b）この真理の教師は実は存在しない。彼はどこにもいない。彼には場所がない。彼はそこ（da）に現存し

ていない。この哲学教師の現存在《ダーザイン》〔Dasein〕はない。その結果、大学、そしてそのなかで大学に意味と真理を与える哲学部は、実際は理念に留まり、どこにも場をもたなかった純粋理性の教師のために制度的な場を作り上げるのである。換言すれば、現在時において、大学自体は場をもたなかったのである。

どのようにしてこのような命題に辿り着くのだろうか。実際には実在しない、そしてどこにもいない（aber da er selbst doch nirgend）純粋理性の教師のために、教育なき教育を認める制度的な場所を大学、教育、そして哲学部はどのように構築するのだろうか。固有の身体をもたないこの具体化〔corporation sans corps propre〕をどのように考えればよいのだろうか。

私たちはこれからこの特異な命題へと導く道を再構成しよう。しかしその途上で、私たちは、私がどうしても強調したい三つ目のテーマに出会うだろう。というのも、このテーマはカントにおいてのみならず、大学に関する哲学的言説のその後の伝統において、とりわけベルリン大学の創設に関する言説、とくにシェリングにおいて根本的な役割を演じているからである。テーマというより、それは形象的な図式である。

この図式において、二つの形象が交差し、補い合い、補完し合うのがわかる。その一つは、知の全体を生ける有機体とみなし、（自然の）胎芽から学術制度が発展していくという有機的、さらには生物学的な形象であり、他方では、制度を人工物として基礎づけられ、構造化され、建築された建物とみなすまさしく建築術的ないし建築構造的な形象である。以下が三つのテーマである。一、立法者であって技術者〔芸術家〕ではない、理性の教師たる哲学者。二、この立法者は彼の周りに構築された制度あるいは展開された組織のどこにも見つからない主体という非‐場所であり、こうした場所論を俯瞰している。三、自然と人工という、生物‐建築学的全体という二重の形象、さほど時代錯誤的ではないだろうが、バイオテクノロジー的と呼びうる合理性。

建築術とは体系の技（die Kunst der Systeme）である、とカントは言う。体系とは通俗的な知識を学問へと転換するものだ。これは理性の本質的な機能の定義でもある。すなわち、寄せ集めや雑纂《ラプソディー》を越えて有機的な全体を形成し、これに形（Bild）を与えることである。こうして有機体論的な「隠喩」の必然性が理解されるが、それは、少なくともそれが隠喩だとしての話である。理性は内容を付け加えない。理性は体系へと組織化する。理性は秩序づけ、有機的形式を与える。理性は内的原理によって全体化する。建築術という体系の技は私たちの認識の学問性についての理論にほかならない。というのも、この学問性は体系的な有機性に起因しているからだ。それらすべてが「理性の統治のもとに」、理性の体制と立法のもとに（unter der Regierung der Vernunft）おこなわれるが、この形象は他のものに劣らず重要なものである。哲学の教師は人間理性の立法者（Gesetzgeber der menschlichen Vernunft）であり、理性の技術者＝芸術家（Vernunftkünstler）ではないだろう。理性の体制、統治、あるいは摂政について語ることは、大学、哲学部、国家権力をその本質的な諸連関において総体的に考えるために重要である。これはまた、規制された諸関係の体系でもある。王の権力は大学を指図するにあたって、理性に、理性の統治に（おそらく）着想を得なければならないだろう。王権にとって、みずからの政治的統治を理性の統治に適合させることが得策であろう。こうした調和こそが統制的理念として、理性の理念として、大学に関するカントの政策全体に着想を与えているのである。

体系は多様な認識の組織化を（カント的な意味での）理念のもとに統一する。全体が理念（カント的な意味、すなわちある種の到達不可能性という意味での理念）として、全体という形式の合理的概念としてのみ思考されるということは、間接的にではあるが、たしかに次のことを説明している。つまり、この理念の主観的対応物である純粋理性の教師は、この理念と同様に到達しえないものであり、したがって、必要不可欠であると同時に見出されえないものである。この理念が他方で、有機的全体という理念でもあるということは、有機的全体――この場合、知そのもの――が動物のように、部分を機械的に付け足すことによってではなく、しかも内側から成長するということを説明している。

要するに、全体とは有機的な体系（articulatio）であって、無秩序に集積されているもの（coacervatio）ではない。したがって、全体は実は内的に（innerlich）（per intussusceptionem）成長しうるのであって、外的に（per oppositionem）成長することはない。かかる全体はいわば動物の身体のようなもので（wie ein tierischer Körper）、その成長はいかなる肢体を付加することもなく、全体の釣合をまったく変えることなく、各肢体をより強固にし、それぞれの目的に適合するようにする。(9)

それゆえ、有機的目的性についての、そして生物の全体というカテゴリーについての第三批判〔『判断力批判』〕の言説はすでに『純粋理性批判』のこのレトリック（そしてこれはレトリック以上のものである）のなかに、特異な仕方でその建築術のなかに含まれているのである。

建築術は、独特の、重大で、他に替えのきかない役割をこの発展のプロセスのなかで、理念の実現のなかで演じている。理性の制度としての、合理的学問が展開する場としての大学制度は、この建築術の役割抜きには考えられない。建築術なしに大学の建築はないのである。

理念の実現は実際、カントが図式（Schema）、形象、多様性、そして諸部分の配置と呼ぶものを想定している。この配置は全体にとって本質的であり、「目的の原理」にしたがって（aus dem Princip des Zwecks）アプリオリに規定されうるものである。あらゆる有機的全体性と同様、出発点は目的にある。この図式が目的から、すなわち、理性の主目的（Hauptzweck）から生ずるのでないならば、経験的なものに留まり予見不可能な偶有性に委ねられるならば、それは建築術的ではない「技術的」な統一性しかもたらさない。これらの語の選択は重要である。

「技術的」がここで意味するのは技量〔savoir-faire〕という意味での知〔savoir〕である。技量は多様な内容が偶然的な秩序において現れるなかで、この内容を原則なしに調整する。私たちは経験的な収益性に配慮しつつも、理念なく、合理的な建築術なしに、つねに技術的図式にしたがって制度を構築することができる。しかし、私たちが学問と呼ぶものは、カントによれば、技術的に基礎づけられない。すなわち、さまざまな要素間の相似や類比を当てにして、さらに言えば、学問を偶然的に応用しうるという理由によって基礎づけられないのである。今日、とりわけフランスでは、研究の合目的化と呼ばれるものが、収益にもとづく応用に則って、——カントならこう言うであろうが——建築術的ではなく技術的な図式に則って調整された制度的構築物を生み出している。技術的なものと建築的なもののこうした区別は、したがって、「合目的化された」研究と「基礎」研究の区別にかなりの程度まで重なるように思われる。だからといって、このような区別がある点においてその限界を見出さないというわけではない[10]。知の理念と技術的な実用計画が区別できるとしても、私たちは理性の理念に一致した諸制度を計画し続けなければならない。『根拠律』におけるハイデガーの解釈は、この原理を近代的技術と同じ側に位置づけている。この解釈はしたがって、技術的なものと建築術的なもののカント的な区別の適切さを限定する、あるいはそれに抗議するに至るというわけだ。たしかに、ハイデガーが解釈したような『根拠律』を越えて、ある原理はつねに再び合目的化されうる。そうなると、問題、学問、研究、エピステーメーの「理念」、つまりは理念の「理念」も含めて、問題構制の全体を鋳直すことが必要となるだろう。この点についてはここまでにとどめておこう。

建築術的図式は全体についての素描と、全体がどのように諸部分へと分割されているのかについての素描を含んでいる。この素描、与えられている唯一の素描をカントはモノグラム〔組み合わせ文字〕と呼んでいる。〔二、三の文字を組み合わせた〕モノグラムとは省略された、謎めいた署名であり、学問を構築し始めるために、それゆえ学問の制度のために必要とされるイニシャル〔頭文字〕のようなものである。最初の素描〔initiale esquisse〕、素描されたイニシャル〔initiale esquissée〕であるというのは、学問の理念が胎芽（Keim）として理性に宿っているからだ。ある種の胚に含まれるすべての部分は包まれ、隠されており、顕微鏡による観察でも到達不可能で、ほとんど認識することができない。X線検査も、超音波検査も理性の内臓を見るのには役立たない。さらに先で、カントはさまざまな体系を、偶然に発生し、集められた諸概念のたんなる組み立てから生じるようにみえる幼虫（Gewürme）に比している。それらの体系はまず、部分が欠けているようにみえるが、時間とともに、形を整えてみずからを補完してゆく。それらはこの形を目指してあらかじめ定められており――そして、この形の図式が理性のモノグラムのなかに書き込まれていたのである。有機体が発達してしまえば、体系のあらゆる四肢が現れるのが見える。カントによれば、人間理性の全般的な建築術、つまり、認識の体系のモノグラムを素描することはできるのであり、この素描は今日、純粋理性批判の仕事によって完成するのだ。そのような素描は集められた素材、あるいは崩れ去った古い建物の瓦礫をもとに生じる。素描とは再構成なのである。

> ここでは私たちの仕事――すなわち、純粋理性批判に由来する一切の認識の建築術をたんに素描するという仕事を完成することだけで満足しておこう。まず私たちの認識能力の共通の根が分かれて二本の枝――その一つが理性である――となる地点から始めよう。この二本の幹の一つが理性である。しかし、私がここで言う理性は上級認識能力の全体を意味するから、私は理性的なものを経験的なものに対立させるのである。[11]

まさにこのとき、学びの問いが生じる。建築術の問いとして、教育法と学問分野の問いが生じるのだ。認識の内容そのものとその対象を除外してしまうなら、主観の側に分けられた〔a parte subjecti〕認識は、合理的であるか歴史的であるかのどちらかだ。知識の獲得の問題、それゆえ教育制度の問いが生じるのは、まさに認識の主観的な側面からである。この主観的な過程において、認識が与えられたものから生じる場合（cognitio ex datis）、それは歴史的と言われる。始めなければならないところから、原理から〔ex principiis〕、原理を起点として認識が始まるのであれば、それは合理的と言われる。与えられた認識はつねに歴史的なもので、直接的な経験を通じて、語りを通じて、ある言説の要約を通じて学びとられる。そして、同じ対象は（たとえば、学説史的な語りという様態で）合理的にも、歴史的にも認識されうる。哲学的体系でさえ、たとえばヴォルフの体系も歴史的に学ぶことができる。分節された細部に至るまで、そのすべてを認識することができる。ただし、体系に対する主観的な関係は歴史的な様態のままなので、体系のある一つの要素を忘れたり、ある一つの単純な定義に疑義を抱くだけで、この定義を復唱したり、別の定義を取り出したりすることがもはやできなくなってしまう。そこにあるのは、記憶あるいは記憶術としての、理性のたんなる歴史的模倣である。厳密にライプニッツ的なモチーフがここに再び見出される。[12] 歴史的な認識はある異他的な理性から（nach fremder Vernunft）生じる。模倣の能力（das nachbildende Vermögen）は産出や発明の能力（das erzeugende Vermögen）ではない。

ここに追補的な区別が現れる。唯一この区別にもとづいてのみ、「哲学を学ぶことはできない、哲学することしか学ぶことはできない」という文句を厳密に理解することができる。これは二種の合理的認識の区別であるが、それは純粋概念によって作用する哲学的な認識と、概念の構築を想定する（それゆえ、この構築という語のカント的な意味において、純粋感覚に訴える）数学的な認識である。ところで、先ほどみたように、客観的に哲学的な認識は、その習得方法を考慮に入れれば、主観的には歴史的にもなりうる。小学生が哲学的な体系になりうる内容を学習したり暗記したりするのがこれにあてはまる。そして小学生はいくつになっても小学生でありうる。少なくともカントによれば、哲学との歴史的な関係、つまり学校的な関係は一生のあいだ保つことができるが、この関係において哲学はもはや哲学史あるいは哲学の学説史にすぎない。

学校的－歴史的なものと合理的なものとの区別は哲学に当てはまるが、数学には当てはまらない。数学は合理的に認識されうると同時に学習もされうる。なぜなら、数学教師はみずからの認識を（感覚的）純粋直観、与件の純粋な受容以外のものからは引き出すことができないからだ。ところで、数学教師が本質的には間違いを犯し得ないし幻想のなかに留まることができないのはこうした理由からである。あらゆる合理的な学問のなかで、数学だけが学ぶことができる、合理的に学ぶことができる。〔「哲学すること」ではなく〕哲学は歴史的様態でしか学ぶことができない。「理性に関しては、たかだか哲学することを学ぶことしかできない」。

すべての哲学的認識の体系がいわゆる哲学と呼ばれるもの〔*la* philosophie〕である。これは、ある可能な学についての単純な理念である。それは具体的には〔in concreto〕どこにも与えられていない。したがって、ひとは哲学へ向かう途上にしかいることができない。哲学というものを所有することはけっしてできない。それは純粋理性の教師でも同じことだ。彼は哲学することの教師であって、哲学というものの教師ではない。ここに「ひとは哲学することとしか学ぶことができない」の二回目の用例の意味がある。[5] 今度は哲学を学ぶこと（lernen）に強調がおかれる、これに対して最初の用例では哲学すること（philosophieren）に強調があった。一、ひとは哲学というものを学ぶことができない、哲学することしか学ぶことができない（哲学することだけが学べる）。二、ひとは哲学することを学ぶことしかできない（学ぶことだけである。というのも、哲学というものそれ自体は到達不可能だから）。これが一回目から二回目の言表のあいだに生じた意味の進展であろう。一回目で「哲学すること」という語にかかっていた強調を除けば、両者の言表は同じままだ。一、ひとは哲学することしか（nur philosophieren）学ぶことができない。哲学というものは学べない。二、ひとは哲学することを学ぶことしかできない。哲学をけっして所有することなく、したがって実際には哲学をもってして哲学する訳ではなく、哲学することに近づくことしかできない。翻訳の問題だが、フランス語では、「しかない〔ne que〕」の統辞上の移動が違いをうまく示している（ひとは……しか学べない。ひとは学ぶことしかできない）。ドイツ語では文が統辞上変わらないので、最初の言表では哲学することを強調しなければならなかった——それでも曖昧さは残るが、カントにとっては二つの用例はほとんど同じ意味を保っていた可能性は排除できない。

反復され、さらには転位され、いずれにせよ違った仕方で強調されたこの同じ言表がはっきり示しているのだが、哲学というものは教育の手を逃れるのに対して、哲学することは教育を、ただ教育だけを際限なく必要としている。哲学というものの本質は教育を排除し、哲学することの本質は教育を要求する。

こういってよければ、そこから制度的帰結を引き出せば十分だろう。制度的帰結は、哲学する教師の崇高な身体をめぐって、その身体の明瞭かつ不可避の不在をめぐって結ばれるこのダブルバインドに由来する。なぜならその身体が退隠したとしても、彼の身体は依然として不可避だからだ。この身体は舞台を支配しているというよりも、むしろ舞台にとり憑いている。この身体は実際のところ、幽霊のように舞台を支配するのである。この身体は魅了し誘惑する、と言えるだろう、もし仮にこれらの価値〔魅了や誘惑〕が感性や想像力とはさほど関連しないとして。なぜなら、理性は魅力と袂を分かつはずだからである。

哲学は存在しない、哲学者は存在しない。要するにカントはこう言っている。存在するのは哲学という理念であり、哲学することである。哲学することを学ぶことができる、他人から哲学を学ぶことができる、他人に哲学を教えることができるもろもろの主体が存在する。弟子がいて、制度があり、そのための権利、義務、能力がある。しかし、哲学者は存在しないし、哲学も存在しないのである。そのようなものは現在、そこ、ここにはない。「私はここにおり、哲学している、私は哲学者だ」と言うことは、たんに、「ほら吹き」の自惚れた自己表明ではない。そう思うのは、理想像（Urbild）と個別的な事例の差異を少しも理解しないことだ。人格としての哲学者の理想像は、哲学の宇宙的な概念に対応する、いや哲学の世界的な概念（Weltbegriff）に対応すると言った方がよいだろう（conceptus cosmicus）。この概念が対立するのは学校的な概念〔conceptus scolaticus〕、すなわち、体系的統一性と論理的完全性においてのみ考慮される、学としての認識の体系の概念である。世界的な概念は哲学者を名指す根拠として用いられる。私たちが哲学者を人物として考え、それが哲学者の理想的なモデル（Urbild）として表象するときにはとりわけそうである。この理想的な哲学者は理性の技術者〔芸術家〕（Vernunftkünstler）ではなく、人間理性の立法者（Gesetzgeber）である、ということをここで想起しておかねばならない。彼の対象は、人間理性の目的論〔teleologia rationis humanae〕としての哲学、つまり人間理性の本質的目的についての認識である。ここで理性はその本質において、理性的動物〔animal rationale〕としての人間に固有のものとして特徴づけられている。

理想的な哲学者が立法者であって技術者ではないということを想起しなければならなかったのは、理性を扱う者すべてが立法者とは限らないからだ。数学者、物理学者、さらには論理学者は理性の技術者にすぎない。彼らは道具をもっている。いや、彼ら自身が、彼ら全員にとっての教師である者の手中にある道具である。というのも、この教師が人間理性の本質的目的を知っているからだ。そしてこの教師こそがどこにもいない哲学者である。しかし、その立法の理念は人間理性のいたるところに存在しているのである。

どこにも存在せず、いたるところに存在する。この場所論をどのように解決すればよいだろうか。これをどのように制度へと翻訳すべきだろうか。シェリングがこの論理そのものの名の下に『諸学部の争い』を批判するとき、この逆説が展開するのが見られる。専門化された制度的な場、哲学のための学部のようなものが存在するべきであると望んだカントは誤っていた。哲学はいたるところに存在するのだから、哲学に場所を用意してはならないのだ。とりわけ、場所を哲学に割り当ててはならないのである。

教師〔maître〕が存在する——しかし、彼は不在である。しかし彼には恋人〔maîtraisse〕がいて、それが形而上学だ。カントは形而上学を、諍いのあとにひとがいつも舞い戻ってゆく恋人（Gelibte）として提示している。この教師の恋人は、哲学科あるいは哲学（下級）学部においては検閲者でもある。それはしたがって、公的な力をもたない検閲者である。この検閲者は必要とあらば、国家の検閲に対して検閲をおこなう。検閲に対する検閲、理性の検閲、理性に反するのではなく理性に資するための検閲である。

しかし、この合理的形而上学を検閲局〔Censoramt〕として定義することで、私たちは理性の検閲的構造を認めている。

それゆえ、論じるべき問題は最良の検閲とは何かということになる。ある教師にとって、あるいはある有限の存在にとって、検閲はけっして取り除かれることなどなく、戦略的な計算だけが存在する。つまり、検閲に対する検閲だけが存在するのである。この戦略は一つの技術〔芸術〕だろうか。

（馬場智一訳）

翻訳の神学[1]

「翻訳の神学」というタイトルは、必然的でつまるところ広く認められたひとつの道へと私を連れ込むことになろう。翻訳の歴史と問題系は、ヨーロッパでは、聖書を地盤として、実際は、聖書という資料体そのもの、聖書というコーパスの上に、かなり早いうちにできあがってきた。もろもろの自然言語は、言うなれば、聖書の翻訳という出来事そのものにおいて定着し、根を下し、あるいは根を下ろす場所を変えてきた。時間の都合上、ルターという固有名だけ挙げておこう。象徴的な人物で十分だろう。この出来事から、典型的なこの出来事の系列から、ヨーロッパにおいて翻訳、翻訳に関する言説、翻訳の実践がどうなったかをたどることもできよう。もろもろの他の出来事、他の変化もおそらくその構造に影響を与えた。しかし聖書とのこの本質的な関係がもつ何かは、やはりそこでは抹消不可能なまま残っているように思われる——しかもそれはまったく偶然ではない。私は、別のところで[2]、ベンヤミンの「翻訳者の使命」に関する試論のなかで、その構造を明らかにしようと試みた。ここでそれを詳述するつもりはなく、「翻訳者の使命」の結論と、ゲーテの『西東詩集』[3]のある一節とを比較するにとどめよう。ベンヤミンは、彼のテクストの最後の文で、（聖書の）行間逐語訳版を、翻訳の原型〔Urbild〕、プロトタイプ的理想、根源的なイマージュないし形態として語っている（ここではUrbildというドイツ語の単語を保持しておく方がいい。というのもこの講演のあいだずっと私が語るのはBild、bilden、Bildungだからである）。さてゲーテは、ヤコブソンのように[4]、ただしまったく別の意味において、翻訳の三つの種類を、実際には翻訳の三つの時代を区別したあとで、次のように述べている。

　しかしわれわれは第三の時代をなぜ最後の時代と呼んだのか、それを簡潔な言葉で示そうと思う。原書と同一化をめざすような翻訳は、最終的に行間逐語訳版に接近し、原書の理解をたいへん容易にする。こうしてわれわれは、いわば無意志的に、元のテクストに立ち戻っており、かくして最終的に、異質なものからなじみのものへの、既知から未知への移行のなされる周期が完了する[5]。

私が語ろうとしているのは、直接にはこの神学的次元のことではない。「翻訳の神学」というこのタイトルが指すのは、まったく別の全体、ある前‐近代的な布置であり、それは、（あらゆる翻訳概念がそうしているように）あえて言えば「ルター的」な時期＝契機をそのなかに想定し包囲しているにせよ、やはりある種の独自性を、翻訳の歴史、問題系、実践における一群の還元不可能な出来事の独自性を保持している。

　こうした一群の出来事を指し示す外面的かつ慣習的な手がかりとはどのようなものだろうか。おおよそ、それは、同時に次のような二種類の時期＝契機であったドイツロマン派と呼ばれるものである。すなわちそれは、ドイツ語とドイツ文学にとっての翻訳、その可能性、その必要性、その意義についての強烈で、波乱に満ち、激動し、幻惑をともなう反省の時期＝契機であると同時に、それは、BildungやEinbildung、そしてBildenのあらゆる様態変化についてのある種の思考が、翻訳の命法、翻訳者の使命、翻訳の義務〔devoir-traduire〕とでもまさに呼びうるようなものとは分離されていないある時期＝契機である。私は、Bild、bilden、Bildungのような語たちと、それらの縁語全体を原語のままにしておいたが、それはこの語たちがそれ自身、翻訳への挑戦だからである。像、形、形成＝教養〔formation〕、文化＝教養〔culture〕はそのどれもが不十分な近似値であるが、その第一の理由は、それらが〔フランス語の場合とは〕異なる意味論的系統に属しているからである。

BildungとÜbersetzung（たちまちそこでのsetzenの措定的次元そのものを失うことなしには、ほとんど「翻訳」と訳せないような語）のこうした布置の上で、アントワーヌ・ベルマンの実に見事な書物『他者という試練――ロマン主義ドイツの文化と翻訳』[6]をまずは参照しよう。いわばこの書物に敬意を捧げながら私がここでやろうとしているのは、おそらくはちょっとした補足的〔代補的〕な貢献を、そもそも翻訳に備わる代補性の構造に関しておこなうことである。このささやかな貢献は第一に、ある種の存在－神－論的次元、ある種の翻訳概念の基礎となっている存在－神－論が孕む、ある問題構成にかかわっている。ベルマンはそれを論じていない。また私は、この存在－神－論的次元と、大学制度についての当時の思弁とのつながりを浮かび上がらせることも試みるつもりである。最後に、私の分析を強化するべく、一般論もしくはメタ－テクスト的幻想にとどまらないようにすべく、ベルマンがほとんど名指しておらず、いずれにせよそれに関して何も述べていないテクストと著者、つまりシェリングを扱うことになろう。

> シェリングやヘーゲルによって、しかしまたすでに見た通りF・シュレーゲルによっても定義されているような、自己から出て再び自己に帰還するという絶対精神の運動［これは翻訳の一般的運動である］、それは、たしかに古典主義的ビルドゥングの掟、すなわち固有のものは経験、つまり異なるものの試練によってのみ自身に到達しう

るという掟の思弁的な再-定式化でもある。(7)

要するに、ゲーテからシェリングを介してヘーゲルにいたる翻訳の思想を支配しているであろう「古典主義的ビルドゥングの掟」に、ベルマンは、「ビルドゥングなるものの図式の単純さを炸裂させてしまう」ような「ヘルダーリンの思想」を対置する。

あなたがたにシェリングについて語るのを選んだのは、別の理由からでもあって、その理由は副次的とは言いがたいものである。「本来の意味」での翻訳と文学よりはむしろ、文学的翻訳についてのある種のシェリング哲学を、詩の翻訳を基礎づけようとするある種の存在-神-論的主張を語るつもりの「文学的翻訳」に関するこの話は、私がまさにこの場所で「哲学の諸言語と諸制度」についておこなったセミナーの最終回〔の内容〕でもある。あなたがたはそれゆえ、私があのセミナーとこのシンポジウムとのあいだでおこなう折衷のあらゆる痕跡を認めることになろう。前回のセミナーでは、大学の哲学の、大学における哲学の、ある種のカント的装置を扱ったが、前回、カントの命題に対するシェリングの批判を予告しておいた。カントの命題は、具体的には「大学における研究方法について」(8)の一八〇三年の「講義」でシェリングにより再検討されている。カントが構築し演繹する大学の構造（とりわけ二階級ある学部〔の構造〕、つまり国家権力の代理となることで国家権力に結びついた上級学部——神学、法学、医学——と、大学の内部での真に関する発言を保持する以上、権力がいかなる検閲の権利ももたない哲学部という下級学部）に対してシェリングが非難するのは、カントの場所論的観点の一面性、そのEinseitigkeit〔一面性〕である。(9)

この一面性は、カント的「批判」の一面性の原理そのものを、制度設計の次元において翻訳している。シェリングによれば、（『諸学部の争い』によって記述される）あらゆる分離や、批判による境界線の網目の全体は、カント的大学制度を碁盤目状に整備しているが、それは結局のところ、感性と悟性、悟性と理性、感性的直観と知的直観、派生的直観と根源的直観の対立を移し替えたに過ぎない。両者のあいだには、当然、詩と翻訳の問いに真っ先にかかわる〔sensible〕場である構想力（Einbildungskraft）の図式がある。ただしそこには、端的に思考もある。なぜならカント的批判によるあらゆる分離は、当然、思考されなければならないからである。分離が思考されうるのは、分離そのものを思考しうるように、そして可能にするものからのみ、すなわちある根源的統一からのみである。シェリングにとって、そして、カント以後のドイツ観念論と呼ばれることになるもの自体に共通の運動によれば、分離を思考するためにまさにそこから始めなければならなかったはずのところから、すなわち根源的統一から始めなければならないのである。そしてそこから始めれば、あらゆる差異は、異なる諸次元に自己を投影もしくは反映〔反省〕する同じものの翻訳（ある意味で必ずしも言語的ではない翻訳）にほかなるまい。思考する哲学とは、まさに次のとおりである。すなわち、知がそこから出発したはずのものから出発する術を心得ていること、あらゆる批判的限界画定にはこの根源的な知が前提されているという事実を認めることである。この身振りはもはや批判‐以前ではなく、批判‐以後、批判の批判たろうとする。シェリングの第四講義はそのことを、「反照的」もしくは「反照する」翻訳の理論において詳述している。この講義は、数学と哲学という純粋理性の学の研究に関するものである。カントは『諸学部の争い』のなかでこれらを分離している。カントの説明では、純粋数学は、純粋哲学（自然形而上学や道徳形而上学）とは異なり、純粋な感性的対象を構成する。こうした構成は、純粋哲学においては意味をもたない。シェリングはこの分離を問い直すのだが、それは感性と知性との対立に先立つ根源的な知の統一から始めることによってである。彼は知的直観から始める。彼は、数学と哲学を同一視しているわけではなく、両者の「類似」について述べる。この類似は、両者相互の翻訳を可能にする。というのも両者はともに、一般と特殊との同一性に基づくからである。普遍的三角形は特殊三角形とひとつであって、特殊な三角形が今度はあらゆる三角形として通用し、それは単一と同時に総体、直観に与えられる単一かつ総体（Ein- und Allheit）である〔『学問論』六二頁〕。哲学にとって直観とは理性であり、知的直観（intellektuelle Anschauung）こそが、その対象と、根本知（Urwissen）においてひとつになる。数学は哲学に類似している。数学の直観は直接的ではなくたんに反照されたものである（reflektierte）。数学は模写の世界（abgebildete Welt）〔『学問論』六四頁〕に属し、それが絶対的同一性において根本知を顕現せしめるのは、反映（Reflex）という形においてのみである。実際にはひとつにほかならないこれら二つの世界の類比的翻訳は象徴（Bild）によって保証され、その象徴性は、Abbildung〔模写〕とEinbildung〔想像〕つまり想像的再現とのたわむれのなかで展開される。そこからカントとの関係の複雑さが出てくる。というのもEinbildungskraft（構想力）のこうした特性はカント的系譜も有しているからである。そこから、さらに、この講義において詩と詩的言説がもつ不可欠の役割が出てくる。詩は哲学の中核にあり、詩作品は哲学素なのだ。カントへの異議は、『判断力批判』の系譜を証明している。シェリングがこの著作を読んだのは、チュービンゲンで学生だった頃、フィヒテ（彼が大いに賞賛する人物）とゲーテの助力で彼がイェーナで一七九八年——ちょうどカントが『諸学部の争い』の諸テクストをまとめた年——に〔教授に〕任命されるほんの少し前である。イェーナの若き教授（そこには五年間しかいないのだが）となったシェリングは、そのほんの少し後には、『大学における研究方法についての講義』をおこなう。彼のカント批判の議論の案は、第三『批判』の図式と類似している（類似した身振りは、それを隠そうとはしないヘーゲルにも見られる）。シェリングは、第一と第二の『批判』によって分離された諸審級の統一に訴える。この統一は、構想力（Einbildungskraft）と、その所産である芸術作品の統一である。シェリングがImagination（誤った空想《ファンタジー》[10]）と区別するところのEinbildungskraftとしての構想力は、媒介的すなわち翻訳的な図式を提起することによってつねに矛盾を解消する。構想力によるこの翻訳は、哲学と芸術を、とりわけ哲学言語と詩的言語を取り結ぶ契約でもある。理性と構想力は同一かつ唯一のものだが[11]、前者は「観念的なもののうちにおいて」(im Idealen)、後者は「実在的なもののうちにおいて」(im Realen) ある。理性的なものと想像的なものとのこうした同一性もしくは類似性、こうした相互翻訳可能性に驚くことがありうるとすれば、それは悟性の一面的な観点にとどまる場合のみである。構想力 (Einbildungskraft) が理性であるのは、絶対すなわち根本知の内的本質が In-Eins-Bildung〔融一形式〕だからである〔『学問論』八〇頁〕。これこそがこの『講義』の根本概念であり、この概念がさまざまな次元のあいだ (現実と理念のあいだ、それゆえ、感性的内容と知性的内容のあいだ、したがって言語においては、理念的な意味論的諸差異といわゆる感性的な——シニフィアンの側の——形式的諸差異のあいだ) の翻訳の根本的可能性を保証するとしても、この概念自体が翻訳に抗っている。この概念はドイツ語に属しており、しかも In-Eins-Bildung という語は Bildung のもつ複数の資源を活用している、これは私たちにとってひとつの挑戦でありつづける。〔フランス語で〕uni-formation と翻訳することは、この語がフランス語に存在しない以上フランス語をゆがめているのみならず、構想力と理性の統一、まさに両者の共−翻訳可能性を示している像《イマージュ》の価値にこの語が訴えていることを抹消してしまう。翻訳者たちを告発したいわけではない。彼らの選択は、おそらく可能なかぎり最善のものである。私はたんに次の逆説を、すなわち、根本的な翻訳可能性の概念は、詩的にはある自然言語と結びついており翻訳に抗う、という逆説を強調しておきたかっただけである。

　しかしこれは、シェリングの意図を困難な状況に陥らせるように見えながらも、実際には、その意図を裏付けている。たしかに In-Eins-Bildung、つまり形成、形化と像化は〔様々な意味を〕取り集めているのだが、この取り集めは統一を生み出す。融一形式なしに融一形式化し、みずからが作る刻印のなかに普遍と個別を保持する以上、それは詩的創作である。ここから、この個別性そのもののために、ある詩学やある自然言語に対してそれがもつ本質的な結びつきが出てくる。絶対の内的本質は、おびただしく広がる永続的な In-Eins-Bildung である。その発現（Ausfluß）は、理性と想像力をつうじて現象の世界に行きわたる。したがって哲学と詩は分離できないというのが、シェリングが絶えず繰り返す主張である。それによれば、たとえ（一言語の個別性に根づいた）詩的なものが、みずからが要請する翻訳可能性を制限してしまうものの性格さえ決定するとしても、なすべきはもっぱら、哲学と詩を相互に翻訳することである。

ここで私たちは、カントが切り開いた道の上にありながら、カントの対極に位置する。カントは、純粋理性の持ち主、立法者としての哲学者を、芸術家と、さらには理性的芸術家とも対置する。[12] シェリングにとって、両者のあいだには類似があり、詩的なものは哲学的なものに内在している。これは、哲学的「養成〔formation〕」にとって、哲学の教育、教養〔culture〕、実習としてのビルドゥングにとって重大な帰結をもたらす。In-Eins-Bildung から、絶対の内的本質から、普－遍〔l'uni-versel〕と個別との融一形式＝養成〔uni-formation〕から出発して、この「養成」（Bildung）を思考する必要がある。翻訳の詩学でもある融一形式＝養成の論理のなかで大学〔l'*université*〕を思考することもまた必要である。

哲学は、みずからのうちにみずからの目的を有するかぎりにおいて知の魂や命である。シェリングは、知を利用したがる者、知をそれ自身以外の目的に奉仕させて知に「目的付与」したがる者、もしくは「食べてゆくため」の職業化の諸要請に知を従わせたがる者に対して、それほど厳しい表現を用いていない。ニーチェやハイデガーも同じように振る舞うことになろう。「生命ある学問」（lebendige Wissenschaft）として、哲学はある「芸術衝動」を要する。第五講義（の最後）によると、「詩的な芸術衝動があるように、哲学的な芸術衝動」がある（es gibt）〔『学問論』七七頁〕。「ように」（wie）が、類比、象徴的類縁、ある翻訳のための通行の場をはっきりと表している。そういうわけでシェリングは、けっして哲学的内容、哲学素を、その提示の形式と区別したりはしない。彼によれば、あらゆる「新たな」哲学は、形式においても新たな「進歩」を踏み出したのでなければならない。

新たな哲学には、形式上の新しさ、詩的な独創性が、それゆえ挑発と同じく翻訳への挑戦が対応していなければならない。今度は、哲学的翻訳の問題、内的で本質的な問題である。これは、伝統的な哲学者たちが、哲学的合理性や哲学的意味論一般を、詩的な本体〔corps〕と、ある形式やある言語の「現実」と結びつけていなかったために、少なくともそのために、彼らにとって提起されえなかった問題である。シェリングの独創性について言えば、哲学が独創性をもちうるしもたねばならないと、形式的独創性が哲学にとって本質的であると、それが芸術作品でもあると主張する点で独創的（斬新）である。

この独創性は、哲学者を数学者から区別する（しかもそのために数学への翻訳には問題がない、つまり数学はまさにその本質からして翻訳の直接的な消去または解消である）。数学者たちのように、哲学者たちはたしかに普遍と関係を有しており、彼らの学において一体となるのだが、彼らは、trans- または tra-duction、Über-setzung〔翻訳〕（このように言うことができようが、これはこの一節でのシェリングの言葉ではない）——これは、示差的な個別性を越えた道行きを保証するかぎりで、斬新さを措定〔pose〕し、それを押し付け〔impose〕、それを上重ねする〔surimpose〕——をも求める「形式の交替」（Wechsel der Formen）〔『学問論』七七頁〕が可能であるがゆえに独創的であることができるという独創性を有している。

哲学にとって芸術衝動がある（es gibt）とすれば、教育という意味でのビルドゥングにとって、そこからどのような帰結を引き出すべきなのか。これが、すでに見たように、カント以来、当時のあらゆる思想家につきまとう問いである。彼らは、公教育の役人になったのだが、それがまさに使命＝宛先〔destination〕、好機、それどころか哲学の可能性であるのかどうか確信がもてない。哲学は、鍛錬や勤勉によって習得しうるのだろうか。あるいは逆に無償の賜物（ein freies Geschenk）、神意（Schickung）が差し向ける天性（angeboren）の能力なのだろうか[13]。ある意味で答えは「然り」で、宿命によって付与され、差し向けられ、遺贈された贈与もしくはプレゼント

（Geschenk）がある（es gibt）。かくして人は、哲学がひとつの技芸《アール》、つまりある自然言語の精髄《ジェニー》に結びついていながらも、与えてもらうほかない知的直観、みずからはその対象を得ることしかできない知的直観に応じた天才《ジェニー》の技芸であるがゆえに、哲学を宿命づけられているのである。とはいえ、哲学の本質が習得できないとしても、その個別の諸形式は習得しなければならない。哲学が才能だからといって、鍛錬なしにその才能を持てるわけではない。この哲学的な学の本来的に芸術的な側面（シェリングは「弁証法的な技芸」と呼ぶ）は、おそらく習得はできないが、鍛錬はできる。（数学と哲学をめぐる）第四講義が明確に述べているが、空間と時間の純粋直観は、数学の対象である感性的なものにおいて反照〔＝反省〕されるだけだが、哲学の場合この直観は、純粋かつ直接的に理性のなかにあるのだ。この直観を有していなければ、それについて語られる内容など理解もできず、理解できない者にはそれを翻訳してやることもできない。この人は、それらの語を見かけの上では理解できるが、語が表している内容を思考しているわけではない。これら二通りの理解のあいだの行き来が、この人には禁じられているのだ。したがって哲学的直観は授かることしかできず（贈与、プレゼントとしてご理解いただきたい）、それはつまり、哲学的直観は、授けられることがありえない（今度は、翻訳されること、教授されることとしてご理解いただきたい）という意味である。ただし、こうした無限の哲学的直観が有するひとつの否定的条件として、あらゆる有限の知識の空しさについての意識がある。この意識もしくはこの否定的条件は、それ自身、あるビルドゥングにおいて究明され、解明され、鍛錬され、養成され、練磨されうる。この意識をみずからのうちに養成、鍛錬する（in sich bilden）術を、この意識に向けて自己形成する術を心得た哲学者のもとで、この意識は、性格にまで、さらには不変の器官、変形不可能なハビトゥスにまで変形されなければならない。つまりは、観念のうちに提示される〔現前する〕ものとしてそれぞれの事象を見るという素質にまで、ということである。まさにこの提示は、実在的なものの観念的なものへの翻訳または再−翻訳たりうる。人は、翻訳者の性格ないし類型を、この翻訳、この提示（Darstellung）の様態もしくは形式を身につけた哲学者の性格ないし類型を、獲得することができるのである。

この言説の最終審級をなす根本知は、神の根本知〔Urwissen〕、「絶対知」であり、これはシェリングの表現である。それゆえに翻訳の神学を語ることができるのだ。ただしこの翻訳の神学から、制度面の翻訳も手にはいる。シェリングにとって、彼が計画する大学では、「神学は、そのうちに哲学の中心が客観化されているものの学として、第一にして最高の地位を有していなくてはならない[14]」。これが、「第七講義[15]」で『諸学部の争い』に突き付けられた異議である。フランス語訳者がいみじくも注記しているように、ここにいう「事実的学問」〔sciences positives〕には、現代的な意味〔実証科学〕はなく、制度上の地位、もろもろの知識の集成、公的な正統性を享受している学という意味である。それは、カントが哲学と対置した神学、法学、医学のように、ひとつの学科の対象となるような学問である。『講義』のタイトルがちょうど示しているように、哲学とこれら「事実的」諸学の対立は外面的であり、それゆえ哲学的な正当化を欠いており、不十分にしか思考されていない。『諸学部の争い』が構築されたその土台であるもろもろの対立的な境界の体系こそが、外面的で正当化を欠いたものにとどまるのである。

カントへの批判は、二つの射程をもつ。ひとつは、字義通りかもしくは特定範囲を鋭く攻めるもの、すなわち厳密に制度的なものであり、もうひとつは、より根本的で前者の前提をなすものである。ただし両者は相互に翻訳可能である。組織や学部の範囲の批判は、カント的観点の一面性に狙いを定めている。つまり哲学と神学とを対立させる有限性の観点である。こうしてカントは、哲学を、有限な思考の領野にする。その結果、哲学という学科に対して、与えるものが多すぎると同時に与えるものが少なすぎることになる。少なすぎるというのは、カントが、哲学という学科を、数ある学科のひとつに限定するからである。多すぎるというのは、彼が、哲学という学科に、ひとつの学部を付与するからである。単刀直入にもシェリングは、ただたんに、もう哲学部を置かないよう提案する。大学の学生証から哲学〔の文字〕を抹消するためではなく、その反対に、哲学に、その本当の地位を、つまりその一切の地位であるものを認めるために。「一切であるものは、それゆえに、いかなる特殊なものでもあり得ぬ(16)」。

シェリングは、哲学部があってはならないと言っているだけではない。そのようなものはけっして存在しないと言っているのだ。哲学部を見てとれると思うとき、人は誤りを犯している。この名を詐称するものは、真に哲学的なものではない。シェリングのこの主張（Behauptung）は、真っ向からカントに反するように見える。しかし実際には、この主張はカントのある種の意図になおも忠実である。みずからの場に閉じこもり《カントネ》、みずからの特殊な能力〔を発揮するよう役割〕を割り振られているように見えながら、哲学部はその実、カントによれば、いたるところにあり、他の諸学部との対立は副次的かつ外面的なものでしかない。総計すると二人のカントがいる、解釈的翻訳の場面でもあるこの場面全体では、二人のカントが二回登場する。哲学部を存在せしめ、それを（とりわけ国家から）守ることを望む『諸学部の争い』のカントがいる。守るためには、哲学部を限界画定しなければならない。次に、真理の名の下に他のあらゆる諸学科に介入するべく、それらに対する批判的かつパノプティコン〔一望監視〕的な視線の権利を哲学部に付与するカントがいる。批判について言えば、さらに二人のカントがいる。つまり第一と第二の『批判』のカントは、断固として諸対立に注目する（しかも『諸学部の争い』は、第三『批判』の後に書かれたにもかかわらず、それよりもずっと、第一と第二の『批判』の支配下にとどまっている）。しかし『判断力批判』のカント、若きシェリングの熱狂を掻き立てたカントは、諸対立の先へ行き、生き生きとしたものと芸術とを思考しようと試みる。（そして、すでに強調しておいたように、カントにとって、「純粋理性の持ち主」は、いたるところにいると同時にどこにもいないということを忘れないでおこう。その不可避で明白な不在によって、〔哲学の〕領野全体が統御されているが、それがまた哲学部という空間を空っぽにしているのである。[17]）

ところで、大学を組織化〔有機化〕しなおし、その有機性を思考し、それを哲学に返還するようシェリングが提案するのは、まさに生と芸術の観点からである。哲学は、神学・法学・医学という三つの事実的学問において客観化されるにせよ、三つのいずれにおいても、全体としては客観化されていない。三つの学部のいずれも、哲学の特定の部分だけを客観化したものであり、神学がその最上位のものである。「客観化」を「翻訳」という語で翻訳してもよい。他の特有言語に移し替えられ運び出されるのは同じ意味である。全体的翻訳とは、全体としての哲学の真の客観性を保証する翻訳そのものとは、どのようなものか。それは芸術である。「総体としての哲学の本当の客観性は、芸術のみである」〔『学問論』一〇二頁〕。それゆえ、この芸術は、この大学そのものと同じく、一般化された翻訳の技芸なのである。少々驚くべき論理によってシェリングは、やむをえぬ場合は、「したがって、哲学部は決してあり得ず、場合によってただ芸術部がありうるのみであろう」〔『学問論』一〇二頁〕と認めている。これは、行きがかりの譲歩にすぎない。というのもどうやら論理的には、この全体的翻訳にとっても遍在する哲学にとっても、学部など存在しないということだからである。

芸術とりわけ詩と哲学との翻訳的類比を保証するのはつねに「形象」〔Bild〕である。「かくて、別種のディレッタンティズムが対立するものと見なすところの詩と哲学は、己自身を生み出し、自発的に生まれた世界の形象〔Bild〕が両方に必要であるという点で類似している[18]」。

この主張は政治的でもある。カント的装置において哲学部は、国家のいまだ外面的な権力によって規定され制限されたままである。ところが芸術——『争い』のなかでカントは話題にしていない——は、ある外面的な権力（Macht）によって制約されることはけっしてありえない。したがってそれは国家から独立しており、国家とは

（外面的な）関係がなく、国家によって抑圧されたり特権化されたり、プログラムされたりはしない。国家的文化など存在しないと、シェリングは言っているように思われる。ただしもう少しあとで確認するように、事はそれほど単純ではない。事実的学問の方は、国家のこの外面的な権力（それが外面的である時の話だが）との関係で規定されうる。

哲学だけが、無条件の自由を国家に要求する権利をもつ（Nur der Philosophie ist der Staat unbedingte Freiheit schuldig〔哲学に対してのみ国家は無条件の自由を与える義務を負っている〕）。これは、少なくとも真理を判断するかぎりでの哲学のための、カント的な主張である。国家が哲学を廃止しようと望んでもあらゆる学を犠牲にしなければそれができないのだから、哲学はそのしかるべき地位を、やむを得ない場合には学芸学部においてもつことになる。そして国家の公共機関とは対照的に、諸学芸《アール》に対しては自由な組合団体《アソシアシオン》（freie Verbindungen）しか存在しない。こうした提言（諸学芸の空間における哲学）は革命的なものではない。シェリングは、カントが語る哲学部の祖先である芸術学部〔Collegium artium〕の伝統を喚起している。つまりそれは、国家と独立したコレージュ、国家に対する宣誓と引き換えに特権を備えた教授としての博士〔doctores〕ではなく、自由学芸の師としての教師〔magistri〕を任命していたリベラルな制度である。あざけりの対象となり、真の使命に見合う水準にあるとはもはや見なされていない哲学の凋落の原因を、シェリングは、ある同業者団体の公務員化に見てとる。その同業者団体は、諸芸術のため、つまり詩的翻訳のための自由な結社であることをやめた。シュライエルマハーもまた、国家にとって哲学部は私企業の地位を保持していなければならないと主張することになる[19]。

今から、カント的大学に対するこの決然とした批判のもっとも全般的な基礎を、制度面へのこうした翻訳の基盤を引き出してみよう。〔シェリングの〕第七講義は、『諸学部の争い』の公理系、すなわちWissenとHandeln、知識と行為の区別に異議をとなえる。〔カントにおいては〕純粋な知識は哲学部の側にあり、それは「命令を下し」たり行為したりしてはならないのだが、他のもろもろの上級学部は、国家権力すなわち行為と結びついていた。シェリングに言わせれば、この対立は、歴史的に日付の確定できるもの、あとになって出てきたもの、構築されたもので脱構築されるべきものなのだ。それは広い意味でも近代的でさえなく、直接に同時代的であり、「最近代の所産、周知の啓蒙の嫡子」である。[20] たとえばカントにおいて人為的な諸対立を作り出し、知識と行為とを、政治と倫理とを分離する啓蒙主義に、シェリングははげしく反発する（ハイデガーにも類似の身振りがある――シェリングとの類縁性はこれだけではなかろう）。啓蒙主義の大学制度はそれ自身のうちにこの不幸な分離を移し入れている。カントが誤りを犯したのは、みずからの理論哲学において神の観念と魂の理念とを「たんなる理念」に還元してしまい、ついで「倫理的心情」において（in der sittlichen Gesinnung）こうした理念に信認を与えようとした点である。さて、因果関係を超えたところまで倫理的に上昇することによって私たちは神に似るのであり、哲学はこのような高昇（gleiche Erhebung）を翻訳する。哲学は、倫理と一体である（これもまたカント的であると同時に反カント的である）。シェリングが言うには、「世界はひとつしか」存在せず、背後世界も、[21] 世界それ自体も存在しない。知識は知識そのものとして、あるいは行為は行為そのものとして、この絶対的世界の翻訳、形象〔Bild〕を、それぞれみずからの仕方であたえる（jedes in seiner Art und Weise abzubilden strebt〔それぞれがみずからの仕方で反映＝反照しょうと努める〕）。ただし互いが互いを翻訳する。存在するのは唯一、反照的転移、Bildung〔形成＝養成〕、Abbildung（反映、反照＝反省）、Einbildungskraft〔構想力〕のみである。知識と行為のあいだには、同じ唯一の世界の二つの反映もしくは二つの反照＝反省のあいだの差異、要するに翻訳の差異しかない（Übersetzung〔翻訳〕とÜbertragung〔転移〕）。行為の世界は知識の世界でもあり、道徳は理論哲学と同じくらい思弁的な学である。分離を思考するために、カントは、要するに二つの射程で、オリジナルのテクストの二つのヴァージョン、二つの翻訳にしたがって解読すべきただひとつの同じテクストとして、二つの世界の根源的な統一をまさに思考しなければならなかったはずである。この根源的世界の統一から、哲学を制度的に翻訳したものとしての事実的学問（神学、法学、医学）との対立が疑義に付される。というのもこの対立は知識と行為との分離に基づいていたからである。同時に、諸言語の二重性こそが、抹消されているのではなく、むしろ反照の、反射〔Reflex〕の、反映の効果、すなわちまた翻訳的転置（Übertragung、Übersetzung）の効果、転移の効果として派生している。検証しようと思えばできるだろうが、『諸学部の争い』全体は、諸言語の翻訳不可能な複数性の上に、もっと厳密に言えば、真理の（事実確認的な）言語／行為の（行為遂行的）言語、公的言語／私的言語、（大学内の）科学的言語／（大学外の）民衆的言語、精神／文字などのような、言説様態の諸分離の上に構築されているのである。

　あらゆるポスト－カント主義の典型的な身振りにしたがって、あたかもシェリングが、要は、いわゆる到達不可能とされるこの理性の観念もしくはこの知的直観から出発して、あなたは次のことを論証しているのだと述べているかのごとく、事態は進行する。つまり、それを到達不可能と判断することによって、すでに自分がそこに到達していて、それを思考し、それがすでに自分のもとに到達し、自分がすでにそこに達しているということを、あなたは論証しているのだ、と〔述べているかのごとく〕。有限性を思考することで、あなたはすでに無限を思考したのである。そもそもこれが思考の定義である。自分の「批判主義」を断固として否認するより、自分が思考しているこの思考に合わせてすべてを整理する方が、いっそう一貫性があっていっそう妥当だろう、と。非常に多様な仕方で、シェリングからヘーゲルとニーチェまで、カント以後の人々は、カントがこのような否認をしていると非難することだろう。ここでさらに知ろうとすべきなのは、ある否認が思考の思考にしか関わらず、『純粋理性批判』の超越論的弁証法のようなものをもたらすとき、そうした否認とは何なのかという点である。

　この非難、否認に対するこの否定、もしくは批判に対するこの批判の論理は、逆説的な政治的帰結をもたらす。

いかなる場合においても。シェリングの場合を考えてみよう。彼はこうほのめかす。カントは公共機関のなかにある哲学部を国家という外的権力に従属させている、そのためカントは、社会における哲学の行使と地位とを十分にリベラルな仕方で考えていない、と。カントのリベラリズムは無条件のものではなかろう。それゆえシェリングは、たとえば諸学芸のコレージュという形態で、カントをリベラリズムに立ち戻らせているように思われる。ところが逆に、単一の全体性ないし融一形式を一般化された翻訳、断絶なき、透明性なき存在-神-論的翻訳、普遍的に反照的な翻訳とするシェリングの思想は、今度はカントなら危険でほとんどリベラルではないと判断したような国家の全体的絶対化に至る可能性がある。リベラリズムはおそらく、諸コードの分離、異質さ、諸限界の非-越境、不-透明性を前提とする。

さて、シェリング的な国家主義というものがある。国家とは何か。行為による根本知の客観化である。知識を客観化する、ゆえに翻訳する観念的所産のうち、それはもっとも普遍的なものですらある。国家は、諸観念の世界の原型に応じて翻訳された、知識の一形態である。だが知識の客観化でしかないがゆえに、国家は、今度は、知識そのものを目指して、ある外的な有機体へと、ある種の精神的で理念的な国家へと、みずからを移し入れ、置き入れる。それが事実的学問であり、言い換えれば大学である。大学とは要するに、国家の一部品、一形象、その転移〔Übertragung〕であり、国家を事実的学問に置き入れる諸翻訳〔Übersetzungen〕である。知識-国家はここでは、行為-国家の転置である。したがってもろもろの上級学部を下級学部と分離することはもはやできない。事実的学問の分化は、哲学の内面的類型を模して、根本知から出発してなされるものである。三つの事実的学問は、根本知すなわち哲学の分化に、その分化した翻訳にほかならない。哲学と国家の同一性は根底的かつ本質的である。それは、根本知〔Ur-Wissen〕からその同一性を読み取る術を心得ているなら、同じテクスト、同じオリジナルのテクストなのである。

このセット（国家と、三つの事実的学問への転置としての国家の客観化）はひとつの全体、根本知の客観化の全体である。根本知は哲学とともにひとつの「内的な有機的統一体」を形成する。それは、みずからの外で、諸学の外的全体性へとみずからを投影し移し入れる「内的な有機体」（Innerer Organismus）である〔『学問論』九七頁〕。それが分割と結合によって構築されるのは、みずからの外で、それ自身、知と哲学の内的な有機的統一体を表現するひとつの団体＝身体（Körper）を形成するような仕方である。この文脈で「有機体」という語は、頻出し決定的である。この語は生物学主義を表現〔翻訳〕しているわけではない。というのも、見るからに、せいぜいそれは隠喩だからである。観念的なものと実在的《レアル》なものは、根本知の統一においていまだ不可分である。この統一のおかげで、私たちは、転義なしでどちらについても、一方を他方の言語で、話すことができる。隠喩は存在しないが、また隠喩、広義の形象＝比喩（Bild）しか存在しない。根本知における言語の根源的統一によって修辞学が認可されるが、同時に、その修辞学をただたんに限定的な修辞学と見なすことは禁じられる。これが一般化された修辞学もしくは翻訳学である。そうしたことに正当化されて、この発表の冒頭から私は翻訳という語をしばしば用いてきたが、それは厳密に言語学的ではない意味での転置、転移、転送にほかならない。私が、翻訳（これがほのめかすのは、厳密に記号論的もしくは言語学的なものだ）という語を濫用し、隠喩的に用いていたのだと、おそらく思われるかもしれないが、私が語った転置は厳密に言語学的なものを少しも有していなかったのである。ただし私がその存在－神－論をこのように提示しようとした当のシェリングにとって、言語はひとつの生命現象なのである。生き生きとした生命ないし精神が言語のなかで語る。同様に、自然は一人の著作者であり、文献学者の能力をもって翻訳すべき一冊の書物の著作者である。これは、とくにノヴァーリスにも見られるが、ただし、すでにゲーテにも見られるモチーフだ。ここから、シェリングの言語教育法、現用語か死語かを問わずシェリングの諸言語の教育法が生じる。

われわれにとって死語である言語のなかに生きた精神を認めることによって、人はおのれのうちに意味〔感覚〕を直接に陶冶するのであり、この関係は、自然学者が自然に対するのと変わりはない。自然はわれわれにとって、ゲーテの〈芸術家〉が言うように、象形文字を用いて書いた太古の著作者であり、その著作は広大である。[22] 純粋に経験的な仕方で、自然の研究をおこないたいと望む者こそが、この者に対して完全に押し黙った自然の言説を理解するために、いわば言語学的〔「いわば」も強調しておくべきかもしれない〕な知識を最大限必要だと感じるのである。その語の優れた意味における文献学に関してもこのことは真実である。大地は、実にさまざまな時代の断片と叙事詩《ラプソディ》からなる一冊の書物である。鉱物はどれも真の文献学的問題である。地質学おいても、ホメロスに対するように、大地を分析して、その構成〔成分〕をわれわれに示してくれる〔ドイツの文献学者フリードリヒ・アウグスト・〕ヴォルフのごとき人物が今なお待望されるのである。[23]

私たちは、見たところ政治的な諸考察によってこのように翻訳という修辞の遍在〔汎‐修辞学〕に導かれた。カントに対置された超‐リベラリズムはつねに、逆説的な論理によって、全体化する誘惑——必ずしも全体主義的と言いたいわけではないが——へと変質する恐れがあり、その諸効果はリベラルな要請を転倒させてしまいうるものである。そこから、哲学と政治、とりわけ哲学と国家の諸関係の不可能な戦略が生じる。国家とは知識が行為のうちに客観化されたものだとする命題のなかに、「ドイツ観念論」——その靄、膨大な哲学的アーカイヴのごときその靄を通じて今日私たちが研究しているとおぼしきもの——の思弁的命題のひとつを見てとるのはあやまりであろう。この命題はおそらく思弁的ではあるが（ある意味厳密に、反照する鏡面《スペクルム》、本来的に「象徴的」[24]な鏡面《スペクルム》の思考にもとづいて分節されているが）、「観念論的」であるのと同様に「実在論的」でもある。それは現代的《モデルヌ》なものだ。今日、政治学は、そこに知識の客観化とその事実的学問への客観化を含まなければ、国家の概念を構築することができない。学問を論じないような政治的言説など、おしゃべりと空理空論のなかに消えてしまうだろう。今日では、かつて以上に、国家の規定が、学の状態、あらゆる学の状態、学の全体の状態を含み込んでいる。もろもろの国家構造（体制《レジーム》とは言わないでおこう）の機能様態は、本質的かつ具体的に、あらゆる学問＝科学とあらゆる科学技術の状態に依拠している。ここでは、基礎科学といわれるものと、目的性があるといわれる科学とを区別できない。現代国家の軍産複合体は、基礎的なものと目的性のあるものとの統一を前提とする。この「論理」と、科学的言説の「行為遂行性」の論理とを連絡させることも必要であろう。

シェリングならこう言うだろう。おそらく国家とは、知識を知識として客観化しながら翻訳することではなく、根本知を行為として客観化しながら翻訳することである。どれほどまでに現代国家が知識の行使であるかを示すのは今日さらにいっそう容易であろう。その理由は、国家が、みずから舵を握らんとする科学に対して何らかの政策を有しているからにとどまらず、さらに国家は、その概念、その言説、その修辞学、その諸方法などの面で、科学技術のリズムに合わせて自己を形成し変形するからである。

たしかに、根本知の統一を、統一性への多数性の一体化〔Ein-Bildung der Vielheit in die Einheit〕という総計的な集結を、一般的翻訳可能性として強調する必要があった。しかしそれは、同質性や差異の抹消を意味するのではない。諸「形式」が、すなわち特定の諸構造が存在する。哲学と宗教との、哲学と詩との諸差異が存在するのだ。そういうわけで翻訳することが必要であり、この翻訳は諸個人の有限性に起因する。たしかに哲学は直接的な呈示（Darstellung）、根本知（Urwissen）の学なのだが、それは観念的なものの次元でのかぎり、「実在的に《レアル》」ではないかぎりでのことである。もし知性が、知識という作用だけで、そのあらゆる部分において実現された体系として絶対的全体性を実在的に概念把握（begreifen）しえていたなら、それはみずからの有限性を乗り越えていたことだろう。そのとき知性は翻訳をまったく必要としないだろう。知性は全体を、あらゆる規定の彼方のように思考するだろう。規定があるからには、差異化、分離、抽象がある。シェリングは、「対立」、Entgegensetzung とは言っていない。知識の実在的な提示は、哲学的な労働のこの分離――分業、翻訳と言ってもよい――を前提とする。「根本知」が「実在的」なものとなって、その統一へと実現されうるのは、単独の個人においてではなく、もっぱら in der Gattung〔類において〕、属ないし種においてであり、すなわちまたもろもろの歴史的制度においてである。歴史は、観念のこうした実在化として進展する。

この図式が、学の絶対的概念を扱った第一講義を構成していた。第一講義は生きた全体という概念から出発し、この概念から大学の概念を導き出しているが、それはカントもまた理性概念から大学の概念を導き出しているのと同様である。われわれが見てとれるもうひとつの兆候として、シェリングは、カント的伝統――人が対立の哲学に反対しうるのと同じように彼自身はカント的伝統に反対しているのだが――をよみがえらせている。理性概念の思考的展開によってシェリングは、カントが理性概念から引き出した制約的帰結をしりぞけるよう導かれたのである。

学生の専門教育（Bildung）の前に、この生きた全体、この「生きた連関」（des lebendigen Zusammenhangs）〔『学問論』一三頁〕の認識が先立たねばならない。学生はまず、大学の有機的全体、認識の「大樹」に到達しなければならない。そして「大樹」を把握できるためには、その大元の根幹、根本知〔Urwissen〕から（生成に沿って）出発するしかない。そもそも、学業のとば口では、若い男（つまり若い女ではない）は、この全体に対する感受性や衝動（Sinn und Trieb für das Ganze）〔『学問論』一一頁〕を有している。だが彼はすぐに失望させられる。こうした知識の全体の組織や有機性に、すなわち哲学に、この全体の有機的で生きた原理をなす大学の哲学に到達することを阻む職業訓練ないし専門分化に対する失望や不信感を、シェリングは記述している。かくしてシェリングは、今も私たちがそこから最大限の利益を引き出すべきであるような提案をおこなう。「学問研究の目的・方法、その全体とその特殊的対象を扱う公教育が、各大学で」「なされ」なければならない[25]。それが、シェリングが有言で実行していることである。彼の講義は、大学の名にふさわしい大学における学問研究の目的・方法、その全体とその特殊的対象がどのようであるべきかを説いている。彼は、学科同士で有機的になされるこの制度のあらゆる翻訳に対して規定と規範をあたえる最終的な使命（Bestimmung）を定義する。

知識の最終的な使命も大学の使命も、神的本質との一致にほかならない。あらゆる知識は、神的存在とのこの共同体に参与しようとする傾向をもつ。大学的共同体と同じく哲学的共同体は、「神的本質とともに生きようとする努力[26]」であり、それは根本知、すなわちひとつであり、各種の知識が生きた全体の成員としてそこに属する根本知である。この羽音を唸らせる生きた共同体に対してみずからを律しない人々は、性別のないミツバチ（geschlechtslose Bienen）のようなものである。彼らは、創造し生殖する（produzieren）ことを許されていないので、巣箱の外側に自身の平凡さの証左である無機的な糞をまき散らし、かくしてみずからの精神の欠如（Geistlosigkeit）を証示する〔『学問論』一九頁〕。この欠損は、知の身体〔団体〕全体のなかに根本知を循環させる偉大な翻訳に対する無能力でもある。

人間はミツバチではない。理性的存在であるかぎり、彼は、世界の顕現の代補ないし補完（eine Ergänzung der Welterscheinung）という責務を定められ（hingestellt）、その責務のために措定され、その責務を任じられている〔『学問論』二〇頁〕。人間は、万物の現象化を補完する。彼が存在するのは、世界がそのものとして現れるようにするためであり、世界が知識のなかでそのものとして現れるのを助けるためである。ただし補完したり代補したり（ergänzen）が必要なのは欠如があるからである。人間なしには、神自身の啓示が達成されないだろう（entwickeln）。人間は、その活動そのものによって、神の啓示の全体に欠けているもの（was nur der Offenbarung

Gottes fehlt）を展開しなければならない。
それが翻訳と呼ばれるものであり、大学の使命と呼ばれるものである。

（立花史訳）

第Ⅲ部

モクロス

大学の眼

モクロス、あるいは諸学部の争い[1]

もし私たちが私たちと言うことができるとすれば（だがすでにそう言ってしまったのではないか？）、私たちは、おそらくこう自問するかもしれない。私たちはどこにいるのか、と。一見私たちのいる大学にあって、私たちとはいったい誰なのか。何を表しているのか。誰を代表しているのか。私たちに責任があるのだろうか。何について、誰の前で？　大学の責任があるとすれば、この責任が始まるのは、少なくともこれらの問いを理解し、我が身に引き受け、それらに答えるという必然性が課されるそのときのことだ。このような応答《レポンス》の命法が、責任《レスポンサビリテ》の第一の形式であり、最小限の要件である。たしかにひとはつねに応答しないでいることができるし、応答責任に対してなされた呼びかけや訴えを忌避することができる。しかも必ずしも口をつぐむことなしにそうすることさえできる。しかし応答責任に対するこの呼びかけの構造は、あらゆる可能な応答に先立っているもの、当の応答がいわば私たちのなかの他者からやってくるがゆえに独立した非対称なものであって、したがって応答しないことさえもアプリオリに応答責任を負うというものなのである。

そこで続く問いはこうなる。大学の責任とは何を表しているのか。この問いが前提しているのは、「責任」と「大学」という言葉——少なくともこの二つの概念がなおも分離可能だとして——で何を言わんとしているのかを理解しているということである。

大学とは、なんという考えだろう！

大学というのは比較的最近の考えである。私たちは依然としてこの考えにとらわれたままであるけれども、大学というこの考えそのものは、それによって何が生じていたのかを私たちが充分に理解することのないまま、すでにしてそれ自身のアーカイヴに、みずからの文書館《アーカイヴ》のアーカイヴに収蔵されつつある。

さて、いまからほぼ二世紀前、カントは応答していた。そうした責任にかんして彼は応答していたのである。大学とはなんという考えなのかと、私は問いかけたところだ。それは悪い考えではない、とカントは『諸学部の争い〔Der Streit der Fakultäten〕』（一七九八年）の冒頭で述べている。彼のよく知られたユーモアで、カントは、厄介で回りくどい物語になるところを省略しつつ、大学というこの考えを思いがけない発見物として扱うふりをする。つまり、それはかつて想像力豊かな個人の頭によぎったであろう上手い解決法であって、要するに、いわば天才的な技師が国家に特許を与えるよう申し出た、きわめて合理的な秘策の発明だというわけだ。こうして西洋の国家は、大学というこの非常に巧みな機械の概念を採用したのであり、そして当の機械はうまく作動してきたことになるだろう。そこには争いがなかったわけでも、矛盾がなかったわけでもない。しかし、おそらくまさに争いのおかげで、いくつもの矛盾がリズムを刻むようにしてこの機械は作動してきたことになるだろう。

私たちのこの場を記念して、カントのこの論文の始まりを紹介したいと思っていた。実のところ、漠然とした不安の感情を禁じえない。というのも、友人たちからの栄誉ある招待に応えようとして、土壇場になって自分から行儀よく席に着くすべを心得ていない食客を連れてきてしまった、そんなふうに感じるからだ。とはいえ、結局のところこのシンポジウムに連れてきたのは、ソクラテスではなくカントである。カントは次のように述べている。

> 学部の全総体（本来これは学識に献身する人たちの頭脳〔eigentlich die derselben gewidmeten Köpfe〕のことである）を、いわば工場のようなやり方で（gleichsam fabrikenmäßig）分業によって（durch Vertheilung der Arbeiten）取り扱うというのは、最初にその考えを抱き、それを実行するよう提案した人の、悪くはない着想（kein übeler Einfall）であった。そのようにすれば、学問の専門分野の数だけ公の教師（öffentliche Lehrer）が、すなわち教授が、学問の受託者として（als Depositeure）任用されることになり、彼らは一緒になって、大学（あるいはまた上級学校〔hohe Schule〕）と呼ばれる、自治権をもった（というのも、学者としての学者について判断できるのは学者（Gelehrte）だけだからである）一種の学者公共体（eine Art von gelehrtem gemeinen Wesen）を形成することになるだろう。そこで大学は、学部（大学の学者は学識の主要な分野に分属するが、その分野の違いに応じて区別される小団体）を介して、下の学校から大学へ進もうとする生徒に入学を許す権限をもつ〔berechtigt：ここでカントが明確にしているのは、大学はその正統な権限を自分自身以外の力から授かるという点である〕一方、博士と呼ばれる（大学の構成員ではないという意味で）自由な教師に、あらかじめ試験を行なったうえで、誰からも承認された地位をみずからの権威にもとづいて〔aus eigner Macht：みずからに固有の力で〕与える（位階を授与する）権限、すなわち彼らを任命する（kreieren）権限ももつことになるであろう。[2]

カントはこの「任命する〔kreieren 創造する〕」という語を強調している。大学は、資格を創造する〔créer〕自律的な権力をもつことを許されているのである。

このように述べられた仕方は、たんにある種の起源のフィクションを語る様式であるにとどまらない。大学という見事な考えが、ある日、ある日付をもって誰かの頭によぎったものとされるわけだが、カントがそれをここで喚起しているように思われるのは、まさに記念日がフィクションにすぎないという可能性としてである。実際このテクストのもう少し先で、カントが序論の修辞を済ませた直後に最初にしている身ぶりは、大学をたんなる発見物や偶然とみなしたり、大学を経験的で想像的な起源とみなしたりする仮説を斥けるためのものである。カントがそのさい述べていたように、ある種の人為的な制度は、理性理念を基礎としている。大学はこうしたタイプの「人為的（künstliche）」制度だというわけである。このことを忘れがちな人々は、大学というこの場やこの佇まいを当然視してしまうのだが、カントは手始めにそうした人々に対して大学の人為性を喚起している。政府についての理念そのものが理性によって築かれており、この観点からすれば偶然によるものはなにもない。

この理由から、次のように想定できる。すなわち、大学の組織はその等級、学部にかんして、すべてが偶然に左右されたのではなく、むしろ政府は、といっても別に政府に早くから知恵と学識があったというわけではないが、すでにみずから必要（ある種の学説を通じて国民に働きかけるという必要）を感じたがために、普通なら経験に起源をもつように見える区分原理にアプリオリに思いいたることができた、と。それは今日受け容れられている原理と幸運にも（glücklich）合致している。(3)

またカントは、こうして理性において正当化しつつあるものの性質を充分に意識している。つまりそれは、たまたま国王が哲学者だったからというように、時の政府によって事実上決定された一機関にすぎない。カントがこのことに充分意識的だというのは、すぐさまいささか否定的な調子でこう弁解しているからである。「しかし、だからといって私は、政府に誤りがないなどと政府の肩をもつつもりはない」。

導入部のフィクションのなかで、カントはさまざまな修辞上の予防線を張り巡らせていた。あるいはむしろ、次のような現実とのアナロジー〔類比〕によって、いわばアナロジー的言明を請け合っていた。すなわちこう言ってよければ、大学は社会に類比的であり、社会の一部として代表している社会的システムと類比的だというわけである。また、教員という団体がさまざまな仕方で表しているのは、社会体の機能および合目的性である。社会体とはたとえば、十年以内にベルリン大学という偉大なモデルをもたらした産業社会のことである。ベルリン大学は、今日もなお、大学概念をめぐって私たちに遺贈されているものにとってもっとも不可欠の参照項であり続けている。それゆえに、以下のような一連のアナロジーが出てくるのだ。すなわち、大学にあっては、学問はいくばくか工場のように（gleichsam fabrikenmäßig）扱われるだろうし、教授陣はあたかも受託者のように（als Depositeure）なるだろうし、彼らは一緒になって、みずからの自治権をもつような一種の学者の集合的な本質ないし実体（eine Art von gelehrtem gemeinen Wesen [...], die ihre Autonomie hätte）を形成するだろう、と。この自律《オートノミー》にかんして言えば、ここでのフィクションと仮説は、よりいっそう熟慮されたものである。たしかに、この自治権《オートノミー》はそれ自体として、学者のみが学者について判断できるという公理によって正当化される。これは同語反復《トートロジー》だが、知そのものの知としての知の本質に結びついていると信じられている当のものである。にもかかわらず、権限の公的資格をつくり出すこと、学識を正当化すること、またこの理念的自治権の公的な効果を産み出すことが問題であるならば、大学はもはや自身の権限を拠り所にはできない。大学は非－大学的な審級によって、つまりここでは国家によって権限が認可される（berechtigt）。この認可の基準は、もはや必ずしも、そして結局のところ学問的権限による基準ではなく、ある種の効率性〔行為遂行性〕の基準である。学問的評価の自律は絶対的で無条件なものでありうるが、その正統化の政治的な効果は、ごく厳密に当の学問的評価から区別されうると仮定したとしても、それでもやはり、大学に対して外在的な権力によって制御され、測定され、監視される。こうした権力にかんして、大学の自治＝自律は、他律の状態にある。つまり付与され制限された自治であり、委任による代表とスペクタクルな上演〔公に行なわれる講述〕という語の二重の意味における自治の代理表象〔représentation〕である。事実、総じて大学には、非‐大学の審級を前にして応答責任があるのだ。

カントはそのことについて何事かを知っていた。もしカントがそのことについてアプリオリに知らなかったのだとしても、経験から彼はそのことを学んだばかりだった。当時プロイセン王はカントに懲戒を宣告した。フリードリヒ・ヴィルヘルムの手紙がカントを断罪したところによれば、カントは『たんなる理性の限界内の宗教』〔一七九三年〕においてみずからの哲学を悪用して、いくつかの教義を歪曲し貶めたとされたのである。ひょっとすると私たちのなかに、一九八〇年にあってさまざまな理由はあろうが、国王や君主からのその種の手紙を受け取ってみたいと夢想する人々がいるかもしれない。というのも彼らは少なくとも、法をみずからの身体のうちに体現しており、唯一の定められ局限された君主制の場において検閲の単一の機構を働かせることができるだろうからだ。そのような安心をもたらす局所化を夢見る人々には、私は、カーター、ブレジネフ、ジスカール、ピノチェト、あるいは到底ありえないにせよ、ひょっとするとホメイニといった人々の筆による文章——どんなものかは今日では考えられないが——を引用して喜んでいただくこともできるだろう。さてこのプロイセン王は、哲学者が、赦しがたい仕方、文字通り「無責任な（unverantwortlich）」仕方でふるまったと断罪している。フリードリヒ・ヴィルヘルムはこの無責任性を分析して二つに分割している。被告人〔カント〕は二つの法的な審級の前に出頭することになる。被告人にはまずもって内面的な応答責任があり、若者たちの教師としての自身の義務がある。しかし被告人にはまた、国王、ひいては君主（Landesvater〔国父〕）を前にした応答責任もある。王の意図は被告人に知られており、法を定めるものである。この二つの応答責任は並置されるのではなく、むしろ同じシステムに属している。

汝が青年の教師としての（als Lehrer der Jugend）汝の義務に反して、かつまた、汝も充分承知している国父たる王の意図に反して（landesväterliche Absichten）どれほど無責任に（wie unverantwortlich）ふるまっているかは、汝自身が悟るに相違ないから、王は汝に改善を期待してきた。王は、汝ができるかぎりすみやかに、きわめて良心的な弁明を行なう［文字通りには、汝の応答責任への責務があることVerantwortungという表現が用いられている］よう要求する。そして、王の不興がきわまることを回避して、汝が今後こうした類の責めを負うことがなく、むしろ汝の義務にそくして、汝の盛名と才能とを、国父たる王の意図がますます達成されるために用いることを期待する。もしそれに反して反抗的態度を改めぬなら、汝は不愉快な処分をまぬかれぬことを覚悟すべきである。(4)

カントは、『諸学部の争い』の序言において、結局のところ序言の枠を越えてこの手紙を引用し、長々とみずからの弁明を行なっている。カントの体系的正当化をめぐってどんなことを考えようと、その状況を前にしてノスタルジーを感じる人がいるとすれば、この感情はおそらくこの応答責任の価値にのみ由来している。というのも、少なくとも当時人々は次のように信じることができたからである。つまり、応答責任とは、特定しうる誰かの前で、何事かに対してとるべきものだ、と。少なくともひとは、誰に対してものを言っているのか、あるいはどこに権力を位置づけるべきかが分かっていると主張することができた。少なくとも教育、知識、哲学をめぐる論議は、応答責任という観点から明確にすることができたのである。ここで呼び出されている諸審級――国家、君主［主権者］、人民、知、行動、真理、大学――は、確証された決定可能な場をもっており、また言説の「表象＝代理＝上演可能な［représentable］」――この語のあらゆる意味における――場をもっていた。また共通のコードが、少なくとも信念のうえでは、このコンテクストで可能なあらゆる言説の最小限の翻訳可能性を保証することができたのである。

今日ひとはこれと同じことを語りうるだろうか。私たちはともに大学固有の応答責任について論議するために互いに理解し合うことができるのだろうか。私は、私たちがこの主題について合意《コンセンサス》を得ることができるのか、あるいはたんにこれを明示しうるのかと問うているわけではない。私がまずもって問うているのは、そもそも私たちが「私たち」と言いうるのか、また共通言語でこの領域における応答責任の一般的な形式についてともに討議しうるのかということなのだ。私はそうした問いにかんして確信を持ち合わせているわけではない。そこにはおそらく不安や危機といったことよりもいっそう深刻な、なにか不吉なものがある。おそらく私たちは皆そのことを多かれ少なかれひしひしと、また表面上はさまざまに異なったパトスを通して感じ取っている。けれども、この不吉なものを分析するのにふさわしいカテゴリーが私たちには欠けているのである。もろもろの歴史的コード（いわんやさまざまな歴史的日付、技術的出来事ないしスペクタクルな政治的出来事——たとえば六八年の激震——の参照項をや）、哲学的、解釈学的、政治的なコード等々、またおそらく決定可能性をもたらす有能な道具としての諸コード一般そのものがここでは無力にみえる。コードが効力を失うという事態は、もっとも強大な力と並立しうるのであり、これこそは、この不吉なものの根において遭遇することなのかもしれない。なぜなら、もしひとつのコードがひとつの問題系を保証してくれるのであれば、態度表明の不一致がどうであろうと、現にぶつかり合っている諸力の矛盾がどうであろうと、私たちは大学のなかにいてもっと気分がすぐれていたはずだからだ。ところが、私たちはここで気まずく感じている。このことに反論する人はいるだろうか。気分がよいと感じる人がいるとしても、おそらく他者に対して、あるいは自分自身に対してなにかを見て見ぬふりをしているだけである。

大学の創立記念日を言祝ぐとするならば――このような記念祭に期待しうるあらゆる二次的な恩恵を別とすれば――、それは、大学についての確認、つまりは約束事の刷新、より根本的に言えば、大学の自己正統化や自己主張を想定しなければならないだろう。

いま私は「自己主張」という語を口にした。大学が問題になっている場合、この言葉からただちにひとつの翻訳と出典が聴き取られることになる。すなわち、一九三三年五月二七日フライブルク・イム・ブライスガウ大学の学長就任にさいして行なわれたハイデガーの悪名高き講演のタイトル、『ドイツ大学の自己主張〔Die Selbstbehauptung der deutschen Universität〕』である。この大いなる影と忌まわしい出来事をここであえて呼び出すのは、コロンビア大学の栄誉を讃えるために、つまり、コロンビア大学はナチス・ドイツから亡命してきた知識人や教授たちを迎え入れる用意があったわけだが、そうした迎接ゆえにコロンビア大学の栄誉を讃えるために、この講演がひとつのきっかけになるように思われたからという理由だけではない。それはまた次のような理由からでもある。すなわち他方で、政治的情況との関係をどのような仕方で評価しようとも（ここではそれに取り組むことはしないが、必然的にきわめて複雑な評価となる）、ドイツの大学の自己主張についてのハイデガーの講演が代表しているのは、おそらく『諸学部の争い』およびベルリン大学をめぐる偉大な哲学的テクスト（シェリング、フィヒテ、シュライエルマハー、フンボルト、ヘーゲル）の伝統における、最後の大いなる言説だからという理由である。つまりこの講演にあっては、西洋の大学が、知、技術、国家、国民の同じ理念に確固として準拠しつつ、みずからの本質と目的を、責任という観点から思考しようとしていたのであり、しかもそれは、思考の結集した記憶が、恐るべき未来のまったき他者にむけて不意に合図を出す、そんな限界のすぐそばにさしかかっていたのである。ここでは仮説を正当化しているわけにはいかないけれども、ハイデガーはのちにこの講演を越えて、そこでの依然としてごく古典的な大学の概念――それはすでに『形而上学とは何か』（一九二九年）でハイデガーを導いていた概念だ――の限界を踏み越えていくことになったと私には思える。あるいは少なくともハイデガーにとっては、国家、国民、民族、知、形而上学、技術の共通の場および強力な契約としての大学が閉塞するにつれて、ますます本質的な責任に見合うことができなくなっていったと私には思える。本質的な責任というのは、所定の知や力といったなにかに責任をもたねばならないという前に、また、所定の主体を前にした所定の存在者や対象に責任をもたねばならないという前に、まずもって存在そのものに応答し、存在の呼び声に対して責任をもたねばならず、そうしてこの共同‐責任＝応答可能性〔co-responsabilité〕を思考せねばならないという責任にほかならない。しかし繰り返せば、それが本質的だと思われるにもかかわらず、私は今日はこの方途に踏み込むことができない。それでも私は、そうした必然性とひとつの恒常的な関係、しかし斜めからの間接的な関係を保持しようと試みるのだと言うにとどめておきたい。

今日、大学において「責任〔応答可能性〕」という言葉が発せられるとき、ひとはもはやいかなる概念にそくしてこの言葉を統御することができるのか、よくわからなくなっている。少なくとも次の三つの仮説のあいだで戸惑っている。

一、責任は、正確に学術的な主題として論じることができる。このアーカイヴ済みのトポスのコードはもはや私たちのものではないにせよ、このトポスを、記念日の祝典の場にふさわしく引っ張り出すことができるだろう。学校の演習中であれば、歴史学者や文献学者として、華やかな修辞を尽くして百年目を迎えた制度へオマージュを捧げることだろう。百年目の制度といっても、要するに全盛期は過ぎ去ってしまったけれども、それでもまったく古びてしまったわけではない、そのような制度のことである。こうした仮説に立つとしよう。どこか豪奢と享楽と絶望がないまぜになったものを伴いつつも、記念日なのだからと美化するのである。にもかかわらず、この仮説から想定されるのは、過去一世紀のあいだに生じたこと、とりわけ第二次大戦後に起きたことが、責任についての言説の公理系、あるいは責任の言説、責任ある言説の公理系そのものを破滅させてしまったのだということである。一定の知の技術－政治的な構造を考慮すれば、大学の地位、機能、使命は、もはや責任の法的ないし倫理－政治的な語法には属していない。当の責任が個人的であれ集団的であれ、一個の主体＝主題はもはやそうした責任のうちに呼び込まれることがないのである。

二、第二の仮説は、再主張すべき伝統があるという仮説である。次のことを想い起こす人もいるだろう。一世紀以上前、コロンビア大学の大学院が創設されたさいに、教授や教員スタッフらは、何について、誰を前にして責任をもつのかという問いが、哲学的、倫理的、法的、政治的な問題系の内部で、そうしたものに含まれる評価体系の内部で、要するに本質的には手つかずにとどまる公理系の内部で立てられていた。この場合は、一世紀のあいだに突発したさまざまな変容を考慮するならば、そうした公理系の二次的な適用にとどめておかざるをえないだろう。

三、責任概念がひとつの価値と意味を有しているとするならば、それはまったく新しい問題系のなかで練り上げ直されないままになっていると考えられるだろう。大学と社会の諸関係のなかで、またもろもろの知と技術――技術としての知――の生産、構造、アーカイヴ化、伝達のなかで、知のさまざまな政治的争点のなかで、知と真理の観念そのもののなかで、なにかまったく他なるものが到来したのである。とすれば、応答責任をとること、何に対して、誰の前で応答するのかという問いは、おそらくかつてないほど今日的で正統なものになるだろう。だが、「何」や「誰」はこれまでとはまったく他なる仕方で考えられるべきものだろう。そしてそこから導かれるもっとも興味深い帰結が出てくる。つまり、私たちはこの他性から、この「誰」とこの「何」を、以前にはそうではありえなかったものとして思考するよう誘われるのだということである。

これら三つの仮説は、大学の責任について典型的な問いかけのすべての可能性を原理的に汲み尽くしているのだろうか。私はこのことについて確信をもちうるわけではないし、この領域には確実なものは何もないように思われる。今日もっとも強大な危険が集中しているこの場において、すべては曖昧で謎めいており、脅かされていると当時に脅かすものであると私には思われるのである。西洋の大学は、ごく最近の構築物ないし人工物であり、私たちはすでにそれが有限のものであると感じ取っている。つまり、たとえ西洋の大学にとっての実際のモデルの創設時に、『諸学部の争い』〔一七九八年〕とベルリン大学の創立〔一八一〇年十月十日、フンボルトに委任された使命のもとで〕のあいだで、西洋の大学が理性理念にそくして、言い換えれば、無限への一定の関係にそくして規制されたものだと信じられていたとしても、西洋の大学は、有限性の刻印を帯びたものだと私たちは感じているのである。このモデルにもとづいて、少なくともその本質的な特徴のうちで、西洋のあらゆる主要な大学は、およそ一八〇〇年と一八五〇年のあいだにいわば再‐創設されている。一八五〇年とコロンビア大学大学院の創立〔一八八〇年〕のあいだで経過した時間は戦後〔一九四五年〕から今日〔一九八〇年〕までのあいだよりも短い。それはあたかも今夕私たちが、いささかの遅れを伴って近代の大学の誕生の記念日を祝っているかのようである。しかし記念日が問題であれ大学が問題であれ、フランス語で急速な変化を「回転する〔tourner〕」と言うように、状況はがらりと変わってしまったのだ。

私があなたがたとともに『諸学部の争い』をもう一度繙いてみようと考えたのは、そこには応答責任という事実が、近代の大学の起源に、その前夜にあってさえ、いわばその前‐創設的言説のうちに書き込まれているように思われたからである。それが書き込まれている言語は、カントから、近代の大学についての最初の偉大なる説明、大いなる厳密さと帰結を伴った最初の概念的形式化を受け取った。そこで私たちが手にすることができたのは、大学をめぐって、またある程度までは大学のなかで私たちが抱えているもっとも矛盾に満ちた言説にとっての一種の（構造的、生成的、弁証法的な）辞書と文法である。私はこれをコード〔法典〕と呼ぶつもりはない。

というのも『諸学部の争い』は、まさにコードと法典（Gesetzbuch）を大学のきわめて局限され規定された場に、すなわち、政府の不可欠な道具としての上級学部と呼ばれたもの[5]（神学部、法学部、医学部）の側に位置づけているからである。『諸学部の争い』がたんなる法典ではないのは、まさしく形式的な法という点で、当該の言説の形式化とエコノミーを強力に推し進めているからにほかならない。カントの思考がここで試みているのはまた、純粋な正統化、つまり法権利の純粋さ、最終審級たる法廷としての理性に到達することなのである。そこでは「法権利」としての正義と理性との同等性が、きわめて印象的な仕方で提示されている。

ところで私たちにとってたいていの場合、依然として支配的な仕方で、責任の言説は——私たちには同語反復《トートロジー》と思われる仕方ではあれ——純粋な倫理－法的な審級、純粋実践理性に訴えかけるものである。つまり法権利の純粋な思考、およびそれと相関的に、純粋に自我論理にそくした主体の決断、さらには決定可能な言い回しで、法をめぐって、法の前で責任を負わねばならないような意識や意図の決断に訴えかけるのである。私がこだわりたいのは次の点である。すなわち私たちにとって、たいていの場合、広く行きわたっている仕方ではそのような事情なのだが、責任と主体のこうした結びつきは永遠に切り離しえないものではない。それは自然必然ではなく、ひとつの歴史を有している。たしかに主体性、意識、志向性の効果を相対化し二次化し派生的なものとすることで、責任の価値を解消できると考えることができるだろう。また安易に言われることがあるように、たしかに一方における責任、他方における主体意識の自由および志向性の純粋さ、両者の結びつきそのものを問題視することなく、主体を脱中心化することもできるだろう。そうしたことは日々起きているが、従前の公理系をなにも変えない以上さして興味深いことでもない。そうした公理系をまるごと否定しながら、他方では、厳密に細々と彌《び》縫《ほう》策を施しつつ、あるいは厳密さもなしに妥協を毎日繰り返しつつ、そうした公理系を過去の遺物の名目のもとに維持しているのである。そうすることで応急措置をとりながら、その実なにも説明してはいないし、なにも納得してはいない。実際に生じていることについて、なぜ概念なしに責任を想定し続けるのかの理由について説明しないままなのである。

それとは逆に、もはや最終審級として自我、「われ思う」、意図＝志向、主体や、決定可能性の理想を経由しないような応答責任——応答せねばならない呼びかけ——を考えてみることは、たとえ困難だとしても、ひょっとすると不可能かもしれないとしても、いっそう興味深いことではないだろうか。西洋の歴史のなかで、責任の法的‐自我論理的な諸価値が生じて定められ課されるようになった根底を考えてみようとすることのほうがより「責任ある」ことではないだろうか。この根底《フォン》にはおそらく責任についてのいっそう「古くからの」原資《フォン》があると同時に、依然として来たるべき原資、こう言ってよければ、いっそう「若々しい」原資がある。そう言えるとすれば、この原資は、先の法‐自我論理的形式と決定可能性の理想のなかで「責任の危機」と呼ばれるようなものを通してあらためて垣間見られることだろう。そこにはおそらくひとつのチャンスが与えられることになるだろう。すなわち、それまで大学の責任の代理表象であったことになるものを考えてみるという課題へのチャンス、たとえ私たちが依然としてうまく分析することができないままだとしても、もはや包み隠すことのできなくなった大変動のあとで大学の責任とは何なのか、あるいはどのようなものになりうるのかを考えるという課題へのチャンスである。新しいタイプの大学の責任が可能になるのだろうか。いかなる条件においてだろうか。そのことについて私はなにもわからないけれども、承知しているのは、私の問いの形式そのものが依然として古典的なプロトコル、まさにカント型の規範を構成してしまうということである。つまりそのように問いを立てることで、私は、依然として伝統的な責任に対して責任をもつ守衛および受託者としてふるまうのである。実際カントが私たちに述べているのは、いかなる条件のもとで理性的大学一般は可能であったことになるのだろうかということだ。今日私は、カントを読むことによってカントの確信と必然性をみてとるのだが、それは、居住不可能な建築物のもろもろの亀裂を通して、かえってその設計図ないし構造の厳密さを称讃することができるというようにしてである。この建築物は廃墟と化してしまったのか、たんにこれまで存在しなかったものなのか、いずれなのかを決定することなどできないだろう。これまでにできたことと言えばその未完の言説を庇護のもとにおくことぐらいである。私はこの不確実性のなかでこそカントを読むのだが、ここでさらに、この不確実性のパトス、断続的な絶望、労苦とアイロニーに満ちた悲嘆、日常的な諸矛盾、擁護すると同時に危険を冒すためにいくつもの前線で闘争し活動しようと望む欲望といったことについてさまざまな考察をめぐらせるのは差し控えておくことにしたい。ともあれ、こうした不確実性を背景としてこそ、私は、大学の責任についてのもうひとつの他なる言説という課題を依然として信じるのである。大学の責任をめぐって、昔からの形式やほとんど更新されていない形式での契約更新を信じるというのではない。そうした責任のまったく他なる形式について、なにか明確であったり一貫していたり決定可能であったりするものがあるのか、私にはなにもわからないし、そもそもそうしたものが存在するのか、大学それ自体に未来があるのかさえわからないのだが、私は依然として、この領域において照らし出される光〔啓蒙〕の重要性、つまりこの問題の新しさないし明日に見合う言説の重要性を信じている。この問題はひとつの課題であり、それは私たちにとって、〜すべく与えられているのである。何をすべきなのかは私にはわからないのだけれども、為すべく、ないし思考すべく与えられているとかつて言われたことがあったかもしれない。私がそうしたことを言うのはたんに大学人としてではない。こうした課題や負債について大学がそれ自体としてその内部で、その理念ゆえに有能であるかどうかは定かではない。たしかにこうしたことは問題である。しかしそれは、大学のシステムのうちに、また大学という概念の内的一貫性のうちに入った亀裂の問題なのだ。というのはそもそも大学にとって可能な内部も、その概念にとっての内的な一貫性も、おそらく存在しないだろうからだ。したがって私は、この課題を大学人であると同時に非大学人として語ることにしたい。すなわち一方では、大学への帰属を否定しない社会的な大学人として（なぜならこの点でみずからのすべての関与を忌避するならば、唯一の一貫した態度はまず辞職することにしかならないからだ）、他方では、現代の大学がそれ自体として反省しえず自己表象しえないもの、みずからの一表象にもみずからの可能な一対象にも変換しえないものに対して敏感な、非大学人として。こうしたもうひとつの他なる責任の観点からこそ、私は、慎ましく予備的ではあれ、なんとかして貢献できればと思う。まずもって私たちがここで使える時間に限りがある以上、制限時間を越えないよう気をつけなくてはならないが、こうした時間の節約と修辞上の制限を考慮に入れつつ、以下の規則を自分に設けることにする。『諸学部の争い』を部分的にではあれ、導入的ないし範型的な論考とみなして翻案＝翻訳すること、そうすることでそこに翻訳不可能性のもろもろの場、つまりは私たちにもはや伝わらなくなってしまっているもの、現代では廃れたままになっているもの、なんであれそうしたものの場を認めること、これである。私が分析を試みようとしているのは、翻訳不可能性のこのような核なのであり、当の翻訳不可能性から私が期待しているもの、つまり——私のこの短い講演は試供品のようなものにすぎないとしても——少なくともそうしたタイプの読解による体系的な追跡のなかで私が期待しているものとは、たんに大学の理性をめぐってかつてそうであったものやもはやそうではないものの目録一覧ではないし、ましてや、大学理性の諸矛盾、葛藤や紛争の法、二律背反《アンチノミー》の目録一覧でもない。そうではなくむしろ、おそらくこうした弁証法的理性それ自体を超え出るものの目録一覧なのである。私たちがこれから試練にかけようと思っている翻訳不可能性は、おそらく大学がその内部の純粋さにおいて自己を理解しえず、自身の固有の意味を翻訳し伝達しえないという無能さを示すことになるだろう。しかしこのことはおそらく、大学の起源からしてそうだったのである。

今日、大学における矛盾という言い回しをするだけで充分だろうか。カントのこのテクストの第一の関心事は、大学の内部そのものに争いを認めることではないだろうか。カントはそうした争いが不可避的に繰り返されること、いわばその超越論的および構成的な必然性を予見している。カントが分類しているのは、矛盾のさまざまなタイプと場、そうしたものが回帰してくる諸規則、それらの合法性や違法性の諸形式である。なぜならば、カントがなんとしても望んでいるのは、大学の諸学部が互いに対立しあう合法の争いと違法の争いのあいだで法権利を述べること、区別を設け、決定を下すことだからである。カントの主な気がかりは、正当な法権利を決定したいと欲する者からすれば正統である。つまりそれは、大学と呼ばれるシステムの厳密な諸境界を跡づけることなのだ。ここでは大学システムの統一性を、言いかえれば大学の内部と外部の境界線を定義することから始めなければ、いかなる言説も厳密ではなくなるだろう。カントが分析しようとしているのは、大学本来の争いである。すなわち、大学の身体〔教員団体〕と権力の諸部分のあいだ、ここでは諸学部のあいだに生ずる争いのことである。カントはこの内的な諸矛盾の係争過程を記述しようとするのだが、しかしまたそれらを分類し、階層秩序を設け、裁定しようとしている。ところでカントは、教員団体の一般的分割を提案し、上級学部と下級学部という互いに衝突しうる諸学部の二つの大きな階級を認める以前にあってさえ、最初の困難、最初以前でさえある困難に遭遇している。今日であればその困難に対しては、私たちは、カントよりもはるかに敏感になるだろう。予想されえたことだが、この困難は、ある種の外部の定義に由来している。その定義によれば、この外部は、権力の濫用や政治に固有の過剰を引き起こしうる、類似や参与や寄生性の関係を内部と取り結んでいる。この外部とは、したがって、類似のなかの外在性というわけだ。それは三つの形態をとりうる。これらのうちひとつだけがカントにとって危険であるように思われる。第一のものは、専門家たちのアカデミーないし学会としての組織である。これらの「仕事場」〔二五頁〕は、大学には属しておらず、カントは言及するだけにとどめている。カントは、大学と学会のあいだのいかなる協働、競合、争いも考慮してはいない。しかしながら、学会は、同じ文章に出てくる私的な愛好家とは異なり、学問の自然状態を表しているわけではない。学会という制度は、理性の諸効果でもあり、社会のなかで本質的な役割を果たしている。ところで今日――ここで、カントのテクストを私たちの政治－認識論的空間のうちに翻案することにとっての最初の限界にさしかかる――非大学の研究センターと、大学の諸学部とのあいだの競合や境界争いはきわめて重大なものとなっている。大学そのものは、研究と同時に知の伝達、学識の生産と同時に再生産を主張する。これらの問題は、学問研究の政治、すなわち、科学技術（さらには軍事、医療等々、これらの境界とカテゴリーは今日まったく妥当性を失っているが）のあらゆる戦略や、国家内ないし国家相互の水準における情報処理といった政治がかかわってくる以上、個々に分離したり囲い込んでおいたりすることができない。ひとつの領野がまるごとカントが「アカデミー」と呼ぶ、大学のこの「外」の分析に対して大きく開かれているのである。カントの時代には、この「外」を大学の周縁＝余白にとどめておくことができた。しかしそれはいまや、それほど確かでも単純なものでもない。ともかくも今日では、そうした周縁＝余白になっているのは大学そのものである。少なくとも大学のいくつかの部門は、そうした状況に縮減されている。国家はある種の研究をもはや大学に委託しておらず、大学はそうした構造に応ずることも技術－政治的な賭け金を制御することもできなくなっている。知のいくつかの領域がもはや大学本来の編成と評価をもたらすことができない場合、『諸学部の争い』の建築術のすべては脅かされることになり、それとともに王の権力と純粋理性の幸福なる一致によって規制された大学モデルも脅かされることになる。このモデルの代理表象作用は西洋であればどこでもおおよそ同一だが、このモデルがアカデミーと研究所でプログラムしている権力と研究への関係は、国家、体制、国別の伝統に応じて千差万別である。これらの違いは、国家の介入、および公的ないし私的資本の介入においてこそ際立つことになる。それらは、研究者の実践と様式に影響を与えずにはおかない。ある種の研究対象と研究の類型が大学から消え去ることになる。東側諸国のように、大学は、再生産を行なう教育活動に全面的に限定されることもある。国家は大学から研究する権利を奪ったのであり、教育を行なわない学術機関にこの権利を限定したのである。こうしたことが頻繁に起きているのは、国家の実行している、技術‐政治的収益力の計算によるものであり、この計算は、国家に限らず、国内的であれ国際的であれ、国家的であれ多国籍的であれ、さまざまな資本主義権力によって実行されている。このことについては、そこで展開している情報蓄積およびデータバンクの構築のことを思い浮かべてみることができる。そうしたものに対して大学は、知の「守衛」や「受託者」という代理表象を放棄しなくてはならないのである。ところでこの表象は、大学の使命そのものを構成していた。しかし図書館が理想的なアーカイヴでなくなるやいなや、もはや大学は知の中心ではないし、この点でそのような中心をもたらすこともできない。構造的な理由ないし昔ながらの表象への執着によって、大学は、ある種の研究に対して――そこに参与するのであれそれを伝達するのであれ――もはや開かれえない。だからこそ、大学はその身体本来のいくつかの場で脅かされていると感ずるのである。すなわち、諸科学＝学問の発展によって、またさらには、学問をめぐる／による問い、ないし学問についての／を越えた問いによって脅かされており、大学があちこちにはびこる余白とみなしているものによって脅かされているということである。これは大学からすれば、独特かつ不当な脅威である。なぜなら大学を構成している信念とは、学問の理念が大学の原理そのものにあるということだからだ。では、知と権力、理性と効率性、形而上学と技術的支配、これらの両者がもはや分離しえなくなっているというときに、いかにして学問の理念はその技術的展開のなかで大学を脅かしうるのだろうか。そもそも大学とはひとつの（有限なる）産物である。それはほとんど、形而上学と技術という分かちがたいカップルの子供だとすら私は言うだろう。少なくとも大学は、このような子供の産出に対してトポロジー上のひとつの場ないし布置を与えたわけである。ここでのパラドックスは、大学が小さく古びたものになってしまい、この子供たちがみずからに割り当てられた場をはみ出したとたんに、大学の「理念」は、かつてないほど広範かつ巧妙に、いたるところで支配的な力をもつという点である。大学があちこちにはびこる余白によって脅かされていると先ほど述べたが、なぜならば、公式であれ非公式であれ、公的な非大学のさまざまな研究会が、大学のキャンパスのなかにいくつものポケットを形成しうるからである。大学の構成員のなかにはそうした場に参加し、寄生者としてこの教育体の内部の人々を苛立たせることのできる者がいる。カントは、大学の純粋な諸境界のシステムを跡づけることで、ありうべき寄生作用の全体を追い詰めようとしている。カントは、その可能性を正統かつ合法的に排除しようとするのである。ところでそのような寄生作用の可能性は、言語が存在するやいなや、すなわち公共領域、出版活動、公開＝公表性が存在するやいなや出現する。寄生作用の可能性を排除しないまでも、監視＝制御しようとすることは、ある点でもろもろの言語作用の構造を誤認することである。（ついでながら指摘すれば、脱構築的なタイプの分析が、かくもしばしば「寄生性」[6]理論の体裁をとるのは、直接間接に、大学の正統性にもかかわっているからである。）

私たちはまだ『諸学部の争い』のなかに入る敷居上にとどまっている。カントは、第二のカテゴリーを外部にとどめておくのにさらに手こずっている。しかしこの第二のものを名指すことで、カントは今度は、当の政治的な賭け金について充分意識的であるように思われる。まず問題になっているのは「学士（大学修了者）〔die Literaten (Studierte)〕」〔二五頁〕の分類である。学士は、本来の意味での学者（eigentliche Gelehrte）ではないが、彼らは大学のなかで養成され、政府の代理人、政府の職務を担った官吏、権力の道具（Instrumente der Regierung〔政府の道具〕）になる。彼らはしばしばみずからが学んだはずのことを大部分忘れてしまう。国家は、みずからのものであって学問のものではない目的のための（「学問にとって最善をはかるためではない」）機能と権力を学士に付与するのだとカントは述べている。こうした昔ながらの大学修了者のことを、カントは、実務家ないし学識の職人（Geschäftsleute oder Werkkundige der Gelehrsamkeit）と呼んでいる。彼らがもつ公衆への影響力は、公的で法的なものである（aufs Publikum gesetzlichen Einfluß haben）。彼らは国家を代表しており、恐るべき権力を保有している。カントが引く例において、一見学識のこの実務家は、「上級」と呼ばれる三つの学部〔神学、法学、医学〕によって養成されることになっている。彼らは、聖職者、司法官、医者であり、哲学部によって養成されるわけではない。しかし今日、学識の職人や実務家によってこうして定義された分類の内部で、私たちは、従来よりもいっそう多岐にわたるそうした代理人を、大学という場の外部・境界上・内部に含めなくてはならないだろう。彼らは、公立であれ私立であれ大学行政のすべての責任者、予算、財源の権限や配分にかんするすべての「執行人」〔官僚や「理事」たち等〕、出版や文書保管の経営者や管理者、出版関係者、ジャーナリスト等々といったすべての人々である。とりわけ今日は、知の構造に起因する諸理由により、学者と学識の職人とのあいだに厳密な区別を設けることは、知と権力とのあいだに境界線――カントはその保護のもとで大学の建築物を維持しようと望んだわけだが――を引くことと同様、不可能ではないだろうか。私たちはあとで境界についてのこの問いにふたたび直面することになる。実際にはカントは「国民への影響力」〔四一頁〕という観点からこそみずからの問題を練り上げている。学問の実務家たちが恐るべきものであるのは、彼らが「愚昧な人々（Idioten）」〔二五頁〕――としばしば訳されるようにカントは露骨だ、「無学な人々」とは言わない――からなる国民にじかに接しているからである。しかし大学は、いかなる固有の権力ももたないと考えられているように、カントは政府にこそ、この実務家階級を規制するよう（in Ordnung）要求している。というのも彼らは、諸学部に帰属する司法権をつねに奪い取ることができるからだ。カントは政府権力に対して、みずからが反権力の諸条件をつくり出すことを期待するのであり、自己自身の制限を確証すること、そして大学が権力を欠いたまま、みずからの自由な判断を行使して真偽の決定を下せるよう保証することを期待するのである。とすれば、政府、および政府が代表している諸力、あるいは政府を代表している諸力〔市民社会〕は、自身の影響を制限する権利をつくり出さねばならないだろうし、また、事実確認型のあらゆる言明〔真理を主張する言明〕、さらには「実践的」タイプのあらゆる言明（自由な判断を含意するかぎりでの言明）をも、大学の権限たる裁定権へと委ねる権利をつくり出さねばならないだろう。のちほど見るように、結局のところこの裁定権は、大学にあって真理にかんしてもっとも自由で責任あるもの、つまり哲学部の裁定権のことである。この要請の原理は、常軌を逸しているとみえることも、基礎的とみえることもあるだろう。その一方にみえるにせよその両方にみえるにせよ、これはフリードリヒ・ヴィルヘルムのもとでは、適用がなされるいかなる機会もなかったものである。それは、たんに大学を組織するさいの経験上の理由によるだけではなく、それ以来、悪化するしかなかった理由によるものでもある。今日、大学の権限（最終的には哲学の権限）が官吏のあらゆる公言に対していかなる監視《コントロール》＝管理を行使しているのか思い浮かべてみなければならないだろう。カントによれば、この官吏の主体そのものは、直接間接に権力を代表しており、国内で支配的な諸力を代表している。それは権力たることを熱望し、政治的ないしイデオロギー的討論に参与するかぎりで支配されるべき諸力でもある。カントの議論にしたがえば、なにものもそうした監視から逃れることはできないだろう。雑誌や書籍においてであれ、ラジオであれテレビであれ、公職の遂行においてであれ、学識の専門的な運用においてであれ、いかなる発言もそうした監視から逃れることはできない。いわゆる「基礎」研究と、市民、警察、医学、軍事等によるその「応用」とのあいだにあるいかなる中間形態であれ、大学に属さない学生と教育の世界（カントは奇妙にもこの場ではなんの言及もしていないが、高校《リセ》の教師や幼稚園の先生も入る）であれ、大学の働きや予算等にかんするいかなる「決定者」であれ、それらの発言は先述の監視から逃れることができないということになるのだ。要するに、権利上は諸学部の監視——カントの文字通りの言い方では「学部による検閲」〔二五頁〕——に服することがなければ、誰もみずからの「学識＝知」を公的に用いることは許されないのである。このシステムは、次の条件を満たさないならば、もっとも忌むべき横暴という外観をもつし、現にそれを体現してしまうだろう。（1）ここで判断し決定を下す能力が、真理を尊重しその責任を負う任務によって定められること。また（2）そうした能力から原理上かつ構造上、いかなる執行権も強制手段も奪われていること。このシステムの決定権力は、理論的かつ論弁的であり、論弁的なものの理論的部分に制限されている。大学はその場合、真理を言うためのものであり、語のもっとも厳密な意味において判断し批判するためのもの、すなわち、真偽の区別を識別し決定するためのものなのである。大学にまた正当と不当、道徳と不道徳の区別を決定する権限があるのは、判断の理性と自由が含み込まれているかぎりでのことである。事実カントはこの要請を、「専制」〔三九頁〕に対する闘争の条件として、すなわち上級学部（神学、法学、医学）の成員である政府の直接の代表者が大学内部で影響力をもちうる場合の専制を手始めとして、あらゆる「専制」に対する闘争の条件として提示している。この母型《マトリックス》、このモデルであれば、戯れにであれ際限なく翻案できるだろうし、それらの諸要素は、近代社会のさまざまなタイプの諸要素と組み合わせることができるだろう。そうすれば、そこから出てくる評価が互いにまったく矛盾する場合でもそれらを正当に主張することもできるだろう。カントの定義によれば、大学とは、もっとも全体主義的な社会形態を保証するのと同様、あらゆる権力の濫用に対してもっとも断固たる仕方でリベラルな抵抗の場をも保証するのである。もっとも、この抵抗は、きわめて激しく厳しいと判断されることもあれば、まったく無力だと判断されることもある。いずれにせよ、大学権力は実際には、思考力、判断力、発言力に制限されている。発言力といっても、必ずしも公的に発言することではない。というのも公的発言には〔国民への〕影響＝措置《アクション》、要するに、大学には認められていない行政権が重要になるからである。いかにして互いに矛盾する評価が、同一のモデルにかんして結合しうることになるのだろうか。このモデルがそうした矛盾した状況に適しているためには、どのようなものでなければならないのか。ここでは、この途方もない問いに対して間接的な応答を素描することしかできない。カントの境界画定における諸前提はもとより気づかれてきたが、それらは今日圧倒的なまでに明白になっている。カントによれば、彼が必要としているのは、真理にかんする責任と、影響にかんする責任とのあいだでひとつの境界線、つまり分割不可能かつ厳として越境しえない特徴線を引くことである。カントはそうするために、言語をある独特の仕方で扱わねばならなくなる。というのも言語は二つの責任領域に共通な境位であり、言語こそは、カントがなんとしても分離せんとした二つの空間のあいだのいかなる厳格な区別も私たちから取り払ってしまう当のものだからだ。あらゆる寄生作用と模像作用《シミュラクル》へと通じる経路を開くのが言語なのである。ある意味では、『諸学部の争い』においてカントは言語についてしか語っていない。つまり、真理の言語と影響の言語、理論的発語の言語と行為遂行的《パフォーマティヴ》な言語（とくに命令の言語）といった、双方の言語のあいだにこそ、カントは、境界画定の線引きをしようとするのだ。カントが言語についてしか語らないというのは、「真理を明らかにすること」〔二七頁〕や「国民への影響力」〔四一頁〕についてカントが語る場合がそうであり、神学用語、あるいは反対に哲学用語で聖典解釈について語る場合などもそうである。そうした言語の扱いにもかかわらず、批判哲学の批判は、諸学部の内部で、大学の内外で、諸学部に諸境界を割り当てると称するのであり、カントは、言語のうちでそうした諸境界を飛び越えるものを掻き消してしまうのである。カントの努力――それは、哲学固有の企図の偉大さと決定しうる判断の要請とをそなえている――は、言語によって産み出される攪乱、模像、寄生作用、両義性、決定不可能性の諸効果を制限しようとすることにある。この意味で、こうした哲学的要請は、いまや情報処理のテクノロジーによって最良のかたちで代表されている。このテクノロジーは、今日大学――カント用語では、哲学――の管理から逃れるように見えるのにもかかわらず、そのもっとも忠実な産物であり代行者なのである。このことは見たところ逆説的でしかないが、この明白なパラドックスの法の前でこそ、今日究極的な責任が引き受けられるべきだろう。もっともそれが可能だとすればの話である。こうした寄生作用の力は、まずもっていわゆる自然言語に宿るものだが、そのような言語は、大学とその外の双方に共通のものである。公開性＝公共性の境位、すなわちとりわけアーカイヴの形式のもとでは、言説が必然的に公共的たるべしという性格は、カントが縮減したいと望むような両義性の避けがたい場を指し示している。そこから次のような誘惑が生ずる。つまり哲学の言説としてのまさに普遍的価値をもつ言説を、大学内に保留されたほとんど私的な言語〔専門用語〕へと変形するという誘惑である。普遍言語が両義性や曖昧さという危険を冒さないでいるために、結局のところ、この言語を、出版＝公開〔公共化〕したり大衆化したり、必然的に堕落させる民衆のなかに曝け出したりということがないようにしなければならなくなるだろう。カントは、先のプロイセン王〔フリードリヒ・ヴィルヘルム二世〕に答えて、次のように弁護している。

> 私はまた国民の教師として、著作において、とりわけ『たんなる理性の限界内の宗教』という書物において、私がよく承知している国父の至高の意図に背くこと、すなわち、公の国教を損なうことなどしておりません。この点は、この書物がそういうことにはまったく向いておらず、むしろ公衆にとってよく分からない近寄りがたい書物であって、学部の学者間での討議を呈示しているにすぎず、国民はそうした討議は気にも留めない、ということからすでに明らかです。しかし、学部の学者間の討議にかんして、諸学部そのものがみずからの最良の知識と良心にしたがって公に判断を下すのは、あくまで自由であって、君主の任命した国民の教師だけが（学校内および説教壇で）そうした討議の結果に、それも公に講述することを君主が認可するその結果に、拘束されるのです。[7]

知の公開＝出版〔公共化〕はそれゆえ、権威に服することになり、知そのものに服するわけではない。科学および意識における厳密な言説、すなわち、理性的で普遍的で曖昧さのない言説を救うためにこの公開を縮減してしまうこと、ここにあるのはダブルバインドであり、それ自体において矛盾した要請、それ自体と内的な抗争状態にある要請である。あたかもそうした要請がこれ以上もはやカントのテクストのなかで、それ自体からそれ自体へと翻訳しえないかのようなのだ。この矛盾した要請は、カントの時代では満たされることはなかった。今日、公開＝出版、アーカイヴ化、メディア化の領野が、多極における言語の重層的コード化と超形式化と同様に衝撃的なまでに増大しているところで、いかにしてそのような矛盾した要請は満たされることになるのだろうか。どこで公開＝出版は始まるのだろうか。

さらによりいっそう重大で本質的なことがある。大学についての純粋概念は、カントによって純粋に理論的な言語の可能性と必然性のうえに構築されており、もっぱら真理への関心によって、今日であれば純粋に事実確認的と呼ばれるような構造によって働くものである。たしかにこの理想は、カント自身の議論のなかでは純粋実践理性によって、もろもろの命令的な言明によって保証されているように思われる。つまり一方では自由という公準によって、他方では権利上理性が導いているとされる事実上の政治的権威にしたがって保証されているように思われる。しかしそうだからと言って、行為遂行的《パフォーマティヴ》な構造が、大学概念を規制するのにカントが用いる言語から排除されたままになるわけではけっしてない。したがってカントにおいて純粋に自律的であるもの、つまり以下に見るように「下級」学部たる哲学部についての言語からそうした行為遂行的構造が排除されたままになるわけではないのである。私がこの行為遂行性の概念に依拠するのは、それが充分に明瞭で練り上げられているように思われたからではなく、私たちがここでかかわっている討論の本質的な場を合図しているからである。行為遂行性〔performativité〕と言うことで私の念頭にあるのは、知と権力がもはや相互に区別されない場における、技術システムの効率としてのパフォーマンス性のみならず、オースティンのいう言語行為《スピーチアクト》の概念のことでもある。すなわち、この言語行為は「何であるか」の本質についての事実確認、記述、述定に制限されることなく、一定の条件下ではもっぱらそれのみで、みずからが話題にしている状況そのものを産み出し変形するものなのである。たとえば〔コロンビア大学の〕大学院《グラデュエイト・スクール》の創設がそうである。これは、今日私たちが事実確認しうるようなものではなく、百年前にきわめて限定されたコンテクストで生じた創設である。いくつもの興味深いが利害の絡んだ論争が、言語の行為遂行的な力の解釈をめぐって次第に繰り広げられてきており、少なくとも隠密裡には、切迫した政治‐制度的な争点と結びついているように思われる。[2] この論争はまた、文学、言語学、哲学の諸学部でも繰り広げられており、それ自体としては、それらの解釈的な言表形態においては、たんに理論‐事実確認的でも行為遂行的でもない。これは〔定冠詞つきの〕行為遂行的なるもの、は存在しないということであり、あるのはただ、いくつかの行為遂行的な発語、つまり、言語の行為遂行的な力を解釈し、臨検し、活用し、行為遂行的に信任するために、相互に敵対的であったり寄生的であったりするいくつかの試みだけなのである。そしてそのつど、ある哲学、ある政治――たんに政治一般のみならず、教育の政治、知の政治、大学共同体の政治的概念でもある――が、意識されていようがいまいがそこにはかかわっている。大学のどの所作やどの言表にも絶えずなんらかの政治的含意が込められているのだが、それらの哲学と政治は、今日、大学の政治的含意にとってのきわめて徴候的な形式をなしているのである。とはいっても、私が語っているのは、私たちが政治的な管理運営上の責任をとらねばならないようなことばかりではない。すなわち、予算の要求と配分、教育および研究機関、学位の授与、とりわけ陰に陽に私たちが身を委ねている夥しい数の評価、それぞれが一定の公理と政治的な諸効果を伴っているのだが、そうしたことばかりではない（ここで思い浮かべるのは、これらの評価のアーカイヴについての途轍もない研究――それはたんに社会学的研究にとどまらない――の夢だ。この研究には、たとえば、あらゆる関連書類、審査報告、推薦状、あらゆるコードのスペクトル分析が伴っており、大小の利害関心をめぐる狡猾で流動的な戦略のなかで当のコードは互いに争い合い、交錯し、矛盾し、重層的に規定し合っているのである）。そうしたものばかりでなく、私の念頭にあるのは、まさしく学問共同体、大学の概念であり、この概念は、講義やセミネールでの各文言のうちに、書くこと、読むこと、解釈することの各行為のうちに判読可能たるべきものなのである。たとえば——といっても、無限に多様な例を挙げることができるだろうが——理論、詩、哲学、神学などの諸要素の解釈がもたらされるのは、もっぱら、当の解釈を可能にする既存のものを併合したり、当の解釈に合致する新たなものを構成したりする、ひとつの制度的モデルを同時に提示することによってである。この提示が明言されていようと秘匿されていようと、それが呼び求めるのは、前述の文言や文書のテクストをめぐって集う解釈者共同体の政治であり、同時にまた、この共同体の書き込みを可能にするまったき体制の政治、国家を伴っていようがいまいが、そうしたものとしてのグローバル社会や市民社会の政治なのである。私はさらに進んでこう述べるだろう。いかなるテクストも、資料体《コーパス》のいかなる要素も、指示的にであれ規範的にであれ、ひとつないし複数の厳命を再生産ないし遺贈する。つまりこれこれの規則や遠近図法にしたがって、あるいは心と体のしかじかの局所論にしたがって結集せよ、また、私というものを読みかつ書くためにしかじかのタイプの制度を形成せよ、さらには私を解釈し、評価し、保持し、翻訳し、相続し、生き延びさせる（ベンヤミンが「翻訳者の課題〔Die Aufgabe des Übersetzers〕」で与えた意味での **überleben**〔生き残る〕ないし **fortleben**〔死後に生き続ける〕）ためにしかじかの交換および階層秩序を組織せよ、と命令するのである。あるいは逆に、もし私というものを解釈する（暗号解読や行為遂行的な変形という意味での解釈）のであれば、しかじかの制度的形式を前提しなければならなくなるだろう、と迫るのである。しかしあらゆるテクストには、こうした厳命が決定不可能性やダブルバインドを惹き起こすということがもともと備わっている。つまりそこでは、支配不可能な重層規定に対して閉ざされていると同時に開かれているということが備わっている。これがテクスト一般の法であり——テクスト一般は、図書館で文書と呼ばれるものやコンピュータ・プログラムに限られるわけではない——、私がここでは論証しているわけにはいかないが前提とすべき法なのである。したがって、解釈者はけっして受動的にこの厳命に従っているわけではなく、解釈者自身の行為遂行が、今度は共同体のひとつないし複数のモデルを構築することになる。

しかもそのモデルは、当の同じ解釈者にとってときおり移り変わる——その時々ごとに、テクストごとに、状況や戦略的な評価ごとに異なるのである。そうしたことが解釈者の責任である。それらの責任が何について、誰の前で引き受けられるのかということを述べるのは概して困難である。それらはそのつど新たな契約の内容と形式にかかわる。たとえば、私がセミネールでなんらかのコンテクストにあるなんらかの文章（ソクラテスの一返答、『資本論』や『フィネガンズ・ウェイク』の一断章、『諸学部の争い』の一段落）を読むさいに、私がまた書き記し準備しうるのは、制度と社会の支配的な諸力とのあいだで、制度と取り交わす新たな契約の署名なのである。こうした操作こそ、いかなる交渉（前契約的であり、旧契約を絶えず変形するもの）のうちにもあるように、あらゆる計略、あらゆる戦略的企み——どんなものかはご想像にお任せしよう——の契機をなすのである。大学の責任なるものの純粋な概念が存在するのかどうか、私にはわからない。いずれにせよこの場で、この講演の制約内で、私がこの主題について抱いているあらゆる疑念を述べているわけにはいかない。ひとつないし複数の伝統によって遺贈された倫理‐政治的なコードが、そうしたことを定義することで実現しうるのかどうかもわからない。しかし今日最小限の責任、つまり研究ないし教育制度に属している誰にとっても、ともかくもっとも興味深く、もっとも新しく、もっとも強力な応答責任とは、おそらくそうした政治的含意、そのシステム、そのアポリアを、可能なかぎり明晰化かつ主題化することなのである。このような主題化が前代未聞の紆余曲折を経るかもしれないにもかかわらず、私は、明晰さと主題化という言葉遣いをすることによってもっとも古典的な規範を参照している。もちろんひとはつねに古典的規範を放棄しようとするけれども、私は、責任の観念全体を問い直すことなしにはそうした規範を放棄できるとは思わない。可能なかぎり明晰な主題化ということで私が言いたいのは以下のことである。すなわち、私たちが共同で試みているどの操作（読解、解釈、理論モデルの構築、立論のレトリック、歴史資料の取り扱い、数学的な形式化さえ）にあっても、制度的な概念が作動しており、一定の契約が取り交わされ、理想的なセミネールのイメージが形づくられ、仲間《ソキウス》の存在が含み込まれ、反復ないし転位され発明され変形され脅かされ破壊されるといったことを、学生たち、研究者たちの共同体とともに提起ないし承認すること、このことである。制度とはたんに、私たちの仕事の自由を取り囲んだり保護したり保証したり拘束したりするようなもろもろの壁、外面的構造のことであるだけではない。それはまた、すでにして私たちの解釈の構造そのものなのである。したがって、なんらかの帰結を引き出したいとしても、あまりに性急に〔定冠詞付きの〕脱構築なるものと呼ばれているものは、けっして論弁的手続きの一連の技術のことではないし、ましてや所与の安定した制度の庇護のもとでもろもろのアーカイヴや言表に働きかけるような新たな解釈学的方法でもない。それは少なくとも、そうした働きかけそのものにおける、ひとつの態度決定であり、それも私たちの実践、言語運用の能力、行為遂行＝性能を構成しかつ規制している政治－制度的な諸構造にかんして行なわれる態度決定なのである。脱構築がけっしてたんに意味内容にかかわってきただけではないがゆえに、それは、こうした政治－制度的問題系から切り離されてはならないし、応答責任についての新たな問いかけを必要とすることになるだろう。この問いかけは、それゆえ、もはや政治的なものや倫理的なものから引き継がれた諸コードに必ずしも依拠するわけではない。そういうわけで、脱構築は、一方の人々の眼にとってはあまりに政治的に映るが、他方、戦争の先触れをもっぱら道路標識から受け取るようにして政治を識別する人々の眼にとっては政治的な力を奪うように映るということがある。脱構築は、所与の組織や機関を安心させるような方法論的な改革に限られることはないし、反対に、無責任ないし無責任化する破壊の誇示に行き着くこともない。実際そうした破壊は、すべてを現状維持に帰し、大学のもっとも不活性な諸力を強化するのに確実な効果をもつだけだろう。こうした諸前提からこそ、私は『諸学部の争い』を解釈するのである。いま一度そこに立ち戻ることにするが、実のところ、私はその解釈から離れたとは思っていない。

さて、カントが望んだのは、大学の学者と、政府権力の道具たる学問の実務家とのあいだ、また大学という囲いの内部と、それにもっとも近い外部とのあいだに境界線を引くことであった。ところでカントが充分に認識しなければならないのは、この境界線がたんに制度の縁およびその周りを通っているだけではないということである。それは諸学部を横断しており、まさに争いの場、避けがたい争いの場なのである。この境界《フロンティア》とは前線《フロント》である。実際、カントは、みずからが変革しようとしているわけではないにせよ、いつもの論法でその純粋に法的な可能性の条件を分析しようとしている事実上の組織〔ケーニヒスベルク大学〕を参照することによって、学部の二つの階級のあいだに区別を設けている。すなわち、三つの上級学部とひとつの下級学部である。カントはこの区分をめぐる巨大な問題を論じることなく、性急にも、この分割と呼称（三つの上級学部とひとつの下級学部）が政府の所業であって、学問の同業者組合によるものではないことを明言している。にもかかわらず、カントはこのことを受け容れ、みずからの哲学のなかでこれを正当化し、この事実《ファクトゥム》に法的保証と理性理念を付与することを試みている。神学部、法学部、医学部が「上級学部」と言われるのは、政府の権力にもっとも近いからであり、伝統的な階層秩序は、権力が非権力よりも高いことを望むからである。実際、カントは後のところでみずからの政治的理想がこの階層秩序の一種の転覆を目指すものであるということを隠そうとしていない。

そのようにすれば、いつかは、最後の者が最初の者に（下級学部が上級学部に）なるにいたるかもしれない。それは、なるほど権力をもつという点においてではない〔強調は私〔デリダ〕〕。カントはこのような転覆にあってさえ、知と権力とのあいだの絶対的な区別に忠実であり続けている」が、権力をもつ者（政府）に助言する〔カントによれば、この助言は権力ではない〕という点においてである。政府はみずからの目的を達成するためのよりよい手段を、自分自身の絶対的権威によりは、哲学部の自由およびその自由から政府のために生まれてくる洞察の方

にみとめるであろうからである。(8)

ここでのカントのモデルは、プラトンの哲人王というよりは、イギリス議会における君主制の一種の実践的な知恵である。カントは「学部の区分一般」の、読者を楽しませる長めの註においてこのことに言及している。(9)

この理想上の転覆が生じないかぎりは、すなわち現実の事態にあっては、上級学部は政府の道具を養成する学部であり、それらの媒介によって政府は「もっとも強力でもっとも持続的な影響力」〔二六頁〕を国民に及ぼす手筈を整える。政府はそれゆえ、みずからの上級学部を監督《コントロール》し指揮するのであり、上級学部は、政府が自分自身で教育しないとしても直接に政府を代表し代行するのである。政府は学説を認可し、真理がどうであろうと、それらの学説のいくつかが提示され、他のいくつかは斥けられるということを要求することができる。このことが、上級学部と政府とのあいだで取り交わされる契約の部分をなすのである。ついでに述べておけば、この唯一のカントの規準（国家権力とそれを支える諸権力を代表すること）を保持するとすれば、今日ひとは上級学部と下級学部とのあいだの境界について確証をもてるだろうか。以前と同様に上級学部を、神学部、法学部、医学部に限定しうるのだろうか。下級学部はカントによれば政府の命令からきっぱりと独立していなければならないとされるが、そこにはいかなる権力の関心や代理表象の痕跡も見出されえないのだろうか。カントによれば、下級学部（もしくは哲学部）は、誰の意向も仰ぐことなく、もっぱら真理への関心にのみ導かれることで、みずからが望むことを自由に教えることができなければならない。そしてモンテスキューなら言うであろうように、政府はこの自由のまえで、それ自身の権力を押しとどめておき、この自由を保証しさえしなければならない。政府はそうすることに関心を払わなければならないのである。というのも、カントがこの議論を特徴づける根本的な楽観主義でもって述べるように、自由なくしては、真理はみずから顕現することができないからである〔二七頁〕。いかなる政府も、真理が顕現するということに関心を払わねばならないだろう。下級学部の自由は絶対的であるが、それは、判断の自由であり、大学内的な言論の自由であり、本質的に理論的な諸判断によって何であるかについて公言する自由である。大学内的（理論的、法的、述定的、事実確認的）言論のみがこの絶対的な自由を認めることがわかるというわけだ。「下級」学部の成員たちはそのかぎりで命令を発する（Befehle geben）ことができないし、そうすべきでもない。政府が最終審級として契約上保有しているのは、当の発言において事実確認的でも——語のいくつかの意味において——代理表象的でもないとされるあらゆるものを管理統制《コントロール》し検閲するという権利である。しかし今日事実確認的でない発言を解釈するさいに生ずるさまざまな微妙で複雑な問題のことを考えてみてもらいたい。そうした問題が大学の先述の概念に及ぼすであろう効果、また市民社会と国家権力への関係に及ぼすであろう効果のことを考えてみてもらいたい。大学の言説そのものが純粋に事実確認的な構造をもつのかどうかをみずから検証するという検閲官や政府の官吏を養成しなければならないような事態を思い描いてもらいたい。そうした官吏は、いったいどこで訓練されるのだろうか、どんな学部によってだろうか。上級学部だろうか下級学部だろうか。誰がそれを決定するのだろうか。ともかくも今日私たちは、行為遂行的な言語の真理、あるいは、この点にかんして正統で教育可能な学説をその本質的な理由により、意のままに自由に用いることができない。ではそこから何が帰結するのか。言語行為《スピーチアクト》にかんするあらゆる議論（言語行為と真理、言語行為と意図＝志向、「真面目な」言語と「不真面目な」言語、「虚構的」と「非虚構的」言語、「正常」と「寄生的」言語、哲学と文学、言語学と精神分析、等々の関係）には、私たちがもはやみずからに隠しておくことのできない政治＝制度的なさまざまな争点がある。それらがかかわっているのは、アカデミックな言説や研究一般の言説の権力ないし非権力なのである。

諸学部の二つの階級の分割は、純粋で原理的で厳密でなければならない。この分割は、政府によって制定されたものだが、それにもかかわらず純粋理性に由来している。それは原理的に、いかなる境界の攪乱も、いかなる寄生作用も受け容れない。そこから生ずるものこそ、カントが法的な境界を画そうとする、倦むことなき絶望的なまでの努力である。それは「英雄的〔heroisch〕」〔四四頁〕努力とさえ言われている。この境界は、諸学部の二つの階級〔上級学部と下級学部〕のそれぞれの応答責任のあいだを画す境界だけではない。大学理性の一種の二律背反《アンチノミー》において両者の階級間に浮上せざるをえないタイプの争い〔合法な争いと違法な争い〕のあいだを画す境界である。諸学部間の階級闘争は不可避となろうが、合法な争いと違法な争いの区別については、法律主義によって決然とした決定可能で批判的な仕方で、判断し判別し評価するよう仕向けられることになるだろう。

諸学部の両階級のあいだの第一の境界は、行為と真理（真理価をもつ言明ないし命題）のあいだを画す境界線である。下級学部は、真理が問題になっている場合には全面的に自由である。いかなる権力もこの点で下級学部の判断の自由を制限してはならない。たしかに下級学部は、その時々の事情にそくした学説を政府から命じられてその学説に従うことはありうるが、権力が命じたがゆえに当の学説を真なるものとみなすことがあってはならないのである。この判断の自由に、カントは、大学の自律の無条件な条件をみており、この無条件の条件こそ、哲学にほかならない。自律は、みずからに自身の法を、要するに真理を付与するかぎりでの哲学的理性のことである。そういうわけで下級学部は、哲学部と呼ばれることになる。大学のうちに哲学部がなければいかなる大学も存在しない。大学〔universitas〕の概念は、研究教育制度の哲学的概念以上のものである。それは哲学そのものの概念であり、〔大文字の〕理性、あるいはむしろ制度としての理性原理なのである。カントはここで学部のみならず「部局〔Departement〕」〔三八頁〕という言葉を用いている。すなわち、大学というものがあるためには哲学部のような「部局」が設けられて（gestiftet）いなければならない。権力では下級であるにもかかわらず、哲学は、真理に属する「第一の」もののために他のすべての学部を「監視する（controlliren）」のであり、他方、政府のために役に立つ有用性は「二番目」にくるものである。[10] 大学の本質、すなわち哲学が、大学の場所論《トポロジー》のなかでひとつの特殊な場を占めていると同時に他の学部のうちの一学部でしかないということ、また、哲学がそこでひとつの特別な能力を代行するということ、こうしたことには重大な問題が孕まれている。この問題はたとえばシェリングが気づいていたことである。シェリングは『大学における学術研究の方法についての講義〔Vorlesungen über die Methode des akademischen Studiums〕』（一八〇二年、イェーナ大学）においてすでにカントに異議を唱えていた。シェリングによれば、哲学固有の特殊な学部（ゆえに権力〔Macht〕）などありえない。というのも「一切であるものは、まさにそれゆえに、特殊なものではありえない[11]」からである。

　こうした大学の場所論のパラドックスは、以下の通りである。すなわち、それ自体において大学空間の総体についての理論的概念をもたらしている学部が、特殊な居場所を割り当てられており、かつ当の同じ空間内で他の諸学部とそれらが代表している政府との政治的権威に服しているということである。権利上こうしたことが構想可能で合理的になるのは、政府が理性から着想を得なければならないというかぎりでのことである。そしてこのような理想的なケースでは争いは生じるはずがない。しかし実際には争いは生じる。それはたんに偶発的ないし事実上の諸対立であるだけではない。この争いは避けがたいものであり、しばしばカントが「合法」と呼ぶ争いなのである。どうすればこれは可能になるのだろうか。

　思うにこれは、当の境界線の逆説的な構造に起因している。これらの境界線が権力と知、行為と真理を分離するよう定められている一方、当の境界線が区分する集合とは、そのつどいわばそれ自身よりも大きい集合であり、それは、全体の一部ないし部分集合しか表せないような仕方で当の全体をそのつど覆っているのである。このとき全体は、各部分ないし部分集合に対して内側に陥没したポケット〔poche invaginée〕を形成する。こうして私たちが認めたのは、大学の内部と外部を区別し、またその内部で上級学部と下級学部を区別するさいに直面する困難である。だが、私たちはまだこの種の分割や、それとともに各空間内部で折り返される分割の端緒にもさしかかってはいない。哲学部はさらに二つの「部局」に分割される。すなわち、歴史認識（歴史学、地理学、言語学、人文学など）と、純粋理性認識（純粋数学、純粋哲学、自然および道徳の形而上学）である。そのため、純粋哲学は哲学を冠した学部の内部で、依然として全体の一部をなすにすぎないのだが、にもかかわらずそれが全体の理念を保有するということになる。歴史的であるかぎりは、哲学部は、上級学部の領野をも覆っている。「哲学部はそれゆえ、学説が真であるかどうかを吟味するために、あらゆる学問分野を取り上げることができる」[12]。境界線をはみ出すこの二重の溢出ゆえに、争いは不可避となるのだ。哲学部がそれ自体分割可能である以上、争いは各学部の内部にも再浮上してくるのでなければならない。しかしカントは依然として合法な争いと違法な争いのあいだに線引きをしようとする。違法な争いは、公然ともろもろの意見、感情、特定の傾向性を互いに対立させようとする。問題になっているのはつねに国民への影響力なのだが、この争いは、法的および理性的な調停をもたらすことができない。それはまずもって国民の要求からくるものである。彼らは、哲学をただのおしゃべりとみなすことで、上級学部や学問の実務家に話しかけることを好む。そうして、享楽や安逸に加え、吉兆の占いや魔法や魔術の次元に属する返答を彼らに要求する。国民は、手練手管に長けた指導者（kunstreiche Führer）〔四二頁〕、「扇動家《デマゴーグ》」〔四三頁〕を追い求めるのである。上級学部の成員、たとえば神学者は、上級学部によって養成された実務家と同様に、このような要求に答えてしまう。こうした違法な争いの場合、カントによれば、哲学部はそのものとしてはまったくもって無力であり、なすすべがない。解決しうるのは外部、いま一度、政府である。政府が介入しないとすれば、言い換えると、特定の利害関心の肩をもつとすれば、哲学部に、ということは大学の精神そのものに死をもたらすことになる。カントが「英雄的」手段——無茶なことをする医者という皮肉な意味で——と呼ぶものは、死によって危険を終わらせてしまうのである。こうして哲学に死をもたらすことを大急ぎで承認しようと試みる者がいる一方、私たちのなかにも、西洋のいくつかの国、とりわけフランスにおいて、哲学の死に抗して闘おうとする者がいる[13]。しかしこのカントの図式のなかでは、事態はさほど容易に理解できるようにはならない。「違法な」争いは、副次的にしかカントの関心を惹かない。というのも、特定の傾向性や所定の利害関心を働かせることは、前理性的で、疑似自然的にして制度外的なことでしかないからである。その重大さがどうであれ、これは大学に固有の争いではない。カントは、大学の理性固有に属する合法な争いのほうにいっそうまとまった分析をあてている。この争いは内部から不可避的に現れ、権利と義務を働かせるのである。カントがそのさいに与えている最初の例――カントは明らかにこうした例をもっとも懸念している――は、聖なるもの、信仰、啓示にかかわっている。哲学部の義務とは「教説の根拠とされるそうしたものの根源と内実を、ひとが感じると称する対象の神聖さにたじろぐことなく冷静な理性によって公に吟味し判断すること、この誤って感情と思い込まれているものをきっぱりと（entschlossen）諸概念にもたらすことである」[14]。この争い（この例では神学の上級学部との争い）が再導入しているのは感情や歴史だが、そこでは理性のみが存在しなければならない。この争いは、それ自身のうちに依然としてなにか自然的なものを保持している。というのも、それは、理性をその外部に対立させているからである。この争いは、依然として合法なものを違法なものによって寄生させている。しかしカントはこのことを認めようとしないし、ともかくも明言しようとはしない。カントが思い描いているのは、内的な調停の審級であり、「真理を公に提示すること（öffentlich Darstellung der Wahrheit）」〔四六頁〕を目指す、理性という裁判官によって発せられた宣告と判決である。この訴訟と調停は、依然として大学の内部にとどまり続けていなければならず、当の争いを新たに違法な争いへとねじ曲げてしまう無能な国民の前にもたらすようなことがあってはならない。というのもこうした者たちは当の争いを、過激派や国民の護民官、とりわけカントが新教義派（Neologen）と呼ぶ者たちの喰いものにしてしまうだろうからである。「しかし当然ながら嫌悪されているこの名が、教説と教授方法における革新の主唱者すべてを指して言われるなら、それは大きな誤解である（そもそも古いものはつねに新しいものよりもよいなどとどうして言えるであろうか）[15]」。これらの争いが、政府をけっして危機に陥れるようなことがあるはずがないのは、それらが権利上内部にとどまり続けなければならないからである。それらはこのことのため、すなわち、政府をけっして危機に陥れないために、内部にとどまり続けるということが必要なのである。

それにもかかわらずカントが認めざるをえないのは、この争いに終わりがなく、したがって解決がないということである。それは闘争であり、学部の部局体制を不安定にし、カントが敵対性を囲い込もうとしている諸境界を絶えず問い直しにやってくる。諸学部の争いが孕む敵対性は、カントが明確にしているところでは「戦争ではない（kein Krieg）」。カントはそれにかんして議会特有の解決策を提案している。すなわちカントによれば、上級学部は学問という議会の右翼を占め、政府の諸規約を擁護するであろう。「［…］他方、真理が問題である場合には当然必要とされるぐらいに自由な体制においては、反対党派（左翼）もなければならないのであって、これが哲学部の占める議席である。なぜなら、反対党派が厳密な吟味を通じて異論を唱えなければ、政府は、自分自身にとって有益であったり不利益であったりすることについて充分な教示が得られなくなるだろうからだ[16]」。かくして純粋実践理性にかんする争いにおいては、訴訟の報告と形式的な予審は、哲学部に委ねられることになる。しかし実質にかんして言えば、これは人類にとってもっとも重要な問いに触れるものであり、優先権を帰すべきは上級学部、なによりも神学部である（「諸学部の争いの平和締結と調停」参照）[17]。しかしながら、議会による法律主義にもかかわらずカントが認めざるをえないのは、争いが「けっして終結しない」ということであり、哲学部は「この争いにそなえてつねに武装していなければならない[18]」。哲学部が真理の保護を託されているのだが、哲学部はつねに脅かされることになるだろう。なぜなら「上級学部は、支配欲（Begierde zu herrschen）をけっして捨てないであろうからだ」[19]。

唐突だが、ここでいったん中断する。〔大文字の〕大学なるものは閉止しようとしている。カントのこうした議論を取り上げるには、もう遅すぎる、あまりに手遅れなのだ――たぶんそれが私の言いたかったことである。しかし続きがあることを知っていただきたい。私はまだそれについてはなにも述べていなかった。この続きの部分は、いっそう興味深く、形式的でなく、非公式のものである。それがかかわっているのは、神学者、法律家、医者、技術者との争い、あるいは彼らが養成した実務家との争いの実質そのものである。

私はいま――「いま」だとして――どこから語っているのか、そうあなたがたはずっと自問してきたにちがいない。この争い全体のどちらの側に私はいるのかと。（1）境界線の右側、右翼なのか、あるいは（2）左側、左翼なのか、あるいはよりありえそうなことだが、〔正しいか間違っているかはさておき〕こう考える者もいるだろう、（3）境界線上を偶然に任せて行きつ戻りつする運動に煽動された、疲れを知らぬ寄生者であると。つまり、永遠平和の条約を目指して仲介役を果たすためなのか、生まれてこのかた黙示録や終末論に飢えている大学で争いや戦争の火種をつけてまわるためなのか、誰にもわからないというわけである。これらの三つの仮説のうちどの責任が私に当てはまるのかについては、あなたがたに委ねておくことにしよう。これらの仮説はすべて『諸学部の争い』が提示した諸境界のシステムに訴えるものであり、依然として『諸学部の争い』によって拘束されたままなのである。

ここでの私の責任は、その帰結がどんなものとなるのであれ、法の法〔権利の権利〕についての問いを提起することであったということになるだろう。すなわち、大学という法-理性的かつ政治-法的なこのシステムの正統性とはどのようなものか、といった問いである。法の法〔権利の権利〕についての問い、法権利の基礎〔fondement〕ないし創設〔fondation 基礎づけ〕についての問いそのものは、ひとつの法的な問いではない。その応答はたんに合法でもたんに違法でもなく、またたんに理論的ないし事実確認的でもたんに実践的ないし行為遂行的でもない。それは、伝統が私たちに遺贈した大学の内にも外にも生じえない。基礎にかんするこの応答と責任は、創設という観点からしか生じえない。ところで、法権利の創設が法的でも正統でもないのと同様に、大学の創設は、大学的および大学内的な出来事ではない。大学の純粋概念がありえないのは、また、大学内に大学の純粋概念、純粋理性的な概念がありえないのは、端的に言って——時間的な理由により、また扉を閉じてこの会をお開きにしてしまう前にいくぶん省略的な言い方をさせてもらえば——大学が創設されたものだからである。ひとつの創設の出来事は、それが創設するものの論理のうちに単純に包含されえない。法権利の創設〔基礎づけ〕は、ひとつの法的な出来事ではない。理性原理〔根拠律〕の起源は大学の起源にも含み込まれているものだが、それ自体は理性的ではないのだ。大学という制度の創設は、大学の出来事ではない。創立記念祭は大学の一大イベントでありうるが、創設そのものはそうではない。そうした創設はたんに違法ではないが、それが制定する内的な合法性に属しているわけではない。哲学的制度の創設以上に哲学的なことはなにもないように思われるが、哲学的制度——大学であれ哲学の学派や学部であれ——の創設はそれ自体としてはすでにして厳密には哲学的ではありえないのである。私たちがいるのはまさにここ、すなわち、創設的責任がいくつかの行為や行為遂行を経る場所なのである——これらは、たんに狭義の厳密な意味での言語行為にとどまらないし、もはや一定の真理規定にそくして規制された事実確認的言明ではないのは明白だが、だからといって、もはやたんに言語的な行為遂行的言明であるわけでもない。この対立（事実確認的／行為遂行的）は依然、ここで問い質しが必要になっている哲学‐大学的な法——言い換えれば理性——によってあまりにも緊密にプログラムされたままにとどまっている。そのような問い質しはもはや単純に哲学の舞台に内属するものではないだろうし、ソクラテス型、カント型、フッサール型と分類されるような理論的な問いでもないだろう。そうした問い質しは、新たな創設行為から切り離しえないだろう。私たちの棲む世界は、新たな法権利――とりわけ大学の新たな法権利――の創設が必要な世界なのである。こうした創設が必要だと言うことは、この場合同時に、その応答責任、その新たなタイプの責任を引き受けなければならないと言うことにほかならない。そしてこれは、この創設がすでにして抵抗しがたいまでに進行中であり、それも、個々の主体および同業者組合のさまざまな代理表象、意識、行為を越えて、学部や部局相互間の諸境界を越えて、制度とそれが書き込まれる政治的な場とのあいだの諸境界を越えて進行中だということなのである。そのような創設は単純に、これまで遺贈されてきた法権利の伝統と袂を分かつことができないし、当の法権利が権限を付与する合法性に服従することもできない。それはそのようにして、新たな法の確立や法権利の新たな時代の樹立をつねに準備するもろもろの争いと暴力に巻き込まれている。合法な争いと違法な争いのあいだ、とりわけカントが望んだように争いと戦争のあいだを区別しうるようになるのは、たんに法権利の一時代の内部でのことにすぎないのである。

では、どのように新たな法権利の創設のほうへとみずからを方向づければよいのだろうか。この新たな創設は、伝統的な法権利と妥協策の交渉を行なうだろう。この伝統的な法権利は、それゆえ、自己自身の創設的な土壌のうえに、もうひとつの創設的な場にむけて跳躍するための支えをもたらさなければならないだろう。あるいはフランス語で言われるような、身を躍らせる前に「一方の足で踏み切る〔prendre appel sur un pied〕」という跳躍者のメタファーとは別の言い方がお望みならばこう言おう、相変わらず困難なのは、最良のてこ、ギリシア人の言うような最良のモクロス〔mochlos〕を決めることのうちにあるだろう、と。モクロスとは、船を移動させるための木の棒、レバーであり、戸を開けたり閉めたりしておくための一種の杭であり、要するに強い力をかけて動かすための支えとするもののことである。ところで歴史、道徳、政治においてどのように方向づければよいのかを問い尋ねる場合に、もっとも重大な不和と決断が生ずるのは、往々にして目的よりもてこにかんしてであると私には思われる。たとえば、議会の起源という意味での右翼と左翼の対立は、おそらく全部が全部とまでは言わないにせよ大体において、政治的なモクロスのいくつもの戦略のあいだでの争いなのである。カントが淡々と説明しているのは、大学でも議会と同様に、左翼（哲学部ないし下級学部。左翼はさしあたり下位にある）と右翼（上級諸学部の階級は政府を代理する）がなければならないということである。いましがた新たな法権利の創設にむけてどのように方向づければよいのかを問い尋ねることで私が引用していたのは、おそらくお気づきのこととは思うが、カントの別の論文（「思考の方向を定めるとはどういうことか〔Was heißt : Sich im Denken orientieren?〕」一七八六年）であった。この論文は、一七六八年のもうひとつの論文（「空間における方位の区別の第一根拠について〔Von dem ersten Grunde des Unterschiedes der Gegenden im Raum〕」）以来現れていた、対称的な諸対象のパラドックスに合図するものである。すなわち、右と左の対立は、いかなる概念的および論理的な規定にも属さず、たんに人間身体の主観的な位置しか参照しえない感性的トポロジーにのみ属するという問題である。この主観的位置が明らかにかかわっていたのは、左側と右側の、ともすると思弁的な定義と知覚である。しかしいま、まったく性急にも思弁から歩行へと話題を移すとすれば、なんとカントは次のように言ったことになるだろう。大学は、右と左の両足で歩かなければならない、そして片方の足は、一歩ごとに身体を持ち上げて踏み出すあいだ、もう片方の足を支えていなければならないのだ、と。必要なのは、両足で歩くこと、それも靴を履いて歩くことなのだ。なぜならここでかかわっているのは制度、社会、文化であって、たんに自然というわけではないからである。このことは、学部という議会について私が喚起したことのうちにすでに明らかであった。しかしこれについては、私はまったく別の文脈のなかで確証を見出している。いくぶん手短で粗雑な飛躍となってしまうことをご容赦いただきたいのだが、二年以上前、まさにこの場で、私たちの傑出した同僚であるマイヤー・シャピロ教授と、ヴァン・ゴッホのいくつかの靴について交わした議論のことが思い出される。まずもって問題になったのは、一九三五年のハイデガーの絵画解釈〔『芸術作品の根源』〕であり、そこに描かれた二つの靴が一足の対をなすのか、あるいは二つの左靴なのか、二つの右靴なのか、ということであった。この問いを練り上げることは私にはともかくきわめて重大な帰結を伴うように思われたのだった。[3] ところでカントは、哲学部と医学部の争いを論じるなかで、病的感情を支配する人間の心がもつ力について取り上げ、また養生法、自分自身の心気症、睡眠と不眠症について語ったのちに、次のような打ち明け話をしている。あなたがたの眠りを妨げることのないよう、私は一言も付け加えないでおきたい。モクロス、ないしてこの支点〔hypomochlium〕という語を強調するにとどめておく。

> 不眠症は虚弱な老人の欠陥のひとつであり、身体の左側は一般的に言って右側よりも虚弱なので、私は一年ほど前から、こうした痙攣的なものに襲われるのを感じたり、この種の過敏な刺激〔…〕を感じたりしてきた。〔…〕私はそのために医者を探さなければならなかった。〔…〕私はただちに例のストイックな手段に訴えた。すなわち、私の考えを、どんなものでもよいからなんらかの無関係な対象（たとえば、多くの副次的表象を含んでいるキケロという名）に努力して集中させるという手段である〔…〕。

そして左側の虚弱というほのめかしは、次の註へと差し向ける呼びかけを印しづけていた。

> 手足を使う場合の強さにかんして、いったい身体の両側のうちどちらが強い方なのか、また弱い方なのか、たとえば、戦闘でサーベルは右手にもつのか左手にもつのか、騎兵があぶみを踏んで馬に乗るときは右側から左側へまたがるのか、それとも逆なのか。このようなことについて、それは訓練と早くからどのような習慣をつけさせられたかで決まるというのは、まったく誤った言い分である。靴の寸法を左足でとってもらうと、左足にぴった

り合う靴であっても右足には小さすぎるというのは経験が教えてくれることであって、この責めを、子どもによく教えておかなかった両親に負わせることはできない。また同様に、いくらか深い溝をまたごうとする人は、左足を踏みしめて右足でまたぐものであって、もしその逆にすると溝に落ちる危険があり、左側に対する右側の優位はこの点にも認められる。プロイセンの歩兵が左足で踏み出すように訓練されているという事実は、右の命題を反証するものではなく、むしろそれを立証している。というのも、歩兵は左足をてこの支点にするかのように前に出すが、これは右側を使って勢いよく仕掛けるためであり、攻撃は左側を引き換えに右側を使って加えられるのである。[20]

（宮崎裕助訳）

句読点　博士論文の時間(1)

博士論文《テーズ》(1)の時代《エポック》について話題にしてよいものでしょうか。時間が、多くの時間がかかるであろう博士論文、あるいは、時機を逸してしまったような博士論文について。そもそも、博士論文の時間＝時期など存在するのでしょうか。さらには、博士論文の年齢、博士論文にふさわしい年齢についてまで話題にしてよいものなのでしょうか。

みだりにひけらかすつもりはないのですが、はじめに、ひとつ打ち明け話を口にすることをお許しください。私は、自分がこれほどまでに若いと同時に老いたと感じることはありませんでした。同時に、同じ瞬間に、です。それは同じ感情なのですが、あたかも二つの歴史、二つの時間、二つのリズムが、同じ自己感情のうちで、一種の自己錯時、自己における時間錯誤《アナクロニー》のうちでいわば言い争いに没頭しているかのようなのです。そんなふうに、ある種のアイデンティティ・トラブルが説明されるわけです。たしかにこれは私にはまったく未知の事態というわけではありませんし、必ずしもそのことを苦にしているわけでもありません。しかし、このトラブルはまさにいましがた急激に悪化し、この昂ぶりはほとんど私の声を奪いそうなほどです。

若さと老いのあいだ、そのどちらでもあり、どちらでもない、その両者のあいだでの年齢の未決定状態、それは、ある落ち着きの悪さ、不安定さのようなものであり、安定・立場・停留・定立《テーズ》・設定のトラブル、そうまで言わないにせよ、大学教員の、多かれ少なかれ規制された生活のなかで休止できないトラブルのようなものです。終わりと始まりは一致せず、たしかに、安楽に浸るのか多産性をとるのか、そのあいだでの二者択一を分かつ一定の距たりが依然として問題になっています。

この時間錯誤《アナクロニー》(もちろん私のものなのですが)は、私にはとても親しみを感じるものです。あたかも私にとっての約束が、とりわけごく几帳面なまでに、所定の時間通りにはけっしてやってくるはずのないものとのあいだでつねにとり交わされていたかのようなのです。いつも早すぎるか遅すぎる、というわけです。

私は口述審査のためにここに出頭しているわけですが、この場を、私はあまりに長きにわたって準備してきましたし、たしかにあらかじめ入念に計画していたのですが、次いで延期し、ついには考えなくなってしまいました。あまりに長いあいだ考えないでいたので、みなさんのおかげで口述審査が行なわれる日になってみると、私にとってはどこか少しばかり幻想的な非現実の性格を帯びていますし、一種のありえなさ、予見不可能性に満ちており、さらには不意に即興で生まれたかのような感じさえしています。

博士論文の準備にとりかかってから、いまやほぼ二五年になりました。なんということか、そうした準備自体はほとんど決断といったものではなく、おおよそ自然と思われえたようなこと、つまり当時高等師範学校を卒業し、教授資格を取得した後で、所定の社会状況に置かれた者にとって、ともかくも古典的で類型的で典型的だったことを踏襲したにすぎませんでした。

ですが、この二五年は、非常に特異なものでした。ここでは私のささやかな個人史や、私がまずもって最初の決断から遠ざかるにいたった道のり、次いでこの決断を熟慮の末に問い直すことにした道のりのすべてをお話するつもりはありません。それは、熟慮の末であったし、率直にそう思いますが、決定的なものでした。というのも結局のところ、ほんの少し前まではまさに、間違っていようと正しかろうと、私には非常に新しいと思われたコンテクストのなかで、そうした決断とは別の評価、別の分析を思い切ってやってみようとしていたからです。

　この二五年が特異なものだったと述べるからといって、私は、こうした個人史のことを考えているわけでも、ましてや私の仕事の歩みそのもののことを考えているわけでもありません。そう考える場合には、ありそうにもないことですが、私の仕事がさまざまなやりとり、類似点、親近性、いわゆる影響関係の作用によって進展してきた当の環境から切り離されうると想定しているわけです。しかしまたとりわけ、私の仕事が実際にそうした環境からますます乖離してしばしば深刻な孤立を招く場合でも、その仕事は、そうして徐々に生じた距たりや周縁化の作用によって進展してきた当の環境から切り離されえないのであり、このことは、その内容、立場、「テーゼ」――とまさしく言いましょう――が問題になるのであれ、とりわけふるまいの作法、社会‐制度的実践、著述スタイルが問題になるのであれ、関係がありません。スタイルと言いましたが――どれほど厄介であろうと、また、実際今日それは膨大ですが――大学業界との関係、文化的、政治的な代理＝表象関係、編集出版上やジャーナリスティックな代行関係での様式《スタイル》をも含みます。今日、そうしたもののうちには、知識人にとってのもっとも重大で、もっとも峻厳で、またもっとも曖昧でもあるいくつもの応答責任があるように思われるのです。

　繰り返しますが、この二五年間の軌跡をほのめかすことで私が考えているのは私自身のことではありません。そうではなく、むしろ哲学の歴史、フランスの哲学制度の歴史において生じた特筆すべき一連の出来事のことなのです。といっても私は、この一連の出来事をまさにこの場で分析するにしてもそうする術を持ち合わせているわけではありませんし、そうする場でもありません。しかしそれ以上に、この場での時間制限にはとどまらない諸理由により、みなさんに提出した業績を、結論やテーゼのかたちで提示されるようなもののうちにとりまとめてしまうわけにはいきません。他方、導入を長引かせてこれから行なわれる討議を妨げることもしたくはありません。以上から私が考えたのは、なんらかの断片的で予備的な命題を思い切って提示することができるのではないかということ、そして、いま述べた一連の歴史的な出来事と、私が魅了されたいくつかの動きやモティーフ――私の仕事の範囲内で私の関心を引き止めたり転位させたりしたもの――とのあいだの交叉にかんしてもっとも明白な事柄のうちに、なんらかの指標を示すことができるのではないかということでした。

そういうわけで一九五七年頃、私は、博士論文の最初の主題を登録――という言い方をするわけですが――していたのです。そのとき私はこの主題に「文学的対象の理念性」という題目をつけていました。この題目は今日では奇妙なものにみえます。今日ほどではなくても、この題目は当時すでに奇妙なものでした。それについてはすぐ後で説明しようと思います。この題目は、論文の指導にあたっていたジャン・イポリット〔2〕の同意を得ました。イポリットの論文指導は、指導することなしに指導するというものでした。つまり、イポリットは論文指導する術を心得ていたわけであり、私からすれば、そうする術を心得ている非常に稀な人であり、自由でリベラルな精神をもち、よくわからないものや、まだよくわかっていないものに対してつねに開かれており、注意を怠ることがなく、また、歩みに導かれるところに私が赴くがままにしておくことで、いかなる影響もとまでは言わないにせよ、いかなる圧力もかけないよう、つねに気遣っていました。ここで彼の思い出に敬意を表し、彼が私に惜しみなく与えてくれた信頼と励ましに私が負っているもののすべてを想い起こしておきたいと思います。たとえある日彼が私に、いったいどこに私が向かっているのかまったくわからないと漏らしていたとしてもです。それは一九六六年、合衆国で開催されたシンポジウムに二人とも参加していたさいのことでした。発表し終えたばかりの私の講演についていくつかの友好的な指摘をしてくれたあとにイポリットはこう付け加えました。「そうはいっても、実を言えば、私には君がどこに向かっているのかわからないのだよ」。私は彼におおよそ次のように答えたと思います。「自分がどこに向かっているのかが明瞭に、かつあらかじめわかっているのだとすれば、私はそこに行こうとしてそれ以上歩みを進めることはないだろうと思います」。おそらくそのとき私はこう考えていました。つまり、どこに向かっているのかを知ることは、たしかに思考するなかでみずからを方向づけるのに役立つことがあるけれども、しかし反対に、そのことによってはけっして歩み出すにいたった試しがなかった、と。どこに行くのかがわかっているところ、自分が必ず到着するとわかっているところへ行ったところでいったい何になるというのだろう――そう考えていたわけです。今日この応答を思い出しながら、それを自分自身充分に理解しているという確信があるわけではありません。しかしたしかにその返答は、自分がどこに向かっているのかがまったく見えないし知りもしないということを言おうとしていたわけではありませんでしたし、それゆえそのかぎりでは、つまり私の知るかぎりでは、自分がこれまで歩みを進めてきた、ないし何事かを述べたということが確かではないと言おうとしていたわけでもありませんでした。おそらくこう言いたかったのかもしれません。すなわち私は、自分が向かっているこの場所については、事態がうまくいっているわけではない、また、すべてを考え合わせるとそこには赴かないほうがいいだろう、と一種の畏れを抱きながら考えるのに充分なほどには心得ている。しかし〈必然性〉というものが存在するのだ、と。それはいわば、最近私が固有名を大文字にするときのように〈必然性〉と名指したいと考えるようになった人物であって、その〈必然性〉がこう告げるのです。つねにそこに赴かなければならない、と。どこにも行き着かないのを覚悟のうえで、まさに行き着かないため﹅に﹅こそ赴かなければならない、とこの〈必然性〉は告げるのです。お前が行き着かないためにそうしなければならないのだ﹅、と。

文学的対象の理念性、このタイトルは一九五七年当時、フッサールの思想によって今日よりも際立った文脈において、いくぶんかはよりよく理解されるものでした。当時私にとって重要だったのは、新たな文学理論を練り上げるために、超越論的現象学の諸技術を多少とも暴力的に歪めることでした。新たな文学理論というのは、つまり、文学的対象——フッサールなら「従属的な」理念性と言うでしょうが——というごく特定の理念的対象のタイプについての理論ということです。従属的と言われるのは、当の対象がいわゆる自然言語に従属しているからであり、非数学的ないし数学化不可能な対象に従属しているからです。しかしそれでも、造形芸術ないし音楽芸術の諸対象とも異なります。これらの諸対象は、フッサールが、理念的客観性の分析をするなかで特権化している範例ですが、文学的対象はそうしたすべての範例とも異なるわけです。いくぶん大づかみながら単純に次のことを喚起しておかねばなりません。私のもっとも持続的な関心は、こう言うことができるとすれば哲学的な関心以前においてさえ、私の関心は、文学へと、いわゆる文学的なエクリチュールへと向かっていたのです。

文学とは何でしょうか。そしてまずなにより〈書くこと〉とは何でしょうか。どのようにして〈書くこと〉は「〜とは何か」や「それは何を意味しているのか」といった問いさえも掻き乱すようになるのでしょうか。言い換えれば——この「言い換えれば」こそが私には重要なのですが——いつ、どのようにして〈書き込むこと〉が文学になるのでしょうか。そして、そのとき何が起こるのでしょうか。このことは何に、そして誰に帰着するのでしょうか。哲学と文学、科学と文学、政治と文学、神学と文学、精神分析と文学、そうした両者のあいだに何が起こるのでしょうか。こうした問いが「文学的対象の理念性」というこの題目の抽象性に込められたもっとも執拗な問いです。こうした問いはたしかに私のなかで、不安から発してもいるある欲望によってもたらされていました。つまり次のような問いです。なぜ〈書き込み〉が結局のところ私を魅了し、私に先触れを告げ、こうした点で私に先立つのか。〈書き込み〉の文学的たくらみや、痕跡の引き起こす難攻不落のあらゆるパラドックスが私を不安にさせます。というのも痕跡とは、それ自身が繰り返し記しづけられ、それ自身の再標記、自身に特有のイディオムの再標記のなかで我を忘れるようにして自己消去するしかないからであり、まさにみずからの出来事を生じさせるべく自己消去しなければならず、自己消去を物ともせずに産み出されるものだからです。

さて奇妙なことに、超越論的現象学のおかげで、当初私は、こうしたいくつかの問いを研ぎ澄ませることができました。それらの問いの道筋は、今日そう思われているほど当時は切り開かれていなかったのです。一九五〇年代、フッサール現象学はフランスの大学では依然として受容されておらず、ほとんど知られていないか、ごく間接的に知られていたにすぎませんでしたが、当時フッサール現象学は、何人かの若手の哲学者にとっては避けて通れないように思われました。今日私は依然として、また別の仕方ではありますが、フッサール現象学が比類のない厳格さをそなえた分野であると思っています。そう言うのは、当時主流であったサルトルやメルロ＝ポンティ流の現象学としてではありません。断じて違います。それどころかむしろ彼らに抗して、彼らなしで、ということです。この場は、歴史、科学、科学の歴史性、理念的対象および真理の歴史、したがってまた政治、倫理までもが問題になる場合であれ、ある種のフランス現象学がしばしば回避してきたように思われる場なのです。私はここで、他にも数あるなかからひとつの指標として一冊の書物を喚起しておきたいと思います。その本は、今日ではもはや話題になることがなくなりましたが、その功績はきわめて多様な仕方で評価することができます。とはいえそれは、私たちのなかの幾人かにとっては、ある課題、困難、おそらくは袋小路をも印づける書物でもありました。トラン・デュク・タオ[3]の『現象学と弁証法的唯物論[2]』です。この本は、超越論的現象学の過程、とりわけ静的構成から発生的構成への移行を再構成した註釈のあとで、成功したかどうかは定かではないものの、超越論的現象学のいくつかの厳密な要請に応じるような弁証法的唯物論への道を開こうと試みていました。そうした企てに賭けられていた争点はどのようなものでありえたのか、実際の成功はそうした賭け金ほど重要ではないのではないか、といったことに思い巡らせることができるでしょう。他方、カヴァイエス[4]のいくつかの弁証法的、弁証法主義的な結論は同じ理由から、私たちの関心を惹くのではないかと思います。このような（哲学的および政治的）賭け金によって印づけられ磁気を帯びた空間においてこそ、私はまずもってフッサールの読解を企てたのでした。それは、フッサール哲学における発生の問題を論じた修士論文[3]に始まります。すでに当時、モーリス・ド・ガンディヤック[5]は、この仕事をとても注意深く見守ろうとしてくれました。二六年前、彼は、自分一人で私の審査員をまるごと務めてくれたのですが、第三課程論文（『グラマトロジーについて』一九六七年）では三人の審査員のうちの一人に、本日の会では六人の審査員のうちの一人になってしまいました。このことを想い起こしておくのは、私の感謝の念を、他の誰にも代えがたい無比の忠誠の気持ちを抱きつつ彼に伝えるためであり、それだけでなく、今後はもうこれ以上このような審査の分担の細分化や分割を増やさないと彼に約束するためでもあります。私の口述審査は今日で最後にしたいと思います。

修士論文だったこの最初の仕事のあとで『幾何学の起源』への序文[4]に取り組んだことによって、私は、フッサール現象学の〈思考されない公理系〉――その「諸原理の原理」によっても思考されない公理系――のような何ものかにアプローチすることができるようになりました。すなわち、それは直観主義であり、生き生きとした現在の絶対的特権であり、フッサール自身の現象学的言表――オイゲン・フィンク[6]なら超越論的言説と言うでしょうが――への不注意のことです。この不注意は、超越論的ないし形相的記述において、それ自体はエポケー〔判断中止〕に従わないような言語――しかもそれ自体はたんに「内世界的」であることなしに――に依拠しなければならなくなる必然性に注意を払うことがありません。それゆえ、たとえそうした言語が現象学的な括弧入れや引用符を付すことを可能にするのだとしても、当の素朴な言語に依拠しなければならなくなる必然性に注意を払わないのです。この〈思考しえない公理系〉は、エクリチュールおよび痕跡の一貫した問題構制を展開することを制限しているように私には思われました。『幾何学の起源』がそうした問題構制を展開することの必然性を、おそらく哲学史上初めて厳密に指し示していたにもかかわらず、です。フッサールは実際にこの著作において、エクリチュールへの依拠を、優れてイデア的な対象——数学的な対象——の構成そのものに位置づけました。しかしフッサールは——まさにそのために——エクリチュールによるこの書き込みの論理が現象学の企てそのものにのしかかってくる当の脅威にアプローチすることがありませんでした。当然のことながら『幾何学の起源』への序文のなかで練られている諸問題の全体は、私があとになって試みたさまざまな研究、その資料が哲学であれ文学であれ、さらには非言説的、とりわけ書記的であれ絵画的であれ、そうしたものをめぐる私の研究を組織し続けることになります。そう言うとき私の念頭にあるのは、たとえば、理念的対象の歴史性、伝統、遺産相続、系譜、遺言、アーカイヴ、図書館、書物、書かれた言葉《エクリチュール》、生き生きとした言葉《パロール》、記号論と言語学の関係、真理と決定不可能なものの問い、自己同一性を生き生きとした現在から切り離しにくる縮減しえぬ他者性、非数学的な理念性にかんする新たな分析の必然性、等々です。

続く数年、おおよそ一九六三年から一九六八年のあいだ——とくに一九六七年刊の三著作(5)において——私が構成しようと試みたのは、とりわけひとつの体系をなすようなものではなく、一種の開かれた戦略的装置、それも自己自身の深淵に開かれた戦略的装置となるべきものであり、すなわち、読解・解釈・書法についての諸規則の全体、完結せず閉鎖不可能で全面的には形式化しえない全体をなすべきものでした。おそらくそのような装置によって私が突き止めることのできたもの、たんに哲学史とそれにかんする社会と歴史の全体においてのみならず、さまざまな科学と称するもの、また最近のものではいわゆるポスト哲学的な言説（つまり言語学、人類学、精神分析）において突き止めることのできたものこそ、エクリチュールについてのひとつの評価でした。それは実のところエクリチュールの価値を切り下げることだったのですが、そうした価値の切り下げのもつ執拗にして反復的な性格、漠然と強迫的でさえあるその性格は、長期にわたって持続するひとまとまりの束縛を合図していました。これらの束縛が力を発揮してきたのは、矛盾、否認、独断的な指令を代価にしてであり、しかもそれは、文化や円環知、存在論といった境界に囲まれるトポスには局限されえないものだったのです。こうした束縛のシステムは閉じておらず亀裂が入っています。私はそうした体系を、西洋哲学の形態ではロゴス中心主義の名のもとに、また、その支配力のもっとも広範にわたる領域では音声中心主義の名のもとに分析しようと提案しました。当然のことながら、私がなにかを特権化することなしにこうした装置や解釈を練り上げることはできませんでした。つまり、エクリチュール、テクスト、痕跡と名指される導きの糸ないし分析器の特権を承認し提示しなければなりませんでした。そうして、これらの概念（エクリチュール、テクスト、痕跡）を、構成的かつ脱構成的な役割を担う差延の戯れや働きとして再構築および一般化して提出したわけです。この戦略は、エクリチュール、テクスト、痕跡の既存の概念を濫用して歪曲したもの――軽々にメタファーだと言う人もいます――のように見えるおそれがありました。それゆえ、この概念の古くからの表象にとらわれている人に対してあらゆる種類の誤解を生じさせるおそれがありました。しかし私は、こうした周縁なき一般化を粘り強く正当化しようと努めました。思うに、概念の疎通を行なういかなる試みも、語と概念とのあいだ、譬喩と原義――つまり字義のものであろうと通用のものであろうと、原初の固有な意味で転位しえないと人々がみなしたがるもの――とのあいだでこれまで信任され容認されてきた関係を変形し、歪曲するにいたります。そのうえ、こうした身ぶりの戦略的および修辞的な射程は、その後も私の多くのテクストに占め続けることになりました。こうしたことのすべては、脱構築という名目のもとに、また、差延、痕跡、代補といった書法のもとにとりあつめられていました。ここではこれらを代数的な仕方でしか指し示すことができませんが。ともあれ、私がそのさいに提案したことは、次のものに対してある批判的な関係――斜めからの批判であったり、常軌を逸した批判であったり、しばしば正面からの批判でもあったりする関係――を保つものでした。すなわち何に対してかと言えば、フランスの理論的な産出のなかでももっとも見えやすく、もっとも目立ち、しばしばもっとも豊饒であったまとまりを支配していたように思われるものすべてに対してであり、つまり、さまざまな形態で「構造主義」とおそらくは濫用されて呼ばれたものに対してです。たしかに構造主義の諸形態は、人類学、歴史学、文学批評、言語学、精神分析の諸領域において、またよく言われるようにフロイトとマルクスの再読においてきわめて多様なかたちをとりながら非常に目覚ましい成果を上げました。しかし、それらの異論の余地のない利点がどうであれ、一九五八—六八年のド・ゴールの共和政下のもっとも動きの乏しかったようにみえる時期に私が試みたもの、あるいは私を引き留めたものは、断じてそれらとは異質なものにとどまっていました。形而上学的な前提にかんしてそれらの前進と引き換えに生じたあらゆる代償——それらの政治的代価はさほど見やすいものではなかったとはいえ、もちろん含まれます——に敏感だったことで、私はそのとき、一種の後退、孤独に閉じこもることを余儀なくされました。そのような孤独にここで私が言及するのは、明証事そのものとして淡々とそうするにすぎません。つまりもっぱら次のことを喚起するためです。すなわち、既存の近代的な見方と同様、アカデミックな伝統からすると——この場合両者は同じひとつのものでしかないのですが——ますますこうした孤独が、難解な秘儀性や不当な立てこもりゆえに生じる当然の結果だとみなされてきたし、依然としてそうみなされているということです。私はまったくそのようには思わないし、そのような宣告理由をまったく別様に解釈しているとわざわざ述べる必要があるでしょうか。現に、私に思考すべく仕向け、最大限挑発し、またいまもそうし続けている存命の思想家たちは、孤独を断つような人々ではありません。ハイデガー、レヴィナス、ブランショ、私がここで名を挙げているわけにはいかないその他の人々も含め、誰が問題であろうと、彼らはたんに親近感のわく人というわけではないし、派閥や学派をなしたりする人でもありません。彼らは奇妙にも近しい人と呼ばれる者でありながら、かつ他の人々以上に他者です。そのようにしてまた孤独なのです。

自分の研究のありようがもはや博士論文の古典的な規範に従いえないということは、私にとってすでに明らかでした。この「研究」は、これまでとは異なった書き方を要求するだけでなく、一定の修辞、演出、特定の論証的な手続き、歴史的にきわめて限定された手続きに対して変革を働きかける仕事をも要求しました。つまりそうした手続きが、大学での言葉や口調、とりわけ「博士論文」と呼ばれるタイプのテクストを支配しているわけです。そして周知の通り、これらの学校および大学的なモデルのすべてはまた、大学の外で光り輝く文学作品や政治家の雄弁にあってさえ、かくも多くの権威的言説の法となっているのです。そのうえ、私が関与したいくつもの方針、またほとんどアカデミックではない場所へと私を惹き付けたいくつもの資料体《コーパス》の本性や多様性、その道程の迷宮のような地理、これらすべてによって私は次のように確信しました。すなわち、そのとき博士論文によって要請された分量や形式に私が書いたものを委ねるという時期ではもはやない、と。とはいえ実を言うと、たとえそう望んだところで、私にはもうそうすることはできなかったでしょうが。テーゼ的な提示の観念、措定的ないし対立的な論理の観念、措定ないし定立すること、すなわちSetzung〔置くこと〕やStellung〔立てること〕の観念、それらは私がはじめに博士論文《テーズ》の時代《エポック》〔判断中止〕と呼んでいたものであり、脱構築的な問いかけに差し出される体系の本質的な一部分でした。当時散種というタイトルならぬタイトルのもとに思い切って論じようとしたものは、最終的に主題的でもテーゼ的でもない諸様式に即して、テーゼというものの価値、措定的な論理やその歴史、そうしたテーゼの権利、権威、正統性の諸限界についてでした。それは明らかです。だからといって私としては、少なくともその当時、テーゼないし博士論文というものの徹底した制度的な批判を企図したということではありません。つまり、有資格者たちの代表者が行なう正統化や認可を目指してなされる大学的な仕事の提示を批判しようとしたわけではありませんでした。たしかに当時から私は、奥深い変革、実のところ大変動が大学制度には必要であると確信していました。しかしそのことはもちろんのことながら、これを、なんらかの非テーゼ、非正統性、無能力に置き換えようとすることではありません。私はこうした領域にあってはいくつもの移行の段階や交渉――たとえしばしば乱暴で拙速なものになろうと――が必要だと思いますし、とりわけまったく伝統主義的ではない政治的理由から一定の伝統の必要性を信じています。そのうえ正統化や資格付与、能力による認可を通じて規制されたもろもろの手続きが破壊しえないものだとも思います。私がここで概括的な仕方で――必然的にではないにせよ――話題にしているのは大学《ウニヴェルシタス》です。というのも〈大学〉は、こうした正統化の手続きにとって強力なモデル、かつ非常に特殊で限定されたモデル、結局のところごく最近のモデルだからです。〈大学〉の構造は、存在論の体系およびロゴス中心主義的な存在‐円環知《エンチクロペディ》の体系との本質的なつながりを有しています。そして〈大学〉の近代的概念と一定の形而上学が切り離しえないというこの分離不可能性によって、私はここ数年来、次のようないくつかの仕事を要求されたように思いました。すなわち、教育活動のなかで私が打ち込んできた仕事のほか、カントの『諸学部の争い』について、またヘーゲル、ニーチェ、ハイデガーによる〈大学〉の政治哲学について出版した、ないし出版中の諸論考のなかで私が打ち込んできた仕事のことです。私がこのような主題を強調するのも、テーゼを伴ういくつかの結論をまとめて提示するという自分の置かれた事情、しかしそうしてもいられないという不可能性を勘案すれば、私は、ここでいま起こっていることに優先的に関心を寄せるべきだと思うからです。つまり最大限明瞭かつ誠実に、非常に限られてはいるけれども、私なりの立場から、私なりのやり方で応答したいと思っていることに関心を寄せるべきだと考えています。

　一九六七年当時はそうした制度の必然性、大学の構造および事実上の組織体制と言わないまでも、ともかくもそうした制度の一般原理の必然性を問題に付すことをさほど問題にしていませんでした。そのため私は一種の妥協と分割案として、博士論文に、博士論文の時間に自分の仕事の一部分を割り当てることができると考えていました。すなわち一方では、慣習的な形式や規範の外で、私は自分が従事していた仕事を自由に展開するがままにしていたと言えるでしょう。こちらの仕事は、博士論文のような大学の要請にはまったく合致しないものであり、当の大学の要請そのものを、あらゆる修辞的ないし政治的な射程にかんして分析し、異議申し立てを行ない、そうした要請を転位させ、変形しなければならないものでした。しかし同時に他方では、以下のようにすることが博士論文にかんする取引でありそうする時期でもあったはずでした。すなわち、前者の仕事の一部、つまり組織的な役割を果たしている一連の理論的な仕事を取り出し、それを〈大学〉内で、安心させるものではないにせよ受け容れ可能な形式のもとで論ずるということです。そこでは、ヘーゲルの記号論、ヘーゲルの記号学における言葉《パロール》と文字《エクリチュール》の解釈が問題になるはずでした。

とりわけ『哲学の余白』[6]において私が説明した理由により、ヘーゲル記号論のひとつの体系的な解釈を提出することが私にとって不可欠であると思われました。ジャン・イポリットはあらためて私に同意し、博士論文の二番目の主題がこうして定まり、登録されました。

そう、それは一九六七年のことでした。多くの事柄が錯綜し重層的に規定されているために、私は次のことを言い始めることさえままなりません。すなわち、何をそう呼んでいるのかがまったくわからぬまま、一九六八年という日付による以外にはうまく名指すことのできないあの出来事が、どのように私にとって、私の仕事や私の教育活動に対して、また、私が大学制度や文化表象の空間と取り結んでいる関係に対して影響を及ぼしているのか、そうしたことを言い始めることさえままなりません。ただ、私が言える最小限のことは、みずからが予期していたなにかが、次のような遠ざかりの運動をますます加速させながら次第にはっきりしてきたということです。一方では当時私は、六八年の秋以来、旧来の枠組みがたちまちのうちに中心を取り戻し再構成され再集中化したいくつかの場から、いっそう速やかに断固として遠ざかりました。他方、私は、古典的な博士論文のモデルに導かれた著述活動《エクリチュール》、さらにはアカデミックな権威の承認を得ようとする配慮からもますますきっぱりと遠ざかりました。そうした権威は、少なくとも評価や決定を下すこれまでよりも強大な権力が公式かつ多数派として集結していたその審級において、私には六八年以後、あまりに反動的に思われましたし、論文を受理する可能性のもっとも安寧たる基準に従わない者たちすべてに対して示す抵抗勢力のなかであまりに有力であるように思われました。幾人かの人々は私ともごく個人的に交流がありましたが、そうしたことについての兆候はひとつならずありました。そして私が、政治もまた問題だと言うとすれば、この場合、政治的なものが、たんに左派／右派に配分されるコード化の形式をもつだけではないからです。正統化のしきたり、制度的な修辞や記号法は、外からやってくるあらゆるものを骨抜きにし中立化するわけですが、そうしたしきたりが尊重されていさえすれば、権威のもつ再生産の力は、みずからのコード化された内容にあっては革命的と称している宣言やテーゼにいとも易々と順応します。それに対して真に受け容れがたいのは、もろもろの措定やテーゼのもとでこうした深層の契約や規範の秩序を掻き乱しにやってくるものであり、それは、すでに仕事、教育、あるいはエクリチュールの形式においてそれらを掻き乱しにやってくるものなのです。

一九六八年のジャン・イポリットの死は、他の人々と同様、私にとってもたいへんな悲しみのときだったというにとどまりませんでした。奇妙な偶然の一致によって、その死はこの日付――一九六八年秋、それはまさに秋でした――に〈大学〉というものに一定のかたちで帰属することの終わりを印づけたのです。たしかに、一九四九年にフランスに私がたどり着いた最初の日以来から、この帰属は単純ではありませんでした。しかし、どれほどまで脱構築の必然性（とりいそぎこの語を使いますが、私はこの語をけっして気に入っているわけではないし、この語がたどった命運に私は思いがけず困惑しています）が第一に哲学的な内容、主題、テーゼ、哲学素、詩学素、神学素、イデオロギー素ではなく、とりわけ不可分な仕方で、記号の有意的《シニフィアン》な枠組み、制度上の諸構造、教育ないし修辞的な諸規範、さらには市場そのものにおける法や権利、権威、評価、代表や表象作用の諸可能性にかかわっていたのかということをよりよく理解するようになったのは、まさにそうして大学に帰属していた時期のことだったのです。多かれ少なかれ目にみえる枠づけの諸構造、もろもろの境界、余白の効果、縁のパラドックスに対する私の関心は次のような問いに答え続けようとするものでした。すなわち、いかにして哲学は、みずからが欲しながら支配しえないような空間に――みずからを書き込むというよりは――書き込まれるのか、いかにして哲学は、哲学をもはやみずからの他者でさえないような或る他者へと開く、そうした空間に書き込まれるのか、という問いです。私はそうした空間を「タンパン」[7]においてあたうかぎり非ヘーゲル的な仕方で出現させようとしました。いかにしてこの空間の構造を名指せばよいのか、私は知りませんし、そもそもこの空間が知と呼ばれるものを生じさせうるのかどうか私にはわかりません。この空間を「社会‐政治的」と呼んだところで野暮に思えますし、私には満足のいくものではありません。この点からすれば、いわゆる社会分析のなかでももっとも必須のものを施したとしても、しばしばそれらはあまりに短く、自分自身の書き込み、みずからが再生産を行なうパフォーマンスの法、自分自身の遺産および自己許認の舞台、要するに私がそれらのエクリチュールと呼ぶであろうものに対して盲目にとどまっています。

ご覧のように、私は、単純化しないわけではないにせよ、率直にあらゆる不確実さやためらい、動揺をみなさんに打ち明けることにしました。そうした動揺を通して私は、たんに政治的というわけでもたんに博士論文にかかわるというわけでもない面からみて、大学の制度とのもっとも公正な関係を探し求めていたわけです。そこで、博士論文の企てを放棄し始めたときから今日の私を隔てる時間のなかで、大まかに三つの時期を区分しようと思います。まずもって、博士論文を放棄したのはいくぶん受け身のことでした。つまり、私にとってあまり関心を引くものではなくなったのです。博士論文を放棄しないとすれば、あらためて計画書を発議して、論文の新しい指導教員と意思疎通を図るといったことをしなければならなかったでしょう。また、公刊した著作で口述審査を受けることは権利上可能ではありましたが、はっきりと奨励されていたわけではありませんでした。少なくとも言えることは、自分にとっての重要事にますます閉ざされているように思われるようになったそうした場から私は遠ざかったということです。とはいえ、繰り返しますが、あくまでいくぶん受け身でそうしたにすぎません。しかし私は認めなければなりませんが、いくつかの状況――とりわけ私がものを書いている状況、ないしエクリチュールそのものについて書いている状況――では、みずからの頑なさが自分自身にとって強大にして拘束的で、強迫的にさえなっているために、当の頑なさが（一九七二年出版の三部作(8)以上に）およそ紆余曲折を経たものである場合でさえも、私は同じ問題、同じマトリックスを引きずり続けることになりました。つまり、ますます線状的でなくなるテクストの諸布置、およそ冒険的な論理的で譬喩的な諸形態、さらには印刷術上《タイポグラフィック》の諸形態にむけて開かれた（いくつもの痕跡、差延、決定不可能なもの、婚姻＝処女膜、パレルゴン等々の連鎖に開かれた）マトリックスをです。そうした形態には、コーパスの交叉、ジャンルや様式の混合、音調の交替〔7〕〔Wechsel der Töne〕、風刺、婉曲、言葉の接木、等々が含まれます。その結果、七二年の三部作が出版されたのは六八年から数年しか経っていませんが、今日依然として私は、これらの著作が〈大学〉においてたんに提出可能であるとも受容可能であるとも思いませんし、ここで審査のために抗弁している著作のうちにこれらを一緒に含めようとも思いませんでした。またいまそうすることが時宜にかなっているともみなしていません。『弔鐘』(9)の場合も事情は同様です。『弔鐘』にあっても引き続き追究されたのは、グラマトロジー的な言明であり、ソシュールに即した記号の恣意性およびオノマトペの理論との対決と同様にヘーゲルの揚棄《アウフヘーブング》との対決であり、決定不可能なもの、弁証法、ダブルバインドのあいだの関係であり、一般化されたフェティシズム概念であり、さらには、去勢の言説を、肯定的な散種のほうへ、また全体と部分のもうひとつの他なる修辞学のほうへ引き連れていくことであり、固有名と署名の問題系、証言と記念碑の問題系、まだ他にも多くのモティーフがありますが、そうしたものを練り上げ直すことでした。こうした追究のすべては、まさに以前の企ての拡張でした。私はそうしたことを、この口述審査から意図的に隔てておいた他の著作についても同様に述べることになるでしょう。つまり『衝角——ニーチェの諸文体』[10]や『絵葉書』[11]のような著作です。それらの著作が——それでもそれぞれの仕方で——拡張しているのは、以前から着手されていた（フロイト、ニーチェ、等々の）読解であり、ある種の解釈学の脱構築、また権威と制度的権力を伴ったシニフィアンおよび文字の理論化の脱構築（その場合私は〈大学〉と同様に精神分析的装置について語ります）であり、男根ロゴス中心主義〔phallogocentrisme〕としてのロゴス中心主義の分析です。この分析において私が、男根ロゴス中心主義という概念によって記しづけようとしたのは、男根中心主義とロゴス中心主義の本質的な不可分性です。私の察知しえたいたるところにその効果を標定しようと試みました。——とはいえ、その効果がいたるところにあると言っても、まさにいたるところでそれらが知覚しえぬままにとどまり続けるのだということです。

テクスト性に満ちたこうしたテクストの拡張は、不定形ないし迷宮的なもの、あるいはその両方のように見えたかもしれません。しかしそうしたテクスト性を、とりわけ博士論文としてほとんど支持しえないものにしたものは、内容、結論、論証的な立論の多様性というより、当のエクリチュールの諸行為や、それらの行為が引き起こさねばならないパフォーマティヴの舞台であるように思われます。これらエクリチュールの行為は、この舞台と不可分であり、それゆえ、それとは別のもうひとつの形式のうちに再現したり移植したり翻訳したりすることが困難なままにとどまっていました。それらの諸行為は、人々にとっても、私自身にとっても同定しえない空間に書き込まれていたのであり、哲学か文学か、フィクションか非フィクションか、といったカテゴリーのもとに分類することができません。たとえばこうしたことは、これらのテクストについて他の人々が「自伝的」と呼ぶような関与が、自伝の観念そのものに働きかける場合にとりわけあてはまります。つまりこの「自伝的」関与によって自伝の観念そのものが、エクリチュール、痕跡、残余の必然性が提出しうるであろう、もっとも当惑させられ決定不可能で、狡猾ないし絶望的であるようなものに委ねられてしまうことになるわけです。私がパフォーマティヴな構造のことに触れたからには、ついでに次のことを明確にしておこうと思います。すなわち、まさに以上と同じ理由から、私は他にも数多くの論文があるなかで、博士論文相当の著作群のコーパスに、言語行為《スピーチアクト》の理論家ジョン・サールとの合衆国での論争――『有限責任会社』[12]と題した論集に収録されていますが――を含めないことにしたのでした。

　六八年から七四年の第一の時期には、そうしたわけで、私はたんに博士論文を放置していました。しかし続く数年間で、私は断固として博士論文を提出しないと決意しました。――そして正直に言うと、その考えを永遠にあらためることはないだろうとも思っていました。というのは、私がいましがた述べた理由が私にとってますます確実に思われていたということに加え、一九七四年以来、友人、同僚、学生、リセの生徒とともにある仕事にとりかかったからです。その仕事とは、あえて言いましょう、哲学の制度に直接にかかわる長期の闘争であり、この闘争はとりわけフランスで、まずもって長年形づくられてきた状況、しかしまた一九七五年の政策で悪化した状況における哲学の制度にかかわっています。その政策の帰結とは、哲学教育と研究の破壊、のみならずこのことがこの国で予想させ惹き起こすあらゆるものを伴った破壊と言えるでしょう――実際にそうなると懸念されてもいます。私と同様「哲学教育研究グループ〔GREPH〕」を組織しようと働きかけ、その草案の練り上げのみならず、七四年からのそれらの研究や行動に参加し、まさにちょうど一年前のこの場で「哲学の全国三部会」の開催に参加した、さまざまな人々にとって、それゆえ私たちにとって、課題のすべてはきわめて喫緊のものであり、応答責任は不可避でした。次のことをはっきりさせておきます。喫緊ないし不可避だというのは、まさに私たちのいる場――哲学の教育ないし研究――、私たちがみずからの帰属を否定できない場、みずからがそこに書き込まれているその場において喫緊ないし不可避だということです。もちろん他にも喫緊の事柄があり、こうした哲学的空間は思考にとって唯一のものでもなければ、世界で最初のものというわけでもなく、たとえば政治にかんしてもっとも決定的なものでもありません。私たちはそれとは別のところにもいますし、私自身つねにそのことを忘れないよう努めてきました。そして実際それは忘れ去られてしまうことはありません。それからGREPHで私たちが哲学教育にかんして問いに付したことは、国内外での文化的な力関係、政治的関係といったいかなる他の関係からも切り離されうるようなことはありませんでした。私たちはこの点につねに注意を払ってきました。

ともかく、私からすればGREPHでの仕事や闘争に参加することは、他方で私が書こうとしてきたこととできるかぎり一貫したものでなければならなかったのです。たとえ両者の必然性のあいだで折り合いをつけることが必ずしも容易で明白ではなかったのだとしてもです。私はここで次のことを言っておきたい。すなわち、みなさんに提出した業績のうちには、私がGREPHの活動家として署名したり用意したりしている諸テクストや、ましてや私がこの資格のもとで参加したり同意署名したりした集団行動の文書を含めなかったにもかかわらず、それらはいわば頭のなかでは私の他の公的活動――とりわけ他の出版物――と不可分であると私はみなしています。そして、今日ここで行なっている身ぶりが、この点でなんらかの放棄を意味するどころか、反対に、次の通りであることを私は望んでいます。すなわち、この身ぶりによって同じ闘争のなかで、他のいくつもの政治的関与《アンガジュマン》や応答責任が可能になるのです。

それでもやはり、七四年頃からのこの第二の時期には、是非はともかくとして、私がなんらかの新しいアカデミックな資格や要職に志願することが一貫せず、望ましくもないと思っていたことに変わりはありません。一貫していないというのは、自分の参加していた政治的な批判作業からすれば一貫していないということであり、望ましくないというのは、いささか内面的で私的なフォーラムからして望ましくないということです。つまり、そうした心中にあって、いくつもの象徴、表象、幻想、策略、目的なき戦略素の舞台装置を通じて、自己イメージが、あらゆる種類の物語を果てしなく滑稽に自分語りを繰り広げているというわけです。したがって私はこう決心しました。それゆえ、これ以上大学での私の状況でなにも変えることなしに、なんとかこれまでやってきたことを続けてゆこう、と。つまり、自分が身動きできなくなったところからでも、また、自分がどこに向かっているのか、おそらくかつてないほど何もわからぬままであっても、これまでやってきたことを続けてゆこう、そう決心したのです。思うに、この時期に、私が出版した大部分のテクストがまったく新しいとまでは言わないにしても、きわめて執拗に、法権利および固有なものについての問いを強調するものだということはどうでもよいことではありません。つまりそこでは、所有権、著作権、署名の問い、さらには市場、絵画の市場取引の問い、あるいはより一般的に言えば、文化の問い、文化表象の問いが強調されていたのであり、固有なもの、名、宛先、復元＝返却についての思弁＝投機の問い、もろもろの言説のあらゆる制度的構造と縁取りについての思弁の問い、また、出版体制やメディアについての思弁の問いが強調されていたのです。パレルゴンの論理やダブルバインドの緊縛構造として私が分析したものが問題であろうと、（『絵画における真理』[13]での）ゴッホ、アダミ、ティトゥス＝カルメルの絵画、カント、ヘーゲル、ハイデガー、ベンヤミンの芸術論が問題であろうと、さらには、精神分析とともに（たとえば、ニコラ・アブラハムやマリア・トロークのかくも生き生きとした今日的な仕事とやりとりし合うことのできたものにおいて[14]）新たな問いを試みることが問題であろうと、これらすべての場合において、私は、いわゆる古典的な制度上の問いをあらためて新規に練り直すという必然性にますます駆られるようになりました。そして私はこの点にかんしていわば言説と実践を、これまでたどってきた道のりの前提に一致させようと望みました。権利上ではないにせよ、事実上このことはつねに容易であるとも可能であるともかぎりません。このことは多くの場合にしばしば重荷になるのでした。

第三の、そして最後の時期、まさにここで自身が最中にいるこの時期についてはほんのわずかなことしか述べることができないでしょう。ほんの数ヶ月前、ここで分析することのできない非常に多数の多様な諸要因を考慮に入れたことで、際限のないようにみえた熟考を中断した末、私は次のような結論を下すにいたりました。すなわち、これまでの（もちろん博士論文にかんする）私の先入見を正当化してきたすべてのものが数年後にはもはや当てはまらない恐れがある。そして、とりわけこれまで私を引き留めてきた制度的な政治の諸理由そのものによって、おそらく――「おそらく」と言うにとどめますが――なにがしかの新たな機動性のために準備をしたほうがよい、と。例によって、よくあることですが、私の面前背後にいらっしゃる方々、つまり他者、つねに他者である、そうした方々の友好的な助言こそが、私ひとりでは下すことができなかったであろう決断を私のもとにもたらしました〔8〕。そもそもそうした一歩を踏み出すことが正しいのか、私は確信をもてませんし、けっして確信することもないでしょう。のみならず、私は、みずからにそう決意させるものが何なのかを明瞭に見分ける確信もありません。それでもそうした決断をしたのは、おそらく、どこへ私が行くのかではなく、どこに私がいたのか、また、どこへ私がたどり着くのかではなく、どこに私がとどまっていたのか、そのことが少しわかり始めたからなのです。

私は声を奪われたかのようだと述べることから始めました。すでにおわかりのように、そうしたこともまた別の話し方でしかありません。しかし誤りというわけではありません。私が身を委ねてきたそうしたつかみは、あまりに定型的であり、あまりに物語じみている――時間錯誤《アナクロニー》に満ちた年代記《クロニック》である――だけではありません。そうした語り方は、句読点と同じぐらい貧しいもの、むしろこう言いましょう、未完のテクストにおける省略記号《アポストロフ》〔頓呼法〕と同じぐらい貧しいものでした。そしてなによりも、とりわけその語り方は依然としていわば計算ずくの収支決算書のように、自己正当化、自己支持《ストゥナンス》、自己弁護《デファンス》（合衆国では口述審査《ストゥナンス》を「ディフェンス」と言いますが）のように聞こえるものでした。みなさんは「戦略」という言葉が持ち出されるのを耳にされたと思います。戦略という言葉は、かつて私がおそらく濫用していた言葉です。といってもつねに、合目的性なき戦略を、結局のところ、一見矛盾した仕方で、自分の足元をすくわれる危険を冒しつつ――そうでなかったことなどほとんどありません――はっきりさせたいがために濫用しがちだったのです。合目的性なき戦略――それでも戦略というのは、私はやはりそれに執着し、それもまた私を引き留めるからです――、それは、みずからがどこへ行くのかを知らないと認める者の偶然的な戦略であり、したがって最終的には作戦でも交戦状態の言説でもありません。望むらくは、終わりにむかってまっすぐに急き立てる慌ただしさのように、ひとつの陽気な自己矛盾、非武装の欲望であればと思います。つまりそれは、非常に老獪でずる賢いものでありながら、しかし生まれたばかりでもあるもの、無防備であることを享受するものなのです。

（宮崎裕助訳）

大学の瞳　根拠律と大学の理念(1)

今日、大学について、いかにして語らないか。

私はみずからの問いに、「いかにして～しないか」という否定的な形式を与えるのだが、それには二つの理由がある。一方では、私たちがひとつないし複数の学問分野で追究している仕事を、この仕事の政治‐制度的な諸条件にかんする反省から切り離すことは、今日かつてないほど不可能になっている。この反省を避けることはできない。それはもはや教育と研究の外的な補完ではなく、それらの対象そのもの、規範、手続き、狙いの全体を貫き、さらにはその全体に影響を及ぼすのでなければならない。大学について語らないわけにはいかないのである。しかし他方では、私の問い「いかにして～しないか」は、私がここであなたがたの判断を仰ぎたいと思っている予備的反省の否定的な性格、いやむしろ予防的と言ってもよい性格を告知している。実際私は、来たるべき討論の口火を切るために、大学についていかに語ってはならないか、この場合避けるべき典型的な危険——一方の危険は底無しの空虚、他方の危険は過保護を生む境界というかたちをとるだろう——とはどんなものかを述べることに甘んじなければならないだろう。

今日、大学にとって、いわゆる「存在理由《レゾンデートル》〔raison d'être〕」はあるのだろうか。私はみずからの問いを、おそらくいくぶんフランス語的な慣用句である言い回しにわざと託している。というのもこの言い回しは、二語か三語で簡潔に、私がこれから語ろうとしているすべてを名指してくれるからだ。すなわち、大学の理由〔理性＝根拠〕と存在はもちろん、大学が理由および存在と関係を取り結ぶ場合の当の大学の本質のみならず、大学の原因、合目的性、必要性、正当化、意味、任務、要するに、大学の使命を名指してくれるのである。「存在理由」をもつということは、その存在において正当化されるということ、意味、合目的性、使命をもつということである。それはまた原因〔大義〕をもつということ、「根拠律〔principe de raison〕[1]」にそくして、ひとつの原因（ground, Grund）、基礎ないし基礎づけ〔創設〕でもあるようなひとつの理由によって説明されるということである。「存在理由」という表現において、この因果性はとりわけ目的因の意味をもつ。それはまさにライプニッツの伝統のなかにあって「充足理由律」の定式——これはひとつの定式以上のものだが——に署名していた当のものなのである。大学が存在理由をもつかどうかを自問することは、「なぜ大学なのか」と自問すること、しかも、いっそう「何のための？」の側に傾いていく「なぜ？」によって自問することである。何のための大学、何を目指しての大学なのか。大学の眼＝まなざし、大学の眺めとは何か。さらに言えば、たんに大学のなかに、もしくは大学という船に乗っている場合であれ、あるいは船の目的地〔大学の使命〕を気にしながら陸地や沖合にいる場合であれ、ひとは大学から何を見ているのだろうか。お気づきのように「大学からの眺めとは何か」と問い尋ねることで私が踏襲していたのは、ジェイムズ・シーゲル[2]が二年前『ダイアクリティクス』誌の一九八一年の春号で発表した、非の打ちどころのない寓話になっている「アカデミック・ワーク——コーネルからの眺め[2]」というタイトルである。

といっても、結局のところ、私は自分のやり方でこの寓話を解読してみる以上のことはできないだろう。より正確に言えば、私は、この論文のうちに読み取られるであろうことを別のコードで書き写すことになるだろう。すなわち、自身の眺めと場にかんするこの大学のトポロジーと政治とがそなえている劇的なまでに範例的な性格、コーネル的観点からのトポス政治学〔topolitologie〕をである。

　形而上学は、その最初の言葉からして視覚の問いを知の問いに、知の問いを〈学ぶことができること〉および〈教えることができること〉の問いに結びつけている。形而上学とはつまり、正確を期して言えばアリストテレスの『形而上学』であり、いま述べたのはその冒頭部分のことである。この部分は、あとで立ち戻ることにするが、ひとつの政治的射程をそなえている。さしあたりいまは次の文を銘記しておくことにしよう。「pantes anthropoi tou eidenai oregontai phusei〔すべての人間は、生まれつき知ることを欲する〕」。これが最初の文である（980a）[3]。アリストテレスがこのことのしるし（semeion）を見抜くことができると信じているのは、感覚が「その効用の外でも（khoris tes khreias）」いくばくかの快を与えるという点にである。こうした効用なき感覚の快から説明されるのは、知るためにのみ知ろうとする欲望、実践的合目的性をもたない知の欲望である。そしてこのことは、他の諸感覚よりも視覚の場合にいっそうよく当てはまる。私たちは、たんに行為する（prattein）ためばかりでなく、いかなる実践《プラクシス》を目論んでいるわけではない場合でも「眼によって」感じるほうを好む。この本性上理論的にして観想的な感覚は、実践的効用を超え出ており、他の感覚よりもいっそう多くの認識を私たちに与えてくれる。というのも、実際に視覚は多くの差異を明らかにしてくれる（pollas deloi diaphoras）からである。私たちは、諸差異の開示を好むように視覚を好むというわけである。

　しかし視覚があればそれで充分なのか。学びかつ教えるためには、諸差異を開示することができれば事足りるのだろうか。いくつかの動物にあっては、感覚は記憶力を生み出し、これによって、それらの動物はよりいっそう賢く（phronimôtera）なり、よりいっそう学ぶのにふさわしく（mathetikôtera）なる。しかし、学ぶすべを知りかつ知ることを学ぶためには、視覚と賢さと記憶力だけでは足りず、さらに聴くことができ、鳴り響くものに耳を傾けること（tôn psophôn akouein）ができるのでなければならない。少々戯れに言えば、よく聴くためにこそ眼を閉じるすべを心得ていなければならないのである。たとえば、蜜蜂が多くのことを知っているのは見ることができるからだが、聴く能力のない（me dunata tôn psophôn akouein）動物の一種である以上、学ぶことはできない。大学ではひとが学ぶすべを知り、かつ知ることを学ぶわけだが、大学というこの場はそれゆえに、その見かけにもかかわらず、けっして一種の蜂の巣箱ではないということになる。ついでに言えば、ひょっとするとアリストテレスは、このようにして蜜蜂の哲学的トポス、蜜蜂の意味と蜜蜂‐存在の理由をめぐる哲学的トポスについてのたわいない言説の長い伝統を創始したのかもしれない。マルクスが人間の器用さを動物の器用さから区別しようとして蜜蜂社会を持ち出したのは、おそらくそうしたトポスにつけこんでのことだったのである。かくして哲学的な蜜蜂たちの偉大なアンソロジーを編むとすれば、たんなる興味本位以上のものとして、シェリング『大学における学術研究の方法についての講義』（一八〇三年）の指摘が見出される。

蜜蜂の性へのほのめかしが、知の全体的および学際的な統一性という主題にかんしてしばしば見られる自然主義的、有機体論的、生気論的なレトリックを手助けにやってくる。ここで扱われているのはそれゆえ、社会的かつ有機的な体系としての大学システムという主題である。これは、学際性のごく古典的な伝統をなしている。

個々の学問に、精神を込めて、また学問的天才と呼ばれる高い霊感をもって従事できるかどうかは、一切を個々の知識をすら、根源的なものや一なるものとの連なりにおいて見うる能力にかかっている。こういう統一性と総体性〔der Ein- und Allheit〕の精神において考えられていないどんな思想もその内部は空虚であって、取るに足らぬものなのである。こういう溌剌として生きている全体のうちに入り込んで調和することのできないものは死んだ残渣にすぎず、有機体の法則にしたがって早晩排除されてしまうのである。もとよりいろいろな学問のなかにも無性の蜜蜂〔geschlechtslose Bienen〕はたくさんいるのであって、彼らは生殖することは許されていないから、無機的な残渣によって外部へみずからの無精神〔ihre eigne Geistlosigkeit〕をしきりに刻印するのである。(4)

(どんな蜜蜂――耳が聴こえないだけでなく無性であるような――がそのときシェリングの念頭にあったのか、私にはわからない。ただ確かに思えるのは、この修辞的武器には今日もなお、何人もの熱心な買い手がいるということである。ある教授が最近書いたところでは、そのような運動(「脱構築主義」)は、とりわけ同性愛者とフェミニストたちによって大学で支持を集めているということだった――これは彼にとってはきわめて意味深長で、疑問の余地なく無性性の合図に思われたということである。)

知るために眼を開くこと、学ぶすべを知りかつ知ることを学ぶために眼を閉じること、あるいは少なくとも耳を傾けること、こうしたことが理性的動物の最初の素描である。大学が学問と教育の制度であるとすれば、それは記憶とまなざしとを超えていってもよいものなのだろうか。超えてゆくとすれば、いかなるリズムにしたがってそうすべきなのか。大学は、いっそうよく聴きいっそうよく学ぶために、調子を合わせて眼を閉じたり視野を制限したりすべきなのだろうか。またいかなる調子にしたがってそうすべきなのか。もちろん学ぶために眼をふさぐというのはこの場合一種の比喩的な語り方にすぎない。それを文字通りにとる人はいないだろうし、私は瞬きの鍛錬を提案しようとしているわけではない。私は断固として、大学の新たな啓蒙《アウフクレールング》の光を支持する者である。ただここではアリストテレスとともに、あえてそうした形象がとる布置をもう少し先に押し進めてみたいと思うのだ。アリストテレスは『魂について〔Peri psukhès〕』(421b)(5)において、人間を、渇いた硬眼の動物たち(tôn sklerophtalmôn)から区別している。これらの動物に欠けているのは、まぶた(ta blephara)、すなわち眼を保護すべく一定の間隔で眼を、内的思考や睡眠をする夜のうちに閉じこもらせる一種の膜ないし外皮(phragma)である。硬い眼と乾いたまなざしをもつ動物がぞっとさせるのは、それがずっと見ているということである。人間はと言えば、いっそうよく聴き、記憶し、学ぶために、まぶたという外皮膜を下ろし、隔膜を制御し、視覚を制限することができる。ならば、大学のまぶたはいったいどんなものでありうるのか。アカデミックな制度が硬く乾いた眼をもつ動物であってはならないとして、先に私がその眼をどうすべきなのかと問いかけたのは、この制度の存在理由と本質を問い質すもうひとつの別の仕方であったからだ。この制度の身体〔教員団体〕は、みずからの使命について、みずからがそれを目指して屹立している当のものについて、何を見て、何を見ることができないのだろうか。それはみずからのまぶたの動きを支配できているのだろうか。

このように視野を位置づけたところで、何度か瞬きする程度の時間でしかないけれども、いったんこの議論を閉じることをお許しいただきたい。あなたがたの言語〔英語〕より私自身の言語〔フランス語〕で、告白〔confession〕ないしは打ち明け話〔confidence〕と私が呼ぼうと思うものをするためである。

講演用のテクストの執筆に取りかかる前に、講演当日に私を待ち構えている舞台のために心の準備をしなければならないわけだが、それはいつもつらい経験であり、沈思黙考と思考の麻痺を強いられるときである。私は自分が追い詰められた動物になったかのように感じ、闇のなかをあてどもなくさまよい、出口を探すのだが、出口はすべてふさがれている。今回の場合も、言うなれば、不可能性の条件が以下の三つの理由により、悪化するのであった。

なによりもまず、今回の講演は、私にとっては他にも数あるうちの講演のひとつではない。これは、いわば就任記念として始まりの価値をもつものである。コーネル大学が一九七五年以来、寛大にも私を何度も迎え入れてくれたことは確かである。私がはじめてアメリカの大学で教えた最初の場所であり、ここには数多くの友人がいる。デイヴィッド・グロスヴォーゲル[3]はおそらく覚えておられるだろうが、一九六七—六八年のこと、彼はポール・ド・マンの任を引き継いだ教育プログラムの責任者としてパリに来ていた。ところで今日ははじめて、アンドリュー・D・ホワイト「特任教授〔professor-at-large〕」として私はここで発言している。フランス語で「au large!」と言えば〔海洋用語で船舶に〕「近寄るな」と命令するための言葉である。今回の場合、あなたがたの大学が私に栄誉を授けてくれる称号によって、私たちの距離が縮まるとしても、追い詰められた動物としての不安は増すのである。このような就任記念講演は、大学に存在理由はあるのかと自問するのにふさわしい機会だったのだろうか。私は無礼にも、異国の者に与えられたもっとも貴重な歓待と引き換えに、主人に不吉な預言者を気取る者としてふるまおうとしているのではないか。最良の仮説をとったとしても、終末論の伝令者、ないし王権を糾弾し王国の終わりを告知した預言者エリヤ[4]を気取る者としてふるまおうとしているのではないだろうか。

　不安の二つ目の源泉、それは、私が自身のまったくの軽率さ、すなわち、盲目と先見の明のなさのせいで、すでに視覚のドラマトゥルギーに入り込んでしまった状況から来ている。視覚の問いはコーネル大学にとってそもそもの始まりから、重大な賭け金を構成している。その問いが打ち立てていたのは、制度的な舞台背景であり、あなたがたの大学の風景であり、拡張か閉鎖かの選択肢、生と死そのものである。まずもって視覚を閉ざさないことが必須であったと考えられるだろう。コーネル大学初代学長アンドリュー・D・ホワイトがよくわかっていたのはこのことであり、この点で私は彼にオマージュを捧げたいと思った。理事会が大学を市のもっと近くに建てたいと願っていたとき、コーネルは、理事たちにその場所と眺め（site-sight）を見せるために丘の上に皆を連れて登った。アンドリュー・D・ホワイトは次のように述べた。「私たちはそこでの風景を眺めました。快晴であり、その眺望は素晴らしいものでした。コーネル氏は丘の上がいいという理由を挙げました。その主な理由は、拡張のための充分に広い空き地があるというものでした」。エズラ・コーネル[5]は充分な理由を強調し、理事会はそれを正しいと認め、こうしてこの理由は受け容れられた。しかし理由はここで、たんに生の側にあったのだろうか。ジェームズ・シーゲルは次のように想い起こしている。すなわち、パーソンズ[6]によれば、

エズラ・コーネルにとって、眺めと大学との結びつきは死と関係があった。実際、コーネルの計画はロマン主義的な崇高のテーマ系によって形づくられていたように思われる。こうした崇高が実践的に保証することになるのは、ある種の風景を前にした教養ある人間が、みずからの思考が一連のトピック――孤独、野心、憂鬱、死、霊性――を通して換喩的にずれていく事態を見出すだろうということである。これらのトピックは、容易な拡張によって、文化と教育の問い の数々に通じうるだろう。（前掲「アカデミック・ワーク」Siegel, "Academic Work," p. 69）

しかし生と死にかんする私の問いがあらためて頭をもたげてきたのは、一九七七年、一種の囲い＝閉域（橋の「柵」）――あるいはこう言おう、「峡谷〔gorge〕」の下へと呑み込まれる自殺の誘惑を制限するまぶた――が設置される事態について考えていたときのことだった。この深淵が位置しているのは、大学と都市のあいだ、内部と外部のあいだを結びつける橋の下である。ところで、コーネル大学キャンパス審議会を前にしてひとりの「教職員」は次のように証言することで、この柵にためらうことなく反対した。というのも、この種のまぶたは、視野を閉じてしまうことでまさしく「大学の本質を破壊する」（p. 77）ことになるからである。

彼はなにを言わんとしていたのだろうか。大学の本質とは何だろうか。

私が、どれほどの戦慄――ほとんど宗教的な戦慄――をもって大学の本質というこの崇高な主題についてあな

たがたにようやく語ろうとしているのか、いまや、あなたがたはいっそうよく想像することができるかもしれない。崇高な主題というのは、カント用語の意味においてである。カントが『諸学部の争い』で述べていたのは、大学は「理性理念」、すなわち「現在みられる学識の全領域（das ganze gegenwärtige Feld der Gelehrsamkeit）」[6]の理念にそくして統制されなければならないということであった。さて、いかなる経験も、学説ないし教育可能な理論のなすこの提示可能な現在の全体性に対して目下適合しえない。しかしこうした不適合性が惹き起こす圧倒的な感情、それこそは、生と死とのあいだで宙吊りにされた、崇高なものの感情、昂揚かつ絶望させる感情にほかならない。

　さらにカントが述べるところによると、崇高なものへの関係は、まずもって抑制によって告知される[7]。ということは、私を制止した第三の理性が存在したということである。もちろん私は、予備的で予防的な内容の講演にとどめるつもりだったし、大学の本質のような恐るべき問いに立ち向かうには、いくつもの危険――いわば深淵、橋、限界そのものの危険――を回避すべきだと語るしかないと思っていた。しかしそれでも過大な問いであった。というのも、私はどうやってそれらを取捨選別したらよいかわからなかったからだ。私自身、自分が教鞭をとっているパリの教育機関でこの問いに一年間のセミネールを割いており、さらに近年は、フランス政府が私に打診してきた国際哲学コレージュの創立のための執筆に従事しなければならなかった。もちろんその報告書は、幾頁にもわたってこの問いにかかわる困難の数々と格闘している。これらのすべてを一時間で語るのは無謀な賭けにも等しい。それでも手はじめに述べるならば、いくぶん夢想に耽りながら私の頭によぎったのは、「professor-at-large〔特任教授、通常の義務のない名誉教授職〕」という表現の「at-large」にはどれほど多くの意味が込められているのだろうかという疑問だった。私は「professor-at-large」がいかなる学部にも大学にさえも属さないことで、その昔パリ大学で「ユビキスト〔ubiquiste〕」と呼ばれた者に似ているのではないかと自問した。「ユビキスト」とは、どの特定の校舎にも帰属しない神学博士のことであった。この言葉の特定の文脈の外に出るならば、フランス語で「ユビキスト」とは、非常に頻繁かつ素早く動き回るのでいたるところに同時にいるかのような幻影をもたらす者のことでもある。だが「professor-at-large」は、おそらく「ユビキスト」であることなしに久しく「au large〔沖合に〕」（英語ではなくフランス語の意味で、とりわけ海洋コードとして理解される場合のそれ）にとどまり、しばしば一切から途絶された不在のあとで上陸してくる。彼は、当の場所の文脈、儀礼、変化を知らないままである。そのために彼には、物事を遠方の高みより受け取ることが許される。彼は、アカデミーについてのアカデミックな講演のレトリックで図式的な見方や乱暴な取捨選択で発表しなければならないのだが、それでも寛大に扱われ大目にみてもらえるというわけである。とはいえ申し訳ないことに、あなたがたのご厚意に与るには、すでに長すぎる時間をこの不器用な前置きに費やしてしまった。

私の知るかぎり、大学の企図が理性に反して打ち立てられたことはこれまでけっしてなかった。それゆえひとは当然のことながら〔理性的に〕、大学の存在理由《レゾン》がつねに理性《レゾン》そのものであり、理性と存在の一定の本質的関係であったと考えることができる。しかし、いわゆる根拠律〔理性原理〕はたんに理性にはとどまらない。ここでは私たちは理性の歴史、その言葉と概念の歴史——これは、logos, ratio, raison, reason, Grund, ground, Vernunft のようにずらされてきたことになる翻訳の謎めいた舞台だ——に入り込むわけにはいかない。この三世紀来「根拠律〔充足理由律〕」と呼ばれてきたものは、ライプニッツによって何度も思考され定式化された。もっともよく引用される彼の言明は「なにものも根拠＝理由なしにはない、あるいはいかなる結果も原因なしにはない（Nihil est sine ratione seu nullus effectus sine causa）」というものである。ハイデガーによれば、ライプニッツが真正かつ厳密なものとみなしていた定式、唯一の権威ある定式は、晩年の一試論（*Specimen inventorum, Phil. Schriften*, Gerhardt VII,

p. 309）のなかに見出される。すなわち「すべての論証作用の第一原理は二つある。すなわち矛盾の原理〔…〕と与え返されるべき根拠の原理である〔Duo sunt prima principia omnium ratiocinationum, principium nempe contradictionis … et principium reddendae rationis〕」。この第二の原理は次の通り。「すべての真理――「すべての異なる命題」と解しておく〔デリダ註〕――について、根拠が与え返されうる（omnis veritatis reddi ratio potest）[7]」。

哲学のあらゆる偉大な言葉――根拠、真理、原理など――は一般に注意喚起を促すものだが、そうした言葉に加えて、根拠律が示しているのはまた、根拠が与え返されねばならないということである。ここで「与え返す」とは何を意味するのだろうか。根拠とは、交換、流通、借用、負債、贈与、返却といったことを引き起こすなにかなのだろうか。だとすればこの場合、誰に、また誰の前で、この負債ないし義務の責任があるのだろうか。「根拠を与え返す〔reddere rationem〕」という定式において、根拠とは、形而上学が一般に「理性的動物〔zoon logon ekhin ないし animal rationale〕」としての人間に帰している能力ないし権能の名（Logos, Ratio, Reason, Vernunft）のことではない。私たちにもっと時間があれば、「根拠を与え返す原理」における「根拠」から、推論能力としての理性――そして最終的には、理性を諸原理の能力としたカントの規定へといたる意味論的な経路でライプニッツの解釈を追究することもできよう。ともかくも、根拠律のラチオ〔ratio〕が、推論能力ないし権能としての理性ではないとしても、だからといって、世界の存在者ないし対象のひとつとして、それにどこかで出会いそれをどこかに戻さなければならないような一事物だというわけでもない。私たちは、この根拠への問いを、この「〜ねばならない〔il faut〕」および「与え返さねばならない〔il faut *rendre*〕」への問いから切り離すことができない。この「〜ねばならない」こそが、私たちが根拠に対してもつ関係の本質を匿まっているように思われる。それは私たちにとって、要請、負債、義務、請願、命令、責務、法、命法といったものを印しづけているように思われるのである。根拠が与え返されうる（reddi potest）ものである以上、それは与え返されねばならない。私たちはこれを不用意に、カントの純粋実践理性の意味での道徳的命法と呼ぶことができるだろうか。純粋実践理性批判が規定しているような「実践」の価値は、むしろ根拠律の「〜ねばならない」を前提とするはずのものであるからには、この価値によって、この「〜ねばならない」の意味が汲み尽くされたり、その根源が述べられたりするということは定かではない。この「〜ねばならない」が明らかに理論的次元のものではないからといって、たんにカントのいう意味で「実践的」ないし「倫理的」であるわけでもない。実践理性批判が、絶えず根拠律やこの「〜ねばならない」に依拠していることを証示することもできるだろう。

しかしながら、問題なのは、責任〔応答可能性〕である。私たちは、根拠律の呼びかけを前にして応答責任を取らなければならないのである。ハイデガーの『根拠律〔Der Satz vom Grund〕』では、この呼びかけにはひとつの名がある。ハイデガーはこれを、Anspruch と呼ぶ。すなわち、要請、主張、要求、請願、注文、召喚などを意味している。それはつねに一種の差し向けられた言葉にかかわっている。それは見られるものではなく、聴かれ、耳を傾けられるべきものであり、根拠律に応答するよう私たちに厳命してくる呼びかけなのである。

たしかに問われているのは責任〔応答可能性〕である。しかし根拠律に対して応答すること〔répondre à…〕と、根拠律についての応答責任を負うこと〔répondre de…〕とは、同じ身ぶりなのだろうか。同じ場面、同じ風景だろうか。またこの空間のなかで、どこに大学を位置づければよいのだろうか。

根拠律の呼びかけに応答することは、根拠を与え返すこと、結果を原因によって合理的に説明することである。それはまた基礎づけること、正当化すること、原理（arkhè）ないし根元（riza）から説明することである。それゆえ、ライプニッツの独自性を縮減してしまってはならないし、ライプニッツによる区切りを考慮するとしても、それは結局のところ、アリストテレスの要請に応答すること、すなわち、形而上学、第一哲学の要求に答えること、つまりは「根元」「原理」「原因」の探究からくる要求に答えることである。この点で、科学および科学技術の要請も同じ起源へと遡るものである。そして、ハイデガーの思索におけるもっとも執拗な問いのひとつは、まさにこの起源を、一七世紀における根拠律の出現から切り離すにいたった揺籃期をめぐる問いなのである。根拠律とはたんに、西洋の科学と哲学の曙以来すでに現存していた要請にとっての言語的定式であるというだけではない。それは、「近代的」と言われる理性と形而上学と科学技術の新たな時代にキックオフを与えたものなのだ。近代的大学はすべての西洋諸国で一九世紀に再構造化されることになったが、近代的大学の可能性を思考できるのは、まさにこの根拠律の出来事ないし制度〔制定〕を問い質すことによってなのである。

しかし、根拠律についての責任、それゆえ大学についての責任を負うこと、この呼びかけについての応答責任を負うこと、この基礎の原理（Satz vom Grund：根拠律）の起源ないし基礎に問いかけることは、たんにそれに従うことでも、それを前にして応答することでもない。ひとは、呼びかけに対して応答する場合と、その呼びかけの意味、起源、可能性、目的＝終わり、限界について問いかける場合とでは同じ仕方で聴くのではない。それ自体が基礎の原理であるこの原理そのものを基礎づけている当のものを自問するという場合に、ひとは根拠律に従っているのだろうか。否、従ってはいない。だからといって、それにたんに従わないというわけでもない。ここで私たちは、ひとつの循環ないし深淵にかかわっているのだろうか。循環とは、根拠律に根拠を与え返そうとすること、すなわち、ハイデガーの言うように、根拠律は根拠そのものについてはなにも語っていないのに、根拠律に根拠を語らせるために根拠律に訴えるということにあるだろう。深淵、あるいは奈落、無底〔Abgrund〕、空虚な「峡谷〔gorge〕」とは、基礎の原理が自己自身を基礎づけることの不可能性であるだろう。そのさいこの基礎そのものは、〔理性を原理とする〕大学と同様、まったく特異な空虚のうえに宙づりにされているにちがいあるまい。根拠律は、根拠を与え返されるべきものなのだろうか。根拠の根拠〔理性の理性〕は根拠のある〔理性的な〕ものなのだろうか。根拠とその原理について不安を抱くことは根拠のあることなのか。否、たんにそうとは言えないだろう。しかしまた不安にはあたらないとこれを斥け、その感情を、彼らの非合理主義、蒙昧主義、ニヒリズムのせいだと断ずるのも性急に過ぎるだろう。根拠からの呼びかけに問いを返し、この呼びかけの可能性を思考しようとする者、さもなくば、根拠の根拠への問いに耳を貸そうとしない者、その者たちのうち、どちらがこの呼びかけによりいっそう忠実なのだろうか。よりいっそう鋭敏な耳でそれを聴く者、よりよく差異を見分ける者はどちらなのか。こうした問題はすべて、ハイデガーの問いの歩みにしたがって、当該の定式における語の調子やアクセントの微妙な差異のなかで生じている。すなわち「なにものも根拠なしにはない〔nihil est sine ratione〕」という定式において「なにものも（nihil）」と「なしには（sine）」にアクセントを置くか、「である（est）」と「根拠（ratione）」にアクセントを置くかで、二つの異なった射程をもつのである。ここではこの会の制約上、そうしたアクセントの転置にかかわる決定のすべてを追跡することはしない。またとりわけ同様の理由から、ハイデガーと、たとえばチャールズ・サンダース・パースとの対話を再構成することもしない。とはいえこの奇妙な対話は、まさに大学と根拠律が交叉するテーマをめぐって必要なものでもある。サミュエル・ウェーバーは「専門職主義《プロフェッショナリズム》の諸限界」[8]をめぐる注目すべき論考においてパースを引用しており、それによれば、一九〇〇年にパースは、アメリカ合衆国の「高等教育の役割をめぐる討議の文脈において」次のように結論づけていた。

> 最近になってはじめて、アメリカの科学者や有力者が、かつてのようにもっぱら真に科学的な探究を賦活するというモティーフだけをほのめかすことなしに、教育の目的について討議することが見受けられるようになった。私自身はこの件について罪がないわけではない。というのも、若いときに私は何篇かの論文を書いてプラグマティズムと呼ばれる学説、すなわち、いかなる概念もその意味と本質がそれによってなされるべき適用《アプリケーション》〔応用〕のうちにあるという学説を唱えたからである。これは適切に理解されれば、なんら問題のないものである。私はそれ

を撤回するつもりはない。しかし究極的な適用とは何かという問いが生じてしまう。そうして私は、概念を行為に、また知ることを為すことに従属させようと思うようになった。その後の人生経験から私が教わったのは、しかるべき理由なしに本当に望ましい〔desirable〕唯一のことは、観念と事態を合理化可能なものにするということであった。合理性をもたないものそれ自体に理由〔理性〕を要求することは当然できない。（*Values in a Universe of Chance: Selected Writings of Charles S. Peirce*, ed. Philip P. Wiener, Stanford University Press, 1958, p. 332.「望ましい」を強調したのは私〔デリダ〕。アリストテレス『形而上学』の冒頭の言葉との反響関係を示すためである。）

パースとハイデガーとのあいだのこの対話が生じるには、「概念」と「行為」、「概念」と「適用」、観想とプラクシス、理論と技術といった概念対立を超えてゆかねばならないだろう。パースが「〜を超えて」というこの移行を素描しているのは、要するに「究極の適用とは何でありうるか」と問う、みずからが不満に思っている運動そのもののうちにおいてである。こうしてパースが素描していることこそ、のちにハイデガーがとりわけ『根拠律』で切り拓くことになる道なのだと言えよう。ここでは私が他の機会に試みたような仕方でこの道をたどっている余裕はないため、単純化しすぎる危険を承知のうえで、そのうちの二つの主張を取り上げることにする。

一、近代における根拠律の支配は、存在者の本質を対象として、表象（Vorstellung）のもとでの現前的対象として、主体の前に措定され据え置かれた対象として解釈することと一体でなければならなかった。このようにして主体は、すなわち、私と言う人間、自己自身を確信している自我《エゴ》は、存在するものの全体に対する技術的な支配力を確保するのである。表象＝再現前化（repraesentatio）の再（re-）が示しているのは、ある事物に根拠を与え返す運動であり、当の事物を現在に与え返すことによって、すなわち、それを表象作用の主体ないし認識する自我へともたらすことによって、その事物の現前性と遭遇するようにする運動でもある。ここで必要なのは——

とはいえこの条件下では不可能だが――ハイデガーの言葉遣いの働き（一方における begegnen, entgegen, Gegenstand, Gegenwart、他方における Stellen, Vorstellen, Zustellen）を再構成することであろう。[9] この表象作用の関係――それはその広がりの全体においてたんに認識の関係にとどまらない――が基礎づけられ、確証され、安全なものとされなければならないということ、このことこそ、根拠律（Satz vom Grund）が私たちに述べていることである。ひとつの支配がこうして表象作用（Vorstellen）、対‐象への関係、すなわち、みずからの現前的存在を確保しつつ「私」と言う主体の前に見出される存在者への関係に対して確証されることになるのである。しかし、この〈面前‐存在〔l'être-devant〕〉の支配は、見ることや観《テオーリア》想の支配に還元されるものではないし、視覚的次元、さらには硬く乾いた眼の次元のメタファーの支配に還元されるものでもない。まさに本書のなかでハイデガーは、そうした修辞化をもたらす諸解釈の前提そのものに対してあらゆる留保を述べている。ここで決定的なのは、見ることと見ないことのあいだではなく、むしろ見ることと光についての二つの思考のあいだにおいてであり、それは、聴くことと声についての二つの思考のあいだが問題になるのと同様である。しかし実のところは、ハイデガーの意味での表象作用による人間のカリカチュアによれば、見開いた硬い眼は容易に人間の特徴とみなされるだろう。この眼は、自己の前に自然をとどめておくことで、あるいは猛禽のごとく自然に襲いかかることで、絶えず支配すべき自然、必要な場合には冒瀆すべき自然に見開かれることになるのである。根拠律がみずからの支配権を打ち立てるのは、ただ次のかぎりにおいてである。すなわち、根拠律のなかに潜んでいる存在についての深淵状の問いが覆い隠されたままになっていること、またそれとともに、基礎についての問いそのもの、つまり、gründen（基礎づけること）としての、Boden-nehmen（地盤を与えたり引き受けたりすること）としての、begründen（根拠づけること、正当化すること、認可すること）としての、そしてとりわけ、stiften（樹立すること、制定すること、この意味にハイデガーは一定の優先性を認めている）[10] としての基礎の問いそのものが覆い隠されたままになっていること、このかぎりでのことなのである。

二、ところで、大学の設立（Stiftung）である近代科学技術のこうした制定＝制度は、根拠律に基づくと同時に、根拠律のなかで覆い隠されたままになっているもののうえに構築されたものである。ハイデガーはついでといったふうに、とはいえ私たちにとっては重要な二つの節において、近代的大学が根拠律のうえに「根拠づけられ（gegründet）」[11]、「建てられて（gebaut）」[12]いるということ、それが根拠律に基づいている（ruht）[13]ということを主張している。しかし、近代科学の場である今日の大学が「根拠律に基づいている（gründet auf dem Satz vom Grund）」としても、大学のどこにおいても私たちが根拠律そのものに遭遇することはないし、また、大学のどこにおいても根拠律がその由来において思考され、問い質され、問いに付されるということもない。大学としての大学のどこにおいても、この呼びかけ（Anspruch）がどこから語りかけてくるのか、基礎と根拠をもたらし、与え返し、あるいは引き渡されなければならないというこの要求がどこからやって来るのか（Woher spricht dieser Anspruch des Grundes auf seine Zustellung?）が問われることはないのである。起源が〈思考されないもの〉のうちに覆い隠されてしまうからといって、ハイデガーが通りすがりにある種の讃辞を送っている近代的大学の発展、すなわち、諸科学の進歩、活動的な学際研究、熱心な討議、等々の発展が妨げられるというわけではない。それどころかその反対である。しかしそうしたことのすべては、ひとつの深淵、「峡谷〔gorge〕」のうえに、つまりその基礎そのものが見えない、かつ思考されないままとなっているひとつの基礎のうえで繰り広げられているのである。

私の『根拠律』読解がこの点に達したところで、ハイデガーのこのテクスト、あるいはそれ以前の大学論のテクスト（とりわけ一九二九年の大学就職講演「形而上学とは何か〔Was ist Metaphysik?〕」、また一九三三年の総長就任講演「ドイツ大学の自己主張〔Die Selbstbehauptung der deutschen Universität〕」）をめぐる仔細《ミクロロジック》な研究——私はそれをパリで試みており、それについてはこの講演に続くセミネールでもおそらく問題になるだろう――にあなたがたを巻き込む代わりに、あるいはまた「柵」に守られた橋の上からではあれ、深淵の傍で思索に耽る代わりに、私は、大学で私たちに迫ってくる諸問題のある種の具体的現実に立ち戻ってみることにしたい。

基礎の図式と根本的なものの次元は、大学空間において、大学の存在理由一般にかんしてであれ、もろもろの特別な任務にかんしてであれ、また教育研究政策にかんしてであれ、いくつもの点で課せられている。どの場合にも問題になるのは根拠律であり、基礎としての、基礎づけ〔創設〕ないし制定＝制度としての根拠律なのである。今日、研究と教育の政策について、またそこで大学が果たしうる役割――中心的であれ周縁的であれ、進歩的であれ退嬰的であれ――について大きな論争が行なわれている。その場合大学の役割は、ある種の合目的性に対してときに大学よりも適当とされる他の研究機関との協働が問われることもある。この論争は、政治体制の違いや、国家が当の領域で果たす伝統的な役割の違い如何にかかわらず（とはいえ、ご存知のように西洋の民主主義内部でも、この点ではさまざまな違いがあるのだが）、高度に工業化されたすべての国で、しばしば類似した――同一の、とまでは言わないにせよ――用語によって生じている。いわゆる「発展途上」諸国でも、この問題は、たしかに西洋諸国のモデルとは異なっているにせよ、それでもそれとは不可分なモデルにしたがって提起されている。そうした問題提起はもはやけっして国家に中心化された政治的な問題設定に還元されることはできず、国際的な軍産複合体、あるいは一見して国際的ないし多国籍な形態をもつ技術‐経済的、さらには技術‐軍事的なネットワークにかかわってくるのである。フランスではこの論争は、しばらく前から、研究の「合目的化〔finalisation〕」と呼ばれるものをめぐって組織されるようになっている。「合目的化された」研究とは、技術、経済、医学、心理‐社会学、軍事力等、どんな観点からであれ――現実にはそれらすべてがかかわってくるが――実際の活用を目指して（アリストテレスの言葉でいえば、効用〔ta khreia〕を目指して）、権威によってプログラムされ、方向づけられ、組織化された研究のことである。おそらくこの問題は、研究政策が国家的ないし「国家化された」構造に緊密に依存した国々においていっそうはっきりと感じ取られることだろうが、私が思うに、当の状況は先進的なテクノロジーをそなえたあらゆる産業社会のあいだでますます急速に同質化してきている。「応用」研究――パースのテクストでも同じ「適用〔application〕」だ――と言われていたのはそれほど昔のことではないが、いまでは「合目的化された」研究という言い方がなされる。なぜなら、直接に応用された研究や応用可能な研究でなくとも、研究というものは多かれ少なかれ遅ればせに収益をあげうるもの、実用化可能なもの、合目的化可能なものであると知られるようになってきたからである。だが問題はもはやたんに、純粋研究のいわゆる「応用成果」、技術的‐経済的、医学的、軍事的な「副産物」にはとどまらない。合目的化がさまざまな迂回や遅延や中継を経て生ずるということ、そしてその過程が偶然を孕んだものだということはいまやかつてないほど困惑の種になっているのである。かくしてそうした問題をあらかじめ考慮し、あらゆる手段を講じて、プログラム化された合理的計算のなかにそれらを統合しようとすることが行なわれている。

ところで、とりわけフランスでは、「合目的化された」研究というこの概念に対置されているのは何か。それは「基礎〔fondamental〕」研究という概念である。すなわち、あらかじめなんらかの功利的な合目的性が約束されているわけではないようなものを目指した、利害関係なき研究という概念である。これまで純粋数学、理論物理学、哲学（なかでもとくに形而上学と存在論）は、権力の影響を免れた基礎的分野、つまり、国家的審級、国家の庇護、市民社会、資本によるプログラム化の及ばない基礎的分野だと考えられていた。この基礎研究の唯一の関心事といえば、それはもっぱら根拠律という唯一の権威のもとでの認識、真理、理性の没利害的な行使なのだ、というわけである。

しかしながら、ますますはっきりしてきたのは、いつの時代も真であったはずのこと、つまり、基礎研究と合目的化された研究とのこの対立が、現実的であっても限られた妥当性しかもたないということである。ごく厳密に言って、この対立は、概念においても具体的実践においても維持することが困難であり、とりわけ現代の形式諸科学、理論物理学、天体物理学（天文学は、長らく利害関係のない観想の範型であったのちに有用性をもつようになった科学の顕著な例だ）、化学、分子生物学などの諸領野ではそうである。このかつてなく切り離しえなくなった各領野において、いわゆる基礎的な哲学の問いは、もはやたんに抽象的で、ときおり認識論的で、事後的に提起される問いというかたちをとるだけではなくて、きわめて多様な様式にそくして、まさに科学的研究のただなかで働くものになっている。一方におけるテクノロジー的なもの、他方における理論的なもの、科学的なもの、理性的なもの、この両者をもはや区別することはできない。科学技術《テクノサイエンス》という言葉が必須のものにならざるをえず、このことから確証されるのは、客観的知識、根拠律、真理関係のある種の形而上学的規定、それらのあいだにはひとつの本質的連関があるということである。もはや根拠律を、近代的体制において技術の理念そのものから切り離すことはできない。これこそは結局のところハイデガーが喚起し、思考するよう呼びかけていた当の事柄である。またたとえばカントは、知の体系的な組織化――それは大学の体系的な組織化をも基礎づけねばならなかったものだ――のなかで「技術的」図式と「建築術的」図式とのあいだに境界線を引くことを試みたが、もはやそうした境界を維持することはできない。建築術とは体系の技術である。カントは言う、「理性の統御のもとにある私たちの認識は、一般に断じてラプソディ〔寄せ集め〕であってはならず、ひとつの体系を形成するものでなければならない。体系にあってのみ認識は理性の本質的な目的を支持し、促進することができるのである」（「純粋理性の建築術」『純粋理性批判』〔B860〕）[15]。建築術のこうした純粋理性的な統一に対してカントが対置するのは、経験的に方向づけられた技術的統一の図式である。というのも後者は、本質的ではない偶然的な見方と目的とに従うものだからである。それゆえにカントが定義しようとするのは二つの合目的性、一方は、基礎的な学問をもたらす理性の本質的で高貴な目的、他方は、当の体系が技術的な図式と必要に応じてのみ方向づけうるような偶然的ないし経験的な目的、これら二つの合目的性のあいだの境界である。

今日では、研究の合目的化のなかで、これらの合目的性を区別することはすでに不可能になっている。その証拠を喚起することをご容赦いただきたい。たとえば、「高尚」だとみなされがちなプログラム、さらには人類にとって技術的に有益なプログラムでさえ、それらを、破壊を招くかもしれないプログラムから区別することは不可能になっている。これはなにも新しいことではないが、しかし今日ほど、いわゆる基礎的な学術研究が、軍事的目的でもある合目的性に合理的に関与するようになったことはこれまでになかった。軍事的なものの本質、軍事テクノロジーの諸領野の境界、その諸プログラムにかかわる厳密な会計処理の範囲といったものでさえ、もはや明確化しえないものになっている。世界中で一分間に二〇〇万ドルの軍備費が使われているそうだが、思うに、そうして計算されているのは、ただ純粋かつ単純な意味での兵器の純然たる製造費にすぎないだろう。しかし軍事的投資はそれだけにとどまらない。というのも、軍事力、さらには警察力、一般に安全保障（防衛も攻撃も含む）のための体制づくり全体は、たんに基礎研究の「応用成果」を利用するだけではすまないからである。先進的なテクノロジー社会においては、そうした体制は、直接的にであれ間接的にであれ、いかなる国家的方途であろうと、一見もっとも「合目的化」されていないように思われる尖端的な諸研究をさえプログラムし、促進し、指揮し、それらに資金を供与している。物理学、生物学、医学、生命工学《バイオテクノロジー》、生物‐情報理論、情報および遠隔通信《テレコミュニケーション》といった諸領野においてそれはあまりに明白である。次の事実を見定めるには、遠隔通信と情報伝達という名を挙げておけば充分だろう。すなわち、研究の合目的化には限界がなく、そこではすべてが技術的かつ道具的な確証を「目指して」働くという事実である。戦争と国家的および国際的な安全保障に奉仕するため、研究プログラムはまた、情報、知識の貯蔵、言語および全記号体系の機能、それゆえまた、それらの本質のあらゆる領野にかかわらなければならない。すなわち、翻訳、コード化とコード解読、現前と不在の戯れ、解釈学、意味論、構造言語学および生成言語学、語用論、修辞学といった領野である。私はこうした諸分野をわざと無秩序に積み重ねているにすぎないが、最後に、文学、詩、芸術、フィクション一般を挙げておくことにしよう。それらを対象とする理論は、イデオロギー戦争においても、また指示機能の異常ケースにおいて頻発するさまざまな変種の実験としても有用でありうる。そうしたものはつねに情報戦略、命令理論において、また指令的言表にかんしてもっとも洗練された軍事的語用論において役に立ちうるのである。たとえば、遠隔通信《テレコミュニケーション》の新たなテクノロジーにおいてひとつの言表が命令の価値をもつことは、どんな記号の場合に認められるのだろうか。シミュレーションと模像《シミュラクル》の新たな方策をどのように管理＝制御すればよいのだろうか。ともかく他にも、社会学、心理学、さらには精神分析の理論的形式化を利用しようとすることができるし、実際それは容易でもあろう。そのようにして、インドシナ戦争やアルジェリア戦争のあいだ、拷問と引き換えになされる「心理学的行動」の権力と呼ばれたものを洗練させることができるだろう。したがって、軍事予算は、その手段さえあれば、遅延された利益を目指してどんなものにも投資されうるのであり、それはいわゆる基礎的な学術研究、人文学でも文学理論でも哲学でもよいのである。哲学部――〔『諸学部の争い』によれば〕この学部はこうしたすべての分野を覆うとされ、カントが考えたのは、それが一切の有用化となんらかの権力の命令が及ぶ外にいたままで真理の探究にいそしむことができるということであった――はもはやその自律性を主張することができない。哲学部でなされていることは、つねになにかに奉仕しうるものなのである。もしそれが一見その成果やその所産において役に立たないままであったとしても、それは、さもなければ別のところにみずからのエネルギーを注ぐこともできたであろう、言説の達人、修辞学や論理学や哲学の専門家を雇い、当の仕事に就かせることで役立ちうるのである。さらに言えば、いくつかの状況ではこのことによって、贅沢や無償というイデオロギー的なおまけが、場合によってはそうしたものに奮発することもできる社会に対して保証されうるのである。加えて、研究の偶発的な帰結を考慮に入れることで、たとえば哲学であれ人文学であれ、一見無用にみえる研究から生じうるなんらかの恩恵をつねに視野に入れておくことが可能になる。諸学問の歴史から促されることは、こうした偶発的な余白を、研究の中心を担う計算のなかに組み込んでおくことなのである。かくして財源の付与、支援の分量、予算配分が調整されることになる。国家権力やそれが代表している勢力は、とくに西側諸国では、もはやなんらかの研究を禁止したりいくつかの言説を検閲したりする必要がない。研究のための財源や、生産、伝達、普及に必要な支援を制限すれば充分だからである。こうした広義の新たな「検閲」の機構はいまや遍在しており、たとえば、大学のあらゆる問題設定と場所論が君主による検閲の行使をめぐって組織されていたカントの時代よりもはるかに複雑になっている。今日の西洋民主主義諸国ではこうした検閲の形態はほぼ完全に消滅した。禁止をもたらす諸制約がやってくる経路は多種多様であり、脱中心化されており、ひとつのシステムに集約することは困難である。ある言説を受け容れないこと、ある研究に研究資格を認めないこと、ある教育を非正統化すること、こうしたことはもろもろの評価書や評価活動によって宣告される。そうした評価そのものを主題とした研究こそ私には、アカデミックな責任の行使と尊厳にとってもっとも不可欠な課題のひとつであるように思われる。大学そのもののなかでは、一見大学外の権力（出版、財団、マスメディア）がもっとも決定的な仕方でつねに干渉してくる。大学出版は、とりわけ合衆国では、大学にもっとも重大な責任を課す媒介的な役割を果たしている。というのも、そもそも学問の諸規準は、原則的に大学という同業者団体の成員が代表しているが、これは学問とは別の他の多くの合目的性と妥協しなければならないものだからである。偶発的な余白を縮小しなければならないことで生じる予算上の制約は、直接的な収益性のない諸学科や諸分野に悪影響をもたらす。そしてこのことで当の専門の内部に惹き起こされてしまうのは、いくつかの結果は当の因果関係――こちらはこちらでつねに広範に重層規定されているが——とはもはや直接に関係のないように思われる、あらゆる種類の効果である。こうした偶発的な余白から生じる規定は揺れ動いており、当の社会が全世界と取り結ぶ関係のなかで置かれたその技術‐経済的状況につねに左右されることになる。たとえば（といっても他に数あるなかの一例ではないが）、合衆国では経済的な調整により、なかでも私立の財団を通じてなんらかの剰余価値が、一見ないし直接収益を生まないように思われる研究や創作を支援する仕組みがあるということは言うまでもなく、周知のように、軍事プログラム、とりわけ海軍のプログラムはきわめて合理的に、いくつもの言語学的、記号論的、人類学的な調査に資金援助をしている。しかもこれらの調査には、歴史学、解釈学、法学、政治学、精神分析との関連がないわけではない。

　情報ないし情報化の概念が、ここでのもっとも一般的な操作概念である。それは基礎的なものを合目的化されたものに、純粋理性的なものを技術的なものに統合し、かくして形而上学と技術の〔アリストテレス以来の〕あの相互帰属を証言している。「形態」の価値——そこに含まれているのは、何を見るべきで何を為すべきかということであり、こうして当の見ることによって見なければならず、当の為すことによって為さねばならないのである——はそうしたことと無縁ではないが、この困難な点はここでは措く。ハイデガーは『根拠律』において「情報《インフォメーション》」（これは英語で理解し発音される。ハイデガーによれば、時代はアメリカとロシアが、技術としての形而上学を担う対称的かつ同質の二つの大陸として背中合わせになった時代なのだ）の概念を、汎通的な計算可能性の原理としての根拠律に従属するものとして位置づけている。「不確定性原理」でさえ、代理表象および主観‐客観関係の問題構制のなかを動き続けている（そしてハイデガーならば「決定不可能性」のある種の解釈についても同じことを言うだろう）。かくしてハイデガーはこの時代を「原子力時代」と呼び、ノーベル賞受賞者オットー・ハーンと当時の国防大臣フランツ・ヨーゼフ・シュトラウスが序文を寄せた『私たちは原子力のおかげで生きている』[8]と題された通俗書を引用している。情報が確信させるのは計算による確信《アシュランス》であり、確信の計算である。そこに根拠律の時代が認められるのである。ハイデガーが喚起しているように、ライプニッツは生命保険《アシュランス》の発明者としても知られている。ハイデガーによれば、情報という形態をとって（in der Gestalt der Information）私たちの表象作用（Vorstellen）全体を支配し、原子力エネルギーの配送にすべてが依存するようなひとつの時代を規定している。ここで配送と言われるのは、ドイツ語の Zustellung であり、ハイデガーが注意を促しているように、郵便配達にもあてはまる言葉である。これは、技術的近代を特徴づけている Gestell〔集立〕の語系列、すなわち、Stellen〔立てること〕の集合（Vorstellen〔前に立てる〕、Nachstellen〔追いかける〕、Zustellen〔送達する〕、Sicherstellen〔確保する〕）に属している。情報とはもろもろの知らせを蓄積し、アーカイヴ化し、伝達することであり、それももっとも経済的に、もっとも迅速に、もっとも明確に（一義的に〔eindeutig〕）伝達することである。それは人間に、彼の必要（ta khreia）に応ずるものを確保する（Sicherstellen）ことについての知識を与えなければならない。コンピュータ、データバンク、人工知能、翻訳機械といったテクノロジーは、計算可能な言語をこのように道具として規定することのうえに構築されている。情報〔information〕はまた、たんに情報内容を配送することで通知するだけではなく、同時に形式を付与する（in-formiert, formiert zugleich）ものである。それは人間をひとつの形態のなかに据え置く。すなわちそれによって人間は、地球上およびその彼方にまで及ぶ支配力を確保できるようになるのである。以上すべてが、根拠律の効果として、より厳密には、根拠律についてのひとつの支配的な解釈の効果、つまり、その呼びかけに私たちが耳を傾けるさいの一定のアクセントづけの効果として思索されなければならないということになる[16]。しかしすでに述べたように、ここではこうしたアクセントの問題を扱っているわけにはいかない。それは今回の私の話題ではない。

では、私の話題とは何なのか。以上のような事柄を私が述べてきたのは何を目指してのことだろうか。とりわけ私の念頭にあったのは、大学のなかで、もしくは大学の前で、大学の一員であろうがなかろうが、ひとつの応答責任を目醒めさせ、位置づけ直すということである。

今日、言語のこうした情報的および道具的な価値を分析する人々は、必然的に、このようにして解釈された根拠律の限界そのものに導かれることになる。彼らはあれこれのさまざまな分野でそうなることがありうる。しかしたとえば文学的模像《シミュラクル》やフィクションの諸構造、言語の詩的で非情報的な価値、決定不可能性の諸効果といったものに働きかける場合であっても、彼らはまさにそのこと自体によって、根拠律の権威と権能の諸限界に浮上してくる諸可能性に関心をもつようになるのである。彼らはそのことによって、大学が情報化テクノロジーに全面的に服従する事態を前にした新たな応答責任を明確化しようと試みることができる。もちろんこうしたテクノロジーを拒否することが必要なのではない。また言語の道具的次元となにか前道具的（「本来的」で固有に「詩的な」）根源との対立をあまりに性急に、またあまりに単純に信任することが必要なのでもない。ずっと以前、別の機会でのことだが、しばしば私が論証しようと試みたのは、こうした対立がその妥当性のなかで制限されたままになっており、そうしたものとしておそらくはハイデガーの問いかけそのもののなかでも存続しているということであった。なにものも絶対に技術的な道具化に先立つものはない。したがって必要なのは、こうした道具化に対してなんらかの蒙昧主義的非合理主義〔非根拠主義〕を対置することではない。そもそも非合理主義は、ニヒリズムと同様に、根拠律の対称物にすぎず、それゆえ根拠律に依存した立場である。非合理主義としての法外なものの主題を扱うにはいくつもの明瞭な指標が存在するが、この主題は、根拠律〔充足理由律〕が定式化された時代にまでさかのぼる。ライプニッツ自身が『人間知性新論』で非合理主義を糾弾している。このように新たな問いを提起することは、これまでつねにテクノロジー化に抗してきた哲学と人文学のなにかを擁護することでありうるし、また根拠律よりもはるかに古く埋もれてしまったものの記憶を保持することでもありうる。しかし私がここで訴えている態度は、「人文学」や実証科学の幾人かの信奉者たちにとってはしばしば脅威と感じ取られてしまうことがある。この態度がそのように解釈されてしまうのは、たいていは自身の制度や職業倫理の歴史およびその固有の規範性をこれまで理解しようとしたためしがない人々によってである。彼らは、みずからの学科がとりわけその近代の職業形態において、一九世紀初頭以来、根拠律によって張りめぐらされた高度な監視のもとでいかにして成立したのかということを分かろうとしないのである。というのも、根拠律そのものの蒙昧主義的およびニヒリズム的な諸効果もありうるからだ。そうした諸効果は、ヨーロッパやアメリカのほとんどいたるところでみてとれるが、哲学、文学、人文学を擁護していると信じている人々のなかにもある。彼らはそうした擁護を、いま述べたような新たな問いかけの様態に反対して主張するのだが、実際にはこの新たな問いの様態もまた、言語と伝統にかかわるもうひとつの関係であり、ひとつの新たな肯定であり、みずからの応答責任を引き受けることの新たな仕方なのである。偉大な教授や威厳ある制度の代表者たちがときおり完全に節度と抑制を失ってしまうことがあるという場合に、蒙昧主義とニヒリズムが潜伏しているのはいったいどちらの側なのかは明らかだ。彼らはそのさい自分たちの仕事ではみずから擁護していると称する諸規則を忘れ、自分たちが明らかに繙いたことのないテクストや、普段は軽蔑して見ないふりをしているような粗悪なジャーナリズムで接したテクストについて突然罵詈雑言を浴びせかけ、好き勝手に言い始めるのである。[17]

私が語っているこの新たな責任については、それに応答するよう訴えることでしか語ることができない。それは、ある「思考の共同体」がとる責任となるだろうし、この共同体にとって基礎研究と合目的化された研究との境界はもはや確かではなくなるだろうし、ともかくもはや以前と同じ条件のもとにはないだろう。私がここで広義の（at large）思考の共同体と呼び、研究や科学や哲学の共同体と呼ばないのは、後者の諸学問の価値が往々にして根拠律の問われざる権威に服してしまうからである。ところで根拠＝理性とは思考の一種にすぎないからといって、思考が「非合理的」だということにはならない。そうした思考の共同体は、根拠と根拠律の本質、基礎的なもの、原理的なもの、根底的なもの、アルケー一般といった諸価値そのものを問い質すのであり、またそうした問いかけからすべての可能な帰結を引き出そうと試みるのである。そのような思考が、語の伝統的な意味での共同体をまとめたり、制度を創設したりしうるのかは定かではない。むしろこの思考は、共同体や制度と名づけられているものをも再‐考しなければならない。それはまた、合目的化する根拠＝理性のあらゆる計略を明るみに出さなければならない。というのも、そうした計略のさまざまな行程によって一見利害関係のないようにみえる研究があらゆる種類のプログラムによって間接的に再我有化され、再包囲されたものになりうるからである。このことは、だからといって合目的化がそれ自体として悪であるとか、ただちにそれと闘わねばならないとかということではない。それどころかその反対である。私はむしろ、そうしたもろもろの合目的性を評価し、可能ならばそれらすべて目的のなかから選択することもできるように、新たな諸分析を準備することになる新たな組織編成が必要であるということを明確にしておきたい。

フランス政府は昨年〈国際哲学コレージュ〉[18]の創立を目指して、幾人かの同僚と私自身に対して報告書の作成を求めてきた。私はこの報告書のなかで、私がここでの文脈において「思考」と呼んでいるもの——技術にも科学にも哲学にも還元されないもの——の次元が充分に強調されるべきだということを力説しておいた。この国際コレージュは、たんに哲学の学校ではなく、哲学についての問いかけの場になるだろう。またそれはたんに、フランスや諸外国の制度において今日まだ存在を認知されていなかったり充分に展開されていなかったりする諸研究、しかもそれらのいくつかはいわゆる「基礎」研究でありうるような諸研究に開かれているというだけではないだろう。さらにもう一段階先がある。そこでは基礎的なものの審級、それと合目的化との対立、あらゆる領野における合目的化の計略についての作業の意義がいずれも認められることになるだろう。先に触れた私のセミネールと同様、この報告書は、そのような企てのさまざまな政治的、倫理的、法的帰結に取り組んでいる。とはいえそれについては、あなたがたをあまりに長々と引き止めてしまわないよう、ここではこれぐらいにしておきたい。

こうした新たな応答責任は、たんにアカデミックな責任ではありえない。それがかくも引き受け困難で、不安定かつ脅かされた責任にとどまっているのは、この責任が、伝統の生ける記憶を保持すると同時にひとつのプログラムを超えて、未来と呼ばれるものへと開かれていなければならないからである。また科学と研究の制度にかんしてこの責任から鼓舞された言説、著作、態度決定は、もはやたんに知識社会学をはじめ社会学一般や政治学に属するものではない。これらの分野は、なるほど今日かつてないほどに必要なものとなっている。私はおよそそれらを無効化しようなどとは思っていない。しかしそれらの概念装置、公理系、方法論がいかなるものであれ（マルクス主義的であれ新《ネオ》マルクス主義的であれ、ヴェーバー的であれ新《ネオ》ヴェーバー主義的であれ、マンハイム的であれ、それらのどれでもないものであれどっちつかずのものであれ、等々）、それらは、自身のうちで根拠律に基づき続けているもの、それゆえ近代的大学の本質的な基礎に基づき続けているものにけっして手をつけることはない。それらは客観性や客観化の価値をはじめとして、みずからの言説を規整し権威づけている科学的規範性そのものにけっして問いかけることがない。それらの科学的価値はおそらく大きなものだろうが、たとえそれらの価値がどうであろうと、これらの制度の社会学は、そうした問いかけを欠いているという意味で依然として大学内部的なものにとどまっており、みずからが分析すると称する空間の根深い諸規範、さらにはその諸プログラムによって管理＝制御され続けているのである。そのことはとりわけ、それらが尊重し続けているレトリック、作法、論述と論証の諸様式において認められる。それゆえ私は次のようにさえ言うだろう。すなわち、マルクスとフロイトの言説を含め、マルクス主義と精神分析の言説は、科学的実践の企図と根拠律によって規範化されているかぎりにおいて大学内的なものであり、いずれにせよ、結局は大学を支配している言説に対して同質的なものにとどまっている、と。それらの言説が大学外の専門家によって担われることもあるが、だからといって本質的にはなにも変わらない。そこからある程度説明されるのは、彼らが革命的であることを自称するときでさえ、彼らの言説のいくつかは大学のもっとも保守的な勢力すら脅かすことがないということである。理解されていようがいまいが、それらは、当の制度――そのレトリック、作法、手続き――の根本的な公理系および義務論を脅かすことがないというだけで充分なのである。アカデミーの風景は、それらの言説をいとも簡単にみずからの組織体制《エコノミー》や生態環境《エコロジー》のうちに受け入れてしまうが、しかし当の風景が大学のこうした基礎や基礎でないものに見合った問いを提起する人々の存在をたんに排除しない場合でも、それ以上に恐れを抱くのは、ときおりマルクス主義、精神分析、諸科学、哲学、人文学に対しても同じ問いを投げかける人々を受け入れる場合である。重要なのはたんに、根拠律に従って――ここでは私もそうしているが――定式化すべき問いだけではなく、もろもろの著述様式《エクリチュール》、教育の舞台、討論を進める手続き、言語や他の諸分野への関連、制度一般やその内外への関連を結果的に変革すべく準備することである。思い切ってこの道に踏み入れようとする者は、根拠律に反対する必要もなければ、「非合理主義」に与する必要もないように思われる。彼らは内部にあって、大学の記憶と伝統とともに、専門職上の運用能力と厳密さの命法を引き受け続けることができる。そこには二重の身ぶり、二重の要求が存在する。すなわち、大学の職業的能力ともっとも真摯な伝統とを引き受けること、それと同時に、大学を基礎づけているものについてのもっとも深淵状の思考のなかで、理論的かつ実践的に可能なかぎり遠くまで赴き、「コーネル的な」風景――高陵と橋の上のキャンパス、また必要なら、深淵を上方で取り囲む柵も付け加えよう――のすべてを思考するにいたること、この二つのことである。この二重の身ぶりこそ、どの国の大学人にとっても位置づけがたく、それゆえ支持しがたいものに思われる。というのも彼らは、新たな応答責任を呼びかける人々のなかにある「プロフェッショナリズム〔専門職主義〕」と「反プロフェッショナリズム」とを同時に糾弾しながら、あらゆる手段を講じてそうした二重の身ぶりをあらかじめ排除ないし検閲すべく結束を固めているからである。

ここで私は、危険を顧みずに、あなたがたの国で展開されている「プロフェッショナリズム」についての論争[9]を取り上げるつもりはない。それらの特徴は、少なくとも一定程度までは、アメリカの大学の歴史に固有のものである。しかし私は「専門職《プロフェッション》」というこの一般的な主題で締めくくることにしたい。私が先ほどから述べてきたことと反対のことを言うおそれはあるけれども、もう一方の性急さに陥らないよう警戒を促しておきたい。というのも、私が位置づけようとしている応答責任は単純なものではありえず、多数多様な場所、それ自体が差異を孕んだトポス、揺れ動く諸要請、一種の戦略的リズムといったものを含み込んでいるからである。すでに告げたように、私はただある種のリズムについてのみ、たとえば瞬きのリズムについてのみ語ることにしたい。そして危険に対しては危険を、深淵に対しては柵を、柵に対しては深淵を、要するに一方を他方とともに、一方を他方のもとで、双方を一緒に働かせてみることだけを試みることにしたい。

技術的合目的性を超えて、さらには技術的合目的性と根拠律〔充足理由律〕との対立そのものを超えて、そして技術と形而上学との類縁性を超えて私がここで「思考」と呼んだものはそれ自体、なんらかの状況で利益関係をもつような社会的‐政治的勢力によってふたたび我有化されるという危険がある（とはいえ、この危険は不可避的だと思われる——それは未来そのものに属する危険なのだ）。実際そのような「思考」はなんらかの歴史的、技術‐経済的、政治‐制度的、言語的な諸条件の外では産み出されえない。それゆえ、可能なかぎり警戒を怠らない戦略的分析は、眼を大きく見開いたまま、そうした再我有化を未然に防ぐように努めなければならないのである。時間が許せば私はこの点に、ハイデガーの思考の「政治」——とりわけ『根拠律』以前の、たとえば一九二九年〔「形而上学とは何か」〕、三三年〔「ドイツ大学の自己主張」〕の二つの就任講演における「政治」――についてのいくつかの問いを位置づけることもできたであろう。

そういうわけで「専門職《プロフェッション》」の二重の問いについては、私は次の二つに論点を絞りたい。（1）大学の本質的使命は、ときおり大学外的なものでもありうる職業的諸能力の生産にあるのか。（2）大学はそれ自体において、一定のコードを尊重しつつ教育と研究に携わる教授を養成することで職業的能力の再生産を確保すべきなのか。そうだとすれば、それはいったいいかなる条件においてなのか。たしかにひとは、第一の問いに答えず第二の問いにのみ「然り」と答えることで、大学外の社会的労働市場とその合目的性の外で、大学内の専門職業的な諸形式と諸価値をのみ維持しようとすることもできる。しかし私たちの語っている「思考」の新たな責任は、こうした二つの問いの意味での大学の専門職業化に対して少なくともある留保の動き、さらには拒否の動きをさえ伴わないではいない。とりわけ第一の問いの意味での大学の専門職業化、つまり大学生活を、労働市場の需要や供給にそくして秩序づけたり、また純粋に技術的な職業能力の理想にそくして規制することに対してはいっそう留保を加えないわけにはいかない。少なくともこのかぎりで、そうした「思考」は、ごく伝統的な知の政治を再生産するという効果を最低限もちうるのである。ただしその効果は、技術的‐政治的な権力行使における社会的な階層秩序《ヒエラルキー》の効果でもありうる。こうした「思考」がこの政治と同一であるとか、したがってそれを慎まなければならないとか、私はそういうことを言っているのではない。そうではなく、私が言っているのは、その「思考」がいくつかの諸条件下では当の政治に役立つこともありうるということである。したがって結局のところ、すべてはこの諸条件の分析によるのである。近代では、カント、シェリング、ニーチェ、ハイデガー、その他多くの者が皆、次のことを曖昧さの余地なく断言してきた。すなわち、アカデミックな責任の本質は、専門的職業人の養成にあるべきではない、と（そしてカントによれば、大学の本質をなすアカデミックな自律性＝自治の純粋な核は哲学部に位置づけられることになる）。このような肯定は、形而上学、要するにアリストテレスの『形而上学』によって階層化された根深い政治的評価を反復するものではないだろうか。私たちがこの講演のはじめに読んだ箇所のすぐあとで（『形而上学』981b-）[19]、ひとつの理論‐政治的な階層秩序が出てくるのがわかる。頂点にあるのは理論的な知である。すなわち、それは効用のために探求されるわけではない。つねに原因と原理の知であるこの知の保有者は、作業仲間の長ないし棟梁（arkhitekton）であり、火が燃えるがごとき仕方でなにも知らず淡々と行為する職人（kheirotekhtôn）よりも上位とされるのである。ところでこの理論的棟梁、「実践的」熟練を必要としないこの原因の認識者は、本質的に教師である。諸原因を認識し、理性ないしロゴスを有する（to logon ekhein）ということに加え、この者は「教えることができる能力（to dunasthai didaskein）」というしるし（semeion）によって識別されるのである。それは、教えることであると同時に、職人たちの経験的労働を指揮し、先導し、組織することである。したがって、この理論家‐教師、この「建築家（architecte）」が棟梁なのは、彼がアルケー（arkhè）の側、始まり《コマンスマン》と指令《コマンドマン》の側にいる者だからである。彼が指令を出す――第一の者ないし王者である――のは、事象の諸原因と諸原理、「なぜ」と、したがってまた「何のために／何を目指して」を認識しているからである。なによりも先立って〔その名称以前に〕、また他の誰よりも先に、彼は第一原理、諸原理の原理たる根拠律に応答する。だからこそ、彼は命令を受け取る必要がなく、反対に彼こそが命令し、指図し、法をつくるのである（982a18）。そしてこのような最高の学知が、まさにその無用さゆえに付与する権力とともに、余暇をとることの可能な場（topoi）や地域で発達するということはもっともなことである。かくしてアリストテレスは記している。数学的技術がエジプトで発達したのは、祭司階級（to tôn ierеôn ethnos）、すなわち聖職者たちに余暇が与えられていたからである、と。

カント、シェリング、ニーチェ、ハイデガーは、前近代的大学であれ近代的大学であれ、大学について語ることで、アリストテレスとまったく同じことを言っているわけではないし、彼ら自身が皆互いにまったく同じことを言っているわけでもない。にもかかわらず、彼らは同じことを言ってもいる。カントは、大学のなかに工場の分業モデルを認めているにもかかわらず、いわゆる「下級」学部たる哲学部――純粋理性的な知の場、真理が管理＝制御や「有用性」への顧慮なしに表明されねばならない場、そして大学の意味そのものと自律性〔自治〕とが集約される場――を、専門職業人の養成のうえに、かつその外に置く。すなわち、純粋理性の建築術的図式は、技術的な図式のうえに、かつその外にあるのである。ニーチェは「われわれの教育施設の将来について[20]」という講演のなかで、諸学問における分業、国家に奉仕するための功利的でジャーナリスティックな文化教育、大学の専門職業的な合目的化を非難している。教養の領域で多くの行為（tun）がなされればなされるほど、それだけいっそう多くの思考（denken）がなされねばならない。また「ひとはたんに立場をもつばかりでなく、思想ももたなければならない！（Man muß nicht nur Standpunkte, sondern auch Gedanken haben!）」（第一講[21]）。ハイデガーにかんしては、彼は一九二九年に（大学就職講演「形而上学とは何か[22]」で）大学のいよいよ技術的になってゆく組織編成と隔絶した専門分化とを嘆いている。そしてその総長就任講演において、すなわち、彼がまさしく三つの奉仕（Arbeitsdienst〔勤労奉仕〕、Wehrdienst〔国防奉仕〕、Wissendienst〔学術奉仕〕）に訴え、これらの奉仕が等根源的で同格のものであることを喚起した（またその直前で彼は、ギリシア人にとってテオーリア〔観想〕がプラクシス〔実践〕の最高の形式であり、すぐれてエネルゲイア〔現実態〕の様式にほかならないことを喚起していた）そのときにおいてさえ、なおもハイデガーは、学問分野相互の隔絶と「外面的職業訓練の退廃と不純さ（Das Müßige und Unechte äußerlicher Berufsabrichtung）[23]」とを非難しているのである。

「有用な」諸プログラムと専門職業的な合目的性から大学を守ろうとしながら、望むと望まざるとにかかわらず、見えざる合目的性に奉仕し、同業者の階級的ないし職階的な諸権力を再構成してしまうということはつねにありうることである。私たちはひとつの仮借なき政治的地勢図のなかにいる。すなわち、深化や根底化を目指して、さらには深層のもの、根底的なもの、原理的なもの、アルケー〔始源＝支配〕といったものを越えて一歩踏み出すごとに、また一種独特の無‐根拠《アナーキー》にむかってもう一歩踏み出すごとに、階層秩序《ヒエラルキー》を生産ないし再生産する危険を冒すことになるのである。先に述べた「思考」とは、根拠律と根拠律の彼方、アルケーと無‐根拠《アナーキー》とを同時に要求するのである。ほんの一息、アクセントの違いしかないこれらの両者のあいだで、この「思考」を実際に作動させることのみが決定を下すことを可能にするのである。ここでの決定はつねに危険を孕んでおり、つねに最悪の決定となるおそれがある。しかしこの危険を制度的プログラムによって消し去ろうとすることは、およそ未来に対してをみずからを閉ざすことにしかならない。思考の決定は、たんなる大学内の出来事、アカデミックな一契機ではありえないからである。

これらすべてのことはひとつの政治を定めるものではないし、ましてやひとつの応答責任を定めるものですらない。せいぜいがなんらかの消極的な諸条件、カントが『諸学部の争い』で言うような「消極的知恵」を明確化するにすぎない。すなわち、新たな啓蒙《アウフクレールング》のための予備的な注意事項や警戒の基本要件《プロトコル》にすぎない。これは、この〔啓蒙＝光という〕古くからの問題系を現代に再検討するさいに眼を向けておかねばならず、また視野に入れておかねばならない当のものである。深淵と峡谷に注意すること。しかしまた橋や「柵」にも注意すること。大学を外部や「無底」にむけて開くものに注意するのみならず、大学をそれ自体のうえに閉鎖し、囲い＝閉域の幻想をしかつくり出さないようなもの、また大学をなんらかの利害関係に委ねてしまったり、逆に大学をまったく無用にしてしまったりするようなもの、そうしたものにも注意しなければならない。合目的性に注意すること、しかし合目的性を欠いた大学とはいったい何だろうか。

中世の形態にせよ近代の形態にせよ、かつて大学が、絶対的自律性〔自治〕とその統一性の厳密な諸条件をそなえていたことなどなかった。「大学」とは、この八世紀以上ものあいだ、私たちの社会が一種の代補的身体〔義肢〕に与えた名であったことになるだろう。すなわちこの補足物を、社会はみずからの外に投げ出そうとしながら、それと同時に汲々とそのうちに手放さないようにしてきたのであり、解放すると同時に管理しようとしてきたのである。大学は、この二重の名目で社会を代理＝表現するとみなされてきたし、実際にある仕方でそうしてもきた。大学は、社会のもろもろの舞台背景、眺め、争い、矛盾、戯れ、差異を再生産し、またひとつの統合体のうちに有機的集約の欲望を再現してきたのである。実際「近代的」大学論では、有機体論的言語が「技術－産業的」言語につねに結びついていたのであった。しかしこの大学という人工物が、技術的装置、さらには機械および補綴《プロテーズ》的身体のような相対的自律性をもって社会を反映してきたのは、もっぱら社会に反省《レフレクシオン》のチャンスを、すなわち解体《ディソシアシオン》〔脱社会化〕のチャンスを与えることによってであった。ここで反省の時間というのは、大学という装置の内的リズムが社会的時間から相対的に独立しており、それが、外からの権威的指令の緊急性を緩和したり、そうした指令に対して大いなる貴重な戯れの自由を確保したりするのだといったことだけではない。それはチャンスのための空虚な場であり、いわば内ポケットのごとき陥没作用のことなのだ。反省の時間とは、〔réflexion という〕この語のあらゆる意味〔反射＝反映＝反省〕での当の諸条件そのものにまで立ち戻るというチャンスでもあり、それはあたかも、新たな視覚装置の助けによってついには見ること自体が見えるようになる――つまり、ただ自然の風景や街や橋や深淵だけでなく、見ること自体に「観入」できるようになるかのようなのだ。それはまた、聴覚装置を通じて聴くこと自体を「聴く＝理解する」こと、言い換えれば、聴こえないものを一種の詩的な電話《テレフォニー》〔遠隔音声〕術によってとらえることのようでもある。したがって反省の時間とは、言わばもうひとつの時間、みずからが反省するものとは異質の時間なのであり、おそらくはそれが、思考を呼びかけるとともに思考と呼ばれるものにとっての時間を与えるのである。反省の時間とは、次のような出来事のチャンス、すなわち大学のなかで生じながら、それが大学の歴史に属するのかどうかは誰もわからない、そうした出来事のためのチャンスである。それはまた短く逆説的でもありうる。それはちょうどキルケゴールの語っている〈瞬間〉のように、時間そのものを引き裂いてしまうかもしれない。キルケゴールは、大学とは無縁で敵対的でさえある思想家の一人だったが、大学の本質にかんしてアカデミックな反省そのものよりもしばしば多くのことを私たちに考えさせてくれる。この出来事のチャンスは、瞬間のチャンス、Augenblick、すなわち目配せの一瞬、瞬く間のチャンス、「ウインク」や「まばたき《ブリンク》」のチャンスであり、それが生じるのは「瞬く間に〔in the blnik of an eye〕」、あるいはむしろ「黄昏時に〔in the twilight of an eye〕」と言うべきかもしれない。というのも、まさに西洋〔Abendland 夕暮れの国〕の大学というもっとも没落間近で夕暮れ時に置かれた状況においてこそ、思考の「ひらめく〔twinkling〕」チャンスは増幅されるからである。いわゆる「危機」の時代、凋落か再生かが問われている時代、そうして制度の「調子が狂ってしまった〔on the blink〕」ときに、思考することへの挑発が同じ瞬間に取り集めることになるのは、記憶しようとする欲望と未来へと曝け出す露呈、さらには未来のチャンスをも見張るほど充分に忠実な守衛の忠誠、言い換えれば、そうした守衛が所有することのないもの、いまだ存在してもいないものへの特異な応答責任といったものである。それは、守護のもとにもそのまなざしのもとにもない責任だ。にもかかわらず、記憶を保持するとともにチャンスをも見守るということ、そんなことがはたして可能なのだろうか。いかにしてひとは所有していないもの、まだ存在していないものに責任がある〔comptable〕と感じることができるのだろうか。しかし、そもそも自分たちに属していないもの、未来のように他者に属しかつ他者に帰着するもの、そうしたものでなければ、それ以外の何に対して応答責任がある〔respobsable〕などと感じられるというのだろうか。そうしたチャンスは守護されるものなのだろうか。むしろそれは、チャンスという言葉〔の語源であるラテン語の cadere：落下〕が暗示しているように、転落、さらには凋落の危険や出来事、あるいは「峡谷〔gorge〕」の底で待ち受けている最後の時《エシャンス》のことではないだろうか。私にはわからない。記憶とチャンスを同時に見守ることが可能なのかどうか、私にはわからない。むしろ私は、それらの一方は、他方なしには、また他方を見守ることなしには、そして他方から出発して見守ることなしには見守られることはないと考えてみたくなる。しかもそれぞれに異なる仕方で見守るのである。この二重の見守りは、当の応答責任として、大学の奇妙な運命に、またその法、その存在理由、その真理に割り当てられることになるだろう。最後にもう一度、あえて語源学的な目配せをしてみよう。真理（truth）とは、見守りかつ見守られるものである。私の念頭にあるのは〔ドイツ語の〕Wahrheit（真理）、Wahrheit 自体の Wahren（守ること）、そして〔ラテン語の〕veritas（真理）である。この語は名として、アメリカの多くの大学の校章に記載されている。真理は守衛たちを任命し、彼らが真理を誠実に（truthfully）見張るよう要求するのである。

最後に念のために、私の劈頭《インキピット》の言葉、はじめに私が提起していた唯一の問いをあなたがたに思い出していただくことにしたい。それは「今日、大学について、いかにして語らないか」という問いであった。私はそのことを述べたことになるだろうか。あるいはそうしたことになるのだろうか。つまり今日、大学についていかにして語るべきではないかを私は述べたことになるのだろうか。あるいは今日、大学のなかで、私がそうすべきではないような仕方で私は語ってしまったことになるのだろうか。

他者のみがこれらの問いに答えることができるだろう。ほかでもない、あなたがたをはじめとした他者のみが。

（宮﨑裕助訳）

哲学を讃えて〔1〕

今日、研究〔・科学技術省〕大臣ジャン＝ピエール・シュヴェーヌマンの取り組みによって、いつもならひっそりとした厳密科学や社会・人文科学の世界がかき乱されている。この「〔改革の〕作業現場」から、良かれ悪しかれ、いったい何がでてくるのか、まだわからない。論議、計画、対抗する計画、論争、議論は進行中である。しかしながら、ひとつだけ明らかなことがある。それは、哲学がまったく忘れ去られているということだ。もっとも、これまでの政府の（悪意ある）思惑に対して巻き起こった「哲学論争」や、哲学に関する論議は記憶に新しい〔1〕。立ち上がった哲学者たちは一九七九年六月に哲学の全国三部会を開催したが、そのなかで、哲学とそれが代表しているものをたんに擁護するだけでなく、哲学教育を拡張すべきではないかという考えが生まれてきたのである。当時、社会党の面々は、はじめから「哲学を恐れる」人々に分類されていたわけではなく、哲学の全国三部会から生まれた諸提案に好意的に耳を傾けていた。フランソワ・ミッテラン自身、選挙前は、社会党が政権の座に就いた暁には、哲学教育は「維持され発展させられるだろう」と保証していた。今日、社会党は政権の座にいる。彼らの約束はどうなったのだろうか。

国民教育省大臣のアラン・サヴァリは、同僚である研究省大臣とは逆に、沈黙を守っている。私たちは、GREPH《グレフ》を主導し、絶えず「哲学のための」闘争の最前線に立ってきたジャック・デリダに寄稿を要請した。彼の発言なら、傾聴すべき呼びかけとして鳴り響いてくれるかもしれない。

GREPHの提案

GREPH《グレフ》（哲学教育に関する研究グループ）は、共和国大統領の約束が、原則的な決定によって保証され、実行されることを提案する。すなわち、可能な限り早い期日で、哲学教育が高校《リセ》の最終学年のあらゆるセクションにおいて維持されるだけでなく、一年生の段階から導入されることを要望する。そのための期日と措置が決定されれば、作業のためにすべての関係者が参集することになる。そしてとりわけ、研究省がそれを奨励し、正式にその諸条件を有利なものに変えていくことを前提に、実験的な試みに特化したいくつかのモデル校に限らず、実施可能であり要望がある場所ならどこででも、さまざまな実験が重ねられていくことになる。GREPHはまた次のように提案する——だが、まさにこれらこそあらゆる関係機関と議論すべき諸論点なのである。一方で、哲学が、広く世に認められた従来の教科の形で、哲学に固有の要請や古典的な規範とともに、高校一年生から導入されることを求める。たとえば、週に二時間のペースで、他のあらゆる主要な教科に認められているのと同じ条件で〔授業を行なう〕。哲学教師はそこで、人々が口をそろえて、厳密な意味で、「制度的〔学校的〕な哲学」と呼ぶものを教えることになるでしょう。しかしながら他方で、他の教科の代表者たちの同意を得たうえで、これまでにない形で、教育分野の現在の分類にまだほとんど、あるいはうまく組み込まれていない新たな内容に関して、何がしかのことが実践され教えられなければならない。その教育実践は、可能であればカリキュラムの外で、共同作業による創意工夫や刷新の感覚を最大限に発揮しながら、哲学の限界上で展開される思考に似た何かとなる。切り開かれるべきこの空間において、哲学者たちと哲学（もっとも広く、もっとも新しい意味での）は自分たちなりの、支配的でない役割を全体のうちに占め、あらゆる教員や生徒の役に立つものとなるであろう。そのためには、学校の内外において、システムと習俗を根底から鋳直す必要がある。

J・デリダ

こういった問いの総体に関しては、『誰が哲学を恐れるのか』と『哲学の全国三部会』（いずれも、フラマリオン社「領域《シャン》」叢書）を参照されたい。

リベラシオン紙――〔選挙前の約束がまだ果たされておらず〕もう一度、フランソワ・ミッテランは哲学教育の拡張という問題に取り組むことになりそうですね。ところで、このテーマは、あなたにとって、哲学の全国三部会以来、切迫した問題となっています。

ジャック・デリダ〔以下J・D〕――実を言えば、一九七五年の初頭以来、このテーマは私たちにとって、（技術的、教育的、そのうえ同業組合的であるような）個別的な要求をはるかに超えたものであり、まったく別のものであったのです。こうした改革は、中等教育の前と後、教育の内と外で、あらゆるものを変えずにはおかないでしょう。〔哲学という〕教科を、ましてや、まったく同じ教科（同じ内容、同じ方法、等々）を同一の条件に即して普及させようというわけではありません。私たちの取り組みは教育システム全体が社会との関係において深く変容を遂げるか否かにかかっています。ですから、十分に心得ていたことですが、私たちは当時、真の政治的変化について論じていたのです。また左派政権が誕生すれば、議論や闘争の空間が広がり、より好意的に受け入れられるでしょうが、抵抗勢力も依然として活発であり、さまざまな作業や闘争がなおも必要とされるだろうとはっきり自覚していました。この国の選挙権取得年齢に達した人々が真に対立し――あるいは一致している――テーマやプログラム、政治的規範《コード》がいろいろありますが、実際、私たちが今突き当たっているのは、それらよりさらに古く根深く、より執拗なものなのです。

リベラシオン――ですが、そうはいっても私たちはある政治的な変化を目撃しました。これらの変化は、いくつかの障害を消滅させうる性質のものでしょうか。

J・D――一見すると根本的な政治的障害は取り除かれましたし、形の上では消え去ったように思われます。私は解放の感情について、左翼政権の誕生が引き起こしたかもしれない大きな希望について、語っているだけではありません。とりわけ大学においてこのことを（強調しておかなければなりません）。第二次大戦以来、もっとも不吉な歴史的影響力をもった出来事のひとつに終止符を打つかもしれない――そうであればいいですね――事態について語っているだけでもありません。そうではなく、私はきわめて厳密に――これだけが私たちの対話の唯一のテーマなのですから――、フランソワ・ミッテランが大統領選挙のキャンペーン中におこなった公約のことを言っているのです。あの時期におこなわれたあらゆる公約同様、哲学教育に関する公約も政策の柱をなさなければなりません。正確に言えば、まず、〔一九八一年三月一五日に〕エヴリーでの演説で〔公共教育サーヴィスに関する〕十の提言があり、次いでGREPHに対して書簡（五月二七日の「ル・モンド」紙に掲載）が送られてきました。[2]書簡によれば、「哲学教育は維持され、発展させられなければならないでしょう」、「中等教育にまで拡張される可能性はあります」し、「後期過程〔高校〕の全コースにおいて必修として扱われねばならないでしょう」。これらの公約は、哲学の全国三部会の要求に厳密に呼応したものです。忘れさられたり無視されたままにしておくわけにはいきません。今日それを思い起こさせることが急務となっています。それらの問題は依然として残されているからです。

この領域で率先的な行動をとろうという兆しは研究省から少しもみえてきませんし、フランソワ・ミッテランの公約に対する公式の保証も皆無です。討論や研究計画、予備的な調査をおこなうという見通しすら伝えられてはいません。何も進んではいないのです。国家博士号資格授与のいくつかが（ソニエ＝セイテによって）[3]停止された大学では、〔左派政権誕生後も〕停止の効力が維持されたままですらあります。多くの教員・学生・生徒たちがそのような振る舞いに驚き、憤慨していることを私たちは証言できます。この夏から秋にかけて、GREPHは、先に述べた不可欠の準備作業にせめて参加させてほしいと繰り返し提案してきました。研究省、中央視学局、生徒の保護者、他の専門分野の代表者、組合や同業組合的な組織――たとえば、APP[4]（哲学教師協会）――といった利害関係をもつすべての人々がこの作業のために集わねばならないでしょう（ただし、この哲学教師協会は「唯一の代表的な協会」ではありませんし、彼らが先ごろ言い張ったように「三〇年以上にわたって哲学教育の拡張にその行動を捧げてきた」わけでもありません。その構成員のうちの幾人かは技術系コースにおける哲学教育の拡張を恐れてさえいると公言して憚らないのですから）。いずれにせよ、高校の最終学年の時間割調整にしか関わらないようないかなる政策も、私たちが議論し、その中でもがいているような諸問題に見合ったものではありえません。

リベラシオン――この技術系コースの問題は、あなたの目から見てきわめて重要なものでしょうか。

J・D――ええ、そして問題の所在を明らかにしてくれます。ここでは足早に触れることしかできませんが、先ほど言及したまさに歴史的な困難があるのです。なぜまさにこの領域においては、新たなマジョリティが、ほとんど変わらない言葉遣いで、自分たちが数十年間戦ってきたはずの政策を継続する愚を犯そうとするのでしょうか。昨日までの政権を支えてきた諸勢力が学校の内と外で哲学教育を制限しようと試みていたとき、彼らの懸念は、政治に直接関わる――政治という語の直に規範化《コード》された意味において――ある種の言説やテクスト、テーマを通じて、制御しえないある種の政治化をただたんに禁止したり抑圧したりすることではありませんでした。直接的に政治的なこの不安はおそらく、とりわけ六八年の後にある役割を演じたはずですし、その数多くの深刻な証拠を思い出すこともできるでしょう。ですが、とりわけ、市場の強力な制約、技術的・経済的な至上命令、ある種の概念があったのです。見方によっては、国内的・国際的競争における生産力という見かけ上の要請に即応しようというイデオロギーもしくはたんなる思想があっただけなのかもしれませんが。

この技術主義は生産主義でもあり、実証主義でもあり、結局のところ、これ以上に「自然」なものはありません。技術主義を支える哲学にとっては（それもまたひとつの哲学であり、ひとつの偉大な哲学の伝統、哲学の中の哲学なのです）、哲学者たちの育成はある種の民主化に見合った形で、つまり哲学を事実上独占し、自分たちに固有の特徴を哲学言説に刻みつけてきた社会階級を超えて拡張されてはならないものだったのです。そのような育成の拡張は採算の合うものではありませんでしたし、十分に「パフォーマンスが良い」ものではありませんでした。私なら「哲学者たちの育成」という言葉を、市民たち（まずは生徒や学生たち、ときには教師や研究者たち）の育成として理解します。そのような育成によって市民は、哲学という学問分野の厳密さに即して訓練され（他の学問分野や知の厳密さに即して訓練されねばならないのと同じです）、しかしまたその厳密さによって、その厳密さを超えて、プログラム化が困難な問いかけや問い直しへと開かれていくのです。

リベラシオン――今日、何が起こっているのでしょうか。少なくともこの点に関して、私たちは真に新しい状況にいるのでしょうか。

J・D――さてどうでしょうか。社会党による計画や「理念」は数多くの本質的な矛盾を突破して前進していかねばなりません。たとえば、市場や生産の技術的・経済的な計画化、現状の国内的・国際的競争のきわめて厳密な要請に答えると同時にそれから逃れることが求められます。この仕組みの諸法則に答えると同時に答えないようにし、それを満たすと同時にずらそうと試みるのでなければなりません。これはおそらく避けがたい矛盾なのであって、社会党の言説や政権運営にその影響を見て取ることができます。この矛盾それ自体は絶対悪とか悪徳、偶発事ないし脆弱さといったものではありません。この矛盾を無理解や否認でもって処理するのではなく、それを考え抜き、分析してしかるべきです。

リベラシオン――ジャン゠ピエール・シュヴェーヌマンによって開催された研究とテクノロジーに関する全国シンポジウムは、あなたからご覧になって、この点に関して何らかの指標になるものであったでしょうか。

J・D――基本的には、彼の発意でこのような催しがおこなわれることは、とても良いことだと思います。これに賛同しないわけにはいかないでしょう。ですが、彼の公的な発言や最初の準備作業からしてすでに、テクノロジーや生産（いかに表現されようと、きわめて曖昧な観念）の要求と、教育や科学や文化（以前も今日も、たいていの場合、自明のものとして扱われていますが、これらもやはり問題含みの観念です）とのあいだの「行き来」を良くするよう、私たちは求められています。「経済・社会分野（工業・農業など）の新たな必要に応じて」「学際的な人材育成の方法」を「適応」させていくことが求められているのです。たしかに、これ以上正当な言い分はありませんし、これほど必要な主張もありません。けれども、科学や文化、技術や研究や教育の観念については、どこに新しさがあるのでしょうか。

幸運にも、いくらかの予算を増やし、昨日までは形式的で不十分なままであった社会的で人道主義的な民主主義をより実効性のあるものにしようと検討されています。けれども、評価システムや目標とされる到達点は依然として同じであり、それは文化の言説や理念に関しても同じことです。もちろん、このような継続性のなかで、桁外れの進歩を遂げることは可能ですし、私もまたそれを望む者の一人です。ですが、そのような継続性自体についてさらに問いかけ、あらゆる領域において、この問いかけの可能性を実効性のあるものにしていくべきではないでしょうか。まさにこの同じ言説、同じ「行き来」、同じ「適応」の名の下に哲学は排除され、また、生産性に関する「パフォーマンス」の諸基準を満たさず、世にいう「社会的な需要」を満たさないものがことごとく排除されようとしていたのではなかったでしょうか。この「社会的な需要」という観念などは実に曖昧なものであるにもかかわらず、最上の審級に仕立て上げられています。社会な需要とは何でしょうか。誰が規定するのでしょうか。とりわけ研究、科学や文化にとって、先在するとされる社会的な需要に適応するとは何でしょうか。ましてやそれらとはまったく別物である哲学にとって、そのような需要に適応することは一体何を意味するのでしょうか。

リベラシオン――そのとおりですね。けれども、「まったく別物である」というだけでは十分ではありません。おそらくはまさにそのような芸術味のあるあやふやさこそが哲学への敵対的な誹謗中傷を助長させてきたのでしょう。

J・D――おっしゃるとおりですが、ここで即興的に「哲学というもの」の定義を与えようとは思いません。この対談の目的である目下の懸案事項に限って言うなら、「哲学」は今日少なくとも二つのことを名指しています。

一方では、明らかに、実に豊かな伝統があります。さまざまなテクストがあり、言説や論理構成、問い（前批判的な問い、批判的な問い、批判以上の問い、たんなる批判とは異なる問い）の宝庫があり、形而上学、もろもろの領域的存在論、もっとも広い意味における科学認識論《エピステモロジー》や政治学などがあります。ひとつの学問分野のなかのこういった構成要素、これらの力強い道具は、もちろんひとつの道具であり技術ですし、その伝統を不可欠のものとして保障していかねばなりませんが、それだけにはとどまりません。その点で、すでに哲学はもろもろの厳密科学にも、社会科学や人文科学――研究省大臣はその「遅れ」を確認したり遺憾に思う資格が自分にあると信じています――にも属してはいないのです（この「遅れ」は巨大な問いなので、通りすがりに喚起するだけに留めておくほかありません）。そうした諸科学の科学性や対象もまた、哲学にとっての問いでもあります。かつて、哲学教育の削減や希釈が求められたのは、まさに「人文科学」に場所を空けるためでもあったのです。哲学はたんに生産的な活動でもありませんし、私に言わせれば、「文化」と呼ばれるものへの帰属すら自明のことではありません。科学・技術・文化に敵対するわけではなく、哲学は、それらとは別のものなのです。それらの領域において、哲学との隣接領域でその兆候が現れないようないかなる変動もありえないと言い切ってよいでしょう。「隣接領域で〔aux confins〕」という言葉を強調しておきたいのですが、つまり、哲学の内部の方と同時に哲学の彼方の方に面しているある境界の両側で、ということです[5]。

しかしまた他方で、哲学という名は、権利上、もはや科学技術や文化のプログラムによって容易に規定されはせず、時にはそれを揺るがし、問いかけ、肯定するあらゆる「思考」に正当にも結びつけられています。肯定するというのは、そうしたプログラムを超えて、必ずしも対立することも、「批判的」な形でそれを制限することもなくおこなわれます。「批判」という価値は哲学的な可能性のひとつにすぎません。「批判」には歴史があり、固有の系譜があります。たとえば批判的と称される営為の力や異論の余地ない必要性は、権力に対峙する「批判的」思索としての哲学を擁護するあらゆる人々にインスピレーションを与えてきましたが、「脱構築」と呼ばれるものはそういった営為の一種にとどまるものではありません。この「脱構築」において私の興味をそそるのは、とりわけ肯定的な思考です。科学技術的でも文化的でもなく、隅から隅まで哲学的というわけでもないにもかかわらず、この肯定の思考は、哲学的なものと本質的な親和性を保持しており、その言説の点でも、その制度、教育、政治等々の構造の点でも、哲学的なものに働きかけているのです（この語〔travailler〕にはあらゆる意味を込めています）[6]。あらゆる分野で、諸科学において、哲学において、歴史において、文学、芸術において、経済的・テクノロジー的な遂行性の強迫観念なしにさまざまな言語を書き、実践し、研究するある種の仕方において、この「思考」が作動しているのが見てとれます。もしこのような思考がいくらか存在するとしても、それは計算しえぬものであり、テクノクラート重用主義の限界そのものをしるしづけます。

こういった奇妙で、一見すると脆弱な問い、こういった奇抜な筋道のつけ方にチャンスを残しておかねばなりません。それらは必ずしも不毛な思弁ではありません。そもそも、どうしてそれらの問いが非生産のリスクを冒すようにしてはいけないのでしょう。計算可能な収益性を気遣う人々は、こういった周縁の偶然的な彷徨を通じて、ときに変動の兆しが知らされることもあると知るべきです。ある発見がなされて、その刻印がもっとも重大でもっとも確実なプログラムマシンに前もって亀裂を入れてしまったために、発見によって暗号のように先行きがわからなくなった未来が兆し始めることもあると知るべきです。よくご存じのように、前代未聞の思考、驚天動地の科学的発見は時として、予見不可能な一撃〔coups〕、賽の一振り〔coups de dé〕、あるいは力業〔coups de force〕に似たものだったのです。

リベラシオン――しかしながら、シュヴェーヌマン自身によるシンポジウムの準備文書のうちに、きわめて遠慮がちなものではあれ、テクノクラート重用主義への抗議があるのではないでしょうか。

J・D――たしかに。ですから、私はこのシンポジウムを批判も糾弾もしていません。それどころか、いささか不協和音をもたらすものに思われたとしても、ご覧のとおり、私からささやかな寄与をもたらそうとしています。というのも、それらの準備文書において、テクノクラート重用主義への抗議は、その正当性、必要性、楽観主義、進歩主義の点で最大級に確証されたテクノクラート民主主義的なヒューマニズムへの賛歌に埋没してしまっているかのようだからです。まあ、この言説が強力であればあるほど、反駁しがたいものに見えれば見えるほど、その究極的な根拠について問い、その限界、その前提、その新旧の歴史について問いかける必要《ブソワン》が（またもや「需要《ブソワン》」です！）出てくるでしょう。そのような問いかけをおこなうとすれば、離れた場所ないし非場所＝免訴〔non-lieux〕から、ほぼ確実に即座には受け入れられないほどマイナーで大胆な言説や身振りによって、この強力なプログラムによってたやすく支配され脅かされはしない呼びかけ＝不審尋問〔interpellations〕を通じて、問いかけるしかないのでしょう。
　哲学、あるいはむしろ「思考」は、私にとってそういったものになるはずです。私たちが、そこから出発して、技術はどうなっているのか、諸科学（厳密なものであれ、そうでなかれ）の実証性とは何なのか、生産は、そうです、とりわけ生産性とは何なのかと自問し続け、その問いをたえず異なる仕方で再開させる、そうした動的な非場所〔non-place mobile〕、哲学とは私にとってそういったものになるでしょう。このような「哲学」は、「研究とテクノロジーに関するシンポジウム」の中には割り当てうる居場所がないとはっきり認めざるをえません。いまさら「哲学的・歴史的・社会学的・経済的・政治的な次元の多様な仕事」のどれかに指定しようとしても無駄なのです。この「哲学」は何らかの研究の系列には属していないからです。

リベラシオン――つまり、大学や高等教育の構造すべてが問いに付されなければならないということでしょうか。

J・D――逆説的な、一見すると矛盾した、にもかかわらず決定的に重要な務めですが、同定可能な顔をいまだもたぬものに余地を残し、息をつかせるいくつかの制度を創造しなければならないでしょう。私は、科学論ないし科学認識論《エピステモロジー》の資格で、科学や技術、政治や倫理の基礎に関わる学問分野としての哲学のことだけを言っているのではありません。哲学はもちろんそういったものですが、しかし、ある種の「思考」――別の仕方で哲学的な「思考」――はそのような基礎づけ主義そのもの、そのような基礎の探索、そして（一般ないし基礎存在論、領域的存在論、もろもろの学知や実証性など）存在論的・百科全書的な位階秩序すらも、その系譜や前提に関して問いに付しうるのです。
　忘れないでおきたいのですが、この位階秩序が、一九世紀初頭以来なおも私たちがその上に生きている大学のモデルを構築したのです。このモデル自体は今日きわめて弱体化しており、思うに、その弱体化は不可逆的なものです。西側であれ東側であれ、あらゆる国家は大学よりも（科学的・産業的で、常に軍事的なテクノロジーの観点から）もっと「パフォーマンスが良く」、もっと緊密にあらゆる教育に依存していながら教育とは切り離された研究施設を望むことによって、大学を見殺しにし、あるいは大学を死なせているのです。このような事態の推移について立ち止まってじっくりと考えてみなければなりませんが、ここでそうすることはできません。一言で言えば、この逆説は次のようなものでしょう。つまり、ヨーロッパの一九世紀初頭以来の「近代」と形容しうるモデル――その発端はドイツでした――にしたがって、この大学は、糾弾されるべき古い国家理性を間接的に代表していますが、奇妙にも、まさにその古さのゆえに、一種のリベラリズムの避難所になりうるかもしれません。この避難所には「リベラル・アーツ」についても語りうるという意味合いも込められています。研究のための場所（カントと『諸学部の争い』の時代には、アカデミーや学会と呼ばれ、今ほど数は多くなく周縁的な存在であったもの）をことごとく席巻している強制的な計画主義化に先ほど触れましたが、ここからなおも逃れようと欲する思考にとって、おそらく大学は緊急の撤退案なのです。

私は、以上の二つの可能性のあいだで選択しなければならないとは思いません。どれほど相反するように見えても、両者は同じシステムの中で結び合っているのです。そうではなく、国家と、（制度という形をとるかどうかは別として）知・技術・文化・哲学・思想とのありとあらゆる関係を隅々まで再構築しなければ（さらには、ときにあらゆる関係を断ち切らねば）ならないのでしょう。さほど顕在化していないとはいえ、もしかすると、こうした事態が起こりつつあるのです。しかし真面目に言えば、少なくともこの問題系の歴史すべてを思い起こし、なかでも『諸学部の争い』を読み直し、それを今日まったく異なる仕方で書き直さねばならないでしょう。カント、シュライエルマハー、ヘーゲル、フンボルト、フィヒテ、シェリング、ですがまた、クザン、ハイデガーや他の幾人かがこれらの主題について遺贈してくれたもののうち、最良のものも最悪のものも含めて、すべてをまったく異なる仕方で書き直さねばならないでしょう。ただしそのために私たちに時間と手段を残しておく必要があります。

（藤田尚志訳）

哲学という学問分野のアンチノミー　書簡による序文(1)

みなさん、お約束した手紙があまりに長くなるのではないかと恐れています。けれども、〔講演原稿という形よりも〕一通の手紙にしておくほうを選びます。まずは、私が今遠くにいること、そして、それを遺憾に思っていることをお伝えしておきます。どんなに私があなた方の発表や議論に加わり、そうすることで私の連帯を示したかったことか、あなたがたはおわかりでしょう。誰との連帯か、何との連帯か？　これは、後ほど私が回避しないでおこうと思う問いです。けれども、私が手紙というジャンルに頼ることを選んだのは、とりわけ手紙なら、ある「気分〔humeur〕」に似つかわしいものをそれほど気兼ねなく表明することも許されようからです。気分とは何か、私にはよく分かりませんし、それをさほど信用しているわけではありませんが、曖昧で、無意味で、読み解けないものと思っているわけでもありません。気分は何かを語る、だからこそ、いつでも気分を分析する理由があるのです。ですが、気分の話す言語は、手紙の規則《コード》と同様、時間も場所もないので、情動に触発された言語が「説明する必要などない」「言わずもがなだ」といった経済《エコノミー》のうちにあたかもすべてを集約できるかのように

〔*comme si*〕事を運んでしまいます。すべてというのは、ある終わりなき分析のもろもろの前提、媒介、それに結論すらも含めてすべてということです。

そして一通の手紙は、それが哲学的な書簡であったとしても、そのような気分の、おとぎ話のような気分の「かのように」の日付を刻んでいます。昔々、ある日、私はしかじかの感情を抱きました……。

では、今日、「学校と哲学」と名付けられるような何か、それ自体すでにひとつの神話であるようなものに関して、私の気分はどのようなものでしょうか。あまりに多くの混乱や濫用が生じる場である学校という言葉に対して、「悪い気分＝不機嫌〔mauvaise humeur〕」だなどとさえ言わないでおきましょう。この語がいささか神話的なものになってしまっているのは、それがあまりに際立ったものであると同時にあまりに目立たぬものであるからであり、歴史的にあまりに規定されすぎてきたと同時にあまりに未規定なままであったからであり、その普遍性の装いにもかかわらずあまりにフランス的すぎたからです。どんな語もそうだと言われるかもしれません。その通りですが、今日フランスではこの語の曖昧さにいささか付け込み過ぎているように思われ、とりわけ哲学が話題になるときにはそうです。

けれども、私の目から見てもっとも重要なのはその点ではありません。私の気分が悪いのは、不機嫌だからではありません。むしろそれはある絶望の表れと言えるかもしれません。目新しいことではありませんが、私はおそらくそこに、ある種の哲学的な肯定の力や理由を見出したのです（そのような肯定はいささかも哲学的な立場や保証によるものではありません。むしろまったく逆です）。さらには、他の人々と共に、あなた方のうちの幾人かと共に、哲学教育のために意志表明し、証言し、よく言われるように「運動する」理由や力を見出したのです。この肯定と絶望の関係のうちに不調和しか読みとるまいとするなら、なんと多くの哲学的な無邪気さが必要なことでしょう。まあ次に行きましょう。たしかに、今日なお、そしておそらくかつてないほどに、事態は私にとって謎めいています（だからこそ哲学が必要なのです！）。哲学することと哲学、その学問分野の結びつきが問題となるのであれ、あるエクリチュール（手早く言ってしまえば、脱構築的なエクリチュール）の必要性と、他方で哲学の再肯定との結びつきが問題となるのであれ、さまざまな問いが大きく開かれたままになっています。それは、ある結びつき、ある論理的な結合ないし体系的な一貫性という以上の、それらとは異なる何かであり、本質的な契り〔同盟 *alliance*〕です。そういうわけで、私は立場よりもむしろ肯定について語りたいのです。つまり、その拠って来たるところから、未来へ向けて、開始する〔責任を負わせる engager〕ものについて語りたいのです。そしてこれこそ、読む術も知らず、また読もうともせずに大慌てで戯画化したり偽造したりする者たちには理解できず、また近寄ることすらできないことなのです。学校と哲学が論じられるので、私は驚くべき教条主義のことを考えてしまうのですが、幾人かの者たちはしばらく前から、GREPH《グレフ》や哲学の全国三部会の提案を自分たちで歪曲しても構わないと考えているようです。それも平然と、参照もせず、分析もせず、引用もせず、論証もしないで歪曲してもよいと考えているのです。後でこの点に戻ってくることにしましょう。

いいえ、絶望はその本来の姿と似ても似つかぬものになるかもしれないし、哲学的な再肯定という基底なしには絶望という形すらとれないかもしれません。そして今日私はある種の自明な反復を前にして、ある嘆かわしい自明の事柄を前にして、そのような絶望を強く感じています。

いかなる反復でしょうか。

まず、簡便にこう呼んでよければ、表面の反復があります。一方が他方の表面になるような、二種類の反復のこのような区別に関して、もう少し先で留保を述べるつもりです。この一見すると表面的な反復とは、哲学という学問分野をめぐる政治的な言説や行動の反復であり、強迫的な反芻でしょう。ええ、よく覚えておりますが、三部会が開催された一九七九年まで、GREPHに属する私の友人たちも、私自身も、自分たちの呼び求める本質的な変革が深い政治的変動を前提とする以上、与野党の逆転くらいでは十分ではないだろう、と述べていましたし、そのように書いて公に発表しもしました[1]。与野党の逆転は雰囲気を和らげるかもしれませんし、議論の場を開くことを可能にしてくれるかもしれません。あまりにあからさまな脅威には終止符が打たれるかもしれませんし、象徴的な実験がおこなわれるようになったり、おそらく公的な言説や講じられる政策の紹介などでは多少調子が変わるかもしれません。しかしながら、私たちが当時すでに述べていたように、哲学という学問分野に関して、そのタイプの再生産や、その領野の削減を助長するさまざまな制約はその後も同じままでしょう。技術力の育成や、知のある種の営利化、研究の「合目的化」、経済的な競争力、生産競争、産業的・軍事的な科学技術と哲学の関係や、社会科学と哲学の関係に関するある種の概念、こういったすべては、触れてはならないものであると同時に無用であるような学問分野をその制限（この制限は自然なものと思われています）のうちに押し込めておくように命じるのです。哲学など、高校《リセ》の教室や大学の小さな個室に閉じ込められたままでいればよいというわけです（これはまだしも最良の仮説なのですが！）。こういった私たちにとって周知の事柄について長々と述べるのは無駄というものでしょう。いくつかの象徴的で一時しのぎの措置がとられましたが、それらの意義を過小評価するつもりはありません（高校の最終学年以外で哲学を教える実験的な試み、理工科系の最終学年への哲学の拡張、国際哲学コレージュに対して、このコレージュがフランスの国内外で体現しえているあらゆる事柄に対して、不十分とはいえ、施されているある程度の支援）。ただそれらの措置を除けば、事態はほとんど変わりませんでした。あちこちでむしろ事態は悪くなっているのかもしれません。とくに大学で予告されていることを考えると、そう思わずにはいられません。そして次第に強まるこの〔哲学の〕閉じ込めはマスコミや出版といったいくつかの制度の権力を強め、時に軽信ないしシニシズム、さらには無能さと直接的な利益の方向へと向かわせます。

この論議についてはこのあたりにしておきましょう。この頑強な反復に意気阻喪させられるかもしれません。しかし、この反復を分析しようとする、さらには中断させようと試みる力や欲望を見つけ出せるのは、あくまでも、この反復（「奥深い」反復と呼ぶべきかどうかは躊躇われるところですが）のもう一つの体制、もう一つの場所、もう一つの次元に関して、私たちが哲学者として自問する場合のみです。これはどのような反復でしょうか。それは、「哲学のために」語りつつ——ちょうど今私たちがそうしているように——、その母《マトリックス》型が周知のものであり、その組み合わせがほぼ使い尽くされているいくつかのタイプを再生産するすべての人々の言説、論理、レトリックを含んだ反復にほかなりません。勘違いしてはなりませんが、もっとも深刻なのは、言説や形象のストックの有限性でも（これはどうしようもないことです）、時には創出の幻想をもちながらその蓄えから限りなく汲まねばならないという必然性でもありません。そうではなく、もっとも深刻なのは、第一に、この母《マトリックス》型の構造です。それは、どうにも乗り越えがたい、弁証法化しえないと言ってもいいかもしれませんが、そういった矛盾のうちに私たちを留めておくのです。そこにはまた、分裂した法、二重の法ないしダブルバインド、アンチノミーがみられます。そのような構造はただ私たちにのみ課せられているのではなく、哲学の外ではないにしても、教育の外で、私たちの協力者たちや敵対者たちにも課せられています（というのも、この場合、たんなる外部は存在しないからです。哲学の外、非－哲学といったものは存在しないのです。哲学の全国三部会でそう理解されうる、あるいはそう理解しようとする発言をした人物がいましたが、彼に対して言われたように、哲学的でない野蛮は存在しませんし、決して私たちは哲学的でない野蛮に対して闘いを挑んでいるわけではありません。ここで問題にしている闘いや議論はいつももろもろの哲学を対立させ、もろもろの哲学によって代表される諸勢力を対立させます）。二つの反復に関して、たんなる便宜上の区別を先ほど提案しましたが、この区別をあまり長い間維持するわけにはいかないのはこういうわけです。しかしながら、第二に、さらに深刻かもしれないのは、このアンチノミーそのものを、その権威の構造において、それが絶えず再生産しているアポリアの中で、その来し方行く末に関して、私たちが思考し、分析し、問い直し、位置づけようとはしてこなかったということです。

このアンチノミーを思考することはなおも哲学的な行為と言えるでしょうか。隅から隅まで哲学的な行為、単純に哲学的な行為でしょうか。そう思考することで、いくつかの制度や学問分野のようなものが生み出されるのでしょうか。確信はありません。これから確認していくことになりますが、こうした問いはすでに、さまざまなアンチノミーのプログラムの一部なのです。

ですが、仮にこの思考が隅から隅まで哲学的だということが確かでないとしても、それが何らかの哲学と哲学的な知を含んでいることは確かです。この思考はおそらく哲学的な知に還元されませんが、しかし、それ抜きには成り立たないのです。

今日私にとってはっきりとしており、望ましいように思われる唯一のものは（お分かりでしょうか、私はまだ自分の「気分」について語っています）、そのような思考を引き受ける共同体、ある責任の共同体です。この共同体はもはや、フッサールが認めえた形象（哲学の無限の任務を前にした責任、「危機」を前にした合理的な「我々」の超越論的な共同体）や、ハイデガーが認めえた形象（〈存在〉の呼びかけに応答する責任）をもつだけにはとどまりません。というのも、これら二つの形象が属している反復の空間の中で私たちは了解され、前-了解されており、すでにそれに差し宛てられているのです。このことをこそ思考しなければならないのでしょう、もちろんフッサールやハイデガーに抗してではなく（それは少し単純すぎるでしょう）、むしろ彼らから出発して、そしておそらくは別の仕方で。

この種の会合に参与するであろう人々がさまざまな相違や係争によって引き裂かれても、何らかの「我々」や共同体のチャンスがあるのだとしましょう。その場合、これらの人々をこういった責任以外のどこに位置づければいいのか、私には分かりません。私には分かりません、ですが、この共同体がなおも知の共同体、知の意識の共同体でなければならないかどうかは定かではありません。そのような共同体の内部でポレモス〔戦争〕は起こりえますし、時には必要とされ、ちっぽけな戦争や凡庸な論争、終わりなきゲームにおける駒のたんなる移動を排するのです。

この弁証法なき矛盾の両極をどう定義づければよいでしょうか。これら二つの本質的な、しかし矛盾する要請のどちらも私たちは断念したくないのですが、この要請とはどのようなものでしょうか。あるアンチノミーの二重の法が、直接的であれ間接的であれ、私たちの立論、弁論ないし告発のあらゆるタイプを再生産するのであれば、その公理系とは一体いかなるものなのでしょうか。

この手紙はすでに長すぎますので、もっとも貧相な図式に留めておかざるをえません。そこで行論の便宜上、矛盾する七つの戒律[2]を区別することにしましょう。

1　第一の戒律

一方で、哲学的なものが（その問い、プログラム、学問分野などにおいて）外在的な目的に従属することに対してはことごとく抗議しなければなりません。有用なもの、収益性があるもの、生産的なもの、能率的なもの、高性能なもの、しかしまた、一般的にみて科学‐技術的なもの、技術‐経済的なもの、研究の合目的化、さらには倫理的・市民的・政治的な教育の合目的化に属するものといった外在的な目的への従属には抗議しなければなりません。

しかし他方で、どんなことがあっても、哲学による批判の使命、すなわち評価し序列化する使命を断念してはならないでしょう。判断の最終審級、最終的な意味の構成ないし直観、究極的な理性、最終目的の思考としての哲学を諦めてはなりません。カントならこう表現するでしょうが、私たちはたえず「合目的性の原理〔principe de finalité〕」の名の下に、哲学とその学問分野をあらゆる技術的・経済的ないし政治社会的な合目的化〔finalisation〕から救い出そうとしているつもりです。このアンチノミーはまさに隅から隅まで哲学的なものです。というのも、「合目的化」はいつでも何らかの哲学——少なくとも暗黙の哲学——に訴えかけるからです。今一度言っておくなら、「哲学的でない野蛮」など決して存在しないのです。

合目的性のこれら二つの体制をいかに調停すべきでしょうか。

2 第二の戒律

一方で、哲学の封じ込めに対して抗議しなければなりません。居場所を指定すること、たとえば、哲学をある固定された学年や課程、あるタイプの対象や論理、ある内容や形式に閉じ込めようとする区域設定を私たちは正統な仕方で拒絶します。哲学が授業外で、他の学問分野や学科で姿を現し存在感を示すこと、いかなる原則的な制限もなしに新たな対象へと哲学が開かれること、人々が認めたがらないけれど哲学がすでに現存していた場を思い起こさせること、等々を禁じるものに対して私たちは立ち上がらねばならないのです。

しかし他方で、まったく同じように正統な仕方で、哲学という学問分野に固有で特有の統一性を要請しなければならないでしょう。この件に関して私たちはとても警戒しておかなければならないでしょう。GREPHがたえずそうしてきたように、この一貫性を脅かし、哲学的なもの自体のアイデンティティを解体し、分断し、分散させるあらゆるものを告発しなければならないでしょう。

このような局所的に位置づけられるアイデンティティと溢れ出していく遍在性をいかに調停すべきでしょうか。

3　第三の戒律

一方で、私たちは、哲学的な研究や問いかけは決して教育から分離させられるべきではないと主張する権利があると感じています。これこそが、同じような脅威が再び回帰しつつある現状を前にしたこのシンポジウムのテーマではなかったでしょうか。

しかし他方で、本質的に言えばおそらく、哲学の中の何かはもろもろの教育行為、学校の出来事、制度的な諸構造に、さらには哲学という学問分野自体にさえ限定されないし、いつの時代も限定されてはこなかったのですが、私たちはこのことを想起してもよいとも感じています。哲学という学問分野はたえず、教えられないものによって横溢し、時には挑発される可能性を秘めています。おそらく哲学は教えられないものを教えるということに従わねばならず、自分自身を断念し、その固有のアイデンティティを超過することで自らを再生産するということに従わなければならないのです。

哲学という学問分野の同一の今において、限界と過剰をいかに維持すべきでしょうか。そのこと自体を教えるべきでしょうか。それは教えられないのだと教えるべきでしょうか。

4　第四の戒律

一方で、私たちは、〔哲学という〕この不可能かつ必要な、不必要かつ不可欠な学問分野に見合った諸制度を要求するのは当たり前の正常なこと〔normal〕だと判断しています。新たな諸制度を要求するのは当たり前のことだと判断します。これは私たちの目には本質的なことです。

しかし他方で、私たちは、〔正常かどうかを判断する〕哲学的な規範〔norme〕がもろもろの制度的な見かけによってのみ決まるものではないことを肝に銘じておかねばなりません。哲学はその制度を超過するものであり、自らに固有の制度の歴史や諸効果を分析さえしなければなりません。最終的には、いついかなる時も自由なままにとどまり、真理にのみ、問いや思考の力にのみ随従するのでなければならないのです。制度外のものが諸制度を、それらに属することなく、所有しなければなりません。

制度的な限界の尊重と侵犯をいかに調停すべきでしょうか。

5　第五の戒律

一方で、私たちは哲学の名において何らかの師の存在を必要とします。この訓育しえないものの学問分野〔discipline de l'indisciplinable〕、この教えられないものの教育、非－知でもある、知以上のこの知、この制度なきものの制度には何らかの師が必要なのです。この教師性〔maîtrise〕や教授性〔magistralité〕の概念はいろいろと変化するかもしれません。その形象は至高なる者や接近しえないまったき他者、ソクラテスであり、家庭教師、大学教授や高校最終学年の教師（すべての人にとっての最初にして最後の哲学教師！）であり、そして幾分は同時にそれらすべてでもあるというように、多種多様でありえます。いずれにしても、何らかの師が、教師の他性が必要です。したがって、そういったものを養成しなければなりません。学生がいて職があるという状況が必要になりますが、それらは決してもうこれで十分ということはないでしょう。状況は哲学の共同体の外から規制されるからです。

しかし他方で、師が他の人々によって養成され、ついで給料を支払われる一人の他者でなければならないとしても、この他律的な非対称性は哲学の共同体に必要な自律を、さらにはその本質的に民主主義的な構造を損なうものであってはなりません。

哲学の共同体は自分自身のうちに、このような他律と自律をいかに認めることができるのでしょうか。

6　第六の戒律

一方で、哲学という学問分野、知の伝達、内容の極度の豊かさは通常、時間を要するものであり、ある種のリズムをもった持続、さらには可能なかぎり多くの時間を必要とするものです。閃光のような一瞬以上、一ヶ月以上、一年以上、ある授業の時間以上、たえずさらに多くの時間が必要です。〔フランスの高校での哲学教育においで〕九ヶ月をひとつの期間と定める尋常ならざる技巧を正当化しうるものは何もありません（これについては、GREPHの分析全体を参照してください）。

しかし他方で、哲学という学問分野の統一性、さらには結構《アーキテクチャ》は、この期間をある種凝集する組織化を必要とします。無秩序に時期をずらしたり、自由放埒にしたりすることは避けつつ、「一撃で〔d'un seul coup〕」や「一挙に〔tout à coup〕」といった経験に道を譲らねばなりません（ここでもまた、先述したこと、さらにGREPH

によるさまざまな分析を参照してください)。

この持続とほとんど瞬間的な縮約を、この無制限と制限をいかに調停すべきでしょうか。

7 第七の戒律

一方で、生徒たち、学生たちは教師たちと同様、哲学の可能性、換言すれば哲学の諸条件を認められるのでなければなりません。他のいかなる学問分野でも同様ですが、このことはいわゆる外的な――手早く済ますためにこう言ってしまいますが――諸条件(時間、場所、職《ポスト》など)から、「内的」で本質的な条件、すなわち哲学的なものそのものへのアクセスまでに関わってきます。師は弟子を哲学的なものそのものへと手解きをし、導き入れ、養成しなければなりません。師自らも、まずは養成され、導き入れられ、手解きを受けたはずですが、彼は弟子にとっては一人の他者にとどまるのです。番人、保証人、仲介者、先行者、年長者である師は他者の言葉、思考ないし知を代表せねばならないのです。他律的な教育法＝他学〔*hétérodidactique*〕〔3〕というわけです。

しかし他方で、私たちは、どうあっても哲学の自立主義的で独学的な〔*autodidactique*〕伝統を断念するつもりはありません。師は自らを消去しなければならない媒介者にすぎないのです。仲介者は哲学することの自由の前に自らを中立化させなければなりません。師の必然性、場をもたらす＝出来事が起こる〔*avoir lieu*〕という教授行為に関する必然性と結ぶ関係には感謝してもしきれないものがあるとしても、この自由は自らを形成するのです。

師が場をもつことと場をもたないことをいかに調停すべきでしょうか。他学と独学を調停するには、いかなる信じがたいトポロジーを要請しなければならないのでしょうか。

これらのアンチノミーは時にアポリアを表しています。七という数字はいささか恣意的なものです。これらの戒律が相互に内含しあう、あるいは重層決定する構造を考慮すれば、この一覧表は狭めることも広げることもできるでしょう。私がそれらをリストアップしたのは不特定の誰かの首尾一貫性のなさを責めるためではありませんし、ましてや、哲学のために、哲学とその学問分野の名において語っている人々にそこここで対抗すべく用いる言論を引き出そうとしてのことではありません。これらの矛盾は哲学者たちや哲学を弁護する人々だけを拘束するものではなく、賛成であれ反対であれ、今日この問題を扱う誰にでも関わるものであって、決して職業的哲学者にだけ関わるものではありません。そのあらゆる帰結を、しかも一通の手紙によって引き出すことなど論外です。ですが、このいかんともしがたい公理系とこの二重の拘束《ダブル・バインド》に関して、私は三種類のことを、今回もまた図式的に述べておきたいと思います。

一、仮説として（これは私の仮説にすぎませんが）、この母型は「学校と哲学」に関して今日生産可能なありとあらゆる発話のタイプをもたらします。これらの発話を読解させ、処方し、あの恐るべき二重性の法の下に書き込むのです。

二、唯一ほっと息がつける共同体（私にとっては、ということですが――そして私が「息がつける」というのは、哲学の精神への誠実さと同時に、教義《ドグマ》なき、殺人なき、愚かな論争なき、憎悪に満ちた歪曲なき、活き活きとした誠実さについて語るためです）とは、この二重の法を逃れたり否認したりするどころか、この法に挑戦することで自己の力量を計ろうと試みる共同体でしょう。この二重の法から何が到来するのか、どこからそれが到来するのか、その未来はいかなるものか、到来すること〔*venir*〕とは何を意味するのか――あるいは何を意味しないのか、到来することが哲学のために誓約するものは何かを思考しようと試みる共同体でしょう（上記を参照）。

三、このようなことを思考する際に導入となりうる問いの一つは（ただ一つの問いだけ、この手紙の時間に合わせてそれだけで満足するしかありません)、この公理系の歴史、この七つの入力方式によるソフトウェアの歴史に関わるものでしょう。この公理系は歴史をもっているのでしょうか、それとも、公理系はその諸形象がたどってきた歴史に対して、持ち札の分配つまり非歴史的な永続性から命令を下しているのでしょうか。そして、もしこれらの形象の歴史ないし配置が存在するとして、その法、その漸進的な節合(期間、時代、時期、パラダイム、エピステーメー、連続性、不連続性)とはいかなるものでしょうか。これは、歴史/非歴史の対立自体が母型に属したものであるだけに(!)、そしてこの対立がこうして七つの戒律の各々を重層決定しているだけに、よりいっそうねじれた問いです。

(ここで括弧を開き、一例を取り上げて長い挿話を差し挟むことで結論としたいと思います。これがあなた方のシンポジウムに対する、学校と哲学に関する私からのささやかな寄与となるでしょう。それはある状況、より正確にはある場所論、そしてカントによって「純粋理性の師」に割り当てられた、逆説的という以上の位置づけに関わります。これは私たちの状況でしょうか。私たちが今日これら二重の戒律を経験しているという状況は、いかなる意味においてカント的な場所論をなおも前提にしているのでしょうか。あるいは少なくとも、哲学の言説性の内部で、哲学教育のカント的な場所論と呼ばれるかもしれないものを前提にしているのでしょうか。というのも、私がこれからカントのテクストに関して指摘していくことは、隅から隅まで哲学の言説性の内部に、あるいは端的な言説性の内部にすら属していない一般的な装置ないしテクストのある規定——ここにどのような重要性や地位が認められるにせよ——にすぎないからです。そこで問題となっているのは、とりわけヨーロッパの歴史、国家と大学の諸関係、教会と国家の諸関係など、歴史全体なのです。私たちの置かれた立場がカント的な場所論を何がしか前提しているのだとすれば、その前提の様態はいかなるものでしょうか。これはあまりに巨大な問題であって、私はここで脇においておかざるをえません。カントに由来し、私たちの状況や言説をしるしづけているものはあまりに複雑な経路を辿ってきているので、一通の手紙で素描しようなどという気すらもてません。問題となるのは、フランスにおけるカント以後の歴史全体であって、カント哲学の、カントのしかじかの側面を哲学や文学に、「フランス・イデオロギー」に、「フランス学派」に取り入れ、翻訳し、活用していくその諸様態の歴史全体なのです。この歴史は今なお進行中であって、かつてないほどに変動している最中です。そして、私たちがそれに加えている解釈もまた、その歴史のうちに書き込まれつつ、もしかするとその流れを変えていくことになるのかもしれません。なぜフランスにおいて哲学教育が問題となっている時に、かくもたやすく頼るべき名前としてカントが挙がってくるのでしょうか。なぜカントが、まさにこの場面で、不可避的な参照項なのでしょうか。それによって一体何が可能になっているのでしょうか。それによってどのような限界が課されているのでしょうか、等々。

カントとは誰でしょうか。もし彼自身が、「純粋理性の師」に割り当てていた、あの見出しえぬ位置を占めているのだとすれば。

こうして辿り着いたわけです。純粋理性の師と、この理念によって規定された特異なトポロジーという地点に。〔純粋理性の師という理念といいましたが、〕というのも、まさにそれは〈理念〉であるからです。

他にもいろいろと前提がある中で、強引にまとめるために次のことを指摘しなければなりません。すなわち、カントは、検閲のある種の合理的な必要性を正当化していたのです。では、検閲を最終審級において正当化するものは何でしょうか。それは人間の可謬性、有限性、悪の存在です。長い注釈を省くために、ここでは『たんなる理性の限界内の宗教』を参照してください。すると、問いは次のようなものになります。もし悪というものが、しかも根源悪というものが存在するのならば、誰が人間におけるこの悪を理解しうるのでしょうか。誰がそれを説明しうるのでしょうか。その意味や真理について、つまりは検閲の意味や真理について、すなわち権力にもとづいた批判の、ある武装された判断の、警察によって支持された評価の意味や真理について誰が語りうるのでしょうか。したがって、この検閲、つまり、真理について何を語りうるのか、何を禁止しうるのかについて規則を定める制度の可能性や必然性、その根拠そのものについて誰が語りうるのでしょうか。

この長い挿話の続きを再現するのはここで控えておきます。というのも、それは実際、「空位の講座——検閲、教師性、教授性」(p.365〔本書六五頁〕以下)において展開した論ときわめてよく似ているからです。

(…)

括弧を閉じて、この長すぎる手紙を終えることにします。

みなさま全員に友情を込めて。

J. D.

(藤田尚志訳)

さまざまなポピュラリティ　法哲学への権利について(1)

まず、私だけでなく、国際哲学コレージュのすべてのメンバーからの感謝の念を表しておきたい。討論会からいくつかの発表が選び出されて本論集に収められているのだが、その主催者の方々に対して、討論会に参加されたすべての方々に対して謝意を表明しておきたい。

国際哲学コレージュは、「一九世紀における人民の自己解放とプロレタリアートたちの教育」に関するこれらの考察に関わりをもち、可能な限りその準備に貢献するという責務を負った。ここでコレージュの紹介を即興でやってみようとは思わない。この新しい制度はまだ若く脆弱だが、あまりに複雑な歴史と構造をもっているので、私からはこう表現しておくしかない。国際哲学コレージュとは、フランスや外国の現在の諸制度によっては不十分にしか正統化されず、さらには正統性を剝奪されているように思われる知、研究、哲学的実践の諸形態に対してまずは開放しておきたい場である、と。この非‐正統化ないし資格の剝奪は、しばしば目に見えない道をたどり、迂回し重層決定された道程をたどるので、積極的に、だが懸念しつつ、警戒怠りなく注意を払っておかねばならない。たとえば、便宜的な区別を引き合いに出すなら、国家自体との関係が問題となる場合、いわゆる市民社会のあれこれの勢力との関係が問題になる場合である。〔特定の知、研究、哲学的実践を〕周縁化し、隠蔽し、抑圧するあらゆる狡知に対して優先的に関心を抱かねばならない。哲学や科学へのアクセス、哲学や科学への権利についても同様である。そしてとりわけこの観点から――これは決して唯一の観点などではない――、これらの研究が僥倖であると同時に必然であるように私たちに感じられたのだった。

「哲学への権利について〔*Du droit à la philosophie*〕」――これは国際哲学コレージュで昨年開かれたセミネールのタイトルであった。[2] これは何ら偶然ではない。「通俗的な《ポピュラー》もの〔*populaire*〕」[1]（通俗的な哲学、通俗的な知）の問いが長らく私たちの注意を惹いてきたことは何ら偶然ではない。通俗的とは何を意味するのだろうか。銘句として、ささやかながらここに、以下本書において構築されていくものの縁《へり》にいくつか小さな石を置くように、昨年のセミネールから私が記憶に留めているいくつかを述べさせていただきたい。ある日、ディオゲネス・ラエルティオスが語った物語――アテナイの人々にかなり「人気のあった」テオプラストスを、ちょうどメリトスがソクラテスを告発したように、アゴニデスだったかが呆れたことに不敬虔の咎で告発した折に、この告発者自身の破滅があやうく引き起こされそうになったという物語[2]――から出発して、私たちは、ある哲学者の「人気《ポピュラリティ》〔popularité〕」が何を意味していたのかについて問うたのだった〔本書第1巻、三六―三七頁〕。

「通俗的な《ポピュラー》＝人気のある〔populaire〕」哲学者とは何か。この言葉には曖昧さが塗り込められている。重層決定されているせいで、この言葉はありとあらゆる用法に、濫用に、横領に曝されているのだ。推察するに、みなさん方の論考を通じて、多種多様なアプローチから、批判的な警戒心（私はこの語を哲学的な意味と政治的な意味で用いている）という道具によって、この概念――これが一個の概念であるとして――の意味だけでなく、その用法もまた洗練されていくのだろう。また、この概念が――こう言ってよければ――役に立つであろうさまざまな文脈が規定され、この概念がいかなる大義に仕えたことになるのかが規定されていくのだろう。たとえば、ある「通俗的な＝人気のある」哲学者について語られるとき、今日少なくとも二つのことが意味されうる。民衆の出自で、民衆のために闘うという意味で「民衆的な《ポピュラー》〔populaire〕哲学者」が通俗的でない＝人気がないということは大いにありうることである。正統性を付与して場を支配する諸審級によって承認されるいかなる正統性も彼には欠けているかもしれない（先に言及したセミネールで私たちはこの正統化という概念を検討し、その系譜をたどり、さまざまな用法と濫用の可能性を指摘し、批判的あるいは教条的なその価値を測りもした）。逆に、「通俗的な＝人気のある哲学者」が民衆に属さず、民衆から無視され、さらには民衆と闘うこともありうるだろう。今日、「民衆〔peuple〕」「通俗的〔populaire〕」「通俗性《ポピュラリティ》〔popularité〕」ということが言われるとき、いったい自分が何を言っているのか、人びとはわかっているのだろうか。形容詞から名詞へ、名詞から形容詞へといった移行によって規定しうるものをはるかに超えて、「民衆」から「通俗的」や「通俗性」へ移る際に、意味の核が変化しうるのである。

　そのうえ、ある哲学者は、自分が民衆の側に立っておらず、人気がないとしても、「通俗的な哲学」と名づけうると思えるものに賛成することができる。私はもちろんカントのことを考えているのだが、後でその点に戻ってくることにしよう。私たちは、「ある種の」仕方で自分自身が通俗的でありながら、別の仕方ではある種の「民衆」にとってはまったく近寄りがたい存在のまま、「ある種の」通俗的な哲学に賛成だと語ることもできるのである。

　ここで「通俗的な」知について、哲学への権利について、哲学的な教育や実践について語っている以上、おそらく完全に過ぎ去ったわけではない、私たちにとっての過去というわけではない時期に、法〔droit〕の問い、哲学とその教育への権利についての問い、そして最後に、その語義のあらゆる曖昧さにおける「通俗的なもの」の問いがおそらく結び合わさった仕方について関心を抱いてもよいだろう。

やはり銘句としての序文らしく、この「カント的」時期に関して、いくつかの指示を述べるだけにとどめておこう。カントが「通俗的な《ポピュラー》」哲学に関する問いを立てたのは、『人倫の形而上学』[3]序文においてである。彼はその直前にこう予告していた。実践理性の批判の後には、体系《システム》がやってこなければならない、と。体系とは人倫の形而上学であり、それ自体が「法」論の形而上学的原理と「徳」論の形而上学的原理とに分かれる。さて、ここで「通俗的なもの」の問いが提起されるのだが、法の概念は純粋な概念でなければならない。だが、法概念は実践に基づかねばならず、経験のうちで呈示されるさまざまな事例に適用されなければならない。形而上学の体系はさまざまな可能性を汲み尽くすに至るまで、ありとあらゆる事例の経験的な多様性を考慮に入れなければならないであろう。それを達成することが理性の体系を練り上げるために欠かせない要請であるとしても、これが経験的に不可能であることは誰にでもわかる。したがって——これが〔各部の〕タイトルとなっているのだが——、法論の形而上学的定礎で満足しておこうということになり、同様に、自然の形而上学の定礎に対してもそれで満足することになる（自由／自然）。ここで法というもの〔*le droit*〕と呼ばれているものは、アプリオリに素描された体系に属しており、それこそがテクストというもの〔*le texte*〕だということになろう。それはテクストのなかへと（in den Text）、つまりは主文のうちに書き込まれていることになろう。逆に、経験に合わせて、個々の具体的な事例に合わせて調整されたもろもろの法〔*les droits*〕が見出されるのは、哲学が経験的実践からきっちりと区別された詳細な「注記」においてである。それゆえ、ここで提起されるのは、哲学的言語の晦渋さに関する問いであり、この哲学的言語をかくも通俗的でないものにするという危険を冒しているものに関する問いである。この問いが法に関して提起されているというのは実に意義深いことである（そして、先に即興的に言及したセミネールにおいて、私たちはこの結びつきについてじっくりと思考を重ねたのであった）。あたかも、民衆が哲学的言語にアクセスするという問い、民衆の哲学への権利の問いがまずはより感性的な仕方で、法というテーマ、法哲学というテーマ、法哲学への権利というテーマに即して演じられるかのようなのだ。

カントは、晦渋だという非難（Vorwurf der Dunkelheit）が自分に投げかけられたことに応答する。著述家でもある哲学者は通俗的たれ、晦渋さのない通俗性（Popularität）に達せよと命ずる、真正な意味での哲学者（これはカント自身の言葉だったと思う）ガルヴェの見解に賛同する、と。そのとおりではあるが、とカントは言う、ただし体系の場合は話は別で、また哲学においては、理性そのものの能力に関する批判の体系が問題となる場合を除いてのことである、と。この体系は私たちの認識における感性的なものと叡知的なものの区別を前提している。超‐感性的なものは理性に属する。さて、この理性の体系、超‐感性的なものを思考しうる体系は決して通俗的なものにはなりえない。カントは自分に自明と思われるものを説明していない。あたかもそれが一方で超‐感性的なものの概念自体に、他方で「通俗的なもの」という概念自体に含まれているかのようである。超‐感性的なもの、すなわち、そのものとしての理性はそのものとしての民衆には接近しえない。このような慣習的で教条的な考えによれば、通俗的なものは感性的なもの、経験的なもの、感情的なもの、非理性的なもの、非形而上学的なもの、あるいは少なくとも（これこそカントがすぐさま駆使する決定的なニュアンスである）みずからをそのものとして定立せず、思考もしない形而上学的なもの、無自覚な形而上学的なものの側に位置づけられる。実際、純粋な法の形而上学そのものをその定礎や形式的な構造において、民衆に陳述することはできないとしても、そのような純粋な体系のさまざまな帰結は明確に陳述されうるのでなければならない。この帰結は「健全な理性」（gesunde Vernunft）に接近可能でなければならず、この理性ならば民衆に拒まれていない。健全な理性とは、「無自覚な形而上学者」（eines Metaphysikers, ohne es zu wissen）のそれである。にもかかわらず、この帰結自体の陳述において、原理を抜きにして、民衆の言葉（Volkssprache）を用いようとすべきではないし、通俗性

〔Popularität〕を探し求めるべきではない。たとえ理解するのに骨が折れると咎められるとしても、「スコラ哲学のような厳密さ」を課すのでなければならない。それは当然のことだ、とカントは言う、それが学問の言葉（Schulsprache）というものだ、学問の言葉は骨が折れるものであるはずだ、そうでないはずはないとされている、と。とりわけ民衆に対して、というわけではないとしても、民衆に対してすら〔このような苦行が課されるべきである〕。

哲学のスコラ性ないし哲学という学問分野を成立させる装置がこうして素描される。これはまた、哲学的言説と通俗的な言語の関係でもある。一度ならず、これがまずもって法に関して言われるというのは徴候的なことだ。通俗的なものは感性的なものの側にある。哲学者は通俗性に達するように試みるべきだと言ったそばから、カントは括弧の中でこう付け加える。かなり感性的な〔通俗性に〕いわば〔誰にでも〕伝わる十分な感性化によって〔達するよう試みるべきだ〕（einer zur allgemeinen Mitteilung hinreichenden Versinnlichung）、と。ところで、法の形而上学者、体系の人は、それ自体は感性的なものではない原理自体を民衆に対して「感性化」し、民衆化し、教えることはできない。だが、民衆は「健全な理性」を所持しているのだから、この体系の具体的な帰結を明晰で学問的だが必ずしもイメージに頼らない言葉で陳述することは可能だし、そうしなければならない。かくして「無自覚な形而上学者」たる民衆は、たとえ原理抜きの結論しか委ねられないとしても、学ぶことができる。知ることを学び、知を知ることを学ぶことができる。あらゆる教育はみずからの現場をもち、自分に固有の風景をもっているが、それは純粋な諸原理の思考の外でのことである。それら諸原理はいわゆる形而上学者たち、つまり、自分がなしていることや思考していることを知っている者たちのために留保されている。こうして教育の場所とは束の間の移行の場所にすぎない。それは、みずからをしかと知る形而上学者たちによって他所で練り上げられた思考の帰結への接近であると同時に、起こりうる自覚としての接近でもある。無自覚な形而上学者たちは自覚的で首尾一貫した形而上学者になりうる。民衆が自発的に――しかも最初は――理性へと接近しないとしても、自分で感性的なものと叡知的なものの区別にとりかかることができないとしても、さまざまな帰結の学問的で厳密な陳述は民衆のなかで微睡んでいる理性を覚醒させうるのである。この教育装置は（今日なお、あらゆる影響をともなって）たやすく認められるが、それはカント的建築術、すなわち諸体系の技術が依拠しているあらゆるものと相関しているように思われる。つまり、感性的なものと叡知的なもの、純粋なものと不純なものの区別から出発して規定される理性の技術と相関的であるように思われるのだ。以上のことが前提するあらゆる事態を踏まえると（ここで展開するわけにはいかないが）、カント的な意味における批判と形而上学の関係はまた、隅から隅まで、社会‐教育法的な舞台装置《シナリオグラフィー》〔*scénographie socio-pédagogique*〕でもある。それはまた、法哲学への権利に関する哲学〔philosophie du droit à la philosophie du droit〕にも等しい、哲学への権利から規定される思考でもある。

序文上の銘句にとどまりながら、カントは「哲学はひとつ以上ありうるだろうか」[4]という問いに対して否と答えたという事実を付け加えるなら、哲学の純粋な教育学の――そして学問によるアクセス権としての哲学への権利の――諸原理の首尾一貫したイメージが定められる。問われているのは通俗性《ポピュラリティ》のある種の概念である。民衆、通俗的な哲学、通俗的な知――ということはまた「民衆」に関する知、民衆を科学や哲学へと誘いながら〔「民衆」という〕名で呼びうると思われているものに関する知が問われているのである。

カントは哲学するさまざまな仕方があると認めている。だがそれはさまざまな哲学ではなく、哲学の定礎へと遡るその仕方にさまざまなスタイルがあるということである。その差異は教育学的なものにとどまる。ただ、諸原理へと導くための、無自覚な形而上学者たちを諸原理まで連れ戻すためのさまざまな道だけがあるのだ。だがこの哲学者たちの多様性は哲学の内在的な多様性ではなく、ただ教育法の分析論を、原理への後退の仕方を分割するにすぎない。人間理性がひとつしかない以上、可能な真の理性的体系もまたひとつしかありえないのだ。

こういったことはすべて、たとえ〔カントの〕この序文において「教育法的」口実と「通俗的なもの」の問いが法の問題と結びついているとしても、形而上学一般、つまり人倫の形而上学と自然の形而上学の定礎と体系に関わっていた。法論は人倫の形而上学を構成する二部のうちの一部にすぎないわけだが、ここまでに素描した図式は、人倫の形而上学全般を考えてみると、一般化されると同時により精密なものとなる。周知のように、人倫の形而上学は単純な概念による認識のアプリオリな体系である。カントにとって、形而上学の定義はそのようなものである。人倫の形而上学の対象となるのは自由に属するあらゆるものであって、自然に属するものではない。法権利〔droits〕と義務について私たちに語るそのような形而上学はそれ自体、一個の義務である。そのような形而上学をもつこと自体が義務である[5](Eine solche [Metaphysik] zu haben ist selbst Pflicht)。だが、この規定に対して、あるいはこの規定が描写される環境として、カントは一種の確認を同じ一文の中に付け加えなければならない。この形而上学、この義務を、「たいていの場合ただ曖昧な仕方ではあるが、各人は自分のうちにもっている」、と。いかなる仕方ではあれ、とにかくすでに、アプリオリにもっている何かを自分のうちにもたねばならないということを義務にすることはいかにして可能なのか。まさに、晦渋と言われる意識と明晰と言われる意識の差異がないならば、ここでもまた、一種の規定が、ある行為遂行的《パフォーマティヴ》な構造の次元が記述的な事実確認と雑然と混じり合っているのだろう。そのような意識の差異はカント的な教育法の環境そのものであり、この教育法が前提としなければならない民衆との漠然とした関係の環境そのものである。そしてそのような差異は、やがては明晰さへともたらされねばならない茫漠とした意識としての「通俗性《ポピュラリティ》」というあの茫漠とした概念と切り離されえない。

民衆であれそうでなかれ、誰もがみなこの形而上学を、したがってこの義務をもっている。それはFaktum〔事実〕である。そこに含意されている義務とは、この義務そのものを形而上学的な純粋さにおいて、そのものとして明晰にすることである。これもまた、教育法による媒介の場である。カントはもう少し先でこの点に立ち戻っているのだが、そこで彼が述べていることは、場所論の観点から、言ってみれば教育法的な光景＝舞台〔scène pédagogique〕の観点から私たちの関心を引くかもしれない。

　自然の形而上学が至上の普遍的な諸原理を自然に適用せねばならないのと同様、人倫の形而上学は、経験によって知られる限りでの人間の特殊的な本性を対象とし、道徳の諸原理の帰結を指し示す（zeigen というこの重要な語をカントは強調している）が、それは、この諸原理の純粋さが損なわれない限りにおいて、それらのアプリオリな起源が疑わしいものとされない限りにおいてのことである。ところで、この指し示す形での顕示には人間学的な次元があり、さまざまな帰結に関わる。この顕示はその諸原理において、人倫の形而上学そのものと混同されることも、ましてやこの形而上学を基礎づけるなどと僭称することもありえないだろう。法論と徳論に分割される以前ですら、人倫の形而上学全般は人間学に適用されうるし、実際のところ適用されねばならないのだが、人間学の上に根拠づけられる（gegründet つまり権利上正当化される——根拠に関する語彙はつねにすでに法的な語彙である）ことはできないのである。Zeigen〔指し示すこと〕はしたがって、人間学的な諸帰結に関わるが、その言説は（そしてこれが教育法的言説となるであろう）、人間学的な言説としては、道徳的・法的言説を、人倫の形而上学自体を基礎づけることはできまい。

　カントはこうして自分が道徳的人間学と呼ぶものを、つまり実践哲学の諸法則が人間本性のうちで完遂される（Ausführung）ための、有利であれそうでなかれ、主観的な諸条件を包含する学問分野《ディシプリン》——この語の強い意味で——を定義しなければならなくなる。実践哲学はかくして、人倫の形而上学と道徳的人間学とを包含していることになる。後者〔道徳的人間学〕は前者〔人倫の形而上学〕を基礎づけることはない。道徳的人間学によって規定されて道徳的法則が「完遂」されるための諸条件は、家庭教育、学校教育、民衆教育〔enseignement populaire〕による（in der Erziehung, der Schul- und Volksbelehrung）道徳的原理の生産、流布、強化を前提にしている。[6] 私がこの〔教育に関する〕区別をよく理解しているとして、カントは必ずしも学校を介するわけではない民衆教育を念頭に置いているのかもしれない。このテクストを仔細に読み返さねばならないので、ここで即興的に読解をおこなうことはできない。結局のところ、教育法には三つの場所があるように思われる。同じ「教育法」の概念に則って、したがって、この教育法に含まれる同じ「通俗的なもの」の概念に則って秩序づけられた三つの学問分野の審級があるようだ。一、無自覚な形而上学者たちにとっての諸原理への遡行。これは形而上学の自覚としての教育法である。二、道徳原理とその人間学的帰結の関係の顕示（Zeigen）ないし指示としての教育法。これは一種の理論的知育〔*instruction théorique*〕である。三、諸原理が適用され完遂される諸条件を導入する予備課程的な教育法。これは道徳的人間学の領域における道徳教育〔*éducation morale*〕である。

これら三つの教育法的な審級はたしかに区別されるが、教育制度としては、それらはすべて、言ってみれば、純粋なものと不純なもの、原理と帰結（あるいは結果）、叡知的なものと感性的なもののあいだに位置づけられる。それらは一方から他方へ、ある場合はある方向に、また別の場合には逆の方向へと進む。だがこの方向の意味に関して、権利上まず第一に到来するものに関して、基礎づけと正統化の次元に関しては、いかなる混同も起こりうるべきではない。それこそが民衆が学ばねばならないことである。道徳的人間学はたしかに不可欠のもので、退けられえないものではあるが、権利上、諸原理の水準では、人倫の形而上学、つまり諸原理に先行することもありえないし（定義からして、諸原理に先行することはない）、この形而上学と混ざり合うことすらもない（だが、このように構築され含意された「通俗的なもの」という概念が明確に、あるいは内密に混ざり合わないと言い切れるだろうか）。

こういったことは何を意味するのだろうか。ただたんに人間学は（それを前提とする社会科学と同様に）哲学を含意するだけでなく、この人間学自体は純粋哲学には属さない。その固有の哲学的原理には関わらないのだ。このことはまた、文化とは哲学（純粋な諸原理の体系）ではないということも意味する。最後にこのことが意味するのは、哲学の教育法、学問分野としての哲学は、純粋に哲学的なひとつの行為やひとつの契機ではないということである。きわめてよく引用されるが、実はほとんど読まれていないテクストにおいて、カントが「純粋理性の教師」や哲学することを学ぶとはどういうことかについて語っていることはまさにここに位置づけられねばならない。私はそれを別のところで試みることにする。(7) これ以上この序文を引き延ばしたくはないし、たんなる導入というその役割を変質させたくはないからである。

（藤田尚志訳）

第Ⅳ部

補遺

「誰が哲学を恐れるのか」（一九八〇年）[1]

1　哲学の全国三部会[1]

一、三部会のような出来事を説明し始めるにあたっては、複数のタイプの分析を展開し、それらを慎重に結び合わせなければならないでしょう。今日のフランスの哲学を取り巻く状況の根底を扱い、フランスの知識人、教員、学生に関する、大学、高校、高校以前におけるフランスの教育の構造に関する（手早く進めるためにこう言ってしまえば）「社会学」を扱わねばならないでしょう。たかが一つの対談のあいだに、こういった難問に挑戦するのは無理な相談です。私たちの脳裏に蘇る、もっとも直近の、もっともはっきりとした、またもっとも手っ取り早い場面は、アビ改革の実施ということになりますが、教育制度改革の計画に関する投票以来、国内をかくも大きく二分する議論が、とりわけ哲学に関心を持ち、我々の社会には哲学に関する研究と討議が必要だと信じる人々のあいだで巻き起こったというわけです……。この改革に対する戦いが始められて以来、いくつもの脅威がたえず深刻なものとなり、ますますはっきりと姿を現してきています。たしかに今のところバカロレアに手をつけるようなことは慎重に避けられています。これは、一九八一年の大統領選に決着がつくまでは、着手するにはデリケートすぎる問題でしょう。哲学の教育・研究の場を制限することを目指す政策の諸効果は、いずれにせよ顕著になってきました。情勢はますます困難となり、年々悪化の一途を辿っています。試験で採用される教員数の大規模な削減はその一つの徴候にすぎませんが、他方で、昨年各地の師範学校にいる多くの哲学教員が職を奪われたときには、さらに目を覆わんばかりの事態でした。アビ改革の実行段階は、昨年度は高校の最終学年に関わるほどにはまだ至っていなかったのです。やがて出されるであろう諸々の政令《デクレ》によって、この水準の教育課程における改革の諸帰結が引き出されることが予想されます。それらが出るのを待つまでもなく、学校機構の総体においてそういった着想を与えている諸原理に一貫して反対しているのですが、何しろいまだに哲学に関するそれらの政令がどういったものになるのかはっきりと知らされていないわけです。この件に関して出回っている噂は——三部会で語られ、今ではその議事録において活字化されていますが——私たちが当初怖れていたものをはるかに超える、不安を感じさせるものでした。これは教員や学生のみならず、この国の哲学のような何かの未来に関心を抱くすべての人々の警戒心を呼び覚ますに違いないと私たちは思いました。一定数の教師たち（哲学者であれそうでなかれ）が集結して、ご存知の通りの「呼びかけ《アピール》」〔本書第1巻所収〕をおこないました。彼らは哲学的、政治的、その他もろもろの差異を超えて（むろんそれらの差異への配慮を決して怠ることなく）共通の懸念が認められるような言葉で、その呼びかけを行なったのです。こうして六月一六・一七日、ソルボンヌの大講堂において、一二〇〇名以上の人々があの全国三部会に参加したのでした。こうした大規模で例外的な数の人々が殺到したことはそれ自体すでに一つの事件であり、一つの徴、一つの警告でした。このことは強調しておかねばなりませんが、参加者が職業的哲学者、教員や学生ばかりでなく、大学人ばかりでもなかっただけによりいっそうそう思えるのです。そこで起こったことについては、討議の転記を読んで今ようやくそれがどういうものであったか摑めるようになってきています。

［…］

二、三部会においてアピールをおこなう責任を引き受けた人々が実に種々多様であったということを強調しておかねばなりません。これはフランスにおいては、きわめて稀な、それだけにいっそう意義深い現象なのです。二一人からなる準備委員会は、一部が哲学者たちによって形成されていましたが、彼らは別の文脈では互いにさほど親しいわけではありません……。私たちは議事進行表をあらかじめ用意しませんでした。（排他的でなく、序列を決める基準もなく、課された規範もなく、ずば抜けた権威や能力をもった人々を優遇するわけでもない）幅広い議論、広く開かれた議論を促すことができればと願ったのです。そして可能なかぎり自由に発言がなされ、議論され、問いかけがあり、提案がなされ、作業が進行し、情報交換がなされたその討議は、多くの者が気づいたように、六八年〔五月革命〕のいくつかの瞬間を思い起こさせる場所と雰囲気の中でおこなわれたのでした。この点に関して、大部分は、私たちが望んだとおりのことが生じました。この出来事が長期的に見てどのように解読されうるのか、それは私には分かりません。いずれにしても大事なのは、この出来事に対してあらかじめあれこれの歴史的意義を付与しようとしないことであったと私には思われます。直ちにおこないうる総括は（というのも、あなたは「総括」に関する問いを提起されているのですから）、少なくとも二つの次元で展開されうるでしょう。一方で、人びとの結集ということが実際に生じ（そしてそれは再び起こりえるかもしれないのであって、このことは皆が考慮に入れておかねばならず、承知しておかねばなりません）、情報は流通し、問題意識の自覚が加速され、さまざまなグループが生み出され、パリや地方で作業を続けています。こう言ったからといって私たちの視野が〔職業的哲学者の〕同業組合的な観点に制限されてしまっているわけでは決してなく（実際、職業的でないあれこれの問題が提起され、二日間にわたって広く議論されていました)、たとえば哲学教育の高校最終学年以外への拡張に関する種々の決議が可決されたりしました。(それらの決議はついで他の諸審級によって引き継がれ、正式なものとなっていきました。パリ・ヴェルサイユの大学区《アカデミー》でバカロレアの哲学科目を採点する方々がおこなった、拡張に関する動議がその好例で、これは三部会の数日後に可決されました)。他の三部会の招集も検討されました。もし政府からの脅威が再び現れていたとしたら、すぐにも開催されたことでしょう。三部会第一日目の晩にテレビで発表された大臣の声明はこの点に関して安心させるものでしたが、判断するには政令の公布を待たねばなりません。

[…]

三、あの三部会がGREPH《グレフ》によって取り仕切られてはいなかったということを客観的で確認可能な仕方で示すのは、GREPHのメンバーが準備委員会においては少数派であり、三部会そのものの開催期間はなおさらそうであったという事実です。この量的な観点はいつでも証拠となるわけではありませんが、いずれにしても、投票がおこなわれ、決議がすべからく民主主義的に可決されたその度ごとに証拠となります。たしかに、三部会のアイデアはまず、GREPHの幾人かのメンバーによって言及されたものでしたが(まずはブリュネによって。この事実について私は三部会の冒頭で述べました)、この出来事を取り巻くあらゆる事態にとっても、二日間の議題にすべき問題にとっても、決議などにとっても、可能なかぎり幅広い人々の結集が必要であると私たちには思われたのです。今となっては刊行されたすべてのものが、このことを証言しています。GREPHはおそらくこの出来事を引き起こしたかもしれませんが、それを我が物にしたり支配しようとは望みませんでした——そして実際そうはしなかったのです。おそらく私たちは、議論の中でGREPHの立場を擁護しましたが、これ以上に正統なことがあるでしょうか。他の団体のメンバーもまたそうしたのであり、それはよいことです。GREP

Hが他の団体に比べて、行動のための結束力がより強く、（時に、そしてますます参加者の信念を確固たるものにさせる）戦闘的立場により長い間立ち続けているということもまた、確かなことです。その最良の例は、哲学の授業を高校二年次からに拡張するという案に関して可決された決議ですが、この決議ですらも、私たち自身の観点からすれば、まだまだ穏便なものにすぎないということは忘れてはならないと思います。

［…］

四、さらに正確を期しておきましょう。GREPHは労働組合でもなければ、同業組合的団体でもありません。一九七五年以来、GREPHは、哲学者であるかどうかは問わず、多くの教員や学生たちを結集してきました。彼らは、哲学の制度に関して、哲学の歴史やその現在の役割に関して問いかけをおこない、またそれだけでなく新たな問いを提起し、これまでとは別の仕方で行動することで現状に介入しようと決心した人々です。GREPHの作業プログラムや行動方針、創設時の草案や初期の態度決定に関しては、『誰が哲学を恐れるのか』（フラマリオン社「領域《シャン》」叢書、一九七七年）の中に収められたテクスト群を参照していただくしかありません。現在、フランスの至るところで、いかなる中央集権化もなしに、公認のいかなる教義、いかなる序列からも離れて、多くのグループが哲学の教育研究の変革のために働いています。彼らがそれをおこなっている状況はグループごとに実にさまざまです。もちろん、三部会で扱われた問いはすべて、GREPHによって特権的に扱われてきた問いです。たとえば、今日のフランスにおけるメディアや哲学の状況であれ、教育課程《プログラム》や評価基準であれ、出版や教育面のあらゆる細部であれ、哲学における女性の問題であれ、です。また、三部会では言及されなかった他の多くの問題もGREPHは扱ってきました。直近の問題に関して（たとえば、アビ改革に反撃するために、伝統的な最終学年の擁護にもはやとどまらない攻撃的で新たなスローガンを打ち出したり、あるいはさらに、師範学校から大量の哲学者が排除された時などに）戦闘的な立場を取ってきたにもかかわらず、私たちは自分の仕事を、時に危険なユートピアと見なされるものへと向かう、息の長い任務だとみなしてきました（これはすでに、哲学教育を高校の最終学年以外の場所に拡張する際にみられたことです。多くの者の心のうちで数年の間に事態は変化してきています）。

［…］

五、三部会では、この経験を拡大し刷新するという方針がとられました。各大学区では、労働組合や同業組合的な組織といささかも競合することなく、何らかの運動を生み出し、新たな問題設定や新たな活動様態を提案しうるような窓口が設置されるべきでしょう。

［…］

六、採用試験で募集されるポストがますます削減されているという現状を指摘するのは、たんに同業組合主義によるものではありません。この政策の結果はきわめて広範囲にわたり、教員採用の問題をはるかに超えるものです。職業の未来がすべて閉ざされれば、哲学を専攻する学生はますます減少し、今いる学生たちもますます意気阻喪して活動意欲を失います。こういったことはすべて、研究の全般的な状況の悪化につながっていきますし、教育の場以外での哲学的な議論の諸条件については言うまでもありません。この点に関して、三部会の直後に、参加した者たちをなだめようとして発表された大臣の声明は私たちを満足させるにはほど遠いものでした。

［…］

七、哲学教育の拡張は教育制度の全体に大きな影響を及ぼしうるものであるので、そのような拡張を後退的な立場とみなすなどというのは絶対にありえないことです。その影響に関して、ここで長々と述べるのは難しいことですが、GREPH《グレフ》のもろもろの仕事（たとえば、『誰が哲学を恐れるのか』を参照してください）からそのおおよその知識を得ることができるでしょう。三部会で計画案の形で述べられたことはすべて、後退などとは似ても似つかぬものです。しかしながらもちろん、そこで問題になっていたのは予備的な段階にすぎないわけですが。

2　哲学とその教育

［…］

八、哲学の拡張は、私たちには望ましいものと思われますが——その際、新たなやり方を創出し、すでに周知の確立しきった教育を他所へもっていって「授ける」だけになってしまわないような形でやらねばならないのはもちろんのことです——、ただ高校の最終学年の手前に拡張するだけでなく、同時に最終学年より後に、大学においても、哲学科の外へと拡張していくべきでしょう。これはちなみに、科学者・法律家・文学者・医者・技術者などの側からのきわめて熱心な要求にも呼応しています。大学以前に哲学教育をもたない他のヨーロッパ諸国の教育システムとの比較について言えば、私たちの要求は、一見したところ大胆ないし常軌を逸したものに思われるかもしれません。ただ、私たちは固有の歴史をもったフランスの文脈の中で闘っているのですし、他方で、GREPHが提起した問いがフランスの外のヨーロッパや合衆国で多くの者の関心を惹いたというのは注目すべき事実です（これにはおそらく本質的な理由があるのであって、現段階のあらゆる産業社会に共通の特徴が関係しているのでしょう）。哲学がかつてないほど、大学以前の時点から、フランスの外でも必要とされているまさにその時に、フランスでは、逆の道ゆきを辿らんとしているのです。この関心や不安については、政治社会的な諸勢力があるタイプの研究——哲学はその唯一のものではありませんし、私たちはある「学問分野」の統一性からはみ出るものに対して細心の注意を払っています——を制限しようと試みるところではどこでも、たくさんの徴候が目につきます。これらの問題はヨーロッパないしアメリカの多くの国々において、北アフリカやフランス語圏のブラック・アフリカの一つならずの国において アクチュアリティを持っています。その中で、GREPHに似た関連グループがそれらの国々に作られ、私たちと一緒に仕事をしているのです。GREPHの原則の一つは、一つの学問分野の制限内に閉じこもらず、哲学実践と他の実践との関係を再考しようと試みるということです。この点に関して、私たちは決して、根本的な練り直しを含まないような何事も提案したりはしませんし、そのような根本的な練り直しが実を結びうるのは、他の学問分野の研究者・教員・学生との共同作業においてのみなのです。

［…］

九、そうした問い(2)に対するいかなる答えも、すでにして一つの哲学を展開させます。今日、哲学教育の拡張のために闘っているすべての人々のあいだにはいろいろと哲学的な違いがあり、哲学的な係争があります。さしあたり共通の信念といえば、問いが、あなたが提起したタイプの問いが真剣に練り上げられるようになるのは、教育と研究の物質的・技術的諸条件が改善され、より開かれたものとなる日でしかないだろうということです。ただし、そのために闘うことはすでに態度表明をすることなのです——それも哲学的な意味で。私たちは皆、この幅広い哲学的議論が発展することを望んでいるという点で一致しています。今日、いくつかの見かけにもかかわらず、そのような議論はあらゆる方面から遮られています。哲学的な仕事は制度の内部においてより能動的でより活き活きとしたものであればあるほど、その外部においてもよりいっそう能動的で活き活きしたものとなるのです。

［…］

十、哲学的言説の純粋な統一性など一度も存在した試しはないのですが、それはおそらく本質的な理由ゆえです。ここでこの問題に取り組むのは難しいことです。たしかに（歴史上の、そしてあれこれの社会の）いくつかの時代には、哲学的な作法や議論の相対的な統一性についての表象が不可避的なものとして認められていたことはあります。もちろん、強力な排除と引き換えにして、です。今日哲学と呼ばれているのは、さまざまな言説の不均衡がもっとも甚だしい場所のことなのです。一つ指標を挙げるとすれば――これについては嘆くべきではなく、ただ考慮に入れるべきでしょう――、ある哲学教師は、ある別の哲学教師に似ているよりはむしろ、何でもいいのですが何か他の学科の教師により似ているということです（こう言ったとしても、私はさほど誇張していないと思います）。もし今日、哲学の称号の下に産み出されているあらゆる言説とあらゆる教育を全部同時に耳にすることができたとしたら、思うに、当然予想される内容の違いによって啞然とされるだけでなく、基本的な作法の違い、もっとも決定的な哲学言語や価値評価が複数あり、それらが互いに翻訳不可能性であることに啞然とされることでしょう（たとえば、予備的な作業が避けて通れない「問い」や「テクスト」を何にするかを決める際、かつて「基礎教養」と呼ばれたものの中身を決める際にそうしたことが生じます。ちなみに「基礎教養」自体が問題のある表現とされるのですが、それもまた一つの徴候なのです）。このような深層における揺れは私たちに偶然に外部から、単純に到来するわけではありません。この深い揺れを思考すること、これこそ私たちの任務の一つなのです、おそらくは。

3　いくつかの批判と誤解について

［…］

十一、よろしければ、批判に取り掛かることにしましょう。まずもって、三部会を批判から免れさせたいといったことは問題にもなりません。問題は、逆に、もっとも幅広く、もっとも矛盾に満ちたさまざまな議論を開くことであったのですから。二日間即興で議論をおこなったからといって、絶対的に首尾一貫して充足した諸提案からなり、教説や教義の形をとった、非の打ちどころのない集積体《コーパス》が生み出せるわけもありませんし、生み出すべきでもありません。つまり、批判したからといってそれがつねに正統とは限らないのです。たとえば、自己弁護の身振りを糾弾するような批判です。自らの責任に意識的な教員たちにとって、自らの労働条件を擁護することはいささかも不当なことではないでしょう。私たちはそうした擁護をおこなってきましたが、それだけにとどまったわけでもないことは三部会の議事録が証明してくれる通りです（ここではそれを参照してもらうほかありません）。ご存じのように、三部会の参加者たちは、かなり多くの割合だと思われますが、哲学者ではなく、さらには教員でさえありませんでした。そこで提起された問題はきわめて広範なもので、社会における、したがって制度の外で哲学的実践の占める場や実践の仕方、哲学的思考の今日的な意味、教育の一般的な使命といったことに関わっていました。こういった問いはみな、専門的・職業的な地平をはるかに超え出ていくものです。その場にいた誰も、一瞬たりとも、哲学的実践の旧来の諸条件のほうへと後退することが望ましいなどとは思っていなかったはずです。提案された変革と拡張は、哲学を超えた、一般的な研究と教育に関わるものであったり、また制度の外における哲学に関わるものであったりしました。

三部会でメディアに関して展開された言説のいわゆる「性急」な性格を取り上げることにしましょう。メディアに関する（その機能と現在の役割、文化における役割、教育に対するその影響などに関する）問いは三部会において重要な位置を占めており、これは「見せかけの議論」ではありませんでした。「性急」ということで、この議論が一部、即興でなされたものであったということを強調したかったのであれば、それは完全に間違っているわけではないでしょう。ただし、メディアに関する問題を扱うのが必要であることは第一日目の開会時から

（慎重で、弁別された、計画的であると私には思われた表現で）認められていましたし、メディアに関する作業グループにもっとも活発に参加していた人々（私はとりわけ〔レジス・〕ドゥブレ[2]のことを念頭に置いています）は相当な量の作業の結果をもたらしました。どちらかというと即興的であったにせよ、私には根本的と思われるタイプの問い（にもかかわらず、学校や大学といった環境では不十分にしかこれまで認められてこなかった問い）が、はじめて取り上げられたことについては私たちは自賛してもよいでしょう。そういうわけで、私は、〔三部会の〕第一部からそれをテーマとしてスクリーンに写し出すことが必要だと思ったわけなのです。

とはいえ、そこで展開された言説ははたして「性急」なものであったのでしょうか。誠実な評価のためには、スキャンダラスな単純化で満足してしまわないことが大切ですが、幾人かの人々は、その後数日の間にそのような単純化に身をゆだねてしまったようです（私はとりわけ、こう言ってよければ、憎悪に満ちた、いや実際そう言えると思うのですが、『エクスプレス』誌の要約記事や『ヌーヴェル・オプセルヴァトゥール』誌の要旨報告のことを考えています）。むしろ実際にその場で言われたことに（いまやそれらは出版されているわけですから[3]）戻らねばなりません。そうすれば、それらの言葉が慎重であり、複雑であって、私の考えでは、あれほど短い議論にしては、かなり練り上げられたものであったということがわかるはずです。教育とメディアに関するグループは長時間作業をし、参加者のうちきわめて大きな数を集め、報告書が承認されるまでにおこなわれた議論は長いものでした。三部会での議論の書き起こしを読むと気づくはずですが（少なくとも、はじめから疑ってやろうと決めていたのでなければ）、そのものとしてのメディア一般に関するいかなる批判も含まれてはおらず、ただメディアの現在の役割に関するいくつかの技術的ないし政治的な諸条件や、そういったことが必ずや言説・教育・研究などにもたらしうる一般的な影響についての批判があっただけです。そうした批判がメディア一般に皮相な審判を下すやり口とはいささかも似ていないとわかるように、ありとあらゆる予防策が講じられました。読み直してもらえれば、あるいは読んでもらえればわかっていただけると思います。争点は深刻なものであり、注がれるエネルギーは甚大で多様なものである以上、出版・メディアについて問いかけをおこなえば必ずや多くの神経過敏な反応を生じさせてしまうのです。反動は強力なものであり、当然ながら、その領域の過度に武装した場所からやってきます。こういった問いが、私たちがそうしたように、まったく自由に、白日の下に提起されることを禁止したがる者もいるということでしょう。たとえば、おそらくはそうした理由からでしょう、〔三部会二日目の〕日曜の午後[3]、明確な意図を持った小さな一団がやってきて、私たちの作業を不可能にし、議論を中断させようと試みました。発言をすべて遮って聞こえなくしたりかき乱したりするために、絶えず騒音を出し、指笛を吹き鳴らし、不平丸出しの喚き声を立ててみたり、要するに、テロリストの小さな特命行動隊が試していた技術です。この一団は、ベルナール＝アンリ・レヴィ[4]とドミニック・グリゾーニをリーダーとする集団でした。彼らは他のすべての参加者同様、マイクで発言するように提案されました。彼らが発言し始めた時、教室の中で幾人かの者たちが抗議しました。おそらくは先ほどまで続いていた妨害行為や猛り狂った議事妨害に怒り心頭だったのでしょう、マイクが置いてある演壇の近くで、二、三人の見知らぬ者たちが、ごく軽い小競り合いを惹き起こしさえしました（私は自分の言葉の重みを吟味したうえでこう言っています）。しかし、主催者たちはB－H・レヴィを演壇へと招いただけでなく、彼がまったく自由に発言できるように配慮しました。そこで起こったこと、そして彼の発言は今や刊行されています。次のようなことを知らされなければ、私はこの騒動——とはいえ、きわめて示唆的な騒動です——に時間をかけるつもりはなかったのですが、フィリップ・ソレルスとの対談を信じるなら、B－H・レヴィは、三部会で「滅多打ちにされた」のだそうです。「滅多打ち」とは！　期待してよいでしょうが、人権のあれほど雄弁な擁護者である彼ならばこの表現の意味を知っているでしょうし、テレビに登場した際に（そのときJ－L・セルヴァン＝シュレベールとの対談でしたが）この同じ騒動について、すでに用いていたこの表現の重要性を認識しているでしょう。B−H・レヴィの側からすれば、それはもっとも下劣な誹謗中傷だったということのようです。繰り返しますが、このごく軽い小競り合いの間じゅう、誰も一発も殴りはしませんでした。騒然とした雰囲気の中で叫んでいた人々がマイクの周りへ押しかけたり、互いに上着を引っ張り合ったりしていた、これが事実です。千人以上の人々が証明してくれます。皆と同じように、B−H・レヴィは真と偽を区別することをほとんど気にかけていないと知っている以上（しかし彼は、〈真理・法・倫理〉をスーツの襟のボタンホールにつけているはずなのですが）、こういった症状は、それらが置かれた忌々しいがとるにたらない背景事情によるものだと、放っておいてもよいのでしょう。ただ、この根も葉もない話が、三部会に出席していたすべての人々を侮辱しているのだとすれば、やはり軽蔑すべき讒言には応酬しておかねばなりません。B−H・レヴィは一連の流れの中で、実に悠々と、助教員たちだけではなく、すべての人々に向けて、問題はささいなことだとしたのです。このようなやり取りを彼と交わす趣味などほとんど持ち合わせないとしても、公共の機関（テレビ、定期刊行物）によって流布され信用を与えられてしまっている以上、この根も葉もない話は、応答しないで放置しておくにはあまりに深刻すぎ、あまりに大規模な攻撃となってしまっていました。ああ！　もし人権という大義を擁護する者には、かくも嘘つきで罵倒屋の人間しかいないのだとしたら、私たちはかつてないほど心配しなければなりません。この話はこれまでにしておきましょう。

十二、まさにその点について、[4] 全体主義というもの――これこれの全体主義――へのこれこれの批判がこれこれの形式のもとでテレビに登場するのは、あくまでもこの国の歴史のある明確な時期においてでしかないと、忍耐強く多様な分析がさまざまな方向に向かいつつ説明しなければならないでしょう。もっとも、そのような分析は他所ではずっと昔からはっきりと言葉にされ、伝えられ、研ぎ澄まされてきており、またずっと昔からそのような分析によって、自身の明白な立場を正当化してきた人々もいます。分析言説の難しさだけが問題なのではなく、付随的に何らかの内容を伴ってしまう価値判断の全体がその原因であると思われます（たとえば、あなたが全体主義の批判と呼ぶものが付随的内容の例ですが、決してすべてがそれに要約されてしまうわけではありません）。ただし、すでにあまりに多くのステレオタイプと情報操作に苦しんでいるこの領域において、即興に身を委ねるべきではありません。いかなる威嚇にも屈せず、繊細で弁別された作業が必要とされるでしょうから。そして私は自問するのです。別の観点からすれば、いかに有益で明解なものであろうと、対談という形式には単純化のほうへ性急に向かわせるリスクがあるのではないか、と。今の状況ではその分析を再現しにくいので（刊行された諸テクストを参照してもらうことにして）、その代わりに、ここではきわめてはっきりと立場を表明するだけにしておきしょう。思うに、誰も、三部会にあっては、GREPHの誰も、そのものとしてのメディア一般のような何かを攻撃したことはなく、これは先ほど述べたことですが、「メディア」と呼ばれるこれこれの道具の、今日のフランスにおける現状と用法を攻撃したのです。メディアに対するあらゆる反動性に関する私の不信は至極明瞭に語ったので、私の側からは一言だけ付け加えておきましょう。メディアについて私が思うのはただ、メディアの数がまだ十分に多くはない、ということです。メディアはむしろ自身の一枚岩主義、集中化、独占化、臨検をともなう暴力的な画一化に苦しんでいるのです。要するに、もっとも糾弾すべき徴候は寡頭支配的なものです。それではなぜ情報操作をおこなうのはこんなに少人数なのか、なぜあの者たちなのか――おそらくこのような問いを出発点にすることができるでしょう。

（藤田尚志訳）

複数のタイトル　〔国際哲学コレージュのために〕（一九八二年[1]）

哲学

この新たな制度の資格《タイトル》をここで正当化するために、まず私たちがこの制度に付与する名称から始めて、存在しなければならないはずの複数の資格を強調しておきたい。

なぜ今日、哲学なのか。そして、なぜこの新しいコレージュはまず、哲学コレージュであるのか。

もちろん私たちは、フランスにおいて哲学を創出しようとか、復活させようとかいうのではない。フランスではたとえば大学において、高校《リセ》の最終学年において、コレージュ・ド・フランスにおいて、そして国立科学研究センター（CNRS）において、哲学は〔すでに〕その存在の仕方と制度的な条件を保持している。また、パリにも地方にも哲学関係の学会が存在している。

私たちが以下で明確にしようと思うのは、フランスにもう一つ別の、まったく別様に構築された制度を付けくわえる必要性である。この制度はいかなる点においても、既存の仕組みと競合したり、その仕組みにとって脅威となったりするものではない。その反対である。むしろ私たちが考えているのは、新たな手段であり、そして提案と誘発のための活力であり、哲学上の交流ならびに研究と教育に関する実験的な試みと、既存の諸制度の代表者たちが参加できる議論の両方にとって何より寛大で、またそれに相応しいある一つの場所なのである。フランスのすべての哲学関係の制度は、以下に詳論する形式にしたがって、コレージュのなかで活動し、そこで自分たちの責務を果たし、また、自分たちの研究と構想について討議することができる。国内のどこかに見出される手段の二番煎じを目指すような想定は原則としてすべて退けることにしよう。さらに、これまでの政策について、それがどのような帰結をもたらしえたにせよ、そして、たとえそのうちのいくつかは私たちにあまりに否定的なものに映るとしても、それらをここで批判することも控えよう。それらの政策を掲げてきたはずの人々を喚問することもしまい。私たちのここでの目的は、なによりもまず、そして本質的にいって、肯定的なものだ。それに、先に述べたような批判的評価を下すという作業は――ここはそのための場ではない――すでに着手されているし、そのような評価を下すためには、哲学の本質と使命〔destination〕のみならず、膨大な数にのぼる〔哲学に関する〕社会‐政治的な状況の規定〔détermination〕や重層決定〔surdétermination〕にも揺さぶりをかけるような、詳細で複雑な分析が要請されるだろう。以上のことは、新たなコレージュで企図される研究領域の一つを構成するはずだ（「たとえば、二〇世紀とりわけ第二次世界大戦以降のフランスにおける哲学と諸制度はどうなっているのか」）。こうした研究はこの場には不釣り合いであるし、時宜を得たものでもない。いつの日か必ずと弁明しつつ、以下ではいくつか原則的なことがらに専念することにしよう。

今日あらゆるところで、哲学的なものの覚醒あるいは哲学への回帰と呼びうるものが出現しつつあるように思われる。これらの表現でもってことがらを単純化するような評定が下されているわけではけっしてない。この文言が示すところを簡潔に述べるなら、それは、学問的な境界線を大きく溢れ出し、哲学的な交流と研究のために伝統的に用意されてきたあらゆる場所（つまりフランスではここ数十年で少しずつ縮小してきた領域のことであり、具体的には、大学、国立科学研究センター、専門的な刊行物、またほかに高校《リセ》の最終学年という非常に危機的な状況におかれた空間である）から大きく溢れ出すような、これまでにない強力で特異な現象である。したがって、ここで問題になっている哲学への回帰とは、なるほど回帰というものに認められるいくつかの形態からすれば、後退という危険をあちこちで冒してしまうかもしれないが、実際にそうだということにはけっしてならない。とはいえ、その退行的なあり方の説明となりそうな制約は、退行というものそれ自体が有する意味とともに、複雑かつ慎重な分析に値するといえるだろう。その場合もまた、私たちとしてはいくつかの指摘をするのにとどめるべきだろう。いずれにしても、その他の問題系にくわえて、非常に多くの問題系が新たなコレージュに委ねられるべきものとして挙げられるのだ。

たとえ哲学が今日、ある種の抑圧からおそらく逃れるべきであるとしても、哲学的なものの回帰はまた「抑圧されたものの回帰」であるわけではないし、いずれにせよ単純にそうだということにはならない。ここで問題になっている抑圧のさまざまな場面や形態は、教育に関するある種の技術‐政治的な概念によって部分的には説明される。あまりに批判的であると同時にあまりに否定的で非生産的であると判断された哲学教育（そして「人文学」全般）は、その広がりを制限すべきだと信じられたのである。ここで私たちは、哲学の鎮圧に抗って闘ってきた人々がここ数十年のあいだ大規模な分析を繰り広げてきた主題について、もっとも抽象的な仕方で喚起することにしよう。

私たちがここで論じている「回帰」とは、形而上学の終焉についてさまざまな観点から述べられたり、考えられたりしたことの消去ないし欠落を含意するわけでは必ずしもない。それどころか、そのもっとも独創的かつ厳密な形式において、哲学それ自体に対する、〔そして〕その境界線が別様に理解された哲学に対する新たな関係性を告げるものである。哲学は、「死んだ」わけでも単純に消滅へと運命づけられているわけでもないのと同様に、覇権主義的な見地にたって知の円環《エンチクロペディー》知的な領野を統べるわけでもないからだ。これまで二世紀にわたって哲学について述べられたり、考えられたりしたことはすべて、哲学の覇権／死という逆説的にも不可分のペアからも説明されてきたということを忘れないでおこう。

まさしくこの二者択一の体系こそ、おそらく今日位置をずらされ、有効期限が切れたものなのである。そして、この体系とともに、この体系をつねに前提としてきたウニヴェルシタス〔大学〕という概念もまた、そうだといえる。ベルリン大学〔設立〕や産業社会の黎明以来、西洋において支配的であった大学というモデルは、哲学にある種の絶対的な法的権威（根源的存在論、あるいは理論－実践的な領野の全域に対して法規を制定する純粋理性の法廷）を与えつつも、原則的には哲学が大学の閉域の外で実効的な権能や介入の可能性をもったりすることをいささかも認めない、そういった国家－哲学的な基礎のうえに構築されているからだ（この点については、カントの『諸学部の争い』という典型例、ならびに大学の運命に関する哲学者たちのその他多くの言説を参照）。

したがって、私たちが哲学コレージュの創設を提起するのは、まずもって哲学的な使命や本質としてあらかじめ規定しうると思われるかもしれないものに、この制度を完全に帰属させるためではない。それは一方で、哲学の問い、すなわち、哲学的なものの意味や使命、その起源、将来、条件についての問いが展開されるであろう思考の場を指し示すためである。この点で「思考」がさしあたり指し示すのは哲学に対する関心、哲学への関心にすぎないが、この関心はまず第一に、必然的かつ全面的に哲学的であるわけではない。また他方で、〔コレージュの創設は〕哲学を肯定するためであり、技術、文化、芸術、言語、政治、法、宗教、医術、軍事的な権力や戦略、警察の情報収集など、知一般の新たな諸形態に関して、私たちの社会において、今日、哲学が何でありうるのか、何をなすべきなのかを定義するためである。哲学的な仕事に劣らず、哲学的なものを主題とする思考の経験こそが、コレージュの務めとなるだろう。これは古典的な務めである（哲学の本質や使命を規定することから始めない哲学などあっただろうか）と同時に、特異な条件のもとで今日展開されるべき務めである。研究、科学、学際的研究、芸術の諸価値に関しても同じことを後述する。

新たな研究を実践すること、相互干渉的な運動と学際的な空間に参与すること〔s'engager〕、だがそれらは、私たちが「科学性〔scientificité〕」や「科学的研究」といった確固たる概念に安住しているということを意味しない。そういった概念の歴史的意味や未来はどのようなものだろうか。この問いは、どこまでも区別された仕方で、コレージュのプログラムに取り入れられるだろう。

今日この「哲学の覚醒」は西洋社会全体で、そして科学技術上の発展へと門戸の開かれている世界各地で種々の注目すべき形態をとっている。フランス語圏のアフリカ諸国はこの点に関してとりわけ瞠目すべき事例になっている。つまり、若い世代からの要望とある種の歴史的な事情のために、すでにいくつかの国では哲学教育が高校《リセ》の最終学年をまたずにおこなわれているのだ。それはフランスで（とりわけＧＲＥＰＨ《グレフ》〔哲学教育研究グループ〕によって）表明された諸要求にはっきりと基づいてなされたのだが、フランス本国ではいまだ充分に聞き届けられていない。このことがある時代の本質的な統一性をなすものかどうか定かではないが、そこにはおそらく、偶然の巡り合わせ以上のものがある。そういった事態の切迫性や方向性を規定しているモチーフはそれぞれ異質であり、さらには矛盾しているとしても、そのことは、哲学それ自体に〔アフリカ諸国とフランスがともに〕同様に依拠しているということをいっそう謎めいた有意義なものにするばかりである。

これらのモチーフのいくつかを典型的な指標として概略しておこう。とはいえ、ここで問題になっている事態について予断を与えてしまわないように、徴候として議論の余地のないものを、つまり〔哲学に対する〕要請と期待を少なくとも明確にしてくれるものを列挙するにとどめておこう。

一、「哲学の終焉」あるいは「形而上学の超克」に関してこれまで支配的であったさまざまな言説は、それに対する応答あるいは反動として、西洋哲学の伝統の総体と新たな関係を取り結ぶことを至るところで要請した。この伝統は時代遅れの遺産として打ち捨てられるのでも、本性的なものあるいは破壊不可能なものとして捉えられるのでもない。哲学的なものの限界に関するさまざまな言説によって提示された読解モデルは、二五年以上もまえに哲学に関する言説と研究の基準をなしていた読解モデルと外見上はいくつかの点で関連しているが、実際は比較することがほとんど不可能である。このモデル転換はフランスにおいて、たとえ哲学の制度そのものがこの転換に適応したわけではないにしても、他のところに比べれば（この点についてはあとで強調するつもりだ）根深いものであった。この不適応のために、制度外での哲学の要請はますます抑え難いものとなり、また、この要請の形態が多種多様であることがそれだけで、もっとも強い関心の注がれる現象をなしているのである。

二、哲学的なものの回帰は多くの場合、倫理－法的な諸問題の新たな配置という形態をとる。それはとりわけ以下のことに起因する。世界的な激変の記憶と予測、人間性の自己破壊の前触れ、全体主義的な現象、身体的かつ精神的な虐待、哲学－イデオロギーがもたらすある種の安全の剝奪、技術－科学上の権能（とりわけ生――臓器移植や遺伝子操作など――に対して及ぼされる権能）、哲学と精神分析によって道徳と法権利の伝統的な公理（主体、意識＝良心、責任を果たす自我、自由などの価値）が問題視されたことである。一言でいえば、ある種の大学モデル（一九世紀ドイツの遺産ではあるが、いまだに現存している）を参照することで、広義における伝統的な哲学部[2]のそとに位置づけられてきた三つの領野、つまり神学、法学そして医学において、哲学に訴えかけるような震動が新規にしかもまったく別様に起きたのである。法権利（たとえば「人間が有する諸権利〔人権〕」と呼ばれているもの）、病気あるいは健康という経験、政治的なものと宗教的なものの関係などに関する新たな問題構制が形づくられ、そして、これに関する別様な説明が至るところで哲学的なものそれ自体とともに要請されているのである。したがって哲学的なものは消滅するわけにはいかない。また、以前には、別の可能性は許容することとなく哲学に認められたり拒絶されたりしてきた調停の審級という役割を演ずるわけにもいかないのだ。

三、最近になってマルクス主義の正統性が大規模な仕方である種の後退をみせたことで、西洋の民主主義において、一見すると矛盾しているように思われるが、しかしいずれも哲学の勃興という形態をとる二つの運動が生じた。

a　正統マルクス主義によって無効とされ、格下げされ、あるいは少なくとも威嚇されて沈黙のうちへと押しやられたかに思われる哲学上の公理論にただ引き返すこと。

b　マルクス主義の後退とその政治的条件を意味深い現象として考察すること。たしかにこの現象は意味深いが、しかしそれは、死亡証明書として、哲学的流行を追いかける日刊紙の繰られた一頁として銘記されるものなどではなく、あらためてマルクスの遺産を厳密に展開し、また、この遺産がしばしばそこから自分を防衛しようとしてきた近代的な問題構制へより広く門戸を開くはずである。マルクスとともになされる、あるいはマルクス主義においてなされるこのような再検討と新たな議論は、今日のフランスにおいて独創的な形態をとりうるし、また、そうでなければならない。

四、それ以外の逆説的状況として、宗教的運動が強力かつ明確な仕方で世界中で再び出現し、政治的勢力を体現している。この場合も、一見すると矛盾関係と競合関係にあるように思われる二つのモチーフが一つの同じ哲学的帰結において関連付けられる。

一方で、宗教的運動のこの再出現は、かつて西欧において宗教の歴史と不可分であった倫理－形而上学的ないし神学的な主題に対する新たな関心と一対になっている。

他方で、しかも別の地域では、この再出現は応答あるいは反動として、「啓蒙主義」に訴えるように命じている。そして、哲学が神秘主義や入信儀式、蒙昧主義に抵抗するとされるかぎり、合理主義の近代的な形態は哲学に先天的とも判断されているのだが、こうした形態に訴えることもこうした再出現は命じている。ここでおこなっている考察の種類と律動からいって私たちは〔議論を〕極限にまで単純化せざるをえない。だがそうすることではっきりと見えてくるのは、まさしく「理性に関する問い」が新たな姿をとり、取り組まれるべき急務となっているということである。ところで、前述した二つの「状況」は矛盾していると言えるが、それぞれの状況において「理性に関する問い」は、哲学にとっての新たな関心事をなしており、そうであるからこそ哲学は動員されているのである。

五、最後に、そしてなかんずく、技術‐科学上の研究は哲学的なものと新たな関係を取り結びつつある。この場合、哲学的なものは、みずからにとってお馴染みの〔以下のような〕古典的形態に還元されるだけではない。

a　円環知《エンチクロペディー》――知の総体――と哲学のあいだに見出される共存と無媒介的な交流。

b　知のさまざまな領野を一つの一般存在論あるいは一つの超越論的審級に（権利上）従属させること。

c　あらゆる哲学上の審級を排除しつつ、みずからを基礎づけ、かつ、みずからを形式化するべく、学問のそれぞれの領野の自律を（後から）要請すること。

d　研究を進めるうえで本来的に科学認識論的《エピステモロジック》といえる局面で哲学的なものに訴えること。

e　「危機」と呼ばれるさまざまな経験がとるつねに哲学的な形態について。それは「根拠」の危機であったり、科学と技術に関する倫理‐政治的な合目的性（つまり、技術‐科学上の権能の軍事的な使用、あるいは警察による使用、遺伝子操作、情報科学と情報通信の役割であるが、それらはまた「法学、医学、宗教」に関する新たな問題なのだ）(3)に関する懸念であったりする。

もっともここで典型として列挙した形態は必ずしも無効ではないし、また、いずれもが同じような仕方で無効であるわけでもない。しかし、これまでとは別の哲学的な実践が、そして哲学的なものに対する別様な関係が、ここで問題となっている知〔法学、医学、宗教〕のいずれについても、その内部と境界線において探し求められている。哲学に関する限りでの全か無かという二項対立、哲学的な覇権か非‐哲学か、哲学的な覇権か哲学素〔philosophème〕に対する独立かという二項対立に今日取って代わりつつあるのは横断的かつ独創的といえる数多くの交換である。この交換においては、〔個々の知が〕局所的なあり方をすると同時に、哲学に古典的な仕方で依拠すること（「根源的《ラディカル》」、原理主義的、存在論的あるいは超越論的な仕方での依拠、つねに全体化するような仕方での依拠）が断念されるのである。

一方で、哲学的な種類のさまざまな問いは昨日まで未知とされ、排除され、あるいは周縁に置かれてきた領域を横断する。思いつくまま列挙されるのは、精神分析の実践や理論、運動であり、軍事政策に関する新資料、そして空間と情報の取り扱いに関する国際法の新資料であり、都市計画、メディアであり、病気、死、拷問と関係のある新たな技術的環境であり、言語活動《ランガージュ》、文字言語《エクリチュール》、文法、言説《ディスクール》に関する理論的展開であり、表現媒体つまり「芸術上の」形態の変化——そこから派生するのは、芸術上の制度と分類法の変化であり、言語を使用するか否かに関係なく「美術」と呼ばれるものの概念上の変化である——などである。

他方で、これと相関して、このように他の領域へ新たに侵入することは、既定の知のあれこれの領野に対してある種の外在的な立場（したがって、どちらかというと無能な立場）にしばしば満足してきたある種の権威（原理主義的、超越論的あるいは存在論的な権威）を問題視するよう哲学者に強いることになる。いずれにしても哲学者は自分のスタイルと律動を、そして場合によっては言語《ラング》さえも変化させなければならない。ただしそうするからといって、哲学を否認したり、その純然たる無効を信じたりすることにはならない。哲学、ならびにその名のもとで明確になり続けるものの意味＝針路〔sens〕と宛先について問うのをやめないことで、哲学者は今日、問いの立て方を変更しなければならないように思われる。そうすることで哲学者は、往々にして哲学の諸制度からいまだに無視され、この諸制度によって認可され正統化された問題構制から排除されている場から寄せられる挑発と期待に応えるのである。

自由、流動性、創造性、多様性、さらに言うなら分散、これらがここで問題になっている哲学の新たな「編成〔formations〕」の特徴をなす。「formations」というフランス語で私たちが理解しているのは、哲学にとっての新たな「対象」、この対象を構成するプロセスであり、また、これに対応する「社会的編成〔formations sociales〕」（哲学者集団、諸制度間の共同体、研究と教育の機構）である。ウニヴェルシタス〔大学〕という「体系《システム》」あるいはモデルをかつてなしていたであろうもののうちにこの「編成」を位置づけるのは明らかに困難をともなうのだが、いずれにしてもこの「編成」には、できるだけ柔軟性、浸透性、流動性をもった制度が求められる。そのことがもたらす帰結については、もう少しあとで論じることにしよう。

図式的にせよ私たちがこれまで記述してきたことは、世界的な文脈におけるたんなる「巡り合わせ」、言い換えるなら偶然あるいは予期せぬ一致という印象を与えるかもしれない。ここに列挙してきたモチーフは互いに矛盾しているようにみえるのに、いずれも哲学に帰着する、あるいは少なくとも哲学的といわれる場所において交叉することになるわけだが、それでは、これらのモチーフにとって真正かつ共通の宛先とは何でありうるのだろうか。

こうして推定された一致について、私たちはここで定義しようとは思わない。哲学的な前‐解釈、あるいはメタ‐哲学的な解釈を提示したいとは思わないのだ。しかし、そうしないためにできることは何でもしよう。それゆえに、前‐哲学的、経験論的、狂詩曲的《ラプソディー》な物言いをするという危険をあえて冒そうと思う。そうするのには理由がいくつかあるからだが、それらはいずれも、ここで私たちが提示しているテクストの種類、ならびに私たちに課された任務にもとづく。これらの理由については、以下で簡潔に述べておくのがよいだろう。

一、これまで列挙してきた表徴〔signes〕と徴候〔symptômes〕のすべてについて、そのおおよその在り処として見定められたことに合意を取り付けるのはむしろ容易だと思われるが、その全体をどのように解釈するかということになると必ずしもそうではない。個々の表徴はそれ自体、世界という領野の全体に関する言説と哲学的な前‐解釈として示されるからだ。しかし、ある具体的な状況（簡潔に言うなら、今日のフランスにとっての好機のこと）において、この前半の合意にもとづいて何らかの制度を根拠づけることは可能だと私たちには思われる。もちろん、この制度を設立しようという企図それ自体をある一つの前‐解釈や哲学的な眺望――私たち自身のものであれ、私たちのうちの誰かのものであれ――に結びつけないようにはしたいと思う。なぜならば、それこそが私たちの責任だからである。私たちとしてはできるかぎり厳格にこの責任を果たしたいと思うが、それでもすべての前‐解釈を完全に中立化することは究極的には無理であるし、また、不条理であることはわきまえておこう。中立化してしまうとこの言説それ自体が無責任なものになってしまうだろうから。

この困難において最終的に私たちを助けてくれるのは、ある一つの仮説あるいは問いである。哲学上のあらゆる前‐解釈を実際にできるだけ長いあいだ留保すると、私たちは、自分たちに課された任務に必要な中立性と慎重さに順応するだけでなく、次のような仮説（私たちのうちの幾人かは率先してこれを自分のものとするだろう）をもおそらく提示することになるだろう。すなわち、（領域的な）科学的言説にせよ哲学的言説（根源的存在論あるいは超越論的哲学など）にせよ、伝統的な学界‐制度上の規範と基準にしたがって今日、輪郭のはっきりしている言説は、しかしそれ自体では、さきに言及した表徴と徴候の全体を解釈できないという仮説である。このような解釈は差し当たり、一つの問い、一つの仮説をかろうじて上回るものである。したがって、問いに同一性と一体性を認定することがなおも可能ならば、国際哲学コレージュにとって、いわゆる問い、あるいは問いのいわゆる典型はまさに理論‐制度の限界に関係するだろう。ほかでもなく、こうした限界の内部においてこれまでこのような解釈の占有が試みられてきたのだ。このような解釈はこれを支配しようとするあらゆる言説とテーマ群をおそらく失墜させることはないが、しかしそれでも、これらを横断し撹乱する。この言説とテーマ群とは、たとえば、哲学（そのあらゆる形態において、特に言語活動《ランガージュ》に関する哲学、歴史哲学、解釈学、宗教哲学）、人文科学（たとえば、知識社会学までを含めたあらゆる形態の社会学、科学史と技術史までを含めた歴史学、政治学あるいは政治経済学、精神分析学など）、そしていわゆる自然科学――〔他の諸科学から自然科学を〕区別することがいまだこうした分析に耐えうると仮定したうえでのことだが――である。換言するなら、コレージュの憲章がいうように、次のことを排除してはならないのだ、つまり、ここで問題になっている時代の統一性に対応する仕方で――「時代」、統一性、そして対応ということがあるとして――出現する思考は、今日規定可能な意味で科学的あるいは哲学的であるということはおそらくもはやない、ということを。実際のところ、このように規定不可能なこと、このように開かれてあること、それこそが「思考」という単語をもってこの文脈で私たちが指し示しているところのものである。この単語は、取るに足らないもの〔rien〕などではなく、それ以外の何ものでもない〔rien d'autre〕。この単語が意味するのは、哲学そのものではなく、哲学を問いに付すものなのである。

二、この「思考」はまさしく、コレージュにとっての地平、責務、そして使命をなすものであり、また、コレージュにとって冒険をなすものでもある。冒険というのは、すでに述べたように将来に関わることだからだが、しかしそれはまた、もっとも広範囲にわたる主題について野心的な思索が繰り広げられる途を進むと同時に、未踏の領域にまで実験的に踏み込むという仕方で危険を冒すことでもあるからだ。このような思索的な態度と職人的な実験作業は、互いの共存関係を打ち立てるのに最適な場所をコレージュのうちに見出すことになるだろう。

コレージュはある一つの施設にはならないだろう。つまり、効率性、実現性、そして生産性を保証された計画《プログラム》によって認定済みのさまざまな領域を包摂することを目指すような不動の制度ではないだろう。むしろ、挑発、研究の動機づけ、思索や実験の模索、新たな方向に進むための提案と策励がおこなわれる場所となるだろう。

哲学的なものの覚醒を位置づけるために先に列挙してきたテーマ群は現在のところ、あれこれの制度に所属するあれこれの専門家集団によって知られているし、また、取り上げられてもいる（直接的か間接的かを問わず、しかし決まって別々の仕方で）。コレージュはこの活動の代替となったり、あるいは競合したりということをしてはならない。ましてその専門知識に異議を唱えるなどということをしてはならない。そもそもコレージュにはそのようなことは不可能だ。むしろその反対にコレージュに可能なのは、分断され隔絶されることのあまりに多かったさまざまな問題構制を、今しがた定義したばかりの形式（強力な動機づけ、思索や実験の模索、横断的な関係づけなど）において収斂させたり、あるいは交叉させたりすることである。コレージュは、実に勢いがあり目を見張るべき存在となる時期に（しかも、そのような時期は当然、予想されうる）、ありとあらゆる国のきわめて多彩かつ重要な思想家たちのあいだに、私たちが先に提起したもろもろの決定的な論点に関する本質的な議論を惹起することになるだろう。

この点に関してあくまでも中立の立場から述べておくと、この千載一遇の好機はフランスにおいて、フランスにとって、そしてフランスによって与えられうる。私たちの国の現状は今日、特異なものである。そのなかでもよく知られたところだけをきわめて簡潔に述べることにしよう。

ここ二五年のあいだ、数々の方途を通じて、何らかのスタイルによって、やがて国際哲学コレージュとなるものがまさに予示されてきた。多くのフランス人研究者（哲学者、学者、芸術家）はコレージュを実現するような手段を何らもたなかったが、おそらく、そのもっとも卓越した独創性を確実に示してきたのであり、その独創性は結局、外国では実にたやすく認められた。それというのも、フランスは他国に比べて、専門的背景を互いに異にする多くの知識人が頻繁に理論‐制度的な境界あるいは既存の学問的な縄張りを侵犯してきた国だということが、おそらく外国においてこそよりはっきりと意識されているからだ。ここでその知識人の具体名を列挙することは差し控えよう。そのかわりに、周知のこととして指摘したいのだが、たとえば非常に高い評価を与えられ、しかも多くの場合、外国でのみよく知られたフランス人哲学者とは、哲学を諸科学、文学、精神分析、造形芸術などに向けて解き放ちつつ、その仕事を大学の設定する計画と規範の枠外で押し進めてきた人々である。しかも彼らは、困難な条件下でそれを成し遂げてきたのである。この条件は、フランスの制度的体系とその伝統的な政策のためにいっそう困難なものになっているわけだが、このことは、フランス人哲学者の受け入れ態勢がきまって整備されている他国にとって理解し難いことなのである。

これは奇妙な事態であるが、逸してはならない好機でもある。今日、周縁的あるいは間‐制度的なある種の領域のうちに、次のような空間が存在している。他のいかなる国の文化によっても生み出されえなかった空間である。そして厳密にいって、すでに設定された基準を参照するなら、この空間は純粋に哲学的であるわけでも、純粋に科学的であるわけでも、純粋に美学的であるわけでもない。

この四半世紀にわたる事態の豊富さと特異さは多くの場合、衝突、学説や教義の排斥、党派や支持者の組織化、ささいな相違の悪用——フランスという舞台の全般的な統一像をいっそう注視している外国人の苦笑を誘うことになった——の原因になったと思われる。これらの事象に関する歴史学と社会学もまた、おそらくコレージュによって着手あるいは継続される体系的な研究に相応しいといえるだろう。とはいえ、多くの場合は制度的な権力をもった機構によって仕掛けられ、大学ならびにメディアと出版事業においておそらく悪化の道をたどった戦争のうちに、今日、ある種の休戦状態を認めるのは重要なことだ。いくつかの表徴から考えさせられるに、交流もなければ討論もおこなわれないこの種の対立状態は、より率直な、しかもより寛容でもある議論をある程度まで許容しうるのだろう。しかし、それが意味するところは、易きに流れることではなく、折衷主義《エクレクティスム》あるいは統合主義《エキュメニスム》を掲げることでもない。このような事態においてコレージュは、交流や研究、討論のための主要な場の一つを提供することができるだろう。したがって、コレージュがそれ自体として惹起しうる興味関心は当然のこととして予見することができる。この興味関心によってコレージュへと引きつけられる思想家たちの質と量のおかげで、このコレージュは、大多数の人々の来訪と非常に濃密な往来とがなされる場となり、きわめて力強い創造の行為がなされる可能性を秘めることになるだろう。コレージュの設立はそれだけで一つの出来事といえる。たんに人目を引く出来事ではない。というのも私たちは、コレージュがすでに喚起している期待の大きさに鑑みて、フランスと外国においてこの出来事は祝福されることをすでに確信しているからである。私たちのこの確信は、数多くの表徴によって日々たしかなものとなっているのだ。

また、「政府が哲学の学習を中等教育にまで拡充しようとしているこの時期に」（ジャン゠ピエール・シュヴェーヌマンによる「諮問書〔*Lettre de mission*〕」）、〔コレージュが設立されることで〕フランスにおける哲学教育の将来にとって非常に多くの提案と教唆が期待されうるだろう。

したがって私たちに課された任務は、中等教育と高等教育において、それぞれの教室において、そして専門課程において、しかしそれだけでなく他のところでも哲学教育を発展させるという展望のもとに明確に位置づけられる。私たちがそう望んでいるように、もし哲学教育がそれ以外の基礎的な教科と釣り合いのとれるまでに拡充されるなら、この拡充を目指して哲学教育を改革して内容豊かなものにしなければならないとしたら、コレージュはこの展望のもとで貴重な役割を演じることができるだろう。だからといってコレージュは、そのために実施される研究のすべてを中央集権化したり一点に集約したりするというのではない。とはいえ一方で、率直にいって、そしてごく自然に考えて、コレージュのあらゆる活動はいずれも、哲学教育への伝統的な要求に即して、またその刷新に向けて、できるだけ厳密な哲学教育の新たなあり方を目指すために、提言、仮説、提案をするというものになるだろう。他方で、コレージュは設立後ただちに、その決定的な任務として――これについては以下で詳述するつもりだ――この方向を目指す体系的な研究と実験を組織することになるだろう。そうすることでコレージュは、高校《リセ》の最終学年よりも早い段階から、そして大学の哲学科の枠外でも哲学教育をおこなうことに向けて、新鮮で首尾一貫した一連の提案（教授法、授業編成、入門書、授業内容、さらにその他の突破口といっそう創意に富んだ諸実践に向けて授業空間を解放することなど）を準備することになるだろう。

もちろん、この仕事はあくまでも提案と教唆にすぎないのだが、それに参加したいと望む、中等教育と高等教育、国立科学研究センターあるいはその他に所属しているすべての者がくわえ入れられることになるだろう。そして最終的には、哲学の全国三部会〔Etats Généraux de la Philosophie〕で大々的に表明された誓約が実現されることになるだろう。そうするためには、GREPHによって公表された研究成果と同時に、哲学の全国三部会によって公表されたそれも参照することができるだろう。しかし、それはあくまでも一つの可能性であり、一つの具体例でしかない。

学際的研究と隣接性

「科学」や「芸術」といった語とともに、なぜ「学際的研究〔interscience〕」というサブタイトルを「哲学」というタイトルに結びつけるのか。[1]

その答えは、これまでの考察のいくつかによって、おそらくすでに用意されている。そこで今度は、ある概念についてその輪郭を明確にしなければならない。その概念とは、客観性というすでに限定された領野のまさしくその内部において理論的な正統性をもつことがないとしても、知の理論‐制度的なある種の位相《トポロジー》が考慮されるからには必要とされるような概念である。そこでもまた問題になるのは、すでに正統化された専門知識《コンペタンス》のさまざまな領域を分け隔てる境界線が乗り越えられ、その位置がずらされるときに、これらの領域のあいだで起きていること、起きうること、起きねばならないことである。私たちは、アインシュタインが使用した単語[4]を取り上げて別の意味に解することで、ある時点において、さまざまな制度の配置図のうちに、確固とした基盤をもち、権限を与えられ、居住可能な部門としていまだ位置づけられていない主題、専門知識、研究活動（もう少し後で行為遂行性〔performativité〕という言い方をするだろう）のすべてを「学際的研究〔interscientifique〕」と呼ぶことにしよう。確固とした基盤を欠くこのような地帯は、秩序づけられた研究に関するある種の社会的なイメージからすれば、未開で無人のように見えるかもしれない。しかし実際のところ、このような地帯は活発な交流の繰り広げられる場であって、新たな対象の構成《フォルマシオン》、あるいはむしろ、さまざまな主題の新たなネットワークの編成《フォルマシオン》にとって特権的な場だといえる。現在進行中のこの新機軸によって切り開かれつつある道筋は、認可された流通網、コード化された信号体系とプログラムによって制御された供給量（生産的であれ再生産的であれ）からなるさまざまな制度的な経路をつなぎ合わせる。このような新しい道筋を切り開く新機軸は、着手済みかもしれないし、あるいはまったく未着手かもしれない。それは準備可能なものかもしれない。あるいは、この新機軸がある一人の主体（どのような教育プログラムを経てきたかによって「自由な」とか「教育を授けられた」とかいわれる主体）の先導に依拠するのではもはやなく、情報と伝達行為の新技術などに対するはるかに複雑な関係に依拠しているからには、私たちに不意に到来するばかりなのかもしれない。いずれの場合であっても、さまざまな知の干渉あるいは「学際的研究」について論じられるのであって、それは、これまで分離されてきた諸領域を結びつける斜角的あるいは横断的な道筋のうえに、新たな対象が出現することが問題になっているからである。

このような干渉〔interférences〕に与えられた特権こそが、コレージュの活動力をコレージュに特有なものとして特徴づけることになる。つまり、探求すること、実験すること、刷新すること、考案すること、提案すること、いまだほとんど知られず認められてもいない領域で運試しと賭けをすることであり、そしてわけても転移〔*transférence*〕[2]——この言葉のあらゆる意味における——することである。そこからもたらされる帰結については、コレージュのさまざまな活動の身分、編成、形式、そして律動との関わりにおいて以下で論じることになるだろう。コレージュで取り組まれるべき研究の大半にとって課題になるのは、その必要性がひとたび認定され、その統一性のもとで固定化されたのちは移住し、転移させられるべき、そして他所において、既存の制度あるいは創造されるはずの制度において受け入れられるべき新たな問題構制と新たな専門知識を編成することだろう。つまり、こうした干渉と転移にとって最良の条件と律動を創造することが課題になるのだ。その専門知識の領域、その正統性と生産性が確定している研究機関にとって、その研究計画全般を揺さぶるような、あるいは超え出るような主題と問題を歓待するという態度を示すことがどれほど困難であるか、それは分かっているのだが。

この困難はその原因と顕現が非常に多岐にわたるようなものである。それは決まった重力にしたがっているのだが、この重力については、容認すべき現在の理論‐制度的な流動性の強さに鑑みれば、体系的な研究が要請される。コレージュは今後もそれ自身の可能性の条件を直接的にせよ間接的にせよ自問しなければならないのだが、そのようなコレージュにおいてこうした研究は特権的な扱われ方をされるだろう。さらにこの問いかけは知識に関する反省的社会学にもなりうるが、それに限定されるわけではないだろう。

以上のことはいずれもさまざまな理由から、これまで位置づけようとしてきた意味で、哲学を多種多様で活動的な領域交差〔intersections〕に結びつける必要性を裏付けるものである。

行為遂行性

繰り返しにはなるが、私たちがここで明らかにしつつある文脈において、さまざまな「知」のあいだに新たな道筋を見分けることが課題になっているのだが、これらの「知」はいわゆる「科学」（数学、論理学、自然科学、人文科学あるいは社会科学）に限定されるわけではない。それは、どのような領域であれ、あらゆる専門知識に及ぶ。コレージュはしたがって、転移や干渉の必要性のために、芸術に関わるさまざまな実験と芸術上のあらゆる言語活動《ランガージュ》（文学、造形芸術、音楽、演劇、映画、あらゆる種類のオーディオ・ビジュアルなどに関する「実践と理論」）へ向けて解き放たれなければならないだろう。

こうした数々の可能性は自明なものとして承認されているし、これまで見聞してきたところによれば、多くの大学で展開されてもいる。たとえばアメリカでは一般的なことである。課題はこうした研究を公認し、促進し、体系化することであり、そして、ある特定の条件のもとで、芸術とそのあらゆる種類の技法に関する理論的な研究のみならず、「創造的」といわれる研究にも場所を設けることである。さきにテクネーとポイエーシスについて言及したが、私たちが依拠している専門知識はたんに理論的であるのみならず、それはまた、製作の知〔un savoir-faire〕あるいは産出の知〔un savoir-produire〕を規定するものであり、つまるところ、ある専門知識にとっては当然とされる行為遂行〔*performance*〕の能力のことでもあるのだ。私たちとしてはこの点を強調しなければならない。というのも、おそらくこの点こそがコレージュにとってももっとも独創的な賭け金の一つを構成することになるからである。それは高いリスクを孕み、計算するのが困難でもある。ここで行為遂行《パフォーマンス》が強調されるからといって、プログラムによって制御可能で、採算に見合うように設定可能な技術あるいは処理について言われる「高性能の〔performant〕」という特徴が高く評価されることにはむろんならない。私たちが望んでいるのはその反対に、コレージュはこの点に関して支配的な計算の立て方を退けるべきではないかと指摘することである。だからといってコレージュが非生産的であることを運命づけられるわけではない。そうではなくて、〔計算とは〕異なる拍子の取り方を、きわめて不均一な質的構造を考慮し、制度化された古典的な計算から取りこぼされてしまう蓋然性あるいは偶然性という現象を考慮することが要求されるのだ。ついでに指摘しておくならば、このことはまた、現在進行中の技術革新によって知（専門知識と行為遂行）にもたらされるありとあらゆる効果とともに、コレージュで特別に取り上げられるべき研究課題の一つになるだろう。技術革新というのは、とりわけアーカイヴ化、情報の保管と伝達、コンピュータ化、データ通信、データバンク、「人工知能」と呼ばれる問題構制のことである。[5] したがってコレージュの任務の一つは「研究に向けた教育」になるだろう。つまりコレージュでは、知の新たな道具化に通じる技術的な専門知識が涵養されるのと同時に、知と伝達を取り巻く技術の新たな条件について、「メディア」の役割について、科学政策について、そこで必要とされる新たな責任などについて、独創的な「哲学」タイプの考察が新たに展開されるようになるはずである。

したがって私たちが提案したいのは、「行為遂行」の可能性と必要性がコレージュの本質的な特徴の一つとして権利上承認される、ということである。この可能性と必要性はそれ自体として、いかなる研究教育機関においても承認されることはなかったが、それは構造上の、哲学上の、そして政策上の理由のためである。おそらく、哲学的な言語活動《ランガージュ》、あるいはより一般的にいって理論的な言語活動はいずれも、一見したところ「事実確認的〔constative〕」あるいは描写的な外見と規範のもとで、数々の「行為遂行的な」力を発揮しているのかもしれない。これらの力は大概評価されなかったか、あるいはむしろ否認されたか、いずれにしても「知」に関わる制度においてあらゆる正統性を剝奪されてきた。こうして、出来事を挑発するような出来事として言説《ディスクール》行為をみなす正統な可能性はいずれも排除されてきた。結局のところ、以前からよく知られた平凡な可能性にしたがうがゆえに、言葉《パロール》によってもろもろの出来事や行為を誘発することにはならなかったのだ。しかし、ここでは簡単に繰り返すにとどめるが、まさにその構造がある特定の文脈において何らかの出来事の直接的な原因となるような言語活動が重要なのである。なるほど本論は行為遂行的な発話と「語用論《プラグマティック》」一般に関するアクチュアルな問題構制に踏み込む場ではない。しかし、この問題構制は、非常な速さでその領域を拡大し、かつ、複雑なものになりつつある。言語活動の行為遂行的な次元は異なった仕方で、大量の典型的な発話行為〔enonciations〕に及んでいる。哲学、言語学、論理学、文学、芸術、政治的言説などにも十分に関係するこの次元については、さしあたりその制度上の波及効果のみに注目することにしよう。実際にそれだけで、コレージュにとって実に広範囲に及ぶ非常に差異化された研究領域が構成されると同時に、知の仕組みをめぐる歴史とその仕組みの正統化のうちに構造的な変化が引き起こされるにちがいないからだ。これまで排除され否認されてきた言語活動のある側面が初めてある制度のもとで明確に容認される。この変化の波及効果は、〔言語活動の行為遂行的な次元という〕原理をそれが帰結することのすべてにわたって追究しようとするなら、きわめて射程の広いものとなりうる。さらに、このような制度的空間を創造することは、まさしくそれだけでも前例のない創設的な「行為遂行」になる。もちろん――私たちはこのことを隠しておくつもりはけっしてない――、創造という類の「一撃」が引き起こすあらゆるリスクが付いてまわるのだが。しかし、どのようなリスクであっても、この出来事はそれだけで「哲学的な」意義をもつことになるだろう。この出来事によってまず、研究と教育の道具立てを構築してきた階層秩序的な定理と原理をことごとく再考せざるをえなくなる。研究と教育の道具立てとはたとえば、言語行為の構造、言語行為と伝達技術ならびにテクネー一般の関係、理論と実践のあいだ、知と権力のあいだ、哲学と科学、芸術のあいだの関係性のことである。広範囲かつ長期間にわたってもたらされる帰結のほかに、創設するというこの行為によってただちにはっきりと認められるのは、コレージュには、さまざまな責務のなかでも、ある種の行為遂行を優先的に取り扱うという責務が課されることである。とりわけ、芸術（言語を使用するか否かを問わない）と呼ばれる領域において、こうした責務が課せられるのだが、それは行為遂行のいくつかが実験的な探求という価値をもち、先に言及した「領域交差」という効果をもたらすからである。これまで列挙してきた実験のそれぞれが「哲学」タイプの論点をなし、新たな主題がもたらされるようになるのだ。

学際性を超えて

ここで明確にしておかなければならないのだが、知のこの横断的な領域交差は、「学際性〔interdisciplinarité〕」[3]と通称されているものに還元されるわけではない。学際性とは、それ自体すでにその境界線が特定されている共通の対象をさまざまな手段と補助的な方法をもって研究するために、既成の諸科学の代理人のあいだで計画された協力体制のことである。その限界そのもののうちにとどまることがどれほど必要だとしても、以上のように理解されたかぎりでの学際性は、これまでに前例のない問題構制を制定するのでも、新たな対象を考案するのでもない。それ自体としては、研究領域ならびに各領域に固有な手順と方法の構造とその認定された境界線を変更しようとはしないのだ。反対に、私たちは領域交差を仕掛け、これを展開していくことが求められていると思うのだが、この領域交差は、既成のものであるかぎりでの学問分野《ディシプリン》によって全般的に抑制されたり周縁化されたりしている——それは多くの場合、学問分野の影響力、正統性、有効性のためだが——もろもろの問題構制を、言語活動《ランガージュ》によるもろもろの出来事を解放しようとするものでなければならないだろう。

したがってコレージュにとっては、すでに評定されている主題のまわりに複数の専門知識を駆り集めるということよりも、新たな主題、そして研究と教育の新たな形式を出現させることが課題となるだろう。なるほど、既存の「学問分野《ディシプリン》」の領域交差において、確証された知に依拠することはこれまで以上に必要とされているのだろう。しかしここでそうされるとしたら、それは新たな研究グループを創出するためであり、ついで、その理論－制度の安定した体制と形態をフランス内外の他の機関に提案するためである。

この領域交差や交錯というモチーフはコレージュにとっての一種の憲章といえるだろう。このモチーフのもとで、とりわけ研究の指針、責任の規定、課題の選定、そして成果の評価に関してコレージュが適用する基準論が設定されるだろう。

ここで問題になっている横断的な新機軸は、きわめて図式的にいうなら二種類あるといえるが、それらもまた当然のことながら互いに交錯することになるだろう。

1　「外的な」隣接性

このように議論を進めることで最初に明るみに出されるのは、これまで特定の学問分野がそれ自体ではけっして承認することも論じることもなかった場あるいは主題だろう。だからといってこの新たな論点《トピック》が、すでに制度化され正統化されている研究にとって、原則的には接近し難いものであったということを意味するわけではない。さらに、ある学問分野の標準的な進展は、すでに同定されている客観性の領域で新たな対象あるいは固有性を発見し分析することによるのだとまさに反論できるだろう。科学的な寄与のすべては、非常に控えめな論文から非常に野心的な洗練作業にいたるまで、原理的にはこの規範に合致しているのであって、それこそが「研究」と呼称されるものなのである。

したがって私たちに求められるのは、ここで横断的な新機軸としてどのような種類のものが一貫して重視されているのかを明らかにすることである。まず、私たちに適切だと思われる根拠として量的なものが挙げられる。あれこれの制度によって原則的に受け入れられうるいくつかの新機軸は、事実上、あらゆる将来性をただちに剝奪されてしまう。独創的な研究は充分な支持を得られないために、すぐに周縁化され、狭隘な空間に押し込められ、ある種の低開発状態におかれることになる。充分な支持が得られないということはけっして取るに足らないことでも、たんなる偶然でもない。そこには政治‐制度的な動機付け、利害関係、そして仕組みが認められる。それらは、充分な支持が得られないことの埋め合わせが試みられるその度ごとに、そしてこうした動向そのものに即して考察されるに値する。私たちは毎回次のように問わなければならないのだ——なぜあれこれの研究は進展されえなかったのか、この研究にとって何が、誰が、どのような仕方で、どのような理由で、何を目的として障害となったのか、と。コレージュはある程度まで、理論‐制度的な次元に関することがらを暴き出すという役割を演ずることができるだろう。場合によっては以上の問いをその極限にまで押し進めることで、コレージュはこの種の問いを増加させ、もっとも首尾一貫した仕方でこれらの問いを展開させるだろう。

ここで問題になっている除外、排除、禁止あるいは（密やかなあるいは暴力的な）周縁化に関する類別目録をアプリオリに提示することは定義上、不可能である。このことについて私たちが列挙できるかもしれない事例は当然ながら、部分的にすでに有効期限が切れているかもしれない。ここであらかじめ決めておきたくないのだが、何からの研究を通じて「ロック解除」が起こり、この解除に対する全般的解釈あるいは個別の介入についてさまざまなモデルが提示されることになるだろう。現在のところ私たちにできるのは、こうしたモデルの抽象的な形式とそのもっとも開かれた基準論を同定することだけである。

この最初のタイプの隣接性〔limitrophie〕[4]はそれ自体で、哲学タイプの分析を引き起こすだろう。もはや学際的とは限らない様式によって「知」の複数の次元を交流させることで、その度ごとに多方面にわたる問いが提起されるのだ。この場合、哲学的なものへの依拠は階層秩序化をもたらす古典的形式をもはやとらない。つまり、可能性に関わる問いなどについて立法機関として機能する存在論的審級あるいは超越論的審級による仲裁をなすことはもうないのだ。

いま探し求められていることは、おそらく別の哲学的なスタイルであり、哲学的な言語活動《ランガージュ》がそれ以外の諸言説と取り結ぶ別の関係（階層秩序、全面的あるいは根源的な軌道修正、建築術、強制的な全体化のいずれをも有さないより水平的な関係）なのである。それは依然として哲学的なスタイルなのだろうか。哲学はこの新たな知がもたらす試練に際して、限界の新たな布置がもたらす試練に際して生き延びるのだろうか。これこそがコレージュの試練であり、問いそのものであるだろう。

2　「内的な」隣接性

隣接性をめぐる別のタイプの研究はコレージュの使命を規定することになるだろう。今度は、まさしくある一つの学問分野の内部において、つまり、すでに組織化された理論‐制度的な仕組みの内部において、限界に関する問いが提起されるのだ。それは、ある特定の実証的な知がその自律した領野のなかで、その固有の公理論や訴訟手続きによって取り除くことができない数々の困難や限界と遭遇するような瞬間のことである。その場合、ある一つの学問ないしある一つのテクネーの総体はその固有の前提を問題視し、その問題構制の枠組みを転位し変形させ、それを他の形状へと折り曲げる。この瞬間は——あらゆる研究にとって典型的なことであり、かつ通常のことでもあるのだが――、必ずしも「認識論的危機」の瞬間であるとか、あるいは「根拠の追究」の瞬間であるというわけではない。これら「危機的」といわれる瞬間のモデルはその形態を変えることがあるし、また、最初は哲学的な装いをまとっているにもかかわらず、これらのモデルの基礎をいまだなす哲学的な保証を撹乱することもある。この哲学的な保証にはある一つの歴史があり、この保証はさまざまな形式をとってきた。そして「哲学者」はこの保証をそれがとるあらゆる形式のもとで問いたださないでいることはできない。それは、形而上学の本質に関する古典的な問題提起にはじまって、哲学ならびにその研究と教育の限界と使命、そして、知、権力、そして新たな技術装置――哲学がこれまで一度も道筋を開いたことのない装置――の限界で生まれるおそらく前代未聞の諸問題にまで至るのである。

ここで私たちは、以上の問いを練り上げるために何らかのモデルを提案すべきではないし、まして典型的な答えを用意するなどということがあってはならない。私たちとしては、これらの問題に見合った場所と機会を提供するという喫緊の必要性を指摘するだけにとどめよう。以上の問いにともなうあらゆる問題構制とこれに依拠したあらゆる提案（それらは無数にある）は、新たに設立されるコレージュにおいて特別に受け入れられることになるだろう。だが、この種の取り組みがことごとくコレージュの計画《プログラム》をなすわけではない。そのようなことは極端であるし、このような制度の規模に照らして、そしておそらく、あらゆる制度一般の規模に照らして不釣り合いなことでもあるだろう。あれこれ詰め込んで満杯にするという発想はいかなる妥当性をも欠くし、計画タイプのあらゆる契約を問題視しながら何らかの計画を練ることはできない。コレージュの規則とは隣接的な問題構制、そしてわけても哲学的なものの境界それ自体に関係する問題構制に優先権を与えることだとだけ述べておこう。優先権はあるスタイルのアプローチ、たとえば、〔哲学の〕限界における探究、特異かつ奇異な仕方での〔限界を越えた〕侵入にも認められるだろう。奇異であること、隣接すること、あるいは予測のつかないことは、いうまでもなくそれだけで、またそれ自体において価値を与えられるわけではないだろう。しかし、それ以外の評価材料と比較すると、これらはコレージュに任せられた研究プロジェクトの成果とみなされなければならないのである。

　私たちがここで提案している図式にしたがうなら、産業時代の黎明期より西洋で支配的な大学制度モデルにおいて確立されてきた、哲学とさまざまな知の関係を問いに付すこと——そしておそらくこの関係を転位させること——に行き着く。このモデルとは、知の権威づけられた境界線を固定化する傾向のある存在論－円環《エンチクロペディー》知的な垂直構造のことである。大学という制度において、哲学は認識の空間全体ならびに円環知のあらゆる領野を組織し、そして俯瞰するとされる。しかし、こうした階層秩序の原理は権力に関していうなら、ただちに反転する。つまり、哲学科（カントが『諸学部の争い』において論究するような「哲学部[6]」）は、国家権力を体現する学問分野[7]に従属するのだ。全能と無能、これこそが、「事実確認的」な判断ではないあらゆるものに関して、大学のあらゆる言語活動を大学の内部における（理論的な）真理の表明に従属させ、かつ、この大学の総体を国家権力の代理人に従属させるという体制のもとで、哲学に割り振られた運命なのであった。哲学は全であり、また、無でもあったわけだ（シェリングは同様の論理で、哲学「科」という考えに反論することが十分にできた。というのも、哲学は遍在すべきであり、つまり何処にも存在せず、限定されたいかなる場所にも存在すべきではないからだ）。この時代以降、哲学の死滅あるいは存続に関する思索のいずれもが制度の企図と本質的な関係を保持することになる。カント的なこの範例はその姿を多様に変化させながら、国家、哲学、そして非哲学的な諸学問の関係を貫く論理を強力に例証したのである。

　このウニヴェルシタス〔大学〕という概念こそが、直接にせよそうでないにせよ、いまだ今日的な逆説に帰着する。つまり、市民社会あるいは国家装置によって哲学の教育と研究が制限され、さらには抑圧されもするという事態と、哲学的なもののある種の覇権とが両立しているのだ。きわめて意味深い事例に限定するなら、フランスで起きたことはこうした論理の範疇に入る。すなわち、哲学級（「万学の女王」、「学習の仕上げ」）はまた、哲学以外の学問分野《ディシプリン》に認められている待遇と尊厳を哲学が失い、そのうちに閉じ込められる囲い地でもあったのである（この点に関しては、GREPHによる研究成果を参照されたい）。

（高校《リセ》の最終学年を待たずに、また〔大学の〕哲学科の外でも）哲学教育を改革し、拡充することで、前述のように階層化された空間、ならびにこの空間を仕切る理論‐制度的な限界のすべてが問いに付されるだろう。フランス共和国大統領が誓約したように、哲学教育の拡充が近い将来、間違いなく政治的な現実になるならば、国際哲学コレージュの創設は哲学教育の拡充という針路に進んでいかなければならない[5]。いずれにしても私たちの計画の構成は、そのことを前提にしている。これまでとは別様の位相《トポロジー》が構想されているわけだ。つまり、私たちが便宜上、単一の垂直性〔*univerticalité*〕と呼称しているもの（根拠づけの徹底した一貫性、存在‐円環知的な覇権、中央集権主義、極度の同一化、階層秩序のこと）を、横断的、水平的、異質的な関係の多様性に置き換えることが目指されるのだ。しかし、それはあくまでも一つの傾向――しかも試行してみるべき実験――にすぎない。とはいえ、今がその時であると思わせる徴候は数多にのぼるのである。

合議制と国際性という次元

なぜコレージュであり、かつ、国際コレージュなのか。私たちがコレージュという歴史的な名称に訴えかけるのは、まず、これまで正当化に努めてきた前提を勘案するためである。この新たな制度は学校であってはならないし、大学であってもならない。ただたんに伝統的な意味における研究センターであるのでもない。ついでそれは、その人事と運営の方式において、そして国家、国民《ナシオン》、そして地方との関係において、自律的で自由な機能を提案するためである。

本節では、コレージュのこの合議制〔collégialité〕[6]を保証するようなさまざまな提案をおこなうつもりだ。さしあたり一般的なことがらを述べておくなら、〔行政上の〕監督業務にあたる当局は、コレージュの自律性《オトノミー》を阻害するどころか、むしろその反対に助長する。つまり、コレージュが脱-中央集権主義を目指し、民間資本に（特定の条件のもとで）依拠し、地方自治体ならびに国際的な組織と提携を結ぶ可能性を助長しなければならない。

合議制のそれ以外の特徴としては、コレージュという制度に所属するメンバーの自由で多様な関係性、固定された階層的秩序を、「学校」、権威、教義上の不寛容という現象をことごとく拒否する必要性、コレージュの現役メンバーのすみやかな刷新、コレージュと他の研究教育制度（高校《リセ》、大学、国立科学研究センター、コレージュ・ド・フランス、社会科学高等研究院（EHESS）、外国のさまざまな組織など）の交流の簡便化、現役メンバーとそれ以外のすべての人々との大規模で活動的な共同体が挙げられる。

このような合議的な構造により、おそらく外国の学生、研究者、そして芸術家を受け入れることが容易になるだろう。というのも、コレージュの国際性という次元は、その本質的な特徴の一つとして顕在化すべきだからだ。この点に関して、コレージュの立場《ステータス》はきわめて明瞭なものになるだろう。国際性は、この種のものとしてはフランスでは唯一の、しかもおそらく世界でさえ唯一といえるこの制度がもつ独創性、活力、そして威光に関わるのである。

これは十分に認めておかなければならないことだが、これまでフランスは、とりわけ私たちが先に素描した領域において、広範囲にわたる国際的な協力体制を構築する手段をもってこなかった。それは、外国人研究者にとって、また、他の国々――とりわけアメリカ合衆国――にたびたび招聘された経験のあるフランス人研究者にとって良く知られた事実である。海外の研究者あるいは芸術家を好都合な条件で招聘するための事前手続きは、大学の諸構造のせいで、煩雑に、困難に、そして多くの場合、失望させられるものになってしまう。あれこれの偉大な作家に関する場合（これに対して、私たちの記憶から取りこぼされてしまう亡命者の歴史はしばしばきわめて悲惨である）、フランスという国が原則的に重んじている知的な歓待という価値について、ここで論ずることはしない。個別の歓待を超えたところで、国際交流のために、外国のさまざまな制度との有機的な協力のために、斬新かつ多彩で、実に顕著な、強い印象を与えさえする可能性を開くことは急務かつ最重要であるように私たちには思われる。それはあらゆる方面にわたってなされるべきことだろうが、アフリカ諸国、東洋諸国、ならびにラテン・アメリカ諸国、そして一般的には発展途上国との交流をある程度は優先させる仕方でなされるのでなければならないだろう。とりわけ研究活動に習熟するための教育に関して、協力体制の新たなあり方を実験してみることが望ましい。アメリカ合衆国、ならびに東西ヨーロッパ諸国との関係を蔑ろにするわけでは決してないが、コレージュをヨーロッパ中心型の新たな制度として編成しないことが好ましい。

a　その研究により外国で知られ、また、寛大に受け入れられているフランスの知識人が、外国人に対して同様の主導権をとれるようにしなければならない。

b　フランス人の学生と研究者は、自分たちの研究状況をフランスで披露し、また、もっとも創意に富んだ活動をフランスの現場で追求するためにこの国に長期滞在する外国人と持続的な関係をもつことが重要である。

c　コレージュはその特有性に合致する形で、二国間のコミュニケーションに限定されない国際的な（言語、文化、学問、芸術の）交流の場となることが望ましいだろう。学術交流における国語という問題構制は（新たな情報技術のことを考慮に入れるならば）、コレージュの活動に参加するすべての人にとって絶えず重要な主題とならなければならない。(8)

d　とりわけこの国際的な開放性によって、今日その歴史的な必要性がこれまで以上にはっきりとしている独創的な発議が、伝統的にみてむしろ哲学的な領野で数多く講じられなければならない。「哲学の世界」がいまだ統一体であると仮定したうえで、それは「学派」や「教義」へとたんに分割されるだけではないことは知られている。哲学上の内容や立場を超えて、そしてそれらとは独立した仕方で、哲学の世界は、政治的な境界線よりも乗り越えるのが困難な言語－国民的な境界線によって分断されているからだ。「文体」「修辞」「手順」などに関するこの伝統的な差異は教義上の衝突よりも深刻なことが多い。この衝突は言語と国民的伝統に還元されるわけではないが、それらと実に密接に結びついている。哲学上の諸領域は、たとえそれが批判とか論争という形式であったとしても、そのあいだに往来がほとんどないだけに、哲学にとって歴史上の――そして哲学上の――課題となっている。それは、不可解あるいは不名誉《スキャンダル》なことだと思われるかもしれないが、これは、私たちが研究するための手段をみずからに与えなければならないような現象であり、また新たに体系的な仕方でこの現象を単純化してはならないだろう。

以上のことは、コレージュにとってもっとも困難であり、かつもっとも必要とされる任務の一つとなるだろう。この点に関してコレージュは、他に置き換えることのできない役割を演ずることができるだろう。先述した理由から、フランス内外の幾人もの哲学者たちは、この巨大な計画に多くの期待を寄せており、フランスは今日この計画に最高の好機を付与していると考えているのである。

（津崎良典訳）

キックオフ〔1〕（国際哲学コレージュのために[1]）（一九八二年）

目次

巻頭言

I

本論でなされる数々の提案にはたしかに整合性が要求される。とはいえ、ある一つの体系のうちに認められる整合性ではなく、まして、ある一つの哲学的な教理のうちに認められるそれでもない。また、技術的かつ制度的な意味合いでこの報告書のなかで使われるプログラム〔*programme*〕という用語のうちに認められる整合性ですらない。

なるほど哲学的な体系と呼ばれるものは、ある種の整合性ないしある種の切れ目のない結びつきをつくり出す。つまりそれは、歴史のうちに――こう言ってよければ――哲学史の本質に結びつくように現出してきたある種の存在論的な配置のことである。この体系によって哲学は、教理として、つねにその言説と教育制度に結びつけられてきた。ところで、一貫した言説は、有機的な仕方で構成されたものであろうと、あるいはただの寄せ集めであろうと、体系という形をとるわけでは必ずしもない（おそらく言説なるものは、他の言説に向けられた途端に体系という在り方から切り離されるようになっているのかもしれない）。コレージュでは主題の一つとして、つまり問題の一つとして、体系という観念や企図（一般）が取り上げられることになる。そしてこの点に関連して、コレージュでは、教授〔enseignement〕、教授法〔pédagogie〕、教育〔éducation〕に関する問い、さらには、教理《ドクトリン》がもたらす影響、それら〔教授、教授法、教育〕の社会政治的な合目的性〔finalités〕に関する問いが蔑ろにされることがあってはけっしてならない。だから、コレージュで取り組まれる研究、紡ぎ出される歴史、繰り広げられる「思考」に「体系」という在り方を押し付けることは論外だろう。この理由から、私たちが以下に提案する調整作業は非‐体系的なものになるのだが、それは寄せ集めで作られたわけでも経験にもとづくわけでもない。

さらにいうなら、私たちの調整作業は教育課程〔*programme*〕を素描しようとするものではない。というのもまず、その「目的」を定め、目的に適った成果を生み出すように、何もかもが教育課程のうちに処方箋という形式で書き込まれることにはならないからだ。ついで、複数の研究ユニット――この報告書の第一部〔「統整的理念」〕では「プログラム」と呼称される――は、教育課程に特に拘束されることなく、ときにはそれと連携し交流することができ、交差し、対面し、翻訳しようとするからである。ただしそれは、とりわけ、個々の研究ユニットのもっとも強烈な特有性、その自律性、その内的な必然性をけっして放棄しないという条件においてである。

II

以下の提案には論証に値する価値が要求される。つまり、哲学内での論証性、また、哲学的なものの特異な縁のいくつかに関する論証性が要求されるのだ。しかしここでは、この論証性をつねにありのままの形で提示するわけにはいかないだろう。それは、この種の報告書の限界に起因することである。つまり、それは本章の物理的な限界であるし、またとりわけ、この種のテクストのジャンル、その合目的性や宛先〔*destination*〕、さらには、この報告書に課された使命の本性にも起因することである。これは何ら偶然ではない。というのも、合目的性や宛先の価値は、mission〔使命〕という単語の意味論的な広がり（mettre〔置く〕、émettre〔発信する〕、missive〔書簡〕、missile〔ミサイル〕、envoi〔発送〕など）と同様に、私が以下に述べる提案〔propositions〕あるいは「計画案〔projections〕」の重要な中心の一つをなすからだ。私は隠し立てせず暗黙裡に他の著作（私自身のものも含めて）に依拠し、過去数ヶ月にわたって調査団がおこなった意見聴取から直接あるいは間接に教訓を引き出す。そうすることで、コレージュのうちに制定されるべき研究、要するに、最優先に取り組まれるべきだと私に思われる研究に関して、実践的あるいは技術的な取り決め〔*conclusions*〕だけにとどめておくようにしよう。しかし、この取り決めは他のいくつかの前提からも必要とされうるのでなければならない。ここでの私の規則はこうである。ある種の研究の必要性を計画すること、ただしつねに、何も論じられていないその他の観点や前提から、さらには、それらの研究に内在する利害関心とは異なる一般的な「観点」や「前提」を抜きにして、納得が得られるような仕方で計画することである。したがって、前述の「計画案」や「眺望」が非‐体系的ながらも統一を保っていて、そのおかげで調整作業に可能性が認められるなら、ここではそのことを追加利子〔*intérêt supplémentaire*〕、特典――それには、どれでもお好みの価値（哲学的、美学的、経済的、理性、詩歌、絵画、歴史など）を付与することができよう――とみなすべきなのである。

私には、名前や題目を付け、いくつかの「トポス〔場〕」を設定するだけでよしとしてしまうところが多々あるため、フランス語ないし外国語で書かれた多くの著作への参照を、また、哲学の「領野」、科学‐技術の「領野」、詩学の「領野」などに関する分析の大半を必然的に言外に含ませなければならなくなる。私たちが日頃からおこない、そして、まさにここでは私たちの考え方を方向付けている、これらの「領野」に関するマクロあるいはミクロな分析から得られるのはいくつかの指標でしかない。つまり、コレージュ、その計画、統整的理念、構成の定義を定めるうえで私たちを先導する指標であるとか、フランス政府調査団で作業している時期にはっきりと確認された指標である。また、何が新しい潮流であるのかを見出し、より的確に位置づけるうえで私たちに役立った指標もあるし、最後には、誓約《アンガージュマン》や研究計画という形をした指標も挙げられる（これらの文書はこの報告書に添付され、必要があれば参照されるだろう(2)）。しかし私たちは、フランス政府調査団としての活動期間中に、この段階から先に進むことはできなかったし、そうする必要もなかった。たとえば、フランス哲学や世界の哲学の見取り図を作製する必要などなかったし、それらについて一般的な解釈を提示する必要もなかった。とはいえ、そうするのを止そうとか慎もうとかするのはまったく不可能なことなのだが。にもかかわらず私たちは、この報告書の第一部で言及したいくつかの明白な理由から、できるだけその努力はした。私たちは、哲学的なものの領野の区分けや見取り図の作成を提案するわけではないが、そうするのに役立つ多くの著作を、実際に引用するにせよしないにせよ、縦横に活用した。とりわけ、モーリス・ゴドリエ〔2〕とその協力者によって『人間と社会に関する諸科学』（*Les sciences de l'homme et de la société*, 2 vol., Paris, Documentation française, 1982〔3〕）という題目で刊行された最近の報告書である。私たちがこれを参照することができたのは、作業の最終段階に入ってからにすぎないが、この報告書の「要点」と提言事項は、少なくとも部分的には私たちにとって周知のことであった（たとえば、哲学に関することがらについて）。ゴドリエの報告書と私たちの報告書はその目指すところをまったく異にするが、いくつかの点では一致しており、それは私には注目すべきことだと思われたし、また、励まされることでもあった。とはいえ、私たちとしては——その理由は明らかだが——、この報告書については包括的な参照にとどめることにし、読者が「ゴドリエ報告」を意識することを想定しなければならないだろう。

III

もう一度だけ次のことに念を押しておこう。この報告書の第一部で述べた理由から、私たちは、確証のない不穏な状態で受け入れられてほしいと願う、いくつかの言葉をあまりにも多用しなければならない。実際にまさに確証のない不穏な状態で、私はたとえば研究の提案を論じ、まさしく哲学的、科学的、理論‐実践的、詩的な研究の提案を論じ、また、ある主題に関する研究を、問題構制や領域を論じるのだから。もはやお分かりだろうが、さしあたりこれらの言葉はいずれも、依然として避けることができない。しかし、コレージュにとってこれらこそが問題の資格《タイトル》、問題含みの資格——資格や問題の価値も含めて——に他ならない。つまり、正統化の法則とプロセス、正統な資格と問題の生産は、コレージュがとりわけその固有の空間において、つねに検討し、分析し、変革しなければならないものでもある。[4] 正統化という概念そのものが、多くの社会学的な言説（研究と教育の制度に関する社会学、芸術と文化に関する社会学など）においてあまりに有用で「正統な」ものになってしまったとはいえ、次のような問いかけの射程外にとどまってはならない。つまり、この概念はどのようにして構築されたのか。この概念が前提にしているところは何であり、この概念の限界は何であるのか。今日、社会学とは何か。社会学の「用途」に関して、その目的は何で、その戦略は何であるのか。これらの問いについてはあらためて取り上げることにしよう。私たちがこの報告書の第一部でさしあたり括弧付きで「思考」と呼んだものから、このような〔問題提起の〕手続きに求められる文体と場面を明らかにしなければならないだろう。この手続きがとられるのは、「哲学」「科学」「芸術」「研究」「技術」「理論」「実践」「問題」「法」「正統性」「資格《タイトル》」などと名づけられる、日常的なあらゆる価値の限界において、これらの価値を「主題」にしたうえでのことである。このような用心は純粋な形式上のものではない。こうした用心が求められるのはもちろん、研究と教育の諸制度が一般的に論じられるときに使われる用語だけではない。私たちとしては、この語彙を避けることはできない。しかし、理解しようと望む誰かに対して、私たちは問いのある種の屈折をこの語彙に割り当てるだろう。たとえば、私たちが論じているところのそれ――「哲学」「科学」「学際的研究〔interscience〕」「芸術」「技術」「文化」「生産」「理論」「研究」など――とは何か。「対象」とは何か。「主題」「問題」「問題構制」とは何か。これらの主題について発せられる「〜とは何か〔qu'est-ce que ?〕」という問いについてどのように考えたらよいのか。

以上のような問いの形式によって、コレージュはつねに可能な限り開かれた場になるだろう。このような開かれた場を何らかの知、学説、あるいは教理で保証する仕方でけっして縫い合わせてはならない。たとえこのような公理が具体性をもたない一般論に聞こえようとも、私たちは、この公理をコレージュという制度の憲章のうちに、ある種の定款〔contrat fondateur〕として記載する必要があると信じている。だからといって、逆に、契約〔*contrat*〕とか、設立〔*fondation*〕とか、制度〔*institution*〕といった価値を分析することが妨げられることにはならない。

IV

これまで前置きとして述べてきたことはどこまでも展開できそうだし、また、そのなかで考察してきたことも無限の広がりを有しているかに思われるが、私が本論で提示していく具体的な提案は、四年にわたるキックオフとして厳密に限定することができる。コレージュが設立されてから最初の四年間、大半の活動は——すべての活動とは言うまい——柔軟性と可動性をもって連携することとし、一般的でしかも強制的な何らかの計画を定めることで、その活動が制約されないようにする。とはいえ、研究ユニットのそれぞれは——その中身については後述しよう——、一つの全般的で共通の主題にしたがうこともある。ただし、各ユニットはこの主題に縛られるわけでも、そのもっとも鋭い特有性を放棄するわけでもない。このような主題は、「タイトル」「カテゴリー」「統整的理念」「問題構制」「作業上の仮説」などと呼ぶことができるだろう。この主題のうちに認められる統一性はいろいろな観点からそう推定されるにすぎないのだが、少なくともコレージュの活動の初期段階においては、共通の参照軸となるもの、つまり〔研究組織間の〕交流、議論、協力、横断的あるいは斜行的な伝達のために、全般的な翻訳、可能な限りの転移といった原理を確保するのである。

V

こうした制約にもかかわらず、以下での提案は広大で多岐にわたる領域を横断するだろう。いうまでもなく、コレージュでおこなわれる研究のためにこの領域が見通しの悪いものになったり、過密な状態におかれたりすることがあってはならない。コレージュという制度に特有なスタイル、つまり、道を切り開いていくこと〔*frayage*〕、あるいは標識を立てて方向を指示すること〔*fléchage*〕に鑑みるなら、課題はひたすら新しい研究を喚起して〔他の領域へと〕侵入していくような萌芽的研究を精選することだろう。ここでは、この報告書の第一部で述べられたこと、つまり、この二世紀にわたってウニヴェルシタスという哲学的な概念が模範としてきた存在論‐円環知的なモデルを問いただし、転位させていくことの必要性については繰り返すまい。

宛先

これから私は、合言葉を発したり、一言ですべてを言ったりというふうにはならないように、しかしもっとも単純でもっとも簡潔な、そしてもっとも形式化された表現に向けて、つまり、**宛先**〔DESTINATION〕という範疇《カテゴリー》あるいは主題に向けて、これまでのあらゆる提案を収斂させることにしよう。

だが、これはどのようなことを意味するのだろうか。

巻頭言で述べた理由から、ここで問題となっているのは何らかの主題でも範疇でもないことを示す手続きを踏まなくてもよいだろう（もっともそのような手続きは必要だが）。主題〔thème〕、〔ギリシア語の〕thesis〔設置すること〕あるいは kategoreuein〔告発すること〕をめぐる哲学上の歴史、あるいはその「思索」の歴史は、宛先の意味が主題や範疇にたやすく収まりきらないことを明らかにするだろう〔5〕。しかし、ここはそうした議論を展開する場ではない。だから、宛先という図式〔*schème*〕について、より緩やかに論じることにしよう。そして、その形式が根本的に開かれた一つの問いだけでよしとしよう。つまり、宛先とは何か、という問いである。「送り宛てる〔destiner〕〔6〕」とは何を意味するのか。「送り宛てる」とは何か。この「〜とは何か」という問いが宛先に関する問いと比較されて考量されるとき、この問いに何が生じるのか。そして、宛先を意味する固有語《イディオム》の多様性に鑑みたとき、この「〜とは何か」という問いに何が生じるのか。

以上の問題構制をそのもっとも同定しやすいさまざまな次元に即してさらに展開するのはやめておこう（宛先と運命〔destin〕、目的＝終焉〔fin〕に関するあらゆる問題、つまり限界や極限、倫理的あるいは政治的な合目的性、目的論《テレオロジー》——自然的なものであれそうでなかれ——、生命の宛先、人間の宛先、歴史の宛先に関するあらゆる問題、（理想郷《ユートピア》的、宗教的、革命的な）終末論《エスカトロジー》に関する問題、差出人と受取人という体制の構築と構造に関する問題、したがって、（言語学的であるかどうか、記号論的であるかどうかは別にして、あらゆる形式における、あらゆる実体における）メッセージの送付に関する問題、発信〔émission〕に関する問題、使命〔mission〕に関する問題、ミサイル〔missile〕に関する問題、あらゆる形態における転送〔transmission〕に関する問題、遠隔通信《テレコミュニケーション》とそれに関する技術のすべてに関する問題、経済的な分配とその諸条件（生産すること、贈与すること、受領すること、交換すること）に関する問題、知識の頒布に関する問題、そして目下のところ研究や科学‐技術の「合目的化」と通称されているものに関する問題など）。

さしあたり今は、この〔「宛先とは何か」という〕問いの戦略的な力を図式的に位置づけることでよしとしよう。この力こそが、この問いのどうしても無視できない哲学的な必要性、また、「てこ」として機能的で行為遂行的なその価値をなしている。「戦略」という語は、必ずしも計算や戦争のための策略を意味するわけではない。しかし、計算に関する問いは、現代の戦争学に関する側面（戦争、戦略、ゲーム理論、兵器の生産、軍事用の科学‐技術、軍産複合体の経済学、軍隊とあらゆる分野の研究の関係に関する新しい諸概念）も含めて、先に提示した問題系のネットワークの一部をなさなければならず、その意味で、コレージュにおいて幅広く受け入れられるべきだろう。この点については後で論じることにしよう。

さて、「てこ」である。[7] もはや「古典的」といえる諸形式（哲学、形而上学、あるいは存在‐神論の宛先と目的＝終焉、終末論的あるいは目的論的な閉域）において集約され同定されたのだから、哲学的なものそのものの限界に関する問題構制はきわめて特異な地点へと到達したようにみえる。

一方で、近代科学（「人文科学あるいは社会科学」、「生命科学」そして「自然科学」）は、私たちが先ほど宛先に関する問題（合目的性、限界、諸体系の目的論）に帰着させた諸問題と戦い続けているし、また、新たに戦いを再開している。そして、しばしばこの点においてこそ、近代科学は明らかに哲学的な次元を有している。哲学が回帰するとき、望むと望まないにかかわらず、ポスト－哲学的あるいは超－哲学的な科学性の表象を維持するとしないにかかわらず、哲学的な次元を有しているのである。

他方で――そしてとくに――、存在の送付〔*envoi*〕、配分〔*dispensation*〕、あるいは贈与〔*don*〕をめぐる思考に依拠することは、存在－神論の歴史と構造、さらに存在一般の歴史を「思考する」うえで、今日もっとも特異で、もっとも強力な――私にはそう思われる――、いずれにしても最後の試みの一つを署名している。これらの試みをどのように解釈するにせよ、この思考あるいはこの言説にいかなる信頼が寄せられるにせよ、私たちは次の指標を前に立ち止まる必要がある。つまり、「宛先に関連する」さまざまな意義（存在の送付、配分、その運命、Schickung〔摂理〕、Schicksal〔運命〕、Gabe〔贈与〕、« es gibt Sein »〔存在がある＝それは存在を与える〕、« es gibt Zeit »(3)〔時間がある＝それは時間を与える〕など）は、もはや存在－神論的な哲学素の内部に属するわけではないが、だからといって「隠喩」あるいは経験的で派生的な概念なのではない、ということである。ここで問題になっている〔宛先に関連づけられる〕意味は、科学によって――経験科学であろうとなかろうと、さらには、自然科学、生命科学、いわゆる動物社会あるいは人間社会に関する科学、遠隔通信の技術に関する科学、言語に関する科学、記号に関する科学も含めて――その意味を決定することができるし、またそうすべきところのものに還元されるわけではない。したがって、哲学、科学、真理、意味、参照、客観性、歴史をめぐる「重要な問い」を展開するためには、「送付」についての別様な思考が求められると思われるのだ。

ここで強調しておきたいのは、さきほど誰の目にも明らかな仕方で参照されたのが、たんにハイデガー主義がもたらしたあれこれの影響ではなく、ハイデガー的な考え方であったということである。ほとんど自明のことと思われるが、存在の歴史をめぐる省察は実存論的分析ののちに、この省察がつねに「前提とし」――厳密に論理的な意味においてではない――、含意し包含してきたと思われるところのものを目指して、存在論的差異に関する問いを開く。つまり、付与、配分そして贈与をめぐる思考である（付言するならここで重要なのは、その学問的次元からいって、しかしまたその政治‐歴史的次元からいって、モースの『贈与論』(4)との網目――非常に複雑な網目――のうちで、つまり六〇、七〇年前からのフランスの人類学や社会学の膨大な資料集成との網目のうちで読解すべき、贈与に関するもう一つの偉大な書物である。つまり『聖社会学』(5)のことなのだが、このような過程でこの書物と遭遇し、これを分析する必要が出てくるのは疑いようのないことだろう。この書物の題名はこの調査団の時期に何度も思い起こされた）。〔XとZという〕二つの「主体」――差出人ないし送信者、受取人ないし受信者（意識的ないし無意識的な自我、無意識）――のあいだでYが客体（事物、記号、伝言）であるとして、「XはYをZに贈与する、または送付する」という文章あるいは論理的な構造をつくる前に、主体と客体が構成されて、その説明がおこなわれる前にある、贈与や送付の思考、「送り宛てること」についての思考。このような思考が必要とされるのと同じことが、たとえ異なった仕方であれ、そして、あれこれの相違を考慮したうえで、私が差延〔différance〕という名目《タイトル》で示そうと試みたことにも生じる。差延は、送付、差異化〔différenciation〕、遅延、中継、譲渡、遠隔的《テレ》‐／横断的《トランス》‐移動、痕跡とエクリチュール一般、宛先と決定不可能性として示されてきた。もちろん、ここに挙げられた項目をもっと増やすことは必要だろう。しかし私は、いくつかの明白な理由から、それらのなかでもっとも図式的なもの、そして率直にいうならもっとも身近なものを取り上げるにとどめる。〔自分に対する〕このような制限、そして〔自分に対する〕このような近しさを明言しておきたいと思うのは、人がそう考えるかもしれないところとは反対に、この制限を解き放ち、〔自分に近しいものを〕遠ざけ、〔そして最終的にはそれを〕手放すためである。それは批判的な討論、公開の討議、その他のアプローチに訴えるためであり、うわべだけを繕った修正を退け、何らかの問題構制、言説、あるいは歴史による覇権を退けるためである。このような危険性は一貫して注意深く排除されなければならない。私たちが提案している翻訳、横断、転移による連携は上から下へと影響が及ぼされるような仕方ではなく、横のつながりをもって、垂直の関係ではなく水平の関係においておこなわれることになるだろう。「宛先に関連するもの」の限界において私がいましも描き出した図式は、位相論《トポロジー》的な原理を問題にし、そしてまさしく、これを転位させることが可能であるように思われる。ここで問題になっている原理とは、哲学的な言説のみならず研究教育制度において、存在‐神論の全体を支配し、その空間を囲い込み、単一の垂直性〔univerticalité〕というその伝統的な形式をつかさどってきたものである。もはや自明なことだろうが、この漠然とした「図式的なもの」および想定されているその統一性《ユニテ》に対して、新たな一般存在論という地位を与えてはならないし、まして超越論的現象学、完全な論理学、さまざまな理論に関する理論――それらは円環知、ならびに理論と実践に関わるさまざまな分野を一度ならず支配してきた――という地位を与えてはならない。さらに言うなら、この「図式的なもの」を新しいオルガノン〔道具〕として認めることもあってはならない。こういった取り決め〔contrat〕は特異であるが、それなしには思考のいかなる始動もいかなる研究も不可能なのであって、そのうちの一つによってコレージュは、この「図式的なもの」そのものを問題含みのもの、議論の余地があるものとみなさなければならないだろう。つまり、根本的な〔fondamental〕議論の対象のうちに一貫して含めなければならないのだ。なるほどこの議論は、よく言われるように、断固として「原理主義的な〔fondamentaliste〕」次元を引き受けるが、しかし、「底〔fond〕」「根本〔fondement〕」「根拠〔raison〕」(Grund) というモチーフを、考えられるそのあらゆる翻訳において――とりわけ「基礎的〔fondamentale〕」といわれる研究と「応用的」、さらには「目的志向的な」といわれる研究の区別に関して――問うまでに至る。ここで強調しても無駄かもしれないが、これこそがコレージュの公理論や将来そのものに関わり、国家(諸国家)、さまざまなナショナリティ、「市民社会」とコレージュの関係に関わる本質的な論点なのである。特異で逆説的な取り決めと述べたが、それは、定款〔contrat instituteur〕という用語そのものが疑問や分析、さらには変革の対象外とされ、独断のまどろみのうちにとどめおかれることがあっては決してならないと誓約《アンガージュマン》することが〔やはり〕特異で逆説的でありうるのと同じことである。〔しかし〕このような誓約が立てられた場合、ここで問題になっている取り決めは虚構になってしまい、コレージュの統整的理念は「かのように」になってしまうのではないか（このような共同体が可能であるかのように振る舞おう。「いまだ正統化されていない道を切り開く」ことへの優先権が最終的な合意の対象となるかのように振る舞おう。古典的な体系を超えて、そして存在‐円環知的なユニ‐ヴァーシティ〔uni-versité〕[8]を超えて「全般的な翻訳」が少なくとも試みられうるかのように振る舞おう、というように。このような全体の統合を目指す大学〔ユニ‐ヴァーシティ〕というモデルは、ベルリン大学に代表される西洋的なパラダイムが形成されるときに——シュライエルマハーとフンボルトといった、このモデルの「リベラルな」異形においてさえ——強制力をもつことになった）。そしてこの「かのように」のために、先に述べた誓約、そしてこの誓約に必要とされる、その真正さが確証された取り決めには模造品という烙印が押されることはないのか。私たちはこの問いに省略された仕方ではあるが、少なくとも次のように答えよう。一方で、この種の特異な取り決めは、まったく新たな仕方ではないにせよ、哲学的あるいは学術的な制度という名称に値するものすべて、つまり、いかなるものも——その制度固有の公理系さえも——問題にしないではおかないすべての哲学的あるいは学術的な制度を特徴付けるだろう。他方で、たとえばあれこれの遂行的な発言、約束、契約、誓約、創立あるいは設立という行為と、虚構という構造を結びつけるものについて考察することは、コレージュにとっての課題の一つをなすだろう。そのことが含意する豊かさは計り知れない。同様のことは、一三世紀以降の大学という概念の歴史と論点についても言えるだろう。

以下、私の唯一の望みは仮説をいくつか提示することである。しかしコレージュの将来の責任者たちはこれらの仮説に束縛されることはないが、もし合意してくれるのであれば、〔コレージュの〕最初の運動のための異議申し立ての論点〔*points d'ordre*〕としてこれらを参照してもかまわないだろう。つまり、〔創設後の〕四年間にわたる「翻訳」でもある活発な議論と導入のために参照してもよいだろう。統一的な全体化をもたらす計画的な組織化の縫い目《ポワン》〔points〕というよりは、異議申し立ての論点、あるいはフェルマータ記号〔points d'orgue〕。拍子を刻むというよりは拍子を宙づりにするために、その長さが変化しうる音符につけられる記号、正確な名称を使いたければ、フェルマータ記号。拍子、休符、強勢、楽句、反復、まさしくこれら〔音楽の〕用語とその価値を用いて、私は、設立から四年間のコレージュのさまざまな可能性と共可能性——少なくともそのうちのいくつか——を多種多様な形で記述することを提案する。

I　宛先を思考する——哲学、科学、芸術にとっての目的＝終焉と境界

タイトルとしてあまり断定的でないものをあえて選択したが、重要なのは「基礎的〔fondamentales〕」と——この場合、もはや不適当な規範のもとで——いわれる研究を指し示すことである。このような研究が大規模に展開され、しかも、哲学と哲学それ自身の関係、さらには哲学と円環知を構成するその他の分野との関係をたいていの場合規定してきたような、基礎研究の図式そのものを問題にすることが不可欠である。この点についてすでに確信があったわけではないが、私たちの協議によって説得力のある証明がもたらされた。すなわち、今日、この種の研究に対する要求は非常に際立っているので、大きな影響力を及ぼし、これまでにない形態をとる可能性がある。さまざまな理由から、そして、さまざまな経緯から——それらはいずれも分析をほどこされるべきだが

――、すでに言及した「原理主義的な」思考は諸学問、すべての科学、そして何よりも人文科学と社会科学を前にして、ある種の脅しに屈してきた。それでもこのような思考は新たな正統性を見出しうるし、また、そうすべきである。これまで二世紀にわたってみずからのあり方を恥じることがたびたびあったとしても、そうするのをやめることができるし、また、そうしなければならないのだ。このことは、この報告書の第一部で言及した〔知の〕覇権主義的な構造に向かって退行し、不可避的に回帰することなくなされうる。しかも、このような運動は現在進行中である。したがってコレージュは全力をふりしぼって、この運動がみずからを肯定できるようにしなければならない。つまり、哲学を肯定し、哲学の思考を肯定できるようにしなければならないのだ。それは、職業的な哲学者ばかりが求めていることではなく、科学や芸術の実践に従事している非常に多くの研究者によっても求められていることなのである。

このように開かれた視座において、この「基礎」研究について第一に取り組まれるべき「主題」は、宛先（運命、送り宛てること、受取人／差出人、送信者／伝達者／受信者）と贈与（与えること／受けること、消費と負債、生産と分配）という組み合わせをめぐって編成される。

記号論的、文献学的、歴史学的な調査を展開するなら必然的に「大いなる問い」にしたがうことになるだろう。この「大いなる問い」に関する以下の一覧は目安となるアプローチにすぎない。

「宛先」をめぐる思考はどのように哲学と関わることができるのだろうか。より正確には、哲学そのものの輪郭に、つまり、いまだ「哲学」でも「形而上学」でもなく、そうかといって「科学」でも「技術」でもないような思考、あるいは、もはやそれらではないような思考と哲学との関係にどのように関わるのだろうか。哲学、形而上学、存在－神論の限界、あるいは目的＝終焉〔fins〕についてはどうなのか。哲学、形而上学、存在－神論が科学ならびに技術と取り結ぶ関係についてはどうなのか。そして人は次のように言うかもしれない（それはまた、ここでの私たちの主張のすべてに当てはまることなのだが)。これらの問いが織りなす巨大な網目は宛先という図式へのいかなる参照からも独立し、それ自身で拡大していくのではないか。したがって、なぜこのような導きの糸なしにやろうとしないのか、と。答えは、もしできるのであれば、それなしにやってみてもよいだろう、というものだ。コレージュでは、このことを試みることが可能とされなければならず、それゆえに私は、この「図式」が強制的な「プログラム」や「主題」になることがあってはけっしてならないと提案したのである。私はといえば、この「図式」はいくつかある指針のうちの一つというよりは、それ以上のもの、また、異質なものであると確信しているのだが。

いずれにせよ、反省的な思考を駆動させる発火装置は、哲学的なものそれ自体の終焉〔fin〕、あるいはそのいくつかの目的〔fins〕に関する問いが生ずる＝場をもつ〔*avoir lieu*〕ところであればどこにでも、哲学の限界、周縁、宛先に関わるところであればどこにでも、取り付けられるのでなければならない。次のように自問されてしかるべきところであればどこにでも、この発火装置は取り付けられるのでなければならない。つまり、何のための哲学なのか、哲学はどこから来て、どこへ行くのか、哲学は何から、そして、どのように構成されているのか、哲学は誰によって、誰のために営まれるのか。これらの問いには、決定可能な答えはあるのか〔これは決着をつけられるのか、哲学は決定しうるものか〕、あるとしたら、それはどの程度までのものなのか。事実上かつ権利上、これらのトポス〔場〕は、コレージュがみずからを標的に細心の注意をもって投げかける考察の繰り広げられる場〔lieu〕にもなるだろう。たとえば、コレージュ固有の合目的性、哲学的な場としてのコレージュの(今日と明日の)宛先、コレージュを正統化し、正統化の権能をコレージュに付与するもの、その政治と経済を決定するもの、コレージュが奉仕し、またみずからが利用するさまざまな勢力、コレージュがフランス国内あるいは国際的な文脈で他の制度と取り結ぶ関係が考察されることになるだろう。つまるところ、コレージュ自体の宛先と正統化が重要なのだ。これは二次的に扱われるべき問題でも、哲学的なものの本質と宛先に関するより重要な問いかけと（たとえば、社会学的な分析の空間において）切り離すべき問題でもない。さらに、私たちが先に言及した「正統化」という今日広く流通している概念についても、その編成と使用に関して再考する必要がある。私たちは「公開書簡」(6)によって調査団の目的を公にし、有識者の意見を募ったわけだが、この書簡ですでに私たちは、いまだその正統性が認められていない研究への道筋を強調しておいた。このタイプの簡略な書簡では果たしえなかったことだが、コレージュは端的にいって、あらゆる正統化のプロセスの外部に、さらには、正統化しえないものとしてとどまるわけではないということを明確にする必要があった。私たちがそう望んだところで、とうていできるはずもないようにみえる。というのも、正統化の権能をいかに厳しく批判しようが、この権能をいかに冷徹に分析しようが、それ自体は正統化という体制《システム》の名のもとでなされてしまうのが常だからだ。この体制は、顕然な場合もあれば隠然な場合もあり、すでに確立されている場合もあれば形成の途上にある場合もあり、安定している場合もあれば流動的な場合もあり、単純な場合もあれば多元的な規定を受けている場合もあるが、いずれにしても、この体制を無視することはできないのであって、できるとしたらそれを否認することだけだ。このような否認は現在、この世でもっともよく行き渡っているものである(9)。コレージュは、正統化の体制をその主題の一つとすることで、この否認をできる限り回避しようと試みるだろう。既知の通り、目下のところ正統化されていない研究への関心が道を切り開くためには、ただひたすら、この新たな研究は制度的に確立された何らかの権力には見えていない行程にしたがって、みずからをすでに告知し、新たな正統性を約束する、そしていつの日か、また再び……ということを繰り返すしかないだろう。さらに、コレージュに必要な資産をもってコレージュが創設され、そして何よりもその勢力とその規模がいつの日か私たちが目指しているものとなったら――そうならないことを期待しない者はいないはずだが――、今度はコレージュのほうが正統化をおこなう審級となってしまい、その他の同種の審級をしてコレージュを無視しえないようにさせてしまうことも分かっている。まさしくこのような事態こそが今日、そして明日、不断に分析すべき対象である。つまり、コレージュに固有な分析の作業の対象にコレージュという制度は含まれないということがあってはならないのだ。正統性を付与する理性の狡知を、さらには、そのような理性によって守られる沈黙とそれによって紡ぎ出される物語をうぬぼれることなく追跡するためには、認可された場所、つまり権限をもった場所が出発点となるということをまず知っておくとよい。しかも、権限をもった場所というのは、慣例とはまったく異なる、また、相容れない手順と基準によって、あるいはそのような形式のもとで権限を付与しさえする場所である。正統性を付与するあれこれの権力（社会の支配的な力、諸制度、大学、国家など）から自分は独立しているなどと自分に言い聞かせすぎないことは、できる限り広範囲にわたって独立を確保するための、おそらく第一の条件だろう。もちろん、それ以外の条件を探し出すことはできるだろうが。私たちが提案するのは、社会的、科学的、哲学的ないかなる正統化も及ばない、原始的な非－制度というユートピアではない。私たちが提案したいのは、新たな仕組み〔dispositif〕であり、唯一これこそが、現行の仕組みの総体によっていまだ抑制されているところを、ある特定の条件において解き放つことができるのだ。もちろん、コレージュこそが今日この点を可能にする唯一の形態であるとか、最良の制度の形態であるとかいうのではない。ただ、コレージュが現行の仕組みの総体にとって不可欠であると私たちには思われるのである。しかも、そうであるからこそ、何かの徴候のようにしてコレージュの必要性に気付くことができたのである。

正統化について私がいま述べたことは、合目的化という用語でもって容易に言い換えられる。研究の合目的化のうちにひそむ狡知は、分析の新たな戦略を喚起するはずだ。目的志向的な研究と基礎研究の対立という図式は、おそらくつねに単純で皮相なものであったと思われる。このことは今日、あらゆる領域で火を見るよりも明らかだ。それでもこの対立という問題構制は、徹底的に練り直されなければならない。ここで私が提案しようと思うのは、結局のところこの練り直しであり、そこで「基礎的な」と形容される研究をめぐるトポスに力点がおかれることになる。それでは、どのようなトポスなのか。

A

形而上学の問いと存在-神論の問い。これらの問題があらためて提示されうる場合はつねに、新たなアプローチと新たな関連付けが課題となる。哲学史の「全体」に関する諸解釈（目的論、時代区分、「時代設定」、歴史的-体系的布置）。

B

哲学の完成、あるいはその限界をめぐる問題構制（目的論的あるいは系譜学的解釈、批判、脱構築など）。ここであくまでもインデックスとして固有名を挙げておくと、カント、ヘーゲル、フォイエルバッハ、キルケゴール、マルクス、コント、ニーチェ、フッサール、ウィーン学団、ウィトゲンシュタイン、ラッセル、ハイデガーなどについて連携し交差する諸研究が推奨されよう。とりわけ〔異なる研究対象に〕接ぎ木をし、対照させ、干渉させたりすれば、この方向で独創的な研究がおこなわれる余地は大きい。フランスにおいてこのような研究が厳密かつ堅固な仕方で、そして、同質的な伝統から乖離し、自閉した制度と断絶するような仕方でおこなわれることはほとんどなかった。

このような研究は、「主要な」場、つまりすでに認められよく知られた場を「布置〔configuration〕」のもとにおくことになるだろう。しかし、私たちとしては、それとは別のスタイルの自発的な取り組みをいくつか提唱したい。この取り組みはいずれも、何らかの哲学的な問題構制と伝統を支配的なものにするプロセスを分析する――往々にしてこのプロセスを問題視する――という関心を共有している。哲学的な言説や対象、制度はどのようにして、どのような条件のもとで形成されるのか。それらはどのようにして「哲学的」になるのか、どのようにして哲学的と認められるようになるのか。それらはどのような条件のもとで（そして、誰にとって）支配的な地位を占め、その結果、それ以外のものを少数派としたり、周縁化したりするのだろうか。

これらの問いのそれぞれが独創的に規定され、かつ、この規定が興味深く必然的であるなら、その度ごとに、ある程度の規模、ある程度長い期間の研究ユニットが一つ立ち上げられることになるだろう。これから明らかにしようとする事例は、まずは宛先という図式によって私に課せられたが、この図式は翻訳され、置換され、増加されうるはずである。先に引用した「固有名」と彼らが体現している思考の運動のそれぞれには、短い期間あるいはむしろ長い期間で開催される、一つないしいくつかのセミナー、一つないしいくつかの計画《プログラム》からなる研究が割り当てられうるのでなければならない。

C

ハイデガーという事例を取り上げよう。ハイデガーの著作ならびにその「問題構制」について（このことは先に列挙された他の思想家にも当てはまる）、コレージュによって何らかのプログラムが組織され、ついで、検討を要するいくつかの条件下でコレージュと契約を結んで連携する比較的独立した研究センターに改変されてもよいだろう。その場合、コレージュは他の場合と同様に、挑発および初期設定の役割を果たすだろう。このプログラムが研究センターに改変される過程で、まずは存在-神論の限界、目的=終焉、そして宛先に関する問いに向けて研究がおこなわれるだろう。それと同時に、とりわけ以下に列挙する「主題」も――それらはいずれもハイデガーのテクストのうちにはっきりと見て取れるものだが——取り上げられるだろう。

・存在の歴史をめぐる解釈。存在の意味と真理。
・思考、哲学、科学。
・思考、哲学、詩学。
・技術と形而上学。
・芸術作品。
・言語一般、諸言語、翻訳（該当する著作群の翻訳に関する理論的かつ実践的な諸問題から始めること）。技術と翻訳（形式言語と自然言語、メタ言語と翻訳機械に関する諸問題）。
・政治的なもの。たとえば、ハイデガーの政治思想はどうなのか。ハイデガーの思索全般と彼の政治思想との関係、他方でハイデガーの政治参加との関係についてはどうなのか。（同じ問いは当然ながら、他の思想家にも課せられる。）ハイデガーに関して言えば、フランスにおけるハイデガーの「受容」はどうなっているのか。その思索の特異な運命はどうなってしまうのだろうか。こうして私たちは過去五〇年間にわたるハイデガーの「遺産」の歴史と争点をたどることになるだろう。ハイデガーの思索は凋落と再興を交互に繰り返しつつ——その様相は毎回異なり、今日においてもいまだにきわめて示唆的であるが——フランス哲学全体をさまざまな仕方で横断してきたのだから。このような研究は当然ながら、今世紀の歴史と新たな仕方で結びつき、ドイツの国内外での近代性あるいはポストモダンという主題の設定とそのような仕方で結びつき、また、全体主義、ナチズム、ファシズム、スターリニズムといった諸事象——もちろん、これら二〇世紀の巨大な事象に限定する必要はない——の分析とやはり新たな仕方で結びつく研究と連携しなければならない。この場合もまた私たちは、切り開かれるべき道筋の独創性、これらの道筋をコレージュが担うという〔コレージュに〕特有な必然性〔必要性〕を、前述した研究のすべてがとりわけ濃密な仕方で交差するところに見出すのである。ここではハイデガーを例に出したのだから、このような交差は、哲学の宛先に関する限界について、過去あるいは同時代の別の問題構制（ヘーゲル、フォイエルバッハ、マルクス、キルケゴール、コント、ニーチェ、フッサール、ウィーン学団、ウィトゲンシュタイン、ハイデガー、フランクフルト学派等々）を横切らなければならないだろう。また、これら支配的な問題構制とこの支配そのものの系譜学をめぐる研究を横切るのでもなければならない。このような研究の手続きとしていずれの場合も、内在的読解と外在的読解を厳密に区別することが蔑ろにされてはならない。しかしだからといって、この区別を一つの教義《ドグマ》として受け止めてもならない。この問題については、「文脈《コンテクスト》」、さらには文脈化一般という問題と同様に、あらためて練り上げる必要がある。

• 大学の理性。先に言及した「哲学」のうちには、理性に関する言説が、主題化された状態にしろ（少なくともヘーゲル、ニーチェ、ハイデガー）、暗黙の状態にしろ、含まれている。この言説はまた、大学についての言説でもあるし、近代的な大学の運命、とりわけ国家や国民との関係における大学側の政策、哲学的研究と科学－技術的研究の関係の組織化について下される評価あるいは処方でもある。コレージュがその固有な使命、その合目的性、また場合によってはその「合目的化」について不断におこなう反省は、これらの思想――いずれも大学に関する思想である――との対決的な説明を経なければならなくなるのである。

前述したような研究に取り組む共同体は、フランスの国内外のどこにも存在しないようにみえる。非公式の研究グループや散発的に立ち上げられる企画を除けば、組織だった研究は専門に特化した研究センターでおこなわれているのみである。しかし、このような研究センターはたいていの場合、外に開かれておらず、流動性がなく、私たちがここで提案している交差や斜行の手法をとれない。このような研究センターにとっての困難は（そして、それはしばしば人間というよりは制度的機構に起因している）、こうした研究を流動させることだ。というのもこのような研究は、たとえ現代的な技術であちこち武装しているとしても、たんなる文献学、しかも哲学的な野心を欠いた文献学に姿を変えてしまうことが往々にしてあるからだ。つまりここでの困難は、今日そして明日のもっとも深刻な争点と前述の研究とを釣り合わせることなのである。ただしこの指摘のうちに、歴史記述を重視する姿勢や過去それ自体への関心をおとしめようとする意志を読み込まないようにしてほしい。むしろ、その反対なのである。逆説的なことだが、少なくともフランスにおいて歴史研究、文献学的研究、さらに「資料保存」に関する研究は——多くの制度においてこの種の研究が享受している好意的な評価にもかかわらず——、私たちが先に言及した領域ではあまりに不足したままなのだ。いずれにしても、数々の理由のために——コレージュはこれらを分析すべきだろう——、そこには容認しがたいひどい遅れがある。まずは、二〇世紀の基本文献の編纂と翻訳の遅れから〔事態の改善を〕始めなければならない。基本文献の翻訳は網羅的というには程遠く、統一を欠き、偏りが生じている。この欠陥はそれ自体として深刻であるのみならず、この欠陥が学術研究および哲学研究において意味すること、引き起こすことに鑑みても深刻だといえる。いくつかの例を引くにとどめるが、このように深刻な事態は、フロイト、ウィトゲンシュタイン、そしてまさしくハイデガーの著作についていえる。ハイデガーの著作はすべて翻訳しなければならないだろう。そしてできることなら、学術的な校訂作業を経たハイデガー全集版（現在〔ドイツにて〕刊行中）に依拠しつつ、全体的に調和のとれた仕方で翻訳を進めなければならないだろう。これらの課題について、コレージュは率先して、他の研究制度（国立科学研究センターやさまざまな大学）と連携することができるだろう。

D

多くの指標にもとづいて私たちはこう断言できるのだが、前述してきたプログラムと研究センターは活発に機能するだろうし、また、その効果も期待できる。また、多くの研究者を惹きつけ、多くの専門的知識——哲学者のみならず、文献学者、歴史家、詩の分析家〔poéticiens〕、言語学者、論理学者、政治学者、社会学者、翻訳家、作家、等々の専門的知識——を結びつけることができるだろう。したがって、これらのプログラムとセンターは、それぞれの自己同一性《アイデンティティ》のもとに組織化されると同時に、それ以外のあらゆる研究軸によって貫かれていなければならないだろう。とはいえ、同じことがそれ以外の研究ユニット——その内実については明らかにすべきところが残されている——についても言われうるのでなければならない。この点に関してとりわけ範例的な別の指標として、「女性学〔études féminines〕」が挙げられるだろう。なるほど、女性学は少なくともその見かけから判断するに、前述した〔ハイデガーという〕事例とは直接的な関連はないかもしれない。それでも私は両者の関係は本質的であると主張したい。ただ、そのことをここで証明するつもりはなく、確実だと言えることをいくつか引き合いに出すにとどめよう。私たちの国において、女性学の制度が十分に整備されていないのは言語道断なのである（たとえば、大学における状況を米国と比較し、さらにフランス国内について、公的な組織外で取り組まれている「女性学」の規模の大きさや勢力と比較されたい）。

「ゴドリエ報告」が指摘しているように、フランスで当時の政府によって「女性学」の研究ユニットとして認証されたものは一つしかない（エレーヌ・シクスーがパリ第八大学で主催しているユニット[10]）。他方で、あまりにも自明のことだが、もし女性学が前述の理由からいってもコレージュで大規模に展開されなければならないとしたら、女性学は他のあらゆる研究の場においても、風前の灯となるどころか、煌々と輝かなければならないのである。

II　宛先と合目的性

このタイトルのもとに位置づけられる「主題」は、権利上、これまで論じてきた主題から切り離されるべきではない。両者は多くの点で交差しうるからだ。しかし、その論じられ方は独自の屈曲によって際立ったものになるだろう。伝統的と言われる範疇《カテゴリー》をできることなら新たな対象に対応させながら再活性化させたり、現代化したりすること、そして、未知あるいは特殊と思われる状況のもとでこれを（変革や変形の）試練にかけることが課題となるだろう。目的論と終末論、目的＝終焉〔fins〕と合目的性に関する哲学の大いなる伝統——アリストテレスからカントへ、ライプニッツからヘーゲルそしてマルクスへ、ニーチェからベルクソンへ、等々——を構成してきたあらゆる主題と問題が、現代における生物学と遺伝学、生物工学、生物言語学、「生命技術〔biotique〕」のうちに認められるのと同じく多種多様な方向へと展開されなければならないのだ。医療における科学－技術上の変化に関連して法権利についてなされる新たな考察は、宛先に関する思考の倫理的かつ政治的な次元でも開始されるだろう。ここでは具体例として、以下のような方向性の交錯に位置するきわめて重要な研究に着手することを提案しよう。

A

生命科学における哲学的な含意。その境界がいまだ確定されていないこの種の「領域」における「発見」の数とスピードのために、これまで以上に哲学はきわめて本質的かつ批判的な問いかけに参与する〔*engager*〕。私たちが「含意〔implication〕」や「参与〔engagement〕」と表現するのは、ここでの課題がおそらく、科学的な成果に後続する認識論的考察とは別のものであることを示すためである。こうした領域やそれ以外の領域におけるこの種の認識論の必要性に疑義を差し挟むことなく、新たな科学的空間を切り開き、方向付ける「哲学的決断」の可能性も考慮に入れなければならないのではないか。その場合、自然発生的あるいは教条主義的な哲学、学者たちの活動のうちにみられる批判以前の哲学的営為の残留物が必ずしも意味されているわけではなく、それ自体で新たな知を創出し産出する哲学－科学的方法が想定されている。この「哲学的決断」の可能性は、科学理論のすべての領域において歴史的に栄誉ある称号をもっている。それでも、生命科学がそれ以外の科学や現在進行中の技術変革（言語に関する科学、物理学、情報学、等々）とに関係付けられるあらゆる空間において、この可能性は今日、豊かで有望であるように思われる。哲学とこれらの科学－技術が断絶しているのと同様に、生命を対象とする研究とその手段の断絶は往々にして、対象の内在的な性質よりも、科学者の共同体あるいは技術者の共同体の社会－制度的な帰結に由来するものなのである。この点に関してコレージュは、きわめて重要な役割を演ずることができるだろう。

B

新しい医療技術によって引き起こされる哲学的、倫理－政治的、法的な諸問題。新しい一般義務論のさまざまな基礎。（世界における食料配分から出産抑制までのあらゆる次元における）人口学、老人学（「老人」だけに限定するのでなく、老いるということ全般に関する科学――世界中でこの点に関する理論上の深化と制度上の進展がなされているが、フランスではあまり知られていない）、遺伝子操作、人工器官と臓器移植をめぐる重要な問題構制、生命技術（遺伝子合成を用いたバイオコンピュータ、「人工感覚機能」の開発）、安楽死など、そのいずれが問題になろうと、哲学上の争点は明らかだ。この争点はこれらの技術に関する知識と制御の視点から提示されるだけではない。それにはまた——この分野における最良の専門的知識を要求しつつ——、倫理学的な解釈、立場の選択、そして決断が求められる。また、身体、生命の一体性、「主体」「我」「意識」、個人そして集団の「責任」といったさまざまな価値に関する根本的な価値論全体の問い直しも想定される。これらの問いは、「健康」に関する政治をめぐるさまざまな問い（一般に健康と呼ばれるものに関する社会の権利と義務、さらに「健康」という概念それ自体の改変）、そしてこの領域における研究の政策に関する問い（優先順位をつけること、目的に合致させること、軍需産業向けの諸研究と連携すること）に結びつくのである。

C

精神医学と精神分析。当然ながらここでは、私たちがその所在を特定してきた研究にこれらを結びつけ、両者を互いに結びつけることには配慮するつもりだ。また、他には還元されない独創性を確保するために両者を切り離すことにも配慮するつもりだ。とはいえ、精神医学と精神分析の両方において、知、「理論的」言説、技術、制度のいずれかが問題になる場合でも哲学的な議論が必要とされることは、意見聴取の過程で交流のあった「実践家」全員によって広く認められ、訴えられたのである。そして、この必要性は今日、何らかの仕方で精神分析を「考慮に入れている」人々——どの研究領域にも数多い——によってもさらに広く認められているのだ。文学あるいは言語学、歴史学、民俗学あるいは社会学、教育学あるいは法学を問うてみれば分かることだが、研究の公理体系そのものがいずれにしても変貌をとげてしまっているのである。ここでは、このあまりに明白なことがらについては強調しないでおこう。むしろ、コレージュの将来の責任者がとりわけ警戒しておくべき点について一つだけ強調しておきたいと思う。これは最近、モーリス・ゴドリエとジェラール・マンデルがおこなった精神分析家に対する意見聴取で確認されたことだが、彼ら彼女らの多くは、みずからの目から見て、自分たちの言説と実践のなかにある、他の何ものにも還元されえない特異性に相当するものを保全しようととても気にかけているというのである。精神分析家の大半は、公衆衛生を担当する公的機関あるいは公的研究制度に対してできるだけ独立した立場を貫きたいと願っているわけだ。非常に複雑なこれらの問題について――私はここで詳論しようとは思わない――どのように考えられるにせよ、いずれにしても私にとって望ましいと思われるのは、コレージュがどのような仕方であれ、これらの問題を「解決済み」と絶対にみなさないということである。言い換えるなら、これらの主題についてコレージュは、留保と棄権という方針を持ち続けるということなのだが、だからといって、これらの問題を理論的な仕方で提示しないという意味ではない。むしろ、その反対である。とはいえコレージュは、たとえば精神分析家グループや組織それ自体とあれこれの関係をもつことによって、社会のうちに何らかの仕方で精神分析を組み入れようとしてはならない。研究上のあらゆる協定は、精神分析家本人とではなく、精神分析的な問題構制に関心を寄せる個人あるいはグループと結ばれることになる（実際に精神分析家たちがこの問題構制に関心を寄せることがあるとしても、また、コレージュにおける彼ら彼女らの仕事が精神分析の潮流の制度と歴史に関するものであるとしても）。このことに何ら逆説的なところはない。というのも、関係者全員の利益を念頭に、そして何よりもコレージュの利益を念頭に私がここで推奨しようとしていることは、精神分析家がしばしば要求するところに合致するからだ。精神分析家の多くは、取り決めによって自分たちに割り当てられる場所――たとえばＣＮＲＳ〔国立科学研究センター〕やその他の研究制度――よりも、前述してきた条件のもとで仕事をすることを好むと私たちに語った。実際はどうなのかその是非はともかく、彼ら彼女らは、このような場所に（理論的に）閉じ込められ、さらには（社会‐政治的にみて）多くの制約を課せられることをおそれている。そして、より開かれた多彩な交流をフランス内外の哲学者ならびに社会科学の研究者と、さらには生命科学あるいは「自然」科学の研究者――この点は明記しておく必要がある――ともちたいと思っている。このような国際的次元には個別的な側面がいくつか含まれており、その個々の側面については、私たちの研究協力者の何名かによって幾度となく注意を喚起された通りである。

D

法と法哲学。私たちは調査の初期段階からこの点については確信していたし、また、証拠を積み重ねることで再確認することにもなったのだが、フランスにおいて法と法の哲学をめぐる考察はその欠落が目に余るほどである。多くの哲学者と法学者はそれを遺憾なことと思っており、この領域において格段の努力がなされることを提唱している。この努力はまず、現代における（技術、経済、政治、芸術に関する）いくつかの変化がもたらしたさまざまな法の問題を考慮しつつ私たちが先に言及した方向でなされるだろう。宛先、贈与、したがって交換、そして負債という主題はとくに特権的な仕方でこの方向に適している。この主題に必要な「比較研究者」の手続き、民族‐社会学的な手続き、歴史学的な手続きについてのみ論じないようにしよう。それほど古典的ではないアプローチ、たとえば、法的な発話行為の構造を「語用論的に」分析することから始めるアプローチについても論じよう。その逆に、芸術作品の構成要素、あるいは作品の制作と受容（あるいは宛先）の場に関する法的条件についても検討されよう。政治的な、さらには神学‐政治的な問題構制との結びつきについては、そのあらゆる可能性をここで論じることはしない。手がかりとなる事例に限定するなら、ここでは、哲学‐法学的な新しい思考に対する「近代的な」挑戦のいくつかを雑多にみえる形で挙げておこう。たとえば、全体主義社会の諸相、身体的かつ心理的な拷問の新たな技法、空間の包囲と占拠に新たに生じた事態（都市計画、領海と領空、「宇宙探査」）、コンピュータ化の促進、技術の所有と移転、技術を取り巻く新たな状況における、新たな制作媒体と保存媒体を考慮に入れたうえでの芸術作品の所有、複製、そして頒布である。前述した現在進行中の変化はいずれも、法権利〔droit〕、国際法、公法そして私法の概念体系と公理体系を根本から再構築することを求める。さらに、人権をめぐる新たな問題構制の兆しもあり、主要ないくつかの国際機関のなかで時間をかけながら、しかも苦労を重ねながら進行している。これまでのところフランス哲学はこの問題構制にほとんど関心を示してこなかったように思われる。この怠慢は人権を言祝ぐさまざまな宣言にみられる古典的な雄弁さの下でしばしば隠されてきた。このような宣言はいかに必要であろうと、哲学的な思考の代役を務めることはもはやない。そのような思考は今日、前例のない事態に挑まなければならないのだ。

E

警察、軍隊、戦争。この場合も、現在進行中の技術革新は〔社会的な〕機構、行動様式、争点、そして合目的性を根底から変革してしまっている。この点に関する研究はフランス内外の多くの研究組織においてすでに着手されているが、哲学的な考察はこうした研究から隔たっている。

〔国際哲学〕コレージュは、専門家（警察機構、さまざまなタイプの治安組織、矯正施設、軍隊、近代の戦略や戦争学の専門家）とそれ以外の研究者、とりわけ哲学者とが対面しうるようにしなければならないだろう。〔公開書簡への回答として〕フランス内外から届いた多くの研究計画が私たちに示したように、その研究方針は実に多数で、その類型は多様である。この「計画案」で提起された主題のうち、警察や軍隊、戦争をめぐる問題構制と何らかの仕方で交差することのないものは実際のところ皆無である。戦争については、そのあらゆる形態において――形態ということで比喩（イデオロギー戦争、経済戦争、電波戦争）が問題になっているのではない――研究がなされよう。したがって、バイオサイバネティックス、「人工知能搭載型」と言われる兵器、自動追尾装置を搭載したミサイルなどは、この研究領域における「送付」と「宛先」をめぐる問題構制のもっとも顕然とした限定的な範例《パラダイム》にすぎないだろう。というのもこの研究領域は、ゲーム理論、（軍事産業的）研究の政治、精神分析、記号論、修辞学、法学、文学、「女性を取り巻く状況」にまで拡張されるからだ。

III　宛先の言語活動、言語活動の宛先

「言語活動〔langage〕」――この用語はここでは、もっとも広い意味において、つまり、いわゆる言語的なものと言説的なものの限界を超えて、音声や文字という形式のもとで理解される。「情報」「交流」「発信」「伝達」という価値は「言語活動」のうちにありとあらゆる形式でたしかに含まれているが、しかし、それだけで「言語活動」が汲み尽くされるわけではない。つまり直截的に言うなら、「言語活動」という名称のもとで、「宛先に関する」意味あるいは行為のすべて（送り宛てる〔destiner〕、送付する、発信する、伝達する、宛てる〔adresser〕、与える、受ける、など）に関する研究が、今度はコレージュのあらゆる活動領域を横断しうるし、また、そうすべきである。この報告書の第一部で仮定しておいたように、コレージュの活動は理論的な研究のみならず、そうした研究と連携した「創造」や行為遂行にもなるだろう。以下では便宜上、古典的な範疇《カテゴリー》を参照しつつ、これら交差する研究の名称《タイトル》とその主要な道筋を素描することにしよう。

A

言語活動に関する哲学。この哲学がたんに言語学というものに関する認識論でもなく一つの言語学でもないとしたら、その特有性はどのようなものでありうるだろうか。この「特有性」はどのように構成されるのだろうか。

目的論のあらゆる形式と関係付けられた、この「特有性」をめぐる問題構制とその範疇《カテゴリー》の歴史と分析。差出人、受取人、送信者、受信者、メッセージとは何か。それらの「実践上の」統一性と概念的な同一性はどのように構成されるのか。この点に関する（形而上学的、心理‐社会学的、精神分析的、技術‐経済的）分析のあらゆる次元において、私たちは決定可能性[11]と決定不可能性をめぐる諸問題に取り組むことになるだろう。これらの問題は論理学あるいは記号論の形式のもとで、語用論の逆説において、さらには「芸術作品」の解釈において認められるだろう。

B

言語学。「巨大‐領域〔immenses-domaines〕」と私が名付けるところのものすべてに関しても同様だが、ここで問題になるのは、コレージュはどのような鋭角から〔言語学に〕切り込むべきかを示すことである。コレージュでは言語学研究の全領域が取り上げられることはないし、また、いわゆる言語学全体が教えられることもない――どこか他の場所ではそう教えられていると仮定しての話だが。むしろ、もっとも新しい方向に展開される言語学研究への「手ほどき」を提供することで、言語学者に対して、それ以外の研究者――哲学者であろうとなかろうと――との議論を通じて言語学における哲学的なもの、そして哲学における言語学的なものについて問いかけることが試みられよう。問われるのは、言語学と哲学の学説上の前提だけではない。歴史的な観点から、または制度上の観点からすれば、その含意の別の方法もまた少なくとも興味深い。たとえば、何らかの自然言語のうちに、そして、この自然言語から導出される「言語活動〔langage〕に関する哲学」のうちに哲学的言説を組み込むことについてあらためて問いかけることができるだろう。さらに、あらゆる言語学についてなされる哲学的決断について――容認されようとそうでなかろうと――問いかけることもできるだろう。この決断は、否定的なもの（「認識論的な困難」）とは限らないし、言語学が誇示してきた哲学的言説や哲学的参照軸（「デカルト派言語学」「ルソー派言語学」「ヘルダー派」「フンボルト派」）と一緒にされるとも限らない。むしろ、中世に繰り広げられた〔言語に関する〕思索――フランスの講壇哲学ではほとんど見向きもされていない――においてこそ、ここでの探求はおそらくもっとも実り多きものの一つになるだろう。しかし、これらはあくまでもいくつかの例にすぎない。

C

記号論。ここでは、言語学の哲学的な問題について述べてきたことが当てはまるだろう。記号論は言語学的な体系と同様に、記号に関する非‐言語学的な体系をも扱うから、その領域はより広いものになるだろう。とりわけ、複数の記号法のあいだの〔*intersémiotiques*〕仕組み（身ぶりと言葉《パロール》、正規の書記体《グラフ》と自然言語あるいは日常言語、さまざまな記載〔inscription〕による芸術作品（文章、絵画、音楽など））に関心が注がれるだろう。したがって、こうした考察は――円環知的な仕方ではなく、〔専門外の分野へと〕越境していく仕方で、ということをけっして忘れないようにしよう――、遺伝情報のコードに始まり、信号のあらゆる体系、そしてあらゆるコードへ拡張していくだろう。「人工知能」という避けて通ることのできない問題構制に関しては、現在進行中のあらゆる研究と関連がある哲学的な公理体系――その筆頭は「人工的なもの」とそれ以外の一連のものとの対立である――のいずれも既定のものとみなしたり、保証されたものとみなしたりしないようにしよう。

同じように、「宛先」に関するさまざまな問いを参照することによって、まずはこの「領域」の驚くべき拡張を篩《ふるい》にかけ、方向付けることに甘んじてはならない。言語《ラング》に関する思考は「言語活動《ランガージュ》に関する哲学」に属するのか、記号論の理論に属するのか、あるいは言語学の理論に属するのか、そして、これらの地平にとどまるものなのか、という問いを開いたままにし、たえず再開させることになるだろう。

D

語用論。語用論は言語学、記号論、一般記号論、言語活動《ランガージュ》に関する哲学と分有するところがあるにもかかわらず、目下のところ、とりわけフランス国外でどちらかといえば独創的な学問分野《ディシプリン》として展開されている。発話行為（スピーチ・アクト）に関係しようと、（たとえば身体表現を含む）より複雑な記号論の文脈に関係しようと、語用論は今日、深大な帰結をもたらす配置転換を新たに推し進めつつあると私には思われる。語用論はその本来の――豊かな――帰結に加えて、個々の学術性の名において細分化されたり、保護されたりしてきたさまざまな「学問分野《ディシプリン》」が本質的に内含し合う関係性を誘発している。それゆえ語用論はコレージュのなかでとりわけ目立つ位置づけを要求するように私には思われる。つまり、過密な交通量の「交差点」（哲学、意味論、言語学、記号論、芸術理論と芸術実践、法的な遂行動詞の解釈）という位置づけである。さまざまな争点の重要性に鑑みるなら、「行為遂行的な」次元にコレージュが付与すべき地位に鑑みるなら（本報告書の第一部を参照）、さらに、制度化された特有の手法なしに散発的な研究が増加している事態（スピーチ・アクトに関するオースティンの理論とその伝統から出発して、場合によってはそれらと断絶するほどの距離をもって）[12]に鑑みるなら、コレージュは共同作業の場を創造しなければならないだろう。そして、その後は、本当の意味での研究センターをコレージュの外に、しかし、コレージュに連携する形で創設しなければならないだろう。この方向を目指して多くの提案が――その中には非常に練り上げられたものもある――私たちに寄せられている。私たちはこうした提案を予想しえたし、また、それを希望し要請したのである。

E

遠隔通信〔*télécommunication*〕の技術。「伝達〔communication〕」や「遠隔伝達」という概念に関する「根本的な」考察、テクネー〔技術〕一般と「遠隔通信」のあいだに横たわるおそらく構造的な、したがって何かに還元することのできない結びつきに関して、その「単純で」「基本的な」形式から出発しておこなわれる「根本的な」考察。言い換えると、遠隔通信という技術は多くの技術のうちの一つではない。このことから帰結するのは、遠隔通信という問題構制と、距離、方向付けられた間隔〔espacement〕の問題構制、したがって宛先という問題構制との結びつきである。こうした考察にはさまざまな出発点がありうるが、今日（そして明日もまた）もっとも必要とされているものからいくつか取り上げてみよう。

一、アーカイヴ化のあらゆる様式――つまり（哲学的、科学的、芸術的な）伝達行為――の合目的性、構造、実行。アーカイヴ化と伝達行為に関する研究と実験が重要なのは新技術（マイクロフィルム、データバンク、データ通信、ビデオ）にとってはあまりに明白であるから、私としてはむしろ書物について強調したいと思う（エクリチュールの歴史と書物の歴史。書物というモデル、このモデルがさまざまな作品と言説――とりわけ哲学的言説――の構造に与える諸効果。書物の文化がもたらす技術的、政治的な諸問題。出版活動全般、とりわけ科学や哲学、文学の出版活動の危機とその将来。こうした問題の国内的かつ国際的な次元――たとえば支配的な言語と少数派の文化――など）。もちろんこれらの問いは今日、コレージュのような研究制度において副次的とみなされることはもはやありえない。したがって、とくに専門家（アーカイヴ化と普及に関する新技術の専門家、印刷業者、編集者、司書、など）の助けを借りつつ、余すところなく、その重要性に応じてこれらの問いは論じられることになるだろう。このような自発的な取り組みは、コレージュ以外の場所（たとえば、先端技術・システム研究センター（CESTA）、自律的認識論研究センター[7]（CREA）、文化省、図書局[13]）でおこなわれうる取り組みと調整されることになるだろう。

二、マスメディア。哲学的かつ科学的な考察、〔つまり〕理論と経験、実験にもとづく「メディオロジー」。この領域で必要とされる数多くの研究のなかでも、コレージュはまず、「文化的」、芸術的、科学的、そして哲学的な側面を優先することになるだろう。そうすることでコレージュは、「メディア」文化と研究、教育の関係をより詳細に分析することになる。コレージュは、マスメディアの拡大を前にして「反応しやすい」態度をとるのでも、「拒絶する」態度（このような態度は何の効果も及ぼさない）をとるのでもなく、しかし、このような拡大に関係する「義務論的な」「倫理‐法的な」あるいは「倫理‐政治的な」問題をさまざまに提示することになるだろう。マスメディアの技術上の可能性（公的な次元に属するそれ、または私的な次元に属するそれ）の新たな用途を提案すべく模索し、そして、この可能性へ到達するための通路を用意しようとするだろう。マスメディアに当てはまることはまた、それ以外の伝達のさまざまな様式、しかもそれほど普及していない様式——たとえば「自由ラジオ」[14]——にも、あるいは、あらゆる遠隔通信の技術にも当てはまる。多くの研究が海外の大学とフランスの研究制度において取り組まれているが、コレージュはみずからのアプローチの独創性を維持しながらも、これらと連携しなければならないだろう。

三、情報工学、データ通信、ロボット工学、生物工学。それ以外の研究拠点、とりわけCESTAと交流のある研究ネットワークと緊密に連絡を取りながら、コレージュはそのスタイルと手段でもって、「合目的化」について現在進行中の科学的かつ哲学的な考察に参画しなければならないだろう。「合目的化」とは新技術の開発と適応の様式のことで、その目を見張る促進により文化と知の総体は変容している。これらの研究では、技術的な手ほどき——最低限の専門的能力の養成——と、さまざまな争点の哲学的な（倫理的、法的、政治的な）分析とが可能な限り結びつけられなければならないだろう。

F

制作学〔*poïétiques*〕。いささか慣用的な仕方かもしれないが、私たちは、伝統的な意味における芸術の諸理論とさまざまな芸術的実践に関することがらをすべてひとまとめにするためにこの言葉を選択することにする。「制作学」というタイトルには、一方で理論的であり、また〔理論的であるがゆえに〕必然的に論証的でもある研究の次元と、他方で実験的、「創造的」、行為遂行的な研究という次元の二重性を想起させるという利点が少なくともあるからだ。

コレージュが立てたさまざまな計画（少なくとも私たちの調査団によって解釈され表現された計画）は、この制作学の分野のうちに多大な関心をもたらしている。他の分野と比べて、研究の提案の数が多く、より熱のこもったものだった。明記しておかなければならないが、とりわけフランスの研究者と芸術家からそうした提案が寄せられた。とはいえ、それは予想されえたところである。以上のことから確認されるのは、とりわけ、私たちの国の理論－制度的な位相論《トポロジー》のうちで、自発的な取り組みが場を――さらにはその手段を――見出すことの困難である。

強調しておくと、コレージュはこの分野に関して、パリで、そしてとりわけ地方と海外で、現在おこなわれている数多くの試みとその都度可能な機会に連携するように模索しなければならない。それらの試みが公的なものであっても（たとえば文化省によって企画されたり、支援されたりしているもの）、私的なものであっても、両者の連携を主張したい。とりわけ、「理論家」と「創作家」――同時に「理論家」であり「創作家」でもあるという場合もある――を結びつけるような試みに格段の注意が払われることになるだろう。

あらためて取り上げるべき「大いなる問い」（芸術作品の起源、意味＝感覚《サンス》、出典、芸術と真実、芸術と国民文化など）の他に、これらの研究のいずれもが共有しうる論点としてまず挙げられるものは次のとおりである。

・宛先と合目的化の構造（概念をともなう、あるいは、「概念のない」「美的なものの合目的性」）。誰が何を制作するのか。誰を宛先として制作するのか。受容理論、「趣味」の理論、美術市場の理論、評価や正統化、普及の諸現象などに関する理論。

・作品の内部と「制作」の方面における宛先〔destination〕の主題群（運命〔destin〕、法、偶然と必然）。

・作品の解釈、ならびにこの解釈に関与する哲学あるいは解釈学。ジャーナリズムと出版の新たな視聴覚空間における「美術批評」の変容。

・科学－技術の進歩に応じた芸術（その形式と支持体）の変化。

・芸術に関する慣習上の分類を批判し、これを変革させること。

別の哲学的な問いかけが必要なことはあらゆる種類の芸術ではっきりしているし、その必要性に注意を促したのは「創作家」が最初であったわけだが、おそらく文学あるいは詩、そして音楽の方でこそ、実に顕著な仕方で事態は切迫している。さまざまな研究のおかげでこの二〇年のあいだに、重要な可能性（哲学、人文科学——言語学、精神分析、など——、そして論理－数学）が多くの場合、学術制度の外で、また、それと普段から協力関係にある組織の外部で積み重ねられてきた。「文学プラス哲学」と呼ぶことができそうな一つの実体はたとえば外国（とりわけアメリカ合衆国）の大学では実際に受け入れられているが、それは私たちの国では密輸入されたものにとどまっている。私たちの元にはこの方向で研究を進めようとする企画がたくさん届いている。その他の企画としては——それらもまた斬新で必要である——、今までなかったような仕方で音楽と哲学を結びつけ、音楽家、音楽学者、そして哲学者を橋渡ししようとするものがある。それだけでなく、同じような試みが映像芸術、いわゆる空間芸術、演劇、映画、そしてテレビについても当てはまることは疑いようがない。

Ⅳ　翻訳、転移、横断

私たちはこのタイトルのもとで転移のあらゆる手続きを提示し、提唱する。これらの手続きはそれ自体で、諸科学相互の対話的ないし横断的な研究に優先的に開かれた国際コレージュの先鋭な特有性を規定している。したがって、翻訳ということが問題になるわけだが、便宜上ここではヤーコブソンによる区別[15]を借りて、翻訳を三つの意味において理解することにしよう。つまり、言語内翻訳（同一の言語《ラング》の内部における翻訳現象、つまり注釈、換言、転用のこと）、言語間翻訳（ヤーコブソンが述べているように、言葉の通常の意味において、あるいは「本来的な」意味において、ある言語から他の言語へ翻訳すること）、記号間翻訳（ある記号的媒体から他の媒体への翻訳、たとえば言葉から絵画への翻訳のこと）である。ただし、モデルあるいはパラダイム（修辞学、芸術、諸科学）の転移というさらに広い意味における翻訳もまた問題になる。

以下では、いくつかの範例的な方向性を提示することにしよう。いうまでもないことだが、これらの方向性は、別のタイトルのもとに位置づけられる別の道筋と交差しなければならないし、また、「宛先」という一般的な図式にしたがって方向付けられなければならない。

A　言語《ラング》一般、言語の複数性、そして翻訳の問題系一般に関する「基礎的な」研究。言語学的、哲学的、宗教的かつ政治的、詩的な次元における翻訳の歴史と理論。国家の言語と少数言語をめぐる今日的な問題（〔言語の〕消滅と再生、科学と哲学の国際的な共同体への参加、言語による科学−技術の支配と適応）。

B　専門的な言語教育センターをコレージュの内部に、あるいはコレージュと連携する形でフランス人研究者あるいは外国人研究者のために設立すること。

C　翻訳の最新技術、その理論上の諸問題。翻訳機械、「人工知能」、データバンクの――特定の言語での――プログラミング、ならびにアーカイヴ化や伝達の別の方式。

D　諸言語と哲学的言説。哲学的なものそれ自体の構築に際して自然言語（国民言語）が果たす役割。「哲学的」言語の歴史。その政治的、神学－政治的、かつ教育学的次元。どのようにしてある哲学的言語は支配的なものとなるのか。これらの研究は、「比較研究」と形容される問題構制ならびに哲学の制度に関する研究と密接に結びつけられるだろう（この点については後述する）。すでに提出済みの問いが、つまり、「哲学的対象」というものの形成と正統化の過程に関する問いがその都度再び提起されることになる。

E　哲学における「比較研究〔*comparatisme*〕」。このタイトルは経験にもとづいた曖昧なものだが、このような研究の必要性を疑うことはまったくできない。とりわけ私たちの国では急を要するとはっきり自覚されているし、この点に関する証言は数多く、いずれもが雄弁である。「比較研究」という言葉はまがりなりにも至るところで不可欠とされているが、たしかに、この言葉はその適用範囲が限定し難い手続きを、その研究対象の存在についてほとんど確信がもてず、しかもその方法論についてはさらに確信がもてないような手続きを扱ってきたのである。

しかしながら、ときおりあることだが、「比較研究」のそのような脆弱性にもかかわらず、あるいは「比較研究」が経験にもとづいたものであるにもかかわらず、ある研究の全体を正当化してしまう奇妙な制度的条件のもとでいくつかの研究が不可欠になることがあった。「比較研究」がそれ自体として重要な意義を哲学において有するものであるかは疑わしいが、しかし、この曖昧な概念の批判そのものは、西洋——とりわけフランス——において今日ほとんど発展していないさまざまな分析（哲学的分析について述べているのであって、「文化‐論理的」分析についてだけではない）を通じて生じなければならない。この点について以下でその概略を示そう。

a　思想（一般）と哲学の相違について。西洋において「哲学」という名のもとに誕生し展開されてきた「哲学的」形式には必ずしも限定されない思想の諸体系。それらの「思想」はいずれも厳密には哲学的でないからといって、西洋とそれ以外の地域で哲学的な見地から「文化」「世界観」、倫理‐宗教的な「表象の体系」に割り当てられるところのものに還元されるわけでは必ずしもない。哲学的なものを超えて、あるいは形而上学と西洋的な科学‐技術を結びつけるものを超えて思考しようとする試みは、しばしば、非ヨーロッパ（アフリカと極東）的な思考との親近性を露わにする。〔両者の〕境界線で体系的になされる研究と交流は、それ以外の研究や交流——そう名づけられるところの——と交差しなければならないだろう。

b　西洋と西洋以外における哲学の諸体系と宗教の諸体系。神学研究の再生（宗教運動と神学‐政治運動の世界的な規模の再興に関する研究と関連付けられる必要がある）。

c　哲学の諸体系と神話の諸体系。

d　哲学と自民族中心主義。民族哲学〔*ethnophilosophie*〕をめぐる問題構制（〔プラシド・〕タンペルが執筆した『バントゥー哲学』に関してポラン・フントゥンジがおこなった批判を契機として、アフリカで展開されてきた広範囲に及ぶ議論が模範となる）(8)。この問題構制は、宛先をめぐる行為と言説（与える／受ける、発信する〔émettre〕、伝達する〔transmettre〕、送り出す〔envoyer〕、宛てる〔adresser〕、方向付ける〔orienter〕）に結びついた意味に関する（意味論的、言語学的、民族－文化学的）研究によって提起された問いと関連して展開されるだろう。

e　哲学の「間大陸性〔*transcontinentalité*〕」。哲学のさまざまな伝統のあいだに認められる差異について（非ヨーロッパ的ではあるが、ヨーロッパ的なモデルをもとに構築された哲学の諸制度に影響を及ぼすとしても、その現象からして哲学のなか、ヨーロッパのなかにとどまる差異）。この差異は〔哲学の〕対象や「内容」のみによって、またたんに国民言語の相違によって、つまるところ学説上の対立によって限定されない以上、何によるのか。これまで数世紀のあいだ、私が哲学の大陸と呼ぶものが形成されてきた。この二世紀にわたってこの動きは加速し、その特徴が明確になってきた。「大陸」と述べたが、これは比喩《メタファー》である。それがたんに地理的なものにすぎないとしたら、この比喩は厳密ではない。この比喩が正当なものとされるのは、地理的あるいは地理－国民的な境界が往々にして伝統的な実体と制度的な領野を取り囲んできた（フランス哲学、ドイツ哲学、イギリス哲学、など）限りにおいてである。今日、哲学のこれらの伝統を守る「税関」と「警備」を通過することは、それらを分け隔てる境界線を引き、それぞれの本質的な特徴を位置づけるのと同様に困難である。分析してみれば判明になると私には思われるが（ただし、ここではそうした分析をおこなうことはできない）、これらの境界線は、言語、国民性への帰属、哲学的な対象として特権視される対象のタイプ、修辞、（教育制度の内外で）哲学的言説を生産し再生産する社会－制度的な様式、一般的な歴史－政治的条件だけに由来するのではない。とはいえ、ここに挙げた条件のいずれもが積み重なって縺《もつ》れ絡まることによって、これらの「大陸」が自閉的な仕方で形成されてきたのだろう。その効果は多岐にわたり、それ自体すでに興味深い。〔「大陸」と「大陸」のあいだで〕交流がほぼ不可能だということの異様な事態はたんに不透明な形をとるわけではなく、交流が全然ないということではない。むしろそれは、翻訳に関するあらゆる現象のうちに遅滞や混乱が認められ、あらゆる誤解が全面的に拡がっているということを意味するのだ。誤解は端的にいって、あるいは本質的にいって、哲学の国民的な共同体のあいだに、あるいは国家のあいだに横たわっているのではない。哲学の偉大な伝統の一つひとつはまた、それぞれの国民的な共同体の内部で表象されるのだから、境界線はそれぞれの国家の内部で、さまざまな布置に応じて引き直されるのである。

逆に、しかし同様に興味深い過程にしたがって、こうした状況はゆっくりと変化し始めている。哲学者のなかには、あちらこちらでこうした動向に次第に敏感になっている者もいる。つまり、こうした「バベル化〔babélisation〕」を考察し、変革しようとする数々の動きが始まっているのだ。これは喫緊にして困難な、しかも前代未聞の務めだが、もしこのような務めが実際に存在し、しかも肯定されなければならないとしたら、それは今日、おそらく、哲学そのものの務めだろう。これこそが国際哲学コレージュにとっての最初の務め、しかも何にも置き換えることのできない務めなのである。たとえコレージュがこうした目的のためだけに創設されたとしても、その存在は十分に正当化されるだろう。

コレージュが設立されてから最初の四年間は、以下に挙げることがらに先鞭をつける準備を進めなければならないだろう。

- 国際的な研究グループの設置。それぞれのグループにはフランス人と外国人の研究者が含まれる。研究者たちはフランス内外で（パリで、そして可能な限りパリ以外で）研究することになる。彼らの専門は哲学にとどまらず、たとえば言語学でもあるだろう。彼らはフランス内外で他の専門家の支援を仰ぐことになるだろう。すべての研究者は、私たちがこれまで述べてきた状況を分析し変革するために研究することになる。研究者たちは率先して、コレージュの関心を惹くあらゆる領域において、交流活動、協力体制、研究集会、提携協定、翻訳、共同出版に関する提言をさまざまな仕方でおこなっていく。コレージュのつねに変わらぬ展望として、「大陸間」の差異に関する主題群と問題系は設立後の最初の数年間、優先されるプログラムになるだろう。そのような研究グループがその都度独創的な方法で構成されうる至るところで、グループが実際に組織されることになる。（東西）ヨーロッパにおいて、ヨーロッパの外で、厳密に西洋的な意味での哲学であろうと、非‐哲学的な「思想」であろうと（前述してきたことを参照）、研究グループは組織されていくのである。

・大規模な国際シンポジウムの企画は、コレージュのまさに開幕として、その創設後にただちに着手されるだろう。もちろん伝統的な形式のシンポジウム（大規模な講演会と分科会を形式的に併置させること）がここで念頭に置かれているのではない。コレージュが組織しようとするのは、二年から三年かけてフランスの内外で集中して取り組まれる研究の到達点となるものである。そのための準備を精力的に進めるのは専従の哲学者になるだろう。そのためには、研究滞在がフランス内外での協定と支援の対象とならなければならないだろう。つまり、複数の外国人哲学者がコレージュに研究滞在し、同じ数のフランス人哲学者が外国に滞在するのである。この種の大規模な会議の初回では、フランス思想とドイツ思想、フランス思想とアングロ‐サクソン思想をまずは取り上げるべきだと私には思われる。そこでは、きわめて多種多様な――この点には十分に配慮しよう――思潮が取り上げられることになる。とはいえ、とくに注目されるべきは、それが学術制度のもとで支配的であるかどうかに関わらず、もっとも活気あるもの、もっとも独自なものであることは論をまたない。大規模な二つのシンポジウムの準備に着手した後、将来の研究集会（イタリア、スペイン、ラテン・アメリカ、インド、アラブ諸国、アフリカ、極東アジア諸国、など）に結実するような研究グループがただちに組織されなければならないだろう。

V　哲学の制度的な合目的性（研究と教育）

当初、宛先をめぐる問題構制（受取人と差出人――個人的ないし集団的「主体」――の編成、メッセージの統一性と正統化、交信〔transmission〕と受信〔réception〕の構造、など）によって大規模な研究が方向付けられるが、それはまた、哲学の諸制度――研究制度であれ教育制度であれ、フランスのものであれ外国のものであれ――の歴史と体系にも取り組むことになる。この研究の一部は「理論的な」ものだが（この分野ではすべてが手つかずというわけではないが、依然としてやるべきことは多い）、その大部分は実践的かつ実験的なものである。その目指すところは、哲学の研究と教育を発展させ充実させることである。フランス共和国大統領は一九八一年五月八日付でGREPH《グレフ》に宛てた書簡のなかで、このことをはっきりと提案し、また約束している。[16] またその必要性は、一九八二年五月一八日付で調査団に宛てられた書簡のなかで国務大臣・研究産業省大臣によって指摘されていた。「政府が中等教育における哲学教育の拡充を準備するにあたり、この学問分野に割り当てられた研究にその飛躍のための最適な条件と手段が確保されることが重要である」。そしてさらに大臣は明言しているのだが、コレージュは「哲学教育の刷新を先導するのに適しており、未知の教育法に関する研究と実験を引き受けるべく開かれて（…）」いなければならないのである。

私がここで参照しているのは、哲学教育研究グループ（GREPH）が提示した計画と最初の研究成果、そして「哲学の全国三部会」（一九七九年）であるが、このような参照には指標的な価値しかない。それ以外の方途は可能であり、コレージュは注意して、その方途への開放性を維持しなければならないだろう。

これらの研究に参加を望むものは誰でも――とりわけ、中等教育に従事している教員、大学生、そして高校生――、そのための手段を与えられなければならない。

ここで問題となっている研究の図式的な理念を示すために、GREPHの「事前計画」(9)の冒頭部分を引用することにしよう。最良の協力関係と互いの厳密な独立関係を同時に保証する条件のもとで、GREPHがコレージュと連携することを期待しているからだ。

「哲学教育研究グループ設立のための事前計画［p.146〔本書第1巻一三四―一四三頁〕を参照］」

フランスに関して言えば、前述してきた研究のすべてに、フランス哲学の考察、フランス哲学に固有な伝統と制度の考察、とりわけ今世紀を通じてフランス哲学を横断してきた他のさまざまな思潮の考察を結びつける必要があるだろう。フランス思想の新しい歴史はそのあらゆる要素（フランス思想を支配してきた要素、周縁化されたり、抑圧されてきた要素）とともに、現状の分析に方向性を与えなければならないだろう。私たちは直近の近代性について強調することで、そして、哲学とその限界をめぐる問題構制、諸科学ならびに芸術が近代性と取り結ぶ複雑な関係のみならず、フランスの社会‐政治的な歴史、この国のイデオロギーの動向が近代性と取り結ぶ複雑な関係、さらにたとえば、フランス保守派のあらゆる運動とフランス社会主義の運動が近代性と取り結ぶ複雑な関係についても強調することで、前述してきたことについてできるかぎり時代を遡っていくつもりである。

（津崎良典訳）

哲学と科学認識論に関する委員会による報告書[1]（一九九〇年）

緒言

哲学と科学認識論に関する委員会は、ジャック・ブーヴレスとジャック・デリダが共同で委員長を務め、ジャック・ブランシュヴィック、ジャン・ドンブル、カトリーヌ・マラブー、ならびにジャン＝ジャック・ロザが委員を務める形で、一九八九年一月から六月まで半年にわたって開催された。委員会の作業は二段階で実施された。（a）第一段階として、予備的な考察、議論、そしてさまざまな団体や協会の代表者に対する意見聴取がおこなわれた。意見聴取は、たとえば、哲学視学総監、教員養成視学総監[1]、組合諸団体（国民教育一般組合（SGEN）、中等教育全国組合（SNES）、高等教育全国組合[2]（SNESUP））、哲学教師協会[3]、GREPH《グレフ》〔哲学教育研究グループ〕、国民教育司書連合[4]（FADBEN）に対しておこなわれた。（b）第二段階として、本報告書の構想と執筆がおこなわれた。報告書には一般的な指針として四点、そして具体的な提案として七点がそれぞれ提示されており、それらの報告に先立って五つの項目が列記されている。それらの項目は中等教育、大学第一課程、ならびに設立予定の教員教育大学センター[5]におけるフランスの哲学教育の現状と将来について委員会がおこなった考察の基本的な方向性を総括するものである。

五つの基本的な項目（報告書の総括）

一、哲学は一定の知と教養にもとづいて、あらゆる知的訓練——それは調和がとれていて、かつ、系統立てられたものであり、さらに批判的な次元を有する——にとって不可欠な要素として機能しなければならない。

知と教養の現在の編成において、哲学が他の教科《ディシプリン》に対して俯瞰的な地位を占める根拠は何もない。だから、哲学は教育される他の分野よりも高い地位を占めるものとしてではなく、むしろ、哲学に固有な問いを形成しつつも、他の教科と歩調を合わせるものとして理解されなければならない。このような考え方は次のことを含意する。

一、哲学教育はそれ以外の教科と同様に、しかし哲学に特有な流儀を尊重しつつ、漸進的な性格をもたなければばならない。とはいえ、いかなる場合でも、哲学教育は明らかに、哲学に関するあれこれの知識の獲得というたんなる累積的な過程に帰着してはならないだろう。

二、哲学教育とそれ以外の教科の教育との関係は一貫して強化され、展開され、さらに哲学のあらゆる実践の構成要素とみなされなければならないだろう。

三、文科系の文化と理科系の文化のあいだのみならず、より一般的にいって、知と教養のさまざまな分野——その分散した状況が今日、生徒に数多くの困難を課している——のあいだでも転移、相互作用、交流が促進されることを哲学はみずからの義務の一つ、みずからにとっての好機の一つとみなさなければならないだろう。

二、すべての基礎的な教科と同様に、哲学はみずからのアイデンティティを尊重しつつもそれ以外の教科と連関し、入門〔*initiation*〕、教育〔*formation*〕、深化〔*approfondissement*〕のサイクルを数年に広げる教育の機会を与えなければならない。

一、入門の時期は少なくとも高校《リセ》の二年次のうちに開始され、哲学は週二時間の必修で、一年を通じていろいろなモデルに沿って時間配分がなされる。哲学の教師は、哲学／科学（数学、物理学、生物学）、哲学／社会科学（社会学、歴史学、地理学、経済学）、哲学／言語学／芸術と文学という三種類の教科グループを代表する教員と共同で、哲学そのものへの入門〔となる授業〕を編成することになる。各教科の統一性はけっして損なわれてはならないが、このような革新と領域交差からはあらゆる利点が期待される。なかでも期待されるのは、哲学教育はこれまで文科系のモデルに、往々にして、それどころかもっぱら支配されるか、社会科学や科学一般のモデルと対立させられるかしてきたわけだが、こうした新たな実践は哲学教育を均衡のとれたものにすることができる、ということである。

二、教育の時期あるいは「強拍〔temps fort〕」は従来どおり、高校の最終学年におかれる。哲学は高校の普通教育課程と技術教育課程で現在どこでも教えられているが、効率的な教育のために十分な時間を確保しなければならない。つまり授業にゆとりをもたせたり分散したりすること、あるいは削減することなどは論外である。哲学の授業時間はいかなる場合でも現行を下回るものであってはならない。

三、深化の時期は大学の管轄で、文科系課程のみならず、理科系、法科系、医科系の課程にも属する。哲学的な一般教養の深化は、それぞれの職業訓練の特徴にいっそう合致した批判的考察とその都度結びつけられることになる（たとえば、将来の医者にとっては、医療倫理、生物学の歴史や認識論をめぐるさまざまな問いの考察）。

三、バカロレア試験という段階が組織のなかで果たす役割に鑑みた場合、私たちの提案の総体からはバカロレアの慎重な、だが決然とした革新が想定される。バカロレアで課せられる哲学の試験の信頼性は、求められる能力に関する受験生との明瞭な契約、小論文の地位を相対化する課題の多様化次第である。生徒があらかじめ実際に慣れ親しんだ問題だけが出題されることを保証する手立てを講じなければならない。

現状では、バカロレア試験の答案の大半は哲学の小論文における最低限の要求に応えておらず、生徒が実際に獲得した能力を測るうえで信頼できる手段を試験は提供していない。多くの理由から——主題の際限のない多様性、その過度の一般性、〔高校最終学年の〕一年間に学んだこととのあまりに間接的な結びつき、今日の生徒の大部分、とりわけ技術教育課程の生徒が到達できない修辞学的な能力の要求、など——、試験は不可思議で、運試しのようなものだと受験生に思われている。つまり、乗り越えることが難しい試験は受験生に不安をひきおこし、彼らは詰め込み式の受験勉強で切り抜けようとするか、あるいは諦めてしまうかである。こうして次第に哲学教育そのものが問題視されてしまうのである。

そこで、普通教育課程のバカロレア試験に関して、四時間に及ぶ筆記試験が以下に挙げる二つの課題と組み合わされることを提案したい。

――基本的な哲学用語、概念の初歩的な区別、哲学史のメルクマールをなす知識を獲得したかどうかを評価するための一連の質問（たとえば、普通教育課程であれば、生徒は六つの質問のなかから三つを選択し、一時間で回答）。

――特別な教育課程によって範囲が限定された概念、問題、テクストのみを対象とする小論文試験（あるいはテクストの注釈）（三時間）。

技術教育課程のバカロレア試験では、受験者が一年間をかけて用意したレポートに関する質疑応答からなる口頭試験を私たちは提案する。

四、カリキュラム

カリキュラムを厳密に定義することは、いうまでもなく教育課程国家審議会〔Conseil national des programmes d'enseignement〕の管轄である。しかしながら、前述した指針や提案された改革はカリキュラムの概念や構造、内容に根本的な変革を迫るものである。

そのもっとも際立った帰結はおそらく、次の教育課程のあいだでなされるべき区別だろう（最終学年の異なるタイプを区別する必要がある）。

四－一、長期的な見通しから規定される全国レベルの普通教育課程

四－二、それぞれの大学区《アカデミー》〔6〕レベルで毎年規定される特別な教育課程

普通教育課程には次の基礎知識が含まれなければならないだろう。

四－一－一、哲学の伝統と営為のうちでもっとも基本的なものから選択された基礎知識の総体。その「内容」の総体は現行のカリキュラムの総体よりもはるかに限定されたものでなければならないだろう。

四－一－二、理論的な考察の基本的な道具立てに相当する方法論的な基礎知識の総体。あらゆる文脈の外でこの基礎知識を定義づけるのではなく、その具体的な使用を学習することが重要になるだろう。

四－二、特別教育課程は、四－一－一で規定された総体にもとづいて作成される、二つか三つの基本的な哲学の問題から構成されるだろう。個々の大学区に所属する教員は、どの問題を選択するかを検討する委員会に出席するか、あるいは委任状を提出しなければならない。

四－三、授業で取り上げられるテクストに関しては、それぞれの大学区ごとに哲学書（二点か三点）の一覧表も毎年、同じ仕方でカリキュラムに組み込まれることになる。この一覧表はとりわけ現代の著書に関して、現行のカリキュラムよりもはるかに拡充されたものになるだろう。とはいえ〔一覧表に掲載された〕著書の哲学的な射程については、いずれの事例も議論の余地がないものにしなければならない。

五、教員養成

初等教育に従事する教員はみな、自分が教鞭を執ろうとしている担当教科が何であれ、中等教育に従事する教員と同じように、教員養成期間中に哲学教育を受けるべきであろう。

教員養成で目指されるべきは、教育者として職務を全うするのに必要な職業上の資質を獲得することに加えて、教育そのものに関して建設的かつ批判的に考察できるようになることである。すべての教員は自分たちの活動——もちろんそれは教育法の秘訣の適用に限定されない——において必ずや問題となる側面について自問できるようにならなければならない。

他方で、本報告書で展開されているように、教育は学際的なものと考えられているのだから、あらゆる教員は、学校や高校で教えられているさまざまな知識の歴史的かつ論理的なつながりに関する考察を構築するための手立てをもてるようにしなければならない。そうした横断性の要請に鑑みればこそ、教員養成のあらゆる局面において哲学教育が必要になるのである。

将来の哲学教員は基本的な養成に加えて、（一）現代的な知の重要な変遷をたどること、（二）前述の提言が求める新たな教育実践を習得することに向けて準備しておかなければならないだろう。

指針

第一の指針

哲学教育を三つの期間――高校《リセ》の最終学年という山場を含む――に区切って拡充すること。

（a）高校《リセ》の最終学年で現在八ヶ月の教育が実施されているが、哲学の学習にはそれ以上の時間が必要である。〔哲学の〕方法、問題、語彙、著者に慣れ親しむためにはさらに多くの時間が必要である。一年間での学習が求められている科目は哲学だけである。生徒の視点からみると、哲学の例外的な立場は異常なことである。哲学という新しい科目を自分のものにするうえで、授業時間が少ないことは不利だと彼らはみなしている。大多数の生徒はもっと早くから哲学を始めたいと望んでいるのだ。教員の視点からみると、その経験を通じて確認されていることだが、何を学ぶことが期待されているのかを生徒（しかも、しばしば優秀な生徒）が理解し始めるのは、多くの場合、ようやく数ヶ月が経ってから（二月あるいは復活祭のころ）である。本当に哲学が理解できるようになるまさにその頃に生徒は哲学の学習をやめてしまうのだ。哲学教育は多くの場合、回心をモデルにして組立てられてきた。つまり、一般的なものの見方から哲学的な精神へと一挙に、一回かぎりで生徒を向かわせなければならないというモデルである。哲学教育はむしろ、真に哲学的な考察をおこなうのに必要な知識と能力を方法的に、段階的に、しかも生徒のリズムに合った仕方で獲得する学習として検討されなければならない。

（b）哲学の歴史を通じて、他の教科に対する哲学の俯瞰的な地位がいろいろと正当化されてきたかもしれないが、こうした哲学の覇権的で外在的な関係はまったくもって過去の遺物である。このような関係は以前に比べ生産的ではなく、また、堅持すべきものでもない。哲学は諸科学と人文学の上位にあるわけではなく、みずから に固有な問いを立てることで、それらの歩みに寄り添うものなのだ。ここから想定されることだが、科学と人文学の学習のさまざまな次元において、哲学はそれらに寄り添うのである。哲学教育はもはや最終的な成就とみなされてはおらず、ある程度の水準の知と教養をもとにして、いかなる知的育成にも不可欠な一連の構成要素とみなされうるのである。

以上のことより私たちは哲学教育を三つの期間に区切って再編することを提案する。

一、入門の時期は高校の二年次から、学際的な教育の枠組みで実施される。

二、教育の時期――従来どおり高校の最終学年に哲学教育の強拍がおかれるべきである。哲学は現在、高校の普通教育課程と技術教育課程のいずれでも教えられているが、効率的な教育のために十分な時間を確保しなければならない。つまり、内容を薄めたり断片化したりすること、あるいは削減することは論外である。哲学の授業時間はいかなる場合でも現行を下回るものであってはならない。

三、深化の時期は、文科系のみならず、理科系、法科系、医科系などの大学の第一課程に相当する。学生の哲学的教養が深められるだけでなく、学生の学習内容と将来の職業により合致した考察がおこなわれる（たとえば将来の医者にとっては、医療倫理、生命倫理、生物学の認識論をめぐるさまざまな問いの考察）。

高校《リセ》の最終学年以外で実施される哲学教育の形式と内容に関してあえていくつかの提案を試みる前に思い出し

ておいた方がよいだろう。どのような精神のもとでこのような革新が構想されたのか。換言するなら、なぜ革新が必要と思われるのか。そして、この主要かつ最小限の条件——それが満たされなければ、このような革新が意味を失うのみならず、否定的な影響すら及ぼしかねないような条件——とは何か。

　私たちの目からみて明らかに重要なことは、哲学的な考察と知識を豊かにし、発展させることである。哲学教育の拡大を図り、そのための場所と時間を確保し、一貫性をもたせることである。要するに、基礎的と形容されるあらゆる教科に長い間認められてきた権利である整合性を哲学教育にもたせることである。いかなる基礎教科もたった一年という学業期間では教えられてはいないのである。したがって、こうした進展の方向、整合性を増大させる方向を目指さない仕方で私たちの計画を解釈したり実行したりすることには根本的に反対である。そのようなことになれば、深刻な迂回となるだろう。〔哲学教育については〕何も危険にさらされてはならない。反対に全力を尽くして、哲学の教科としての統一性、歴史を通じて哲学を成立させてきた問題の立て方、探求の仕方、議論の方法の独創性、そして哲学を教える人々の専門家としてのアイデンティティを互いに不可分な形で強化しなければならないのだ。以下に述べる提案はいかなる場合も、学際性を口実にして、あるいは哲学を他の教科へ、他の教科を哲学へ開く必要があるからといって、哲学教育の細分化、分散あるいは解体を引き起こす過程になってはならないだろう。

　同様の理由から、哲学の教師の多くが現在おかれている具体的な状況（一回あたりの時間が短縮されて授業の回数が増加したこと、一教室あたりの生徒数が多すぎることなど）は許容できるものではなく、根本的に改変されなければならないだろう。私たちがおこなっている提案は、新たな文脈のもとで実行されないならば、何の意味も、何の利益も、何の成算もないだろうし、あらゆる教師から寄せられる正統な反対に直面するだろう。

　この新しさにはあらゆる要素があるが、とりわけ絶対に優先されるべきは結局、二つの条件、つまり、クラス数や授業あたりの生徒数の軽減、一教員が担当する授業の最大数の軽減である。しかも教員の仕事は現行のように授業時間数だけでなく、教員が受けもつ生徒数とクラス数によっても規定されるのが望ましい。

高校《リセ》の最終学年以前の哲学教育の存在を正当化するようにみえる研究や経験のすべてにここで言及することはできないが、私たちは次のことは確かだとみなしている。すなわち、哲学へのアクセスは「年齢」によっても（しかも、高校の二年次から最終学年への進級に限っても年齢は生徒ごとに異なる）、二つの学年の境界線によっても条件づけられないし、またそうであってはならないのである。こうした以前からの偏見の根底にあるものはいまや広く公に知られるところとなり、分析され問い直されている。この偏見は今日、かつてないほどの悪影響を及ぼしているのだ。

理科系であろうとなかろうと、基礎科目の授業が批判的かつ哲学的な教養に関連付けられることは重要である。とりわけ、読解や言語表現、解釈、判断に関して注意深くあろうと努める責任感ある市民の育成にそうした基礎科目が貢献する場合はなおさらの話である。ここでは、フランス市民と同様にヨーロッパ市民のことが念頭にある。実際、高校の最終学年以前に、フランス以外の国において「ある程度の哲学」は「哲学教師」なしに、明白な仕方ではないにせよ、他の教科を通じて教えられ、あるいは植え付けられているのであって、この事実、そしてこれによって引き起こされる問題については意識しておいたほうがよい。私たちとしては、これらの問題を避けて通るかわりに、理論と実践において明示的に論じることを提案しよう。

他方で、あらためて強調しておかなければならないのだが、〔哲学への〕適性、欲望や要求の如何にかかわらず、生徒の多くは、高校の最終学年をまたずとも哲学に取り組む準備ができているし、哲学へのアクセスが公式には与えられていないことに驚いてもいる。これは教育の民主的なあり方にとってきわめて重要な論点をなすのだが、最終学年に進級しない多くの生徒はかくして、哲学へのいかなるアクセスをも拒まれているのである。

結局、哲学の教師と高校の最終学年に在籍する生徒が直面している問題の多くは、その準備ができていないのに、あまりにも短い時間内に豊かなカリキュラムを凝縮させなければならないこと――それは不可能なことでもある――に起因していると思われる。

高校二年次の哲学入門の授業はある程度の実効性をもつように、最大限の決意をもって取り組まれるべきだろう。この授業は、断固たる決意が込められる対象になるべきであり、取り組んでも取り組まなくてもどちらでもよいような、その場かぎりの実験という地位を与えられるべきではけっしてない。そのような実験的な地位は、数年後にこの試みが同じモデルに則って、高校二年次以前に、フランス国外へと拡張される際まで保留されるべきだろう。フランスの中等教育における哲学の存在は、その前提や現状がいかなるものであれ、歴史の幸運によるものであり、この点をけっして忘れないようにしよう。その幸運を存続させるのみならず、その発展と普及のための条件を整えることは私たちにとって義務なのである。

それ以外の不可欠な条件を指摘しておこう。この条件が関わるのは、こうした新たな哲学教育が少なくとも三年間にわたる有機的なサイクル――高校の二年次から大学の初年次まで、あるいは準備学級からグラン・ゼコールまで――に組み込まれるということである。とりわけ、高校二年次と最終学年のカリキュラムを密接に結びつけ、さらに、哲学に関連するあらゆる教科で教員の養成をこの方向でおこなう必要がある。

こうした革新の結果は、理論と教育法という点で教員の養成に関するあらゆること――師範学校や教員養成機関の入学試験、あるいは一般に教員採用試験――のために、野心的かつ体系的な仕方で引き出されなければならないだろう。

カリキュラムの編成と革新のために重要なのは、全国レベルでは数々の基準とカリキュラムの一般性に関して、地方や大学区、高校レベルではより特有の選択と決定に関して、共通の考察がまずは中等教育や高等教育の哲学教員同士を結びつけ、ついで彼らを哲学に関連する教科の担当者に結びつけることである。これもまた、カリキュラムを検討する常任委員会に課せられる任務の一つだろう。

この新たな哲学教育の内容に関わるものであれ、その形式に関わるものであれ、全国的な基準と規定はおそらく不可欠だろう。しかし、まず大学と高校のあいだで、ついで個々の施設において、教師の自主性に対して十分な余地を残しておくべきだろう。こうした施設では、さまざまな取り決めを通じて柔軟に更新できる仕方で複数の教科の教員が連携しなければならないだろう。それはまさに学際的な教育を開始したり発展させたりするうえで、そして生徒のみならず教員も育成するうえで、特権的な空間、そして模範的ですらある空間だろう。

第二の指針

その特有性が失われない範囲で、教育の統一性と一貫性に寄与するために、哲学を他の教科とより密接に連携させること。

いま求められているのは、カリキュラムに一貫性と統一性をもたせること、つまり、学習領域とその方法が相違しているとしても、個々の生徒の教育を包括的なプロセスとして提示することである。しかも、このプロセスができるかぎり一貫したものとなるように私たちは努力しなければならない（ブルデューとグロが執筆した報告書を参照[7]）。

哲学が果たすべき本質的な役割とは、教育に統一をもたせることである。それは、哲学があらゆる知の総体を支配し、これを全体化するからではない。哲学はつねに、知と教養のさまざまな場で生まれる問題、概念、議論を介して育まれてきたがゆえに、批判的な考察でもある——それだけではないにしても——。哲学は伝統的にいって、知と教養という範疇《カテゴリー》が構成され理解され、さらには、問いに付され、議論されうるような特権的な空間だからである。

そこで私たちは次のことを提案しよう。

（a）一方で、教育のさまざまな段階において、哲学が他の教科とより密接に連携すること。このことはしかし、哲学の方法の特有性をはっきりと示し、認めさせるのでなければ、意味をなさないだろう。このことはまた、哲学を教えなければならない者がそのすべての段階において、みずから哲学者になることを前提にしている（以下に述べる第一の提案を参照）。

（b）他方で、一九八六年以来、現在も小学校の教員養成がそうであるように、あらゆる教科、あらゆる段階の教員の養成に哲学が密接に統合されること（以下に述べる第六の提案を参照）。

第三の指針

生徒に対する要求をより厳密な仕方で明示すること。

哲学の授業はとりわけ自由な思考を実践するための学習の場であるし、またいかなる場合でもそうでなければならない。だからこそ、哲学教育を規定する現行の通達によれば、どのように授業をおこなうかは、それが真に哲学的なものであるかぎり、教師の完全な自由に委ねられている。この通達ではさまざまな観念を〔教科書などに見られる〕連続した章の題名としてではなく、「探求と考察が進みゆく方向」として捉えたうえで、これらの観念にもとづいたカリキュラムが規定されている。観念に関する学習は「哲学的な問題──その選択と表現の仕方は教師に委ねられる──によってつねに決定される」からだ。すべての哲学教員には実に正統な仕方でこうした自由が与えられていて、この自由によって、彼らの授業が実際に哲学的な性格を帯びることが保証される。哲学史、人文科学、あるいは科学史について確固たる知識が伝授されなければならないとしても、哲学の授業はそれだけに限定されえないだろう。

こうした考え方のもっとも明快で力強い表現が一九七三年の教育課程改革に見出されるが、私たちによれば、これは疑いをはさむ余地のないものである。

とはいえ、私たちが集めた証言のどれもがそう述べているように、こうした考え方が適用されたために、わけてもバカロレア試験に際して一連の偏りが引き起こされ、すでに悪影響を及ぼしている。そしてこのことは、高校《リセ》の最終学年の授業ではっきりと見てとれる。しかもこれら一連の偏りはいずれ高校における哲学教育の評価を失墜させかねず、さらにはこれに疑いの目を向けさせかねない。

授業中に扱われる単純な問いを回避しようとする正統な配慮、言い換えるなら、善良な意図は次のようなことに至る。

──生徒が効率よく準備する可能性を物理的にもてないのに、〔バカロレア試験では〕あまりにも多種多様な問題が出されうること。

──生徒が自らの思考の枠組みさえも自力ですべて発案しなければならないほどに、〔バカロレア試験の〕問題と

〔高校の〕カリキュラムの関係はとても錯綜していること。しかし、高校の最終学年の平均的な生徒にすべて発案するなどということを当たり前のように求めるのは無理であろう。

――〔バカロレア試験の〕問題そのものがあまりに難解な表現であることが多いため、生徒の大半は、何が問われているのかを判別することができない状態におかれること。

――いかなる文脈、いかなる参照、いかなる主題からも独立した形で、注釈の対象として選ばれるテクスト（しかもそれは、意図的かどうかは別として、今日の生徒にとって実際に扱いにくい言語で書かれていることが多い）がもつ哲学的な意味は、受験者の大半にとってまったく不可解であること。

要するに、高校《リセ》の最終学年の生徒に求めても当然かまわないようなレベルをはるかに上回る修辞学的な能力と一般教養が想定されているというのが、バカロレア試験の現状なのである。しかしこの種の資質は、伝統的にいって、〔高校卒業後に進学する〕文系準備学級《カーニュ》の生徒に要求されるものなのである。

ある年齢層の生徒の四〇パーセントがバカロレア試験を受けるとき、こうした状況は悲惨なことである。まして六〇パーセント、あるいは八〇パーセントの生徒が受験してこの状況が永続化するなら、それは端的にいって、中等教育における哲学教育にとっての自殺だろう。

こうした事態からの帰結は哲学教師にはよく知られている。

――生徒の混乱。無力感。バカロレアにおける哲学の試験は「宝くじ」に等しいという印象（『ル・モンド・レデュカシオン』誌一九八九年四月号に掲載された「哲学の宝くじ」を参照）。

――とりわけ理科系では生徒がやる気を失い、哲学の地位がひどく貶められていること（技術教育課程は言うに及ばずである）。

――もっとも優秀な生徒による詰め込み式の受験勉強。彼らは自分を落ち着かせる必要がある。準備しようのないものに備えるために、自分の考えに反して、カリキュラムに掲載されている諸観念のうちに授業で使用される章題を確かめ、ありとあらゆる種類の参考書やプリントに飛びつく。その出来映えはまずまずだが、いずれも章ごとにカリキュラムを解説しているにすぎない。

――教員が教師として、生徒に思考させるような教育に配慮することと生徒に詰め込み式の勉強を強制してしまうことの板挟みになって苦境に陥ること。

――教員が〔バカロレア試験の〕採点者として苦境に陥ること。なぜなら答案の大半は小論文に求められる最低限の要求を満たしていないし、哲学をするうえで果たさなければない義務に求められるそれも満たしていないからだ。平均点はあまりに低く（それは試験＝検証〔examen〕にとっては異常なことである）、採点はあまり当てにならないものになる。ごく平均的な生徒、つまり真面目に勉強してきた生徒が平均に近い点数を確実に獲得するとは限らないという事態は普通ではないのである。

ここで必要とされるのは、高校卒業の時点で生徒に要求してもかまわない能力〔compétences〕を公的な通達によってかなり正確に規定することである。いかなる哲学教育も一人ひとりの生徒に反省することを教え込むべきなのは確かだとしても、だからといって、それまでに生徒が実際に慣れ親しんできたわけではない問いについて、あるいは一年間履修した授業とはあまり関係がない問いについて、何か問題提起をしなければならないという状況に生徒を追い込むことはできない。また、ある哲学的な問題が出題されたとして、この問題に適した解決を提示する学説や理論を生徒が一年を通じて真摯に学習することができたという確信がもてない場合には、この問題への解答を提示しなければならないという状況に生徒を追い込むこともできない。さらには、あらゆる文脈から切り離された二〇行〔ほどの抜粋テクスト〕をもとにして、生徒が知っているとは思えない哲学者の思想について、仮説的な再構成を試みなければならないという状況に生徒を追い込むこともできないのである。

生徒は独創的でなければならないわけではないし、一度も教えられたことのないことがらを自分の知的な蓄えのなかから導き出さなければならないわけでもない。生徒はいまだ穂が出ていない未来の哲学者でも、芽生えたばかりの思想家でもないのだ。

あるテクストのうちにすでに出会ったことのある哲学的な問題に気付けること、あらかじめ学習した思想《イデー》と論拠を適切な仕方で再構成できること、既知の哲学的思想と自分の教養や個人的な体験から引き出された事例の結びつきをつくれること。これらはすぐれて哲学的な、思考の素質となる能力で、さらには体系的に獲得され、入念に評価されうる能力である。

この点に鑑みるなら、私たちの教育の野望をしばしば要約する「自分で考えることを学ぶ」という言い回しは少なくとも曖昧である。

――この言い回しは不確定なので、生徒が正面切って準備できなかった主題から、そして、獲得した知識を工夫しながら応用するのとは別のことを生徒に要求する主題から、ありとあらゆるものを出題してもかまわないように思われる。

――この言い回しの極端さゆえに生徒は不可能な課題の前に立たされ、混乱してしまう。この混乱のために、生徒はこの課題に取り組むのを諦めてしまうか、この課題を乗り越えるための秘訣がないものかと探しまわることになる。

――この言い回しは多くの点で正当化されているにせよ、一般的なので、〔試験の〕添削と採点の責務をきわめて不確実なものにしてしまい、さらには、生徒に試験の準備をさせようと真面目に望んでいる教師が大変居心地が悪くなる。

人は哲学を学ぶのではない、哲学することを学ぶのだ、というカントの文[8]がどのように考えられるにしても、そして、それについて与えられる解釈がどのようなものであるにしても、この言い回しをもってしては、生徒を未熟な哲学者として扱っているうちに彼らの学習に哲学を見出すことがもはやできなくなってしまったという現状の正当化には役に立たない。哲学することを学ぶ、あるいは、哲学を学ぶということが論じられるとき、問われているのはつねに、学ぶということなのだから、他のすべての教科と同様に〔哲学においても〕いかなる知と能力が要求されているのかを一定の明確さでもって規定できるのでなければならない。

この点に関して奇妙なのは、中等教育全般において、とりわけ哲学教育において「教科書的な〔scolaire〕」という付加形容詞が一貫して軽蔑的な意味で用いられるようになったことだ。教科書的なものにこだわるからといって、あまりに多くのことを期待する試験問題や非常識な要求に行き着くということにはそうそうなりはしないのではないか。

試験問題の中身であれ、生徒によって提出された課題であれ、それらが「教科書的」であるからといって、この性質はそれらの価値を貶めるものではない。学校のおかげで、つまり教科書的な仕方で獲得されたある一定数の知識と能力を確認すること以外に何を試験に求めればよいというのだろうか。いったい生徒には、教科書的な仕方で吸収されたある一定数の知識と推論の仕方を正確に再現し、それらを賢明に使用できること以外に何を求めればよいというのだろうか。もし「授業中に取り組む問題」ということで理解されているのが、授業中に〔教師が〕述べたことについて推奨される暗唱のことではなく、ただたんに、私たちにとって馴染みの問題、考察済みの問題のことだとするなら、この種の「問題」に対して一般的に示されている軽蔑はいささかも正当化されればしない。

私たちが思うに、「教科書的なもの」の名誉を回復すべきだ。これは詰め込み式の勉強と混同されうるものではない。詰め込み式の勉強とは、試験の当日に試験官を欺くための知識を表層的かつ拙速な仕方で蒐集することである。教科書的な学習とは、私たちが必ずしも〔独自に〕創出したわけではない概念と〔概念間の〕区別を自覚的に再現し、使用できるようになること、すでに遭遇したことのある問題と思想《イデー》を識別できるようになることである。もし幾人かの生徒が〔教科書の学習を超えて〕さらに独創的で、創造的で、豊かな教養を備えている、あるいは〔他の生徒よりも〕傑出しているとすれば、それはそれで結構なことだ。しかし、哲学教育が教科書的であることを、教科書的であると自認することを恥ずかしがる必要はないのである。

したがって、現行のカリキュラムの枠組みと精神を維持しながらバカロレア試験のやり方を根底から変更することは、その最善の実施のために、また、そこから派生して教育そのものに及ぼされる建設的な効果のために喫緊だと私たちには思われるのである。

第四の指針

最後に、技術教育課程の現状は正直なところ教員にとっても生徒にとっても受け入れ難いものだが、そうした課程での哲学教育に特有の問題について考察すること。

技術教育課程における哲学教育は重要な論点である。しかしながら、これに関して提起されてきた問題はこの二〇年のあいだ一貫して過小に評価されてきたか、あるいは無視されてきた。だが今日、技術教育課程における哲学教育は徹底した改革が早急に必要なほど危機的な状況に陥っている。

G系〔商業系〕では哲学の授業数が増え、かつ、F系〔工業技術系〕でも哲学が教えられるようになったことで[9]、哲学は今後、生徒数からいっても、彼らの社会的出自、文化的遺産[10]、そして学習経験からいってもこれまでまったく関わりのなかった生徒層を相手にすることになる。したがって、この事態は哲学にとって、これまでまったく活かされてこなかった歴史的好機だといえる。というのも、技術教育課程における哲学教育は、〔従来の〕哲学の授業で使用されているカリキュラム、練習（小論文）、そして方法（基本的には講義形式の授業）を限られた時間数のうちに機械的に移し入れただけのものとしてしか構想されてこなかったからだ。

このモデルが不適切であることは明白だ。バカレロア試験で〔技術教育課程の生徒が〕提出する〔哲学の〕解答は内容に乏しく、したがって評点をつけるのが難しい。生徒の大半は、やる気を失うか、あるいは〔哲学を〕見下すか、つまり、自分たちは哲学をする能力がないと思い込むか、あるいは哲学のために一時間たりとて割くのは惜しいと考えるか、と揺れ動く。教師は、自分たちは生徒に不可能な課題を与えているのではないか、さらには、自分たちの仕事をごく普通におこなうことすらできていないのではないかと思う。そのうちに幾人かは哲学教育など技術教育課程において意味があるのかと疑いをはさむようになる。

F系に哲学教育が拡大された経験は重要な意味をもっている。つまり、正統な原理（万人への哲学の権利）にもとづくこうした対策は今日、失敗に終わっているのだ。生徒の大部分は哲学に拒否反応を示し、哲学は不評を買い、教員は苦い思いをすることになったのである。

哲学に拒否反応を示す生徒と哲学教育の現在のあり方のあいだに認められる不一致があまりにも深刻なだけに、ただ授業時間数を変更するだけで（もちろんそれはそれで実際には不可欠である）この不一致を何とかしようと考えることはまったくの幻想だろう。

技術教育課程で哲学を担当する多数の教員とともに私たちが確信しているのは、この課程に所属する生徒のために、そして彼らとともに現行とは異なる哲学教育のモデルを洗練させようとする意志とそのための手段があれば、彼らは立派に哲学をすることができるということだ。この〔新しい〕モデルは一方で、生徒にとって何が問題なのか、何が彼らの関心なのか、そして哲学をするうえでの動機は何かに主軸を移し、他方で〔実情に〕より適した仕方で、筆記と口頭の両方について練習と課題の種類に変化をもたせるようなものである。教員の多くは自分たちが遭遇する困難に対して、孤立した状態で、さまざまな教育上の実践を考案しようと模索してきた。いまや彼らの経験を結集して共有し、取り組むべき変革に向けて一緒に考察することが急務なのである。

以下では、現状を打破するのに当面のあいだ有効な対策をいくつか提案することにしよう。

とはいえ、十分に自覚しておかなければならないのだが、技術教育課程において哲学教育はどのようなものでありうるかを真剣かつ早急に考察しようと決断しなければ、哲学教育はその地位を失墜させ、遅かれ早かれ消滅してしまうだろう。そして、多くの人は「あの生徒たち」はそもそも哲学に向いていなかったと結論してしまうだろう。だから、技術教育課程における哲学教育には、民主主義的な観点からいって、そして哲学的な観点からいって、まさしく喫緊の課題があるといえるのだ。

付言しておくと、問題のいくつかはあくまでも技術教育課程に特有なものであるにしても、それ以外の多くは、哲学教員がすでに他のすべてのカリキュラムでさまざまな仕方で直面している問題が悪化して前景に現れてきたものにすぎない。多くの点に関して――とりわけ「指導演習〔travaux dirigés〕」、生徒への個別対応、グループワークの編成、要するに講義形式の授業だけに特化していない教授法――技術教育課程で取り組まれるだろうことは、普通教育課程における哲学教育の改善に益するところが多い。というのも、近い将来、普通教育課程に大挙して進学してくる新たな生徒層は、〔高等師範学校進学のための〕文科系準備学級に所属する生徒よりも、むしろ現在のF系やG系に所属する生徒とその態度や教養において共通するところがあるはずだからだ。

提言

第一の提言
高校二年生のために「学際的哲学入門」という授業科目を創設すること。

この授業の目的は次の三点である。

一、思考の基礎をなす範疇《カテゴリー》（原因、結果、目的といった範疇）の獲得に寄与すること、ならびに、どのような教科においてであろうと議論や推論、論証を練り上げるのに必要となる最低限の論理的な道具立て（証明、反論、譲歩といった図式）の会得に寄与すること。

二、私たちの文化の歴史を構成する重要な時期のいくつかについて、その時期に起きた出来事の宗教的、社会的、科学的、政治的、哲学的な次元の相互の結びつきを示すことで、初歩的ながらも不可欠な知識を生徒に与えること。あくまでも一例にすぎないが、紀元前五世紀のギリシア、キリスト教の出現、ガリレオ革命、ダーウィン理論などが挙げられよう。

三、生徒がむしろ馴染んでいる他のさまざまな方法とは異なる哲学的な方法の特徴は何か、さらにはこれら他の方法と哲学的な方法の関連は何かを示すことで、この方法に生徒を慣れ親しませること。

この授業は哲学の教師がつねに担当するが、他の教科の教師とも責任が共有されるだろう。つまり、他の教師は哲学の教師と合同で決めた分量と方法にしたがって（交互に授業を受け持つ、二人あるいは三人で一回の授業をおこなう、全員参加型の授業を半日か一日かけて開催する、など）、この授業に参加するのである。

授業時間数は一年を単位として決められる。少なくとも改革の初期段階は〔年間で〕七五時間（一週間あたり二時間に相当）を下回らないほうがよい。というのも、最低でもそれだけの時間数を確保しなければ、このような科目は一貫性を欠き、その効果が薄れてしまうからだ。（授業運営の観点からいって、また、生徒の時間割が過密にならないようにするために、各教科は一年間のうち数時間をこの合同授業に割くといったやり方を思い描くことができる。この「共同積み立て」方式は授業時間の半分を占め、残り半分は哲学入門の週一時間分に相当する内容を占める、というようにすることができるだろう。）

時間数の編成は柔軟かつ変化に富んだ仕方でおこなう必要があるだろう。年度始めに哲学を担当する教員とその他の教科を担当する教員のあいだで協議がもたれ、時間数が編成される。

時間数の配分としては、三学期制のもとで各学期に二五時間を割り当てるとして、以下の提案が可能だと思われる。

一、哲学／科学（論理学、数学、物理学と生物学）
二、哲学／社会科学（歴史学、地理学、社会学、法学、経済学、政治学）
三、哲学／言語（修辞学、翻訳、言語、芸術と文学）

これら三つのセットのそれぞれにおいて、哲学教師は哲学それ自体に特有な入門をおこなう責任を負い、その手段を有するものとする（哲学そのものの経験、哲学に典型的な態度と要求、設問と論証の哲学的な仕方、その存在論的、形而上学的あるいは倫理学的な次元、哲学の規範的テクストの歴史、その読解方法の学習など）。

こうした哲学の特有性と同時に、哲学とそれ以外の教科が相互に挑発し合う関係を考慮に入れることはたしかに困難だが、それだけにいっそう必要である。

一般的にいって、主題の選び方についてはその論じ方と同様に、初年時を通じてとりわけ以下の点に重心をかけるべきだろう。

一、倫理‐政治的責任の問い（とりわけ、事例としては、また、根本的かつ歴史的な観点から見れば、もっとも現代的で緊急を要する問い）。

二、論理学、批判的論証の手続き、そして言語を獲得するためのさまざまな方法（音声言語《パロール》、文字言語《エクリチュール》、翻訳、アーカイヴ化の道具、情報、メディア）を学習すること。

この共同授業の枠組みで教授される内容は、学際的に編成される全国統一のカリキュラムのなかで決定されるだろう。このカリキュラムは十分な選択肢を提示し、教員は生徒の要望と関心、さらに生徒自身の能力に最適だと思われることを取捨選択する。

第二の提言

一般バカロレアにおける哲学試験の主要部分を大学区ごとに毎年に編成される特別な教育課程に依拠させること。

ただし全国的に確立された普通教育課程については、高校《リセ》最終学年の哲学教育に関する参照軸として今後も維持すること。

長期的な見通しのもとで編成される全国統一の普通教育課程は、高校の最終学年における哲学教育に関する参照軸であると同時に、バカロレアにおける試験問題の内容にもなりうるため、これを維持することは不可欠だと思われる。

これは、現行のそれと同様に、一連の概念からなるカリキュラムである。ただし、次の区別を導入することにする。

――哲学の伝統と営為のうちもっとも根本的なものから選択された一連の概念（たとえば、意識、真理、正義など）。これら概念の数は高校の専攻別クラスにおいて、現行のカリキュラムよりもはるかに少なくなり、三分の一ないし半分になる。

――理論的な考察の土台をなす道具立てに相当する一連の方法的概念（たとえば、演繹、弁証法、分析など）。あらゆる文脈から切り離された仕方でこれらの方法的概念を定義するのではなく、それらの正確な使用を学習することが重要になるだろう。

哲学の統一性やその包括的な狙いを尊重するなら、哲学をいくつかの「部分」に限定して断片的に紹介することは阻止しなければならない。哲学の特有性を一つの教科として肯定するためには、長期的な見通しのもとで編成される全国統一のカリキュラムという枠組みが維持される必要がある。したがって、さまざまな概念からなる普通教育課程は維持すべきだ。

とはいえ、現行のカリキュラムに掲げられている諸概念——それらはみなバカロレア試験に出題される実にさまざまな問題の出発点となりうる——についていえば、その数は（A系〔文学・言語・哲学〕では四〇個以上、C系〔数学・物理・化学〕では約二〇個）、生徒が〔教科書の〕各章冒頭に掲げられている要点のように拾い読みしてしまうほどである。〔しかし本当は〕数学や歴史学においてそうされているように、順番をおって学習すべきものなのだ。さらに教師は、生徒の試験準備に手抜かりがないようにと心配するあまり、しばしば生徒と同様に振る舞ってしまい、詰め込み式の勉強や飛ばし読み式の勉強を生徒に課すという危険に陥ってしまうのである。

ここで注意すべきは、高校の最終学年向けに編集された教科書と原典の抜粋集の大半は——哲学の授業はどのようなものであるべきかについて生徒と教師が抱く考えに、望むと望まないにかかわらず影響を与えてしまう——、いずれも同じモデルに依拠しているということだ。型どおりの授業とバカロレア試験の重圧のために、概念の一覧表は商品目録となり、カリキュラムは作られた当時の精神——本来的に哲学的な枠組みを与えることで、その範囲内で、そしてそこから出発して、さまざまな問題が規定され、取り組まれるべきであるという精神——から乖離したものになってしまう。

したがってここで重要なのは、カリキュラムの中身と同じくその文面によって、段階的に学習すべき項目の数や範囲、種類よりも、哲学の本質的な問いのいくつかに関する考察と知識の質はどの程度のものか、またそれらをどれだけ掘り下げることができるかに教員と生徒がいっそうの関心を示すようになることだ。

だから私たちが提案したいのは、一方で、哲学の伝統におけるもっとも基本的な概念を中心に現行のカリキュラムを再編することで大幅に（三分の一ないし半分に）縮減するとともに、他方で、生徒が使用するために学習すべきだと要求してもかまわない概念的な道具立ての一覧表を作成することである。そして、このカリキュラムを一般的かつ長期的な見通しのもとで高校の最終学年における哲学教育の枠組みとして十分に定義し、かつ、それを各大学区が特別に編成するカリキュラムから峻別することを提案したい。バカロレアの哲学試験の一定の部分は普通教育課程にもとづく設問で構成されなければならないだろう（以下の第三の提言を参照）。

しかし、試験の主要な部分（小論文またはテクスト注釈）は、それぞれの大学区で毎年、個別に編成されるカリキュラムに関わるものとする。この試験に含まれるのは、以下の通りである。

――哲学上の二つか三つの根本的な問題。それらは、きわめて明確な仕方で表現され、かつ、普通教育課程に列挙されている概念のうち一つあるいはいくつかと密接に関連づけられたものとする。問題としては、哲学上の古典的な問題（たとえば、国家と自由の関係について、あるいは精神と身体の関係について）でもよいし、現代の諸問題のいくつかに関係する哲学的な問題（たとえば、進歩の理念をめぐる評価、あるいは生命倫理に関する哲学上のさまざまな問い）でもよいだろう。

――古典的または二〇世紀のテクストで、一つから三つまでの重要な哲学テクスト、あるいは哲学的な影響力を疑いえないテクスト。これらのテクストを分析することで、前述の諸問題に関する考察を涵養することができるだろう。

この種のカリキュラムを実施することで、以下のことが期待されるはずだ。

（a）バカロレアの哲学試験の機能とその採点を改善すること。
（b）生徒の試験対策に肯定的な変化がもたらされること。
（c）教員は一年間の授業をより合理的に、より自由に設計できること。

（a）今日、「バック〔バカロレアの略称〕」の解答の大半が哲学において要求しうる最低限のことがらを満たしていないのは、主として、生徒が何が試験に出題されるかあらゆる予想を立てつつも、何ら準備できなかったからである。さらに一般的にいって、出題された問いに関する基礎的な知識を欠き、また与えられた問題にごく初歩的なレベルですら馴染んでいないために、生徒は問われていることがらを理解せず、またいずれにしても、それに答えるための理論的な道具立てをもっていないからである。

もし生徒が集中的に二つか三つの問題にもとづいて哲学を学習することができたなら、その生徒が必須とされる知識を一年間で獲得し、いくつかの問題を探知することを学習し、自分らしい考察を自力で組み立て、そして最終的には、なるほど教科書的だが良い成績の答案、つまり思考のある程度の努力を反映した答案を作成できることが期待できるだろう。

そこからさらに期待されうるのは、答案を採点してみれば〔哲学をきちんと〕勉強して身につけた者と、何もせず、何も学ばなかった者をそれなりの確率で区別できるということだ。その結果、「バック」の哲学試験から、それは「宝くじ」のようなものだという根拠薄弱とは言い切れない評判を拭い去ることができるだろう。

（b）哲学のカリキュラムを構成する諸概念は一つの体系をなすものではなく、相互に関連したものである。意識について学習すると、かならず真理や自由をも考察することになる。芸術について学習すると、かならず想像力や言語をも考察することになる。一年間のカリキュラムを通じて選択される問題が適切な仕方で選択されていれば、真面目な受験者で普通教育課程の全体に関して何ら知識をもちえないということはないはずだ（哲学試験に出される「問題」の部分がまさしく普通教育課程に関係するだけになおさらである）。それどころか、受験者は、試験の準備に際して、範囲のきちんと定められたいくつかの問題に集中することができる。

こうして〔哲学の学習における〕二つのつまずきを退けることが期待されうる。つまずきとは一方で、現在見受けられるように、詰め込み式の勉強に行き着くか、または学習内容のすべてについて皮相な知識しかもちえないような「全方位」的な試験対策である。他方で、ある特定の領域だけに限定した試験対策であり、これは別の形で詰め込み式の勉強をもたらし、バカロレア試験の段階では絶対に避けたほうがよい専門性が追求されるだろう。反対に、明瞭に限定された内容の試験に向けて効率よく準備をすることで、生徒らは哲学的思考が展開される領域の広がりを次第に発見してゆくことができると期待されうるのだ。

（c）「すべてを論じ切ら」なければならないという配慮から解放された教師は、自分たちの教育を、毎年さまざまな問題に集中して、哲学一般に向けた〔生徒の〕育成とみなせるようになる。

教師はますますの自由を獲得して、生徒の可能性に応じて授業の進度を決めたり、生徒が最適と思える観点から問題を取り扱うことに決めたり、あらかじめ限定した概念や問題、テクストをもとにして生徒に哲学を発見させ、また何らかの哲学を実践させたりすることができる。

このような文脈に照らせば、現在〔のバカロレア試験に〕占める位置のあまりに限定的な（「なぜならカリキュラムすべてを教える時間をそもそももち合わせていないのだから」）「自由選択課題」は十分に再評価されることになるだろう。そうすることで、効果的な仕方で生徒の教養が拡大し、教育方法が多様化するだろう。

これら特別な教育課程は、それぞれの大学区で、複数の哲学教師からなる委員会によって毎年編成されるものとする。大学区に所属するすべての教師が数年にわたって参加できるように、この委員会は定期的にメンバーを刷新することにする。教員の実体験にいっそう寄り添った仕方で洗練されたカリキュラムは、生徒の関心事と可能性をより反映したものになるだろう。さらに、普通教育課程に関連付けられることで――そうすることで特別な教育課程はその哲学的な内容が保証され、恣意的な運用を避けられる――、哲学的考察の豊穣性、多様性、そして現代性を表現することができ、授業の刷新と革新に有利に働きかけることになるだろう。

第三の提言

一般バカロレアの筆記試験については、質問演習を小論文（あるいはテクスト注釈）と関連付けて再編すること。

新しい試験はしたがって、以下の二点からなる（現行のように四時間）。

一、少なくとも真剣に哲学をする場合に必須とされる知識をどれほど身につけたかを評価するための質問を一式出すこと。基本的な哲学用語に関する質問（「経験論」や「抽象作用」といった用語を定義づける）、基本的な概念の区別に関する質問（「法律」と「法則」、あるいは「本質」と「実存」を区別する）、そして哲学史のなかでメルクマールとなる基本的な事項に関する質問（ソクラテスとは誰か、啓蒙主義とは何か）がここでは考えられよう。これらの質問は、普通教育課程で取り上げられる内容のすべてを対象に含めるものとする。質問のそれぞれには、いくつかの具体例をひきながら簡潔に、しかし明確に解答することが求められる（十行から二〇行）。受験者は六つの質問のなかから三つを選択しなければならない。筆記試験におけるこの部分は長くても一時間で終了しなければならない。

前述のような質問が出されることで、哲学を担当する教員は、高校最終学年の生徒に要求してもかまわない最低限の知識は何か、そしてそこには含まれない知識は何かを順々に同定するように導かれるだろう。そして生徒はみな、基本的な知識のまとまりを習得する必要性を自覚するように促される。このような質問は小論文の修辞法に苦しんでいる生徒を安心させるし、また、勉強をしてきた生徒には、自分たちは無駄に勉強してきたのではないと確信させることにもなるだろう。また、私たちの教育において小論文が果たしている役割を相対化するのに役立ち、小論文とは異なるがそれを補うような練習問題が重視されるようになるのである。

二、試験の第二の、しかし主要な部分は、小論文あるいは〔テクストの〕注釈からなる。この部分で受験者は思考する能力、分析する能力、議論を組み立てる能力、そして哲学的な問題を理解する能力を試されることになる。ここでは、特別な教育課程で取り上げられる哲学の問題と著作のみが対象になる。

ここでもまた〔小論文やテクスト注釈といった〕課題の形式に変化をもたせなければならないだろう。小論文の主題は（現行のように）単独で提示されるか、あるいは、問われている問題に関係する一つのテクスト（あるいは二つのテクスト、場合によっては矛盾した二つのテクスト）と一緒に提示されてもよい。注釈の対象となるテクストについては、（現行のように）糸口になるようなものを付け加えることはできない。だが、テクストをもとにした考察に関する一連の質問――一方で、テクストの理解に関する質問、他方で、より開かれた質問――を付けてもよいだろう。

いずれの場合も〔筆記試験における〕主題の文面については次の二つの条件が是非とも満たされなければならないだろう。つまり、一方で、カリキュラムに記載されている論点と筆記試験の主題との結びつきがすべての生徒にとって明白であることであり、他方で、主題の表現方法は独創的か、卓越したものであるか、あるいは逆説や暗示を好んで用いるかといったことに腐心するのではなく、もっとも明白な方法で作成されることである。

第四の提言

技術教育課程の生徒に実際に合致した哲学教育の形式を構想すること。

技術教育課程の哲学教育がおかれた危機的な状況に対処するためには、次の三つの提言が実行可能だと思われる。つまり、（a）哲学教育の編成、（b）カリキュラムと生徒評価、（c）その具体的な形式である。

（a）技術教育課程に所属している生徒には、他の教育課程に所属している生徒以上に、講義形式ではなく、できるだけ生徒数を抑えた別の授業形式（小規模なグループワーク、生徒への個別対応など）が必要となる。すでに複数の組合と団体が要請しているように、少なくとも一時間の授業を二つのグループに分けることは必要だと思われる（生徒にとって授業時間は二時間となり、教師にとって担当する授業時間は〔標準的な準備時間も含めて〕三時間となる）。さしあたり、すでに他の教科においてそうされているように、二四名以上の生徒が在籍する授業をすべて二つのグループに分けることは今や不可避だろう。

それと並行して、教員の仕事が惨憺たる仕方で細分化されるのを防ぎ、また、哲学という液体が他の科目のなかにスポイトで垂らされて薄められてしまうのを避けるために、技術教育課程における哲学教育が学期単位で編成されるよう私たちは提案する。つまり、現行のように一年を通じて週二時間という仕方ではなく、一学期にまとめて週四時間（あるいは、クラスを二つのグループに分けた場合は五時間）の授業をおこなうのである。その場合、哲学を担当する教員が一度に四つ（あるいは五つ）以上の授業を担当することはないものとする。

（b）哲学の小論文という試験に応じて生徒を評価し、授業を編成しようとすることは現実的でないと思われる。大半の生徒が満足のいく答案を作成できないことは分かりきっている（最善の場合、小論文に向けて生徒を適切な仕方で準備させるのにG系あるいはF系で必要とされる時間は、文科系で哲学に割かれている授業時間数に匹敵するものになるだろう……）。

私たちとしては、現行のカリキュラムに記載されている概念よりも幅広い概念から、教師と生徒が一緒に取り組む明確な問いを各学年の始めに教師が生徒とともに規定するということを提案したい。生徒は一年のあいだ、知識と考察の考査をともなう一定数のさまざまな練習問題（口頭と筆記）に取り組まなければならない。そして年度末には、生徒が自分で選択した問題についてレポートを作成するために数週間を当てることを提案する。以上の提案に鑑みた場合、二つの事例が想定可能だろう。つまり、一方で、バカロレア試験の構成を変更し、試験の一部を平常試験としておこなう。その場合、少なくとも技術教育課程では哲学の成績評価を平常評価としておこなうことが望ましい。他方で、バカロレア試験の構成はほぼ現行のままとする。ただし、私たちとしては、技術教育課程のバカロレアで哲学が必修の口頭試験の対象となり、受験者は〔試験官に〕レポートを提出して、自分の考えを主張することを提案したい。

（c）技術教育課程の生徒に最適な教育形式について、共同で考察がなされるべきだ。つまり、技術教育課程で授業経験のある教師同士が交流すること、若い教師を対象にこうしたタイプの教育のための研修をおこなうことが想定される。

第五の提言

哲学教師の団体のなかで、哲学という教科の教育法に関する考察と意見交換の場を計画的に組織すること。

このような場を組織するためには、高校《リセ》で非常勤の教員として数年にわたって（多くても三年から五年）哲学の授業を担当している者、つまり一方で教育との実質的な接触をもっていて、他方で〔契約解除後も〕将来的には常勤職として戻ってくることになっている教師のネットワーク（たとえば大学区ごとに一つ）を基盤にできるだろう。彼らは、哲学の教育法に関する考察を専門に引き受けることになる教員教育大学センターのいくつかと綿密に連携しながら、教鞭を執ることになる。

この教員ネットワークは次のことを課題とする。

――哲学を担当する二五〇〇名を数える教師のあいだで哲学教育の問題点とその方法論に関する考察を活性化すること。

――しばしば孤立し、互いに連絡を取り合う手段を現在のところほとんどもち合わせていない教員のあいだで情報の回覧、意見の交換、そして経験の共有を確保すること。

――教員の職務、とりわけ新人の職務の一助となるような資料集の刊行を企画すること（参考文献、あれこれの問いを取り上げる際に参照される書物や論文、そうした問いを扱う際の事例など）。

――生徒にとって、しかしまた教員にとっても適切な作業道具となるような書物や選書を刊行するよう編集者に働きかけること（生徒にとっては、いま一般に使用されている教材が陥っている不適切さや平凡さを脱した教科書や資料集。教員にとっては、ある問いの現状を把握することのできる論文集であり、哲学の教員が通常であれば専門書を入手できないような、しかし十分な情報をもっていることが求められる分野に関する――とりわけ人間科学と自然科学における知識の現状に関する――概説書）。

――哲学の教員の生涯学習に寄与し、同時に現代の哲学的考察の現状と科学の現状について彼らが知見を深められるようにすること。
――シンポジウムを開催し、国外での調査や資料収集の委員会を編成し、国外の哲学教員を招聘すること、など。

第六の提言

全教科の教員養成に哲学教育を含めること。

教員養成は、学校と高校《リセ》のいずれの学年にも想定される職務を成し遂げるうえで必要とされる職業上の資質を獲得する機会を将来の全教員に差別なく用意するものでなければならない。他方で、教育そのものの実践について建設的かつ批判的に考察するための手段を彼らに提供するものでもなければならない。
何らかの知を習得するうえで、その伝達の可能性と条件に関する考察を避けて通ることはできない。したがって、将来の教員は全員、各教科の教育法に関する種々の見解、教育のさまざまな実践、そして最後に、教育という行為の心理学的な次元について調べ上げ、すべてを俯瞰的に眺められるようにならなければならない。ただし将来の教員は、教えることを学ぶとは何か出来合いの方法を獲得したり、特定の時代におけるあれこれの教義《ドグマ》を盲目的に信用したりすることではないと自覚することで、教えるという行為にはどうしても問題含みの側面があるが、逆説的にもその点からしかこの行為の積極的な側面も明らかにはならないということを考慮するように努めなければならない。

それはつまり、どの教科への教育を準備するにせよ、教員を目指す若者は全員それぞれの養成課程のなかで哲学教育を享受しうるのでなければならない、ということである。この哲学教育には、教育というものに関する問いかけに対して、そしてこれに関連する思想の非常に長い伝統に対して人文科学が果たしてきた重要な貢献が含まれることになる。

このような教育を構想するためには、一九八六年五月二〇日付法令《アレテ》によって再編された小学校教員の養成モデルに依拠しなければならないだろう。〔小学校教員を養成する〕師範学校《エコール・ノルマル》では現在のところ、〔将来の〕小学校教員は全員、各教科に関する教職単位にくわえて、一週間あたり三時間の割合で哲学の教師が必ず担当する「哲学、教育史ならびに教育社会学、一般教育法、心理学」に関する授業を受けることになっている。これは、師範学校の在校生《ノルマリアン》と教員の大半が証言しているように、哲学と職業教育の出会いとしては特筆すべき成功事例となっており、その対象をすべての教員養成へ、つまり、地方教員養成センター〔Centre pédagogique régional：ＣＰＲ〕、国立職業師範学校〔École nationale normale d'apprentissage：ＥＮＮＡ〕、高等師範学校〔ＥＮＳ〕、そして、いうまでもなく、将来設立される教員教育大学センターにまで広げることが期待される。

このように構想される教員養成の長所は、初等教育と中等教育の教員、高校《リセ》の普通教育課程と技術教育課程の教師、さらには職業教育高校[11]の教師が共有する問題群を浮かび上がらせ、多岐にわたるが統一のとれた彼らの実践に光をあてる点にある。

将来の哲学教員は、自分たちにとって基礎となる教職科目にくわえて、（一）現代におけるさまざまな知の重要な展開を追跡し、（二）これまで列挙してきた提言が求める教育の新たな諸実践を体得する準備をしなければならないだろう。

第七の提言
大学の第一課程を再編すること。

一、〔教育をめぐる〕時代の空気や〔国家の〕一般的な方針をうけて私たちは検討作業をおこなっているのだが、なるほど、何らかの計画を国家レベルで決定してから大学に強要するといった威圧的な方向に事態が動いているわけではない。大学の自律性〔autonomie〕の原則があらためて確認され強化されていくことは確かだろうし、この原則を遺憾に思う理由など私たちにはない。そもそも哲学科を設置する必要性を感じない大学に対して哲学科の存続や新設を強要したところで、そのような大学は哲学科に注意を払うことも必要な手段を講じることもない。国家レベルで決定できることがあるとしたら、それはたんに仮設的な形式で、ごく一般的な性格をもった一連の要求である。つまり、ある大学に哲学科が存在しているなら、この哲学科は最低限の条件を尊重しなければならないのだ。さらに、せめて部分的にでもその手段（教員、事務職員、技術職員、業務に必要な機材、場所など）が国家によって提供されないためにこの条件が満たされえない以上、次に続くやり方は普通に考えれば、一九八九年三月一三日付で通達された計画案（その要旨は一九八九年三月二一日付「ル・モンド」紙に掲載）のなかでその見通しがたてられているように、国家と大学の契約という形をとるはずである。

二、このようなやり方は、大学が地方に過度に分散されることで生じるかもしれないリスクを回避するのに役立つものでなければならない。フランスの大学は全般的に、自分たちの「地方気質」を嘆くことが多々あった。この気質が一つの大学からいくつかの大学へ伝播していくのは残念なことで、それぞれの大学は、学生本人から、ときには卒業生の雇用者から寄せられるその地域に固有の要望に応えることだけに腐心している。そのような事態に陥らないようにするためには、国家の介入だけが考えうる対処法なのではない。以下のような対処法も考えられうるからだ。

――あらゆる可能な手段を用いて大学を鼓舞して、いうまでもなくまずそれぞれの大学のあいだで、しかしまた中等教育レベルの組織や団体とともに、情報、経験、計画について恒常的かつ制度的な仕方で意見交換されるようにすること（私たちに興味深く思われるのは、おそらく「プロモシアンス〔Promoscience〕」という団体――「バカロレア試験終了後の科学教育全般について考察と提言をおこなう団体」――の活動に関する情報を入手することだろう。この団体は、大学の理科系第一課程の刷新という主題で開催された二つの学会をうけて設立され、現在はニース大学学長のミシェル・ボルナンサン氏が代表を務めている）。

――評価と「監査」の取り組みを推進すること。ただし、大学評価国家委員会[12]によるそれだけでなく――というのも、その役割は学際的なものであるため、一般論にとどまることを余儀なくされるから――、もし可能であれば、フランス人メンバーならびに外国人メンバーから構成される、哲学に特化したアド・ホックな委員会によるそれを含めること（一般論を述べるとするなら、フランスの大学を修了した専門家に外国の大学を修了した専門家をくわえて、一連の集団的、さらには個人的な問題――授業編成、業務に必要な機材の購入と管理、キャリア構築など――について全般的に意見をもとめることを制度化するよう提言すべきだと思われる）。

三、数学、技術、そして合理的経営が優勢であった過去数十年を経て、現在、明確な形をとりつつある「人文学の復興」を哲学は活用することができる（一九八九年四月二一日付「ル・モンド」紙）。しかし、この「追い風」は明らかな危険をはらんでいる。つまり、「科学」と「職業訓練《プロフェッショナリスム》」に対抗すべく哲学が「文学」あるいは

「人文学」の分野に加入してしまうことで、哲学には漠然とした「僅かな希望」だけが託され、この冒険においてその特有性の大部分が失われかねないからだ。たしかに、今日非常に広範囲な領域（精密科学、人文科学、工学系の学問分野、医療、法律、経営と管理、文化的な活動など）から寄せられている哲学への「要求」に応えることは望ましい。しかし、この要求が妥当な条件で満たされるのは、哲学がその外部と結びうる接点において、また同時に、大学のなかで哲学を免除された教育において、哲学それ自体の専門的な特徴が厳密に肯定され続けるかぎりにおいてである。哲学の特有性とは、全員が賛同するもどこか曖昧なところのある合言葉だが、この特有性を証明するためには、自己肯定ではなくて、〔哲学という〕学問分野それ自体に関する検証作業が、さらには、哲学でないものとの交流と協働による弁証法が求められるのである。

四、大学の第一課程の段階から哲学教育が、現在そう思われている以上に技巧的かつ専門的なものになるのが望ましいとして、しかしその成果を獲得するために、学生向けのたんなる教科書的な技術（小論文やテクスト注釈などの学習）と教員に留保された哲学的な活動の威信ある実践（講義、自由演習など）のあいだに生ずる危機的な分裂という対価を払うべきではないだろう。このような役割分担を無効にするためには、学生が取り組む練習問題を刷新するよう大学に促すのがおそらく効果的だろう。つまり、小論文とテクスト注釈という伝統的な組み合わせとは異なる形式を考案し、また、概念、論証、推論、テクストの方略《ストラテジー》、体系的な構造などを分析するための技法を開発することで刷新を促すのである。ちなみに、この新しいタイプの練習問題は平常評価や試験の一部に取り込むこともできるだろう。他方で講義については、授業で毎週取り上げられる諸問題の一覧表、ならびに、講義に積極的に参加するために学生があらかじめ読んでおかなければならないテクストの一覧表を「シラバス」の形で学生に配布するフランス人の教師を採用することができれば、講義は大幅に変革されるだろう。実際に「シラバス」の公開は海外の大学で頻繁におこなわれていることだ。学生全員があらかじめ読んでおくことができるように〔授業で取り上げられる〕テクストをまとめた資料が〔あらかじめ〕整備されていれば、彼らは講義がどのように組み立てられているのかをより深く理解し、教員に的確な質問を投げかけることができるようになるのだから、これは教員と学生の関係を大きく変えるといえるだろう。

五、大学の第一課程に関して現在のところ判明している計画によれば、学問分野別に専門化されたＤＥＵＧ〔大学一般教育免状〕[13]を廃止する、あるいは、たとえば文学－言語－人文科学という大きな学問的枠組みのそれぞれにＤＥＵＧ（二年間）を一つ設置して〔ＤＥＵＧ取得後の学習のために〕ある種の予備的教育を創出（あるいは復活）するという方向に議論は進んでいるようである。このような計画の趣旨に鑑みれば――原則としてこれを阻止しなければならないというわけではない（いうまでもなく、哲学の学士課程と修士課程という枠組みに私たちが愛着をもっていることは強調しなければならないにせよ）――、次のことが要求され、また、実現されなければならないだろう。

――一方で、第一課程の全体において哲学の存在が義務づけられ、それに見合った適切な立場を得て（たとえば履修単位の四分の一を哲学に割り当てる）、かつ、その内容については、哲学の特有性が絶対に損なわれないようにすること（それでも学生が哲学の「中核」をなす科目群として、各自の関心と学習計画に合致した科目を一定数の必修科目にくわえて部分的に選択しうることを妨げるものではない）。

――他方で、第一課程のなかに一定数の「自由枠」が含まれ、個々の学生が自分の希望にそってこの枠を埋められるようにすること。たとえば、最初から哲学に対して強い動機を示す学生は、哲学の「中核」をなす科目とさまざまな仕方で関連する補完的な科目のなかから選択して「自由枠」を埋めることができるだろう（たとえば、認識論と科学史、美学と芸術学、心理学、社会学、言語学、古代の言語、宗教史などが挙げられるが、精密科学、法学、経済学、第二外国語なども考えられるだろう）。ここで重要なのは、このような学生を受け入れる教員をできれば採用することだろう。そのような教員であれば、関心の中心が哲学にあるような受講者のために授業の「輪郭を描いてくれる」からである。

おそらくここで強調しておくべきは、哲学専攻のＤＥＵＧが消滅したからといって、哲学の教員（とりわけ教授たち）が、新たな第一課程では旧制度よりも教育に携わっているという実感をいだくことが少なくなるわけでは必ずしもなく、むしろその逆である、ということだ。したがって哲学科は学科長を代表として、それ以外の関係諸学科と必要な取り決めについて交渉しなければならないはずだ。そしておそらく、教授たちは学科運営の責任者として、また、現役の教員として、新たな第一課程の教育を担当するよう求められるはずである。

六、大学改革は、学業、カリキュラム、知識を問う試験の編成の面でできるだけ良いアイデアを打ち出すものであれば、おそらくフランスの大学の将来にとってそれほど多くの負担にならないはずである。それは、往々にして資金面で費用はかかるが表面上は平凡で地味ないくつかの変革、しかも長期的な見通しからいえば、教員と学生の学習習慣、教育上の関係、大学における社会的・科学的な生産性に深刻な変化を及ぼすいくつかの改革と比べた場合に言えることである。私たちはたとえば次のような事例を念頭においている。

――大学図書館と学部の図書館が不安定な状態におかれていること。図書購入予算の欠如、閲覧席の不足、体系的な利用促進策の不備などが原因で十分に活用されているとは言い難い（アンドレ・ミケルの警鐘的な報告書[14]を参照）。

――教員用の個人研究室として遜色のない部屋が全般的に用意されていないこと。研究室が用意されれば、教員は各自の研究時間の一部を大学構内で過ごし、掲示される定められた時間にしたがって定期的に学生と面談をおこなう――そのためには何らかの優遇策が必要かも知れない――ことができるだろう。

――同様の観点からいえば、教員と学生が利用できる会議室も一般的に用意されていないこと。

――秘書業務に関しては、人員についても備品についても不足しているか、有効に活用されていないこと。

――予算不足と重々しい手続きに鑑みた場合、フランス人の同僚はおろか外国人の同僚を短期間でも招聘すること（セミナーや連続講演会の開催、また博士論文の審査への参加など）が不可能であること。

――あまりに悪名高きGARACES基準[15]によれば、教員の就業時間数の算出に際して、講義時間数、要するに一時的に研究を中断しなければならない時間数しか考慮されていないこと。大学人の日常生活を構成しているもの（授業準備、研究、資料収集、博士論文や学術論文の指導、多かれ少なかれ制度化されている「個別指導《チュートリアル》」、論文審査、シンポジウムや会議への参加、あらゆる種類の知的交流など）を公式に考慮するように――たとえそれが形式的なものであり、給与にいっさい反映されないにしても――要請しなければならないだろう。

私たちが提案するように（第一の指針を参照）、哲学教育を三つの段階にわけて有機的に実施することは、今日すっかり大学と高校《リセ》を分断している障壁を取り除くことを意味する。そこから導かれるのは次の二つの要請だ。

一、高校と大学のあいだを教師が行き来できるようにすること。高校の教師が大学の第一課程に在籍する学生の教育に、たんに非常勤講師としてではなく身分規定を与えられて従事できるなら、それは望ましいことであるといえよう。その場合、教師の業務のうちに大学での授業時間が含まれるということを意味する。

二、高校の教師がおこなう研究（DEA〔高等教育免状〕論文や博士論文の執筆など）を贅沢として、あるいは、厳密に個人的な活動とみなすのではなく、哲学の共同研究に全面的に貢献するものとして、そして〔高校における〕教育の質の向上に直接的に寄与する生涯学習の一部とみなすこと。そこで必要とされるのは、とりわけ、教育兼研究職という立場にある者が一定のあいだ業務から離れ、時間調整を受けられるように承認することである。

追記：自明のことだが強調しておくと、本報告書は議論のための提言をまとめたものにすぎない。補足すべきことがらも残っている。おそらくある一定の条件のもとで、ここ数週間あるいは数ヶ月のうちに、さらには国民教育省が主催する検討会で必ずもたれるはずの議論をうけて補足されることになるだろう。この補足事項はとりわけ、中等教育と高等教育の接点はいかなるものか、授業で取り上げるべき著者と書物の一覧表を補充するとしたらどれか、哲学教育全般において、そしてとりわけ教師養成の枠組みにおいて、哲学史と現代哲学の関係はどのように捉えられるかに関するものだろう。

教員養成に関する考察と提言の補足として、以下に掲載する資料を参照されたい。これは〔小学校教員の養成機関である〕師範学校（EN）で現在のところ採用されているカリキュラムのうち、哲学教育に関する部分である。

補足資料

I　一般教授法の理論と実践に関する研修

I－II　教育哲学、教育史、教育社会学、一般教授法、心理学（二五〇時間）

この項目にまとめられた科目の目的は、教員候補生が建設的かつ批判的に考察するための手段を用意することである。つまり、教員候補生がいわゆる教科に関する教育の枠組みのなかで見出し構築しなければならない教育上の個々の所作《アクト》と職務上の実際の訓練《プラティック》を把握し俯瞰する手助けをすることである。教員候補生は〔これらの科目を通じて習得される〕一連の知識と考察によって、教科に関する教育の基礎を明確に見出し、また、この教育の個別的な条件、その社会的かつ制度的な条件、その人間的かつ技巧的な条件を把握できるようにならなければならない。つまり一般的にいえば、学校をめぐる教育学上の問題のすべてが知育〔instruction〕と徳育〔education〕という重要な使命の実現との連関においてしか意味をなさないのはどうしてかを教員候補生に理解させることが必要なのだ。

したがって、この項目が規定している内容は基本的に哲学的なアプローチの一部をなしているため、この分野を専門とする教師によって教授されなければならない。いうまでもなく哲学に関しては直接的に教授される。他方で、人文科学、教育のさまざまな実践と技術、さらに小学校の学習指導要領と幼稚園における教育方針に関する文書全体については間接的に取り上げられる。

1　哲学（一〇〇時間）

自由、権利、自律
人権、共和制国家
学校と国家、公教育、国民教育
教育の目的
学習することと理解すること
知識と情報
説明することと論証すること
方法という観念、分析と総合
知を構成する諸要素——範疇《カテゴリー》、概念、原理
言葉《パロール》、言語《ラング》、言語活動《ランガージュ》、読むとは何か
美的なものの経験、趣味、芸術的創造
数学的思考
実験にもとづく知識
歴史にもとづく知識と理性にもとづく知識
技術という観念

2　教育史と教育社会学（二五時間）

教育制度とその歴史については、教員養成課程の項目三 - 一一で取り上げることにする。そのかわりにここでは、学校制度の発展と同時に形成されたか、その基礎づけのために、あるいはその結果として形成された観念と概念の歴史について学習しなければならない。

アンシャン・レジームから共和制における学校まで、とりわけ初等教育制度の実施について（一八〇〇年から一八八〇年まで）

第三共和制における学校（一八八〇年から一九四〇年まで）

社会と学校——現代におけるさまざまな問題

3　一般教授法（五五時間）

一般教授法はここでは、形式的かつ普遍的な方法の紹介ではなく、教育〔enseignement〕と徳育に関する問題と概念の総体として理解される。ただし、教条主義は全面的に排除される。一般教授法では応用という観点から事実ならびに概念が考察される——たとえば、基礎学力という概念、規律という概念、興味関心という概念、活発さ〔activité〕という概念、例という概念、学級や子供時代などである。

教育の主要な概念と方法、その現在の研究状況

教授法における実験的な取り組みと革新に関する問い

哲学、教授法、人間に関する諸科学

以下のリストから少なくとも一冊を選んで計二冊の著作を学習すること。

プラトン『メノン』『パイドン』『国家』（第七巻）
モンテーニュ『エセー』（「子どもの教育について」〔第一巻二六章〕）
デカルト『方法序説』（第一部と第二部）
J・ロック『教育論』
ルソー『エミール、あるいは教育について』
カント『教育学』
ヘーゲル『教育論集』
ベルクソン『知的努力』（『精神のエネルギー』所収）
アラン『教育についての語録《プロポ》』

4　心理学（七〇時間）

心理学の方法。心理学の重要概念。精神発達という概念（子どもの成長における統一性と多様性、精神発達における因果性について）。

知覚
注意
記憶

想像
遊び
知的活動
動機という概念
模倣、社会的学習

I－1－2　幼児教育（七〇時間）

この研修の目的は、幼稚園ならびに幼児教育に関する公的文書について基本的な知識を教員候補生の全員に教授することである。つまり、現代社会において、そして家庭との関係で幼稚園はどのような役割を果たしているのか、教育制度に占めるその位置はどのようなものか、その教育上の特徴はどのようなものか、これらの点を理解させることである。教員候補生は、新生児から六歳あるいは七歳までの児童ならびに小学校以前の習得事項について知っておくことで、幼稚園から〔小学校の〕準備学級まで連続しておこなわれる教育をめぐる問題、ならびに小学校に早期適応するための手段を児童に与えることとの必要性について理解することができる。

1　新生児から六歳あるいは七歳までの児童について知っておくべきこと。

ここで知っておくべきことは、人間と生命に関するさまざまな科学によって、さらには、児童と頻繁に接することで得られる観察によって基礎づけられなければならない。以下の点がその対象に含められる。

児童の成長に認められる特徴
規則正しい生活、衛生管理、健康管理の重要性

情緒教育の重要性と人格形成の重要性

（津崎良典訳）

原註

第Ⅱ部　権威からの転移——哲学の言語と制度

翻訳した方がよいとすれば I

（1）〔「哲学の言語と制度」の題のもと、トロント大学での第五回国際夏期記号学・構造主義研究学会（一九八四年五月三一日—六月二五日）において英語で発表された四回連続講演の第一回。はじめの二回の講演では哲学的言説と自然言語（国語）とのつながりが主題となった。したがって、これらの講演は、哲学研究においてある特定の自然言語の優位を構成している歴史的状況と政治的賭け金の問題を提起するものである。「翻訳した方がよいとすれば——哲学自身の国語による哲学」は、まずドイツ語で公刊された（« *Wenn Übersetzen statt hat* », trad. S. Lüdemann, dans: *Diskursanalysen 2: Institution Universität*, éd. F. A. Kittler, M. Schneider, S. Weber, Opladen, Westdeutscher Verlag, 1987)〕。

（2）〔Descartes, *Œuvres et Lettres*. Textes présentés par A. Bridoux, Paris, Gallimard, Bibliothèque de la Pléiade, 1953, p.179〕.〔『方法序説』谷川多佳子訳、岩波文庫、一九九七年、一〇一—一〇二頁〕

（3）〔Ferdinand de Saussure, *Cours de linguistique générale*, Paris, Payot, 1960, p.31〕.〔『一般言語学講義』小林英夫訳、岩波書店、一九七二年、二七頁〕

（4）〔*How to do things with words*, Cambridge, Mass., 1962, *Quand dire, c'est faire*, trad. G. Lane, Paris, Seuil, 1970, *passim* et surtout p.84 sq.〕.〔『言語と行為』坂本百大訳、大修館書店、一九七八年、一〇〇—一一六頁以下〕

（5）〔Marcel Cohen, *Histoire d'une langue. Le français*, 1947, réédité en 1967, Paris, Éditions Sociales, p.159での引用〕.

（6）〔Ferdinand Brunot, *L'Histoire de la langue française, des origines à 1900*, réédité en 1966, Paris, Colin〕.

（7）〔Marcel Cohen, *Histoire d'une langue. Le français, op. cit.*〕.

（8）〔Renée Balibar et Dominique Laporte, *Le Français national*, Paris, Hachette, 1974〕.

（9）〔Renée Balibar, *Les Français fictifs*, Paris, Hachette, 1974〕.

（10）〔Marcel Bataillon, *Langue, Discours, Société: pour Émile Benveniste*, Paris, Seuil, 1975〕.

（11）〔Cf. Jacques Derrida, « La langue et le discours de la méthode », dans *Recherches sur la philosophie du langage*（Cahiers du Groupe de recherches sur la philosophie et le langage 3）, Grenoble, Paris, 1983, pp.35-51〕.

（12）〔Parménide, *Le poème*, présenté par Jean Beaufret, Paris, PUF, 1955〕.

（13）〔Brunot, *L'Histoire de la langue française, des origines à 1900, op. cit.*, tome II, *Le XVIe siècle*, p.27〕.

（14）〔*Ibid.*, t. II, p.28での引用〕.

（15）〔Cf. Jacques Derrida, « Tympan », dans *Marges de la philosophie*, Paris, Minuit, 1972〕.〔「タンパン」『哲学の余白』上巻、高橋允昭・藤本一勇訳、法政大学出版局、二〇〇七年〕

（16）〔Brunot, *L'Histoire de la langue française, des origines à 1900, op. cit.*, t. II, p.29での引用〕.

（17）〔*Ibid.*, t. II, p.30での引用〕.

（18）〔*Ibid.*, p.30〕.

（19）〔*Ibid.*, t. II, p.31での引用〕.

（20）〔*Ibid.*, pp.22-23での引用〕.

（21）〔Montaigne, « Des prières », *Essais*, texte établi et annoté par A. Thibaudet, Paris, Gallimard, Bibliothèque de la Pléiade, 1950, livre I, LVI, pp.357-358〕.〔『エセー（二）』原二郎訳、岩波文庫、一九六五年、二〇一頁〕

（22）〔Michel de Certeau, Dominique Julia et Jacques Revel, *Une politique de la langue. La Révolution française et les patois: L'enquête de Grégoire*, Paris, Gallimard, 1975〕.

（23）〔Brunot, *L'Histoire de la langue française, des origines à 1900, op. cit.*, t. IX, 1re partie: « La Révolution et l'Empire », pp.180-181での引用。また、M. de Certeau et al., *Une politique de la langue..., op. cit.*, p.295〕.

（24）〔M. de Certeau et al., *Une politique de la langue..., op. cit.*, p.160 et 300 sq. での引用〕.

（25）〔Descartes, *Œuvres et Lettres, op. cit.*, p.991〕.〔「デカルトからヴァチエへ」『デカルト全書簡集 第二巻』武田裕紀ほか訳、知泉書館、二〇一五年、一二六―一二七頁〕

（26）〔*Œuvres* de Descartes publiées par Charles Adam et Paul Tannery; VI, *Discours de la méthode et Essais*, Paris, Vrin, 1965, p.583〕.〔『方法序説』前掲、一〇一―一〇二頁〕

翻訳した方がよいとすれば II

（1）〔*Regulae ad directionem ingenii*, texte de l'édition Adam et Tannery, Paris, Vrin, 1959. Cf. « Règles pour la direction de l'esprit » dans: *Œuvres et Lettres*, *op. cit.*, p.37 sq.〕.

（2）〔Adrien Baillet, *La vie de Monsieur Descartes*, 1691, réimpression Genève, Slatkine, 1970, p.428〕.〔『デカルト伝』井沢義雄・井上庄七訳、講談社、一九七九年、二五一頁〕

（3）〔*Lettres de M. Descartes. Où sont expliquées plusieurs belles difficultés touchant ses autres ouvrages*, t. II, Charles Angot, 1659, préface〕.

（4）〔*Œuvres et Lettres*, *op. cit.*, p.962〕.〔「デカルトから某へ」『デカルト全書簡集　第二巻』武田裕紀ほか訳、知泉書館、二〇一四年、三四六頁〕

（5）〔*Ibid.*, pp.962–963〕.〔同前、三四七頁〕

（6）〔*Ibid.*, p.991〕.〔同前、一二七頁〕

（7）〔Cf. « *Geschlecht*, différence sexuelle, différence ontologique », dans *Cahiers* de l'Herne: *Martin Heidegger*. Édité par M. Haar, Paris, 1983, p.419 sq. Repris dans Jacques Derrida, *Psyché. Invention de l'autre*, Paris, Galilée, 1987, p.395 sq.〕.〔「Geschlecht――性的差異、存在論的差異」『プシュケー――他なるものの発明 I』藤本一勇訳、岩波書店、二〇一四年〕

（8）〔Dominique Bouhours, *Doutes sur la langue française*, réimprimé en 1971, Brighton, University of Sussex Library, p.27〕.

（9）〔Brunot, *L'Histoire de la langue française, des origines à 1900*, *op. cit.*, t. III, 1re partie, « La formation de la langue classique 1600–1660 », p.46 sq. での引用〕.

（10）〔Descartes, *Œuvres et Lettres*, *op. cit.*, p.915〕.〔「デカルトからメルセンヌへ」『デカルト全書簡集　第一巻』山田弘明ほか訳、知泉書館、二〇一二年、八九頁〕

（11）強調は引用者。〔*Ibid.*, p.564〕.〔『哲学原理』桂寿一訳、岩波文庫、一九六四年、二一頁〕

（12）〔Jean-Luc Nancy, *Ego sum*, Paris, Flammarion, 1979, p.95 sq.〕.〔「世界ハ寓話デアル」『エゴ・スム――主体と変装』庄田常勝・三浦要訳、朝日出版社、一九八六年、一七一―二三〇頁〕

（13）〔Descartes, *Œuvres et Lettres*, Paris, Gallimard, Bibliothèque de la Pléiade, 1953, p.127〕.〔『方法序説』谷川多佳子訳、岩波文庫、一九九七年、一一頁〕

（14）〔Descartes, *Œuvres philosophiques*, t. I, éd. Ferdinand Alquié, Garnier, 1963, p.342 sq.〕.〔「宇宙論」『デカルト著作集　第四巻』大出晁ほか訳、白水社、一九九三年、一五一―一五二頁〕

（15）〔Descartes, *Œuvres et Lettres*, *op. cit.*, p.129〕.〔『方法序説』前掲、一三―一四頁〕

（16）〔Kafka, *Œuvres complètes II*, Paris, Gallimard, Bibliothèque de la

Pléiade, 1980, p.550 sq.].〔「町の紋章」『カフカ短篇集』池内紀編訳、岩波文庫、一九八七年、二二二頁〕

（17）［Descartes, *Œuvres philosophiques*, t.1, *op. cit.*, p.98].〔「精神指導の規則」『デカルト著作集 第四巻』大出晁ほか訳、白水社、一九九三年、二八―二九頁〕

（18）［*Ibid.*, pp.161-162].〔同前、八二―八三頁〕

（19）［*Ibid.*, p.186].〔同前、一〇二頁〕

（20）［Cf. J. Derrida, « La pharmacie de Platon », dans *La dissémination*, Paris, Seuil, 1972, p.69 sq.].〔「プラトンのパルマケイアー」『散種』藤本一勇・立花史・郷原佳以訳、法政大学出版局、二〇一三年、九一頁以降〕

（21）［Descartes, *Œuvres et Lettres, op. cit.*, p.911].〔「デカルトからメルセンヌへ」『デカルト全書簡集 第一巻』前掲、八五頁〕

（22）［*Ibid.*, p.912].〔同前、八五頁〕

（23）［*Ibid.*].〔同前、八六頁〕

（24）［Derrida, *De la grammatologie*, Paris, Minuit, 1967, chap. 2].〔『根源の彼方に――グラマトロジーについて』（上）、足立和浩訳、現代思潮社、一九七六年、第二章〕

（25）［Descartes, *Œuvres et Lettres, op. cit.*, p.914].〔「デカルトからメルセンヌへ」『デカルト全書簡集 第一巻』前掲、八八頁〕

（26）［*Ibid.*, p.915].〔同前、八九頁〕

（27）［Descartes, *Œuvres philosophiques,* t. I, *op. cit.*, p.234].〔『デカルト全書簡集 第一巻』前掲、一〇二頁〕

（28）［Cf. Roger Dragonetti, *La vie de la lettre au Moyen Age*, Paris, Seuil, 1980（cf. notamment le chapitre « Rhétorique et roman »)].

空位の講座

（1）［初出は、*Texte*, n°4, 1985. Traduction / textualité —— Texte / translatability, Tronto; Trinity College].〔ジャック・デリダは一九八三年秋に来日し、一一月二日に東北大学で講演「哲学を教えること――教師、芸術家、国家――カントとシェリングから」（『他者の言語』高橋允昭編訳、法政大学出版局、一九八九年）を実施したが、本論の内容はこの講演とかなり重複する〕

（2）Immanuel Kant, *Le Conflit des Facultés*, trad. J. Gibelin, Paris, Librairie philosophique J. Vrin, 1973.〔「諸学部の争い」『カント全集 第十八巻』角忍・竹山重光訳、岩波書店、二〇〇二年〕

（3）Immanuel Kant, *La religion dans les limites de la simple raison*, trad. J. Gibelin, Paris, Librairie philosophique J. Vrin, 1952, 1983.〔「たんなる理性の限界内の宗教」北岡武司訳、『カント全集 第十巻』、岩波書店、二〇〇〇年〕

（4）この序文、および拙論「モクロス、あるいは諸学部の争い」（*Philosophie*, n°2, avril 1984, pp.21‒53）［p.397］〔本書一一九頁〕を参照。

（5）『たんなる理性の限界内における宗教』第一編第四章の註を参照。［*Op. cit.*, p.38］.〔前掲、五三—五四頁〕

（6）「悪の原理が善の原理とならび住むことについて、あるいは人間本性のうちなる根元悪［das radicale Böse］について」［*Op. cit.*, p.38 sqq.］.〔同前、二五頁以下〕

（7）イマヌエル・カント『諸学部の争い』第二版、第一部「下級学部の定義と区分」〔前掲、三八—三九頁〕。

（8）Immanuel Kant, *Critique de la raison pure*, Paris, PUF, 1944, p.558 sq.〔『純粋理性批判』（下）、篠田英雄訳、岩波文庫、一九六二年、一二二—一三九頁、「先験的方法論 第三章 純粋理性の建築術」〕

（9）［*Critique de la raison pure, op. cit*, p.558］.〔同前、一二三頁〕

（10）Jacques Derrida, « The Principle of Reason: the University in the Eyes of its Pupils », *Diacritics*, décembre 1983, pp.3‒20.［p.461］〔本書「大学の瞳——根拠律と大学の理念」を参照〕

（11）［*Ibid.*, p.560］.〔『純粋理性批判』（下）、前掲、一二五頁〕

（12）Gottfried Wilhelm Leibniz, *Nouveaux Essais sur l'entendement* (Paris, Garnier-Flammarion, 1966).〔『人間知性新論』米山優訳、みすず書房、一九八七年〕

翻訳の神学

（1）［本テクストは、「文学翻訳の記号学」についてのシンポジウムの際にトロントの大学において英語でなされた講演を元にしている。本講演は、先ほどp.283〔本書四一三頁原註（1）〕で言及されたセミナーの締めくくりでもあった。同じくトロントの『テクスト』誌一九八五年第四号に掲載され、ついで以下に収められた。*Qu'est-ce que Dieu? Philosophie / Théologie. Hommage à l'abbé Coppieters de Gibson*, Bruxelles, Publications des Facultés de Saint-Louis, 1985］.

（2）Jacques Derrida, « Des Tours de Babel », in Joseph F. Graham ed., *Difference in Translation*, Ithaca, Cornell University Press, 1985, pp.209‒284.［Repris dans *Psyché. Inventions de l'autre*, Paris, Galilée, 1987］.〔「バベルの塔」『プシュケー——他なるものの発明 I』藤本一勇訳、岩波書店、二〇一四年〕

（3）J. W. Goethe, « Traductions » in *Divan occidental-oriental*, trad. Henri Lichtenberger, Paris, Aubier-Éditions Montaigne, 1969.〔「翻訳さまざま」『西東詩集』小牧健夫訳、岩波文庫、一九六二年〕

（4）Roman Jakobson, « Aspects linguistiques de la traduction » dans *Essais de linguistique générale*, Paris, Éditions de Minuit, 1963, p.78‒

86.〔「翻訳の言語学的側面について」『一般言語学』川本茂雄監修、田村すゞ子他訳、みすず書房、一九七三年〕

（5）J. W. Goethe, *op. cit.*, p.433 [trad. légèrement modifiée].〔「翻訳さまざま」前掲、四四二頁〕

（6）Antoine Berman, *L'Épreuve de l'étranger. Culture et traduction dans l'Allemagne romantique*, Paris, Gallimard, coll. « Les Essais », 1984.〔『他者という試練――ロマン主義ドイツの文化と翻訳』藤田省一訳、みすず書房、二〇〇八年〕

（7）*Ibid.*, pp.258-259.〔同前、三三五―三三六頁〕

（8）F. W. Schelling, « Leçons sur la méthode des études académiques » dans *Philosophies de l'université. L'idéalisme allemand et la question de l'université*, trad. Jean-François Courtine et Jacques Rivelaygue, Paris, Payot, 1979 [pp.41-164].〔『学問論』勝田守一訳、岩波文庫、一九五七年。以下、シェリングの参照については、適宜、日本語訳の頁数を本文中に挿入する〕

（9）*Ibid.*, p.105.〔同前、一〇二頁〕

（10）Cf. F. Schelling, « Sixième Leçon » dans *op. cit.*, p.91.〔同前、八一頁〕そしてカントとシェリングの著作において、ラテン語の単語とドイツ語の単語への依拠が交互におこなわれていることについて語る必要があろう。

（11）Cf. « Sixième Leçon », *ibid.*〔同前〕

（12）「純粋理性の建築術」を参照のこと〔『純粋理性批判』第二部第三章〕。

（13）〔「第六講義」の冒頭〕

（14）F. Schelling, *op. cit.*, p.105.〔『学問論』、一〇二頁〕

（15）シェリング「哲学の外的な対立の若干について、とくに事実的学問の対立について」

（16）[*Ibid.*, p.105, trad. modifiée].〔同前〕

（17）前回の講演〔「空位の講座」〕を参照せよ。

（18）F. Schelling, *op. cit.*, p.101.〔『学問論』、九五頁〕

（19）国際哲学コレージュの（今や決定済みの）創設のためにフランス国家と政府に対してなされた提言は、カント的というよりどこかシェリング的なところがあるが（諸言語の国際的な差異と翻訳の問題系とに割り当てられた根本的な地位、詩的なものや芸術的な行為遂行性の地位、ボーダレス化した哲学など）、非常に反シェリング的なものもまた有している。というのも融一形式や単一かつ総体の原理は、カント的な観点と今日の私たちの観点からは、懸念を抱かせうるものでもあるからだ。まもなく見るように、国家は、そこに、みずからの権力そのものを、全体性の権力そのものを、こっそりと再び見出すことができるのである。

（20）[*Ibid.*, p.99, trad. modifiée].〔『学問論』、九二頁〕

（21）ニーチェとそのカント批判を参照。

（22）J. W. Goethe, *L'Apotheose de l'artiste*, 1789.〔「芸術家礼賛」〕

（23）F. Schelling, « Troisième Leçon », p.73.〔『学問論』、五四―五五頁〕

（24）*Ibid.*, p.101.〔同前、九五頁〕

（25）F. Schelling, « Première Leçon », p.45.〔同前、一二頁〕

（26）　*Ibid.*, p.49.〔同前、一九頁〕

第Ⅲ部　モクロス──大学の瞳

モクロス、あるいは諸学部の争い

（1）　一九八〇年四月一七日コロンビア大学（ニューヨーク）にて英語で発表された講演。これは、同大学大学院創立百周年の機会にあたり、名誉博士号を授与された後で行なわれた〔初出：*Philosophie*, n°2, aviril 1984, Minuit〕。

（2）　Emmanuel Kant, *Le Conflit des facultés en trois sections*, trad. J. Gibelin, Paris, Vrin, 1973, p.13 sq.〔「諸学部の争い──三部からなる」角忍・竹山重光訳、『カント全集 第十八巻』岩波書店、二〇〇二年、二四頁。以下、本文中の〔　〕内の漢数字による挿入頁も本書の頁数を指す〕。

（3）　［*Ibid.*, p.18 sq.］.〔同前、二九頁〕

（4）　［*Ibid.*, p.5 訳文変更］.〔同前、一〇─一一頁〕

（5）　「I　諸学部の関係」の第I章「上級諸学部の概念と区分」参照。Cf. *Ibid.*, p.20.〔同前、三〇頁以下〕

（6）　たとえば、次の拙著を参照。*De la grammatologie*, Paris, Minuit, 1967 とくに、p.79〔ジャック・デリダ『根源の彼方に──グラマトロジーについて』上巻、足立和浩訳、現代思潮新社、一九七二年、一一〇─一一一頁〕; « La pharmacie de Platon » in *La dissemination*, Paris, Seuil, 1972, p.142〔「プラトンのパルマケイアー」『散種』藤本一勇・立花史・郷原佳以訳、法政大学出版局、二〇一三年所収〕; « Signature événement contexte » in *Marges de la philosophie*, Paris, Minuit, 1972〔「署名 出来事 コンテクスト」『哲学の余白』下巻、高橋允昭・藤本一勇訳、法政大学出版局、二〇〇八年所収〕および、*Glas*［Paris, Galilée, 1974 随所に。

（7）　［*Op. cit.*, p.7］.〔「諸学部の争い」『カント全集 第十八巻』一二─一三頁〕

（8）　［*Ibid.*, p.37］.〔同前、四八頁〕

（9）　［Cf. *Ibid.*, p.16］.〔「国王が王座から行なう演説は国王に仕える大臣の作とみなすべきである（誤謬や無知、あるいは虚偽のかどでとがめられるようなことは君主の尊厳に反するであろうが、それにもかかわらず議会には、演説の内容を判断し、吟味し、論難する権限がなければならないから）というグレート・ブリテン議会の基本法則は、私が思うに非常に洗練され、かつ正しく考えられているが、これは誰でも認めざるをえない。それと同様に、公に講述することが政府によって政府によってのみ認可される教説、その種の選択もつねに学者たちの吟味に曝されていなければならない。なぜならこの選択は、君主の所産ではなく、選択を命じられた国の官吏の所産とみなされなければならないが、この官吏はもしかすると主君の意志を正しく理解していなかったかもしれない、あるいはねじ曲げさえしたかもしれない、といったことが考えられるからである」。同前、二七頁〕

(10)「[…]上級学部が政府のために約束する(有用性)は二番目の契機にすぎない。――哲学部を追い払ったり口を封じたりさえしないのなら、哲学部は神学部の侍女たるべしという尊大な要求も、場合によっては神学部に許容することができる(その場合でも、哲学部が神学部という貴婦人の(前を松明をかかげて先導する)のか、それとも(引き裾をもって後塵を拝する)のか(ob diese ihrer gnädigen Frau *die Fackel vorträgt oder die Schleppe nachträgt*)という問いは依然として残っている)。というのも、この慎ましさ――みずからはたんに自由であることしか望まず、また他をも自由にさせておき、しかも、たんにあらゆる学問の利益のために真理をつきとめ、これを上級学部が随意に使えるように差し出そうとする、この慎ましさによってこそ、哲学部は、疑惑のないもの、それどころか不可欠なものとして、政府自身にも受け容れられるにちがいないからである」(第二章　下級学部の概念と区分[*Ibid.*, p.27]〔同前、三八頁〕)。

(11)「学問が、国家によって、また国家のうちに、本当に客観的な存在に達し、ひとつの力となるかぎり、学問の各々のための組合団体をとくに(学部)という。学部相互のあいだの関係について、とくにカントが『諸学部の争い』という書物において、この問題を非常に一面的な観点から考察したように思われるので必要なことを指摘してみると、神学はそのうちに哲学の中心が客観化されているものとして、第一にして最高の学部でなくてはならないことは明らかである。観念的なものが実在的なものより高い(勢位《ポテンツ》)であるかぎり、法学部は医学部に先んずることになる。しかし哲学の学部にかんしていえば、一般にそのようなものはないし、またありえぬというのが私の主張である。そしてその証明はまったく単純であって、一切であるものは、まさにそれゆえに、特殊なものではありえないということ〔したがって哲学は自由組合にほかならないということ――訳者註〕がその証明なのである」(Tr. fr., *Philosophies de l'Université*, Paris, Payot, 1979, p.105)〔シェリング『学問論』勝田守一訳、岩波文庫、一九五七年、一〇三頁〕。前出の「翻訳の神学」(本書、一〇三頁以下〔原書 p.382 sq.〕)も参照。

(12)[*Op. cit.*, p.28]〔「諸学部の争い」『カント全集　第十八巻』、三九頁〕

(13)たとえば、GREPH(哲学教育研究グループ)の次の仕事と闘争の記録を参照されたい。*Qui a peur de la philosophie?*, Paris, Flammarion, 1977〔本書第1巻、一六九頁以下〕、および、*Les État Généraux de la philosophie*, Paris, Flammarion, 1979〔本書第1巻、二三七頁以下〕参照。

(14)[*Op. cit.*, p.34]〔「諸学部の争い」『カント全集　第十八巻』、四五頁〕

(15)[*Ibid.*, p.36]〔同前、四八頁〕

（16）［*Ibid.*, p.37］.〔同前、四七頁〕

（17）［*Ibid.*, p.72］.〔同前、八五頁〕

（18）［*Ibid.*, p.35］.〔同前、四六頁〕

（19）［*Ibid.*］.〔同前〕

（20）*Op. cit.*, p.125〔一四三—一四四頁〕。蛇足になるが、ここでポリュペモスの名を出しておく。モクロスとは、オデュッセウスが——誰でもない者の奸計として〔*outis, Mētis*〕——火で熱してこのキュクロプスの眼に突き刺した「杭」ないし「丸太」の名でもある（*Odyssée* IX, 375-388〔ホメロス『オデュッセイア』（上）、松平千秋訳、岩波文庫、一九九四年、二三二—二三六頁〕）。

句読点

（1）〔以下は、一九八〇年六月二日ソルボンヌ大学にて、国家博士号の博士論文の公開口述審査のさいに審査委員の前で発表された。審査委員会は、ガンディヤック〔Maurice de Gandillac〕氏を議長とし、オバンク〔Pierre Aubenque〕、ドゥサンティ〔Jean-Toussant Desanti〕（論文主査）、ジョリー〔Henri Joly〕、ラスコー〔Gilbert Lascault〕、レヴィナス〔Emmanuel Levinas〕の諸氏からなるものであった〔なお、十冊の既刊書を集めて提出されたこの研究に付されたタイトルは「哲学の書き込み——エクリチュールの解釈についての研究」である〕。はじめ英語で（"The Time of a Thesis: Punctuations," in *Philosophy in France Today*, trans. Kathleen McLaughlin, ed. Alan Montefiore［Cambridge: Cambridge University Press, 1983］、次いでスペイン語でも（"El tempo de una tesis: Punctuaciones," trans. Patricio Peñalver, in *Anthoropos* 93, "Jacques Derrida"［February, 1989］）発表された。〕

（2）［Tran Duc Thao, *Phénoménologie et matérialisme dialectique*, Paris, Éditions Minh-Tân, 1951］.〔チャン・デュク・タオ『現象学と弁証法的唯物論』竹内良知訳、合同出版、一九七一年〕

（3）［*Le problème de la genèse dans la philosophie de Husserl*, Paris, PUF, 1990］.〔『フッサール哲学における発生の問題』合田正人・荒金直人訳、みすず書房、二〇〇七年〕

（4）［*L'origine de la géométrie* d'Edmund Husserl, Introduction et traduction, Paris, PUF, 1962］.〔「『幾何学の起源』序」、エドムント・フッサール『幾何学の起源』田島節夫・矢島忠夫・鈴木修一訳、青土社、一九七六年〕

（5）［*De la grammatologie*, Paris, Minuit〔『根源の彼方に——グラマトロジーについて』上巻、足立和浩訳、現代思潮社、一九七二年／同下巻、一九七四年〕; *L'écriture et la différence*, Paris, Seuil〔『エクリチュールと差異』合田正人・谷口博史訳、法政大学出版局、二〇一三年〕; *La voix et la phénomène. Introduction au problème du signe dans la phénoménologie de Husserl*, Paris, PUF.〔『声と現象』林好雄訳、ちくま学芸文庫、二〇〇五年〕〕

（6）［« Le puits et la pyramide », in *Marges – de la philosophie*, Paris, Minuit, 1972］.〔「竪坑とピラミッド――ヘーゲル記号学への序論」『哲学の余白』上巻、高橋允昭・藤本一勇訳、法政大学出版局、二〇〇七年〕

（7）［*Marges, op. cit.*］.〔「タンパン」、『哲学の余白』上巻、所収〕

（8）［*La dissémination*, Paris, Seuil〔『散種』藤本一勇・立花史・郷原佳以訳、法政大学出版局、二〇一三年〕; *Marges, op. cit.*,〔『哲学の余白』上巻／同下巻、藤本一勇訳、法政大学出版局、二〇〇八年〕; *Positions*, Paris, Minuit.〔『ポジシオン』高橋允昭訳、青土社、一九九二年〕〕

（9）［*Glas*, Paris, Galilée, 1974］.〔部分訳「弔鐘」鵜飼哲訳、『批評空間』第二期・第一五―二〇、二二―二四号、第三期・第一―四号、一九九七―二〇〇二年〕

（10）［*Éperons. Les styles de Nietzsche*, Venice, Corbo e Fiori, 1976; Paris, Flammarion, 1978］.〔「尖鋭筆鋒の問題」森本和夫訳、J・デリダ、G・ドゥルーズ、J＝F・リオタール、P・クロソウスキー『ニーチェは、今日?』ちくま学芸文庫、二〇〇二年〕

（11）［*La carte postale – de Socrate à Freud et au-delà*, Paris, Flammarion, 1980］.〔前半部の訳『絵葉書I――ソクラテスからフロイトへ、そしてその彼方』若森栄樹・大西雅一郎訳、水声社、二〇〇七年〕

（12）［*Glyph, Johns Hopkins Texual Studies* 2, Baltimore, 1977; *Limited Inc.*, Paris, Galilée, 1990］.〔『有限責任会社』高橋哲哉・増田一夫・宮﨑裕助訳、法政大学出版局、二〇〇二年〕

（13）［*La vérité en peinture*, Paris, Flammarion, 1978］.〔『絵画における真理』上巻、高橋允昭・阿部宏慈訳、法政大学出版局、一九九七年／同下巻、阿部宏慈訳、一九九八年〕

（14）［たとえば次を参照。« Fors ». Préface à Nicolas Abraham et Maria Torok, *Cryptonymie. Le verbier de l'homme aux loups*, Paris, Flammarion, 1976.〔「Fors――ニコラ・アブラハムとマリア・トロークの角のある言葉」港道隆訳、ニコラ・アブラハム、マリア・トローク『狼男の言語標本――埋葬語法の精神分析』法政大学出版局、二〇〇六年〕〕

大学の瞳

（1）「アンドリュー・D・ホワイト特任教授」のためのこの就任記念講演は、一九八三年四月にコーネル大学（ニューヨーク州イサカ）にて英語で発表された。そのさいの状況や場所、この大学固有の歴史にかかわるものすべてを消し去ることは可能だとも望ましいとも私には思えなかった。この講演の構成は、コーネルの建築および場所と本質的な関係を保っている。すなわち、高陵、一種の深淵（英語ではgorge〔峡谷、喉〕）のうえに設けられた橋や「柵」、教授や学生のあいだでの自殺（地元の言い回しではgorging outと呼ばれる）の歴史や自殺率をめぐる多くの不穏な話の名所といったことである。峡谷の底に身投げしないためには何をしなければならないのだろうか。この峡谷にそこでの自殺のすべてに責任があるのだろうか。いくつもの柵＝閉域は築かれねばならないものなのか。同じ理由により、いくつかの文章は英語のままにしておくことが望ましいと判断した。それらを翻訳することになんの問題もなかったところもあるが、そうでない場合もあり、その場合には、あれこれの慣用表現の意味にくだくだしい註釈を付すことなしには端的に翻訳不可能であった。

〔初出は英語版 "The Principle of Reason: The University in the Eyes of Pupils," *Diacritics* 13.3（Fall 1983）, Johns Hopkins University, pp.3-20. 次にスペイン語版 "El principio de Razón: La Universidad en los ojos de sus pupilo/ as," trad. Bruno Mazzoldi y R. P. Díaz, *Nomade* 3（junio 1984）, San Juan de Pasto: Universidad de Nariño, Colombie. その後フランス語版が出た。*Le cahier du Collège International de Philosophie* 2, Paris, Osiris, 1986.〕〔日本語の既訳としては「大学の瞳＝被後見人――『根拠律』と大学の理念」高橋哲哉訳（ジャック・デリダ『他者の言語』高橋允昭編訳、法政大学出版局、一九八九年所収）がある。これは、一九八三年の来日時（十月二七日）にデリダが東京大学文学部で講演した原稿からの翻訳であり、本訳書『哲学への権利』が底本としている単行本版と比較すると、後者の七割程度に縮約されている。なお、本論のタイトルの「大学の瞳（Les pupilles de l'Université）」について。本論では一貫して「見ること」や視覚の問いが主題化されているため「pupille」には「瞳」の訳語を与えたが、この言葉はフランス語で「被後見人」をも意味している。したがってこの場合には「大学が後見人となって見守っている者」とともに「外部から見守られている大学という被後見人」といった含意もあるということを付言しておく。〕

（2）〔[James Siegel, "Academic Work: The view from Cornell," *Diacritics* 11:1（Spring 1981）: 68-83〕 Baltimore: Johns Hopkins〕.〔このテクストは現在シーゲルの次の著書に収録されている。James T. Siegel, *Objects and Objections of Ethnography*, Fordham University Press, 2011〕

（3）〔Aristote, *La Métaphysique*, éd. J. Tricot, Paris, Vrin, 1981, tome 1, p.2sq〕.〔アリストテレス『形而上学』（上）、出隆訳、岩波文庫、一九五九年、二一頁〕

（4） Trad. J.-F. Courtine et J. Rivelaygue, in *Philosophies de l'Université*, Paris, Payot, 1979, p.49〔シェリング『学問論』勝田守一訳、岩波文庫、一九五七年、一八―一九頁〕。この「自然主義」（近代の大学論には頻繁に出てくるが全般的というわけではない。たとえば、カントは『諸学部の争い』の始まりでそこからは逃れている）は、建築術的な全体性の効果を狙った学際性という古典的モティーフと同様にみられる。たとえば、シュライエルマハーの次の文献を参照。Friedrich Schleiermacher, *Gelegentliche Gedanken über Universitäten in deutschem Sinn, nebst einem Anhang über eine neu zu errichtende*（1808）, trad. A. Laks, in *Philosophies de l'Université*, Payot, 1979〔*Kritische Gesamtausgabe*, Abt.1. *Schriften und Entwürfe*, Bd.6. *Universitätsschriften: Herakleitos ; Kurze Darstellung des theologischen Studiums*, hrsg. v. Dirk Schmid, Berlin/ New York, Walter, de Gruyter, 1998; シュライエルマッヘル「ドイツ的意味での大学についての随想」梅根悟・梅根栄一訳、『国家権力と教育――大学論・教育学講義序説』明治図書、一九六七年所収〕。とりわけ本書、第一章「学会と国家の関係について」および、第四章「諸学部について」を参照。

（5）〔Aristote, *De l'âme*, Texte établi par A. Jannone, Paris, Les Belles Lettres, 1966, p.58〕.〔「魂について」中畑正志訳、『アリストテレス全集7』岩波書店、二〇一四年、一〇九頁〕

（6）Cf. Emmanuel Kant, *Le Conflit des Facultés, en trois sections*, trad. J. Gibelin, Paris, Vrin, 1973, p.18 sq.〔「諸学部の争い――三部からなる」角忍・竹山重光訳、『カント全集 第十八巻』岩波書店、二〇〇二年、三九頁〕

（7）〔Cf. Heidegger, *Der Satz vom Grund*, Pfullingen 1957/ 1978, pp.44-45; *Le principe de raison*, trad. A. Préau, Paris, Gallimard, 1962, p.79〕.〔マルティン・ハイデッガー『根據律』辻村公一、ハルトムート・ブフナー訳、創文社、一九六二年、四五頁〕

（8）〔Samuel Weber, "The Limits of Professionalism,"〕*The Oxford Literary Review*, vol. 5, 1&2, 1982〔also in *Institution and Interpretation*, Minneapolis, University of Minnesota Press, 1987〔Expanded ed., Stanford University Press, 2002〕, p.22〕

（9）一例のみ挙げておく。「rationem reddere とは、根拠を与え返すことである。いったいなんのために返し、またどこへ返すのか。論証行程のなかでは、さらに一般的に言えば、認識のなかでは、もろもろの（対）象を（前）に立てる（すなわち表象する）ということが行なわれている。それゆえに、この「返す」ということが働きのうちに入ってくるのである。このことは、ラテン語の哲学用語によっていっそう判然と言われている。すなわち、Vorstellen（前に立てること、表象すること）は、re-praesentatio（現前し返すこと、表象すること）である。すなわち、表象のなかで出会うものは、表象する自我にむかって、その自我に返し戻すという仕方で、その自我に対して、現前させられ、あるひとつの現在のうちへと立てられるのである。principium reddendae rationis（与え返されるべき根拠の原理）にしたがえば、表象作用が認識するという仕方での表象作用であるべき場合には、その表象作用は、出会うものの根拠を、表象作用自身にむかって、すなわち表象作用自身へと与え返すこと（reddere）をしなければならないのである。認識するという仕方での表象作用のうちにおいては、認識する自我に根拠が立て渡されるのである。このことを principium rationis（根拠の原理）は要求する。それゆえ、根拠の命題はライプニッツにとっては、立て渡されるべき根拠の根本命題である」（*Der Satz* vom Grund, p.45〔cf. trad. p.79〕〔『根據律』四五頁〕)。何がこうした時代秩序に、したがって、時代画定のハイデガーの思考全体に抵抗するのだろうか。ひょっとすると、たとえば根拠（＝）理性の主張（こういってよければ合理主義）そのものは、同時に次のように言えるのではないか。すなわちこれは、(1)目的原因論や目的原因の絶対的な優位と不可分な、ライプニッツの形式における根拠律に服さないだろう。(2)主体として実質を規定しないだろう。(3)観念の非表象的な規定を提案するだろう。私はスピノザの名を挙げようとしたところだ。ハイデガーはスピノザについて滅多に、ごく簡潔にしか語らないし、管見のかぎり、この観点とこの文脈においてはけっして語ることがない。

(10) *Vom Wesen des Grundes*, in *Wegmarken*, Frankfurt, Klostermann, 1967/1978, pp.60-61 (164-165).〔「根拠の本質について」辻村公一、ハルトムート・ブフナー訳、『道標』創文社、一九八五年、二〇三頁〕

(11)「しかもそれにもかかわらず、この大きな勢力をもった原理がなければ、いかなる現代科学もないであろうし、現代科学がなければ、今日の大学もないであろう。今日の大学は根拠律に基づいている（Diese gründet auf dem Satz vom Grund）。このこと、すなわち、大学がひとつの命題のうえに（auf einen Satz）根拠づけられている（gegründet）ということ、こうしたことを一体いかにして私たちは表象すべきであろうか（Wie sollen wir uns dies vorstellen）。このような主張をあえてすることが、はたして私たちに許されているのだろうか（Dürfen wir eine solche Behauptung wagen）」(*Der Satz vom Grund, Dritte Stunde*, p.49; cf. trad., p.84)〔『根據律』五一頁〕。

(12)〔Ibid., p.56; trad., p.91〕.〔『根據律』六〇頁〕

(13)〔Ibid.〕.〔同前〕

(14)〔Ibid., p.57; trad., p.92〕.〔同前〕

(15)〔Trad. A. Tremesaygues et B. Pacaud, Paris, PUF, 1944, p.558〕.〔イマヌエル・カント『純粋理性批判』熊野純彦訳、作品社、二〇一二年、七九一頁〕

(16)〔以上の議論については次を参照。*Der Satz vom Grund*, pp.198-203; trad. pp.255-261〕.〔『根據律』二四〇―二四八頁〕

(17) 他にも数あるなかから、最近の二つの記事を引用するにとどめたい。それらは少なくとも共通の特徴をもっている。すなわち、二人の署名者は、それぞれの所属機関のトップクラスの代表者であり、その権力と威光は指摘するのも虚しいほどだ。ひとつは、ハーヴァード大学キングスリー・ポーター教授ウォルター・ジャクソン・ベイト〔Walter Jackson Bate〕による「英文研究の危機〔The Crisis in English Studies〕」(*Harvard Magazine*, Sept./Oct. 1982) であり、もうひとつは、全米人文科学基金書記長ウィリアム・J・ベネット〔William J. Bennett〕による「砕け散った人文学〔The Shattered Humanities〕」(*The Wall Street Journal*, 31, Dec. 31, 1982). 後者はレーガン政権下での教育長官だが、次のように記すほどにまで無知と激高を剥き出しにしている。「「脱構築」と呼ばれる文芸批評での大衆的運動が否定するのは、なんらかのテクストがあるということである。もしテクストがまったくないのだとしたら、読むに値するいかなる偉大なテクストもないし、いかなる議論もないことになってしまう」〔10〕。前者は脱構築について――これは偶然ではないが――神経質な事柄などと述べている。ポール・ド・マンが、見事な論考（Paul de Man, "The Return to Philology," *Times Literary Supplement*, Dec. 10, 1982〔「文献学への回帰」『理論への抵抗』大河内昌・富山太佳夫訳、国文社、一九九二年所収〕）で指摘していたように、ベイト教授は「今回は情報源として『ニューズ・ウィーク』誌しか使っていないことを示している［…］。残っているのは批評的討論ではなく、法的規制の問題であることになる。これほどにまで喧嘩腰で受け身にまわるのは、実際よほどの脅威を感じているからにちがいない」〔同書、五八―五九頁〕。

（18）［本書、二八三頁以下〔原書 p.551 sq.〕を参照のこと］

（19）［*Op. cit.*, p.7 sq.］.〔アリストテレス『形而上学』（上）、二三頁以下〕

（20）［*Écrits posthumes 1870-1873*, éd. Colli/ Montinari, Paris, Gallimard, 1975, pp.71-162］.〔『ニーチェ全集3――哲学者の書』渡辺二郎訳、ちくま学芸文庫、一九九四年、二九―二〇二頁〕

（21）［*Ibid.*, p.82 et 87］.〔同書、四一、四九頁〕

（22）［Trad. H. Corbin, Paris, Gallimard, 1951］.〔「形而上学とは何であるか」『ハイデッガー全集9　道標』辻村公一、ハルトムート・ブフナー訳、創文社、一九八五年所収。とくに以下を参照。「諸学の諸領域は、相互に遠く離れて存している。それらの諸学の領域に属するもろもろの対象を扱う仕方は根本から相異している。諸学科のこの瓦解した多様性は今日ではただ辛うじて、諸大学と諸学部とを技術的に組織することによってまとめられており、諸分科のなす実際的な目的定立によってあるひとつの意義のうちに保たれている。それに反して、諸学がそれらの本質基盤のうちに根を張っているということは死滅してしまっている。」一二二頁〕

（23）［Cf. *Die Selbstbehauptung der deutschen Universität. L'auto-affirmation de l'Université allemande*, trad. G. Granel, Trans-Europ-Repress, 1982］.〔「ドイツ的大学の自己主張」矢代梓訳、M・ハイデッガーほか『30年代の危機と哲学』平凡社ライブラリー、一九九九年、一一六頁〕

哲学を讃えて

（1）［この表題の下に、「リベラシオン」紙（一九八一年一一月二一日（土）・二二日（日））に掲載された、ジャック・デリダ、ディディエ・エリボン、ロベール・マッジオリ、ジャン＝ピエール・サルガスの対談を収録する。当時この対談に際して新聞社側から提案された導入文と、「GREPH計画」についてなされた紹介をここに再録しておくのも無駄ではあるまい」

哲学という学問分野のアンチノミー

（1）『哲学者たちのストライキ——学校と哲学』〔*La grève des philosophes, École et philosophie*, Paris, Osiris, 1986〕という書籍に付けられた書簡形式の序文。この書物は、一九八四年十月二〇—二一日にナンテールのパリ第十大学で行われたシンポジウム「学校と哲学に関する会合」の発表テクストと討論を収録している。」

さまざまなポピュラリティ

（1）『都市のなかの野生の人々——一九世紀における人民の自己解放とプロレタリアートたちの教育』〔*Les Sauvages dans la Cité. Auto-émancipation du peuple et instruction des prolétaires au XIXe siècle*, Présentation de Jean Borreil, Seyssel, Éd. du Champ Vallon, 1985〕への序文〔フランス・ブルゴーニュ地域圏のル・クルーゾで一九八四年十月に開催された同名の討論会の記録。一九世紀の民衆の知的な自己解放という主題をめぐって、公営図書館の創設、民衆向け講演会の開催、職業教育の整備、聾教育の創立などが論じられた。ジャック・ランシエールも参加し、後に公刊される著作『無知な教師』の一部を披露している〕

（2）〔p.9〔本書第1巻、二六七頁原註（1）〕を参照〕

（3）Emmanuel Kant, *Métaphysique des mœurs*, 1re partie: Doctrine du droit, Trad. A. Philonenko, Paris, Vrin, 1979, p.79 sq.〔「人倫の形而上学」『カント全集 第十一巻』樽井正義・池尾恭一訳、岩波書店、二〇〇二年、一六頁以下〕

（4）*Ibid.*, p.80.〔同前、一七頁〕.

（5）*Ibid.*, p.91.〔同前、三〇頁〕.

（6）*Ibid.*, p.91.〔同前、三一頁〕.

（7）〔本書六五頁以下〔原書 p.343 sq.〕〕.

「誰が哲学を恐れるのか」

（1）　哲学の全国三部会が開催されてからほどなくして、雑誌『エスプリ』がある円卓会議を組織し、その記録が「誰が哲学を恐れるのか」という題で一九八〇年二月に同誌に刊行された。私はこの会議にロラン・ブリュネ、ギー・コック、ウラジミール・ジャンケレヴィッチ、オリヴィエ・モンジャンとともに参加した。ここには私自身の発言のみ採録したが、議論のさまざまな場面に対して雑誌側から与えられた章タイトルは保持したままにしている。

（2）　ギー・コックの問いは以下――「今日、中等教育は、すなわち、青少年たちが属する歴史的共同社会の文化的伝統との最小限の関係を彼らに提案する学校はいかなるものでありうるのでしょうか。これは（GREPHを除けば）誰も取り上げてこなかった本質的な問いです」。

（3）　*États Généraux de la philosophie (16 et 17 juin 1979)*, Flammarion, 1979.

（4）　これはオリヴィエ・モンジャンの以下の発言に対する応答である――「……さらに先に進んで、テレビが必ず哲学的作業の本性を歪めるのかどうかを自問せねばなりません。全体主義の批判に対して、新哲学《ヌーヴェル・フィロゾフィー》派の役割はいかなるものであったのかを自問せねばなりません。B－H・レヴィがよくテレビに登場するのは、その言説形態がテレビ業界に適合しているからであり、〔クロード・〕ルフォールや〔コルネリュウス・〕カストリアディスの言説は大向受けする可能性がより低いからであるのかを自問せねばなりません。これはそれほど確かなことではありません。いずれにしても、言説の読み方をすでに心得ていない人々には伝わらないのだなどと思うのなら、自分がテレビの外に立ち去ったり、文化的な仕事をテレビから引き上げることになるのです」。

複数のタイトル

（1）　この時点で私が意図していたことを明らかにするために、国際哲学コレージュの創設に関する「報告書」の一章をここに再掲するのは有益だと思われる。その一章とは、まさしく「複数のタイトル」というタイトルをもつものである。なお、ここに掲載する文書は「キックオフ」（後掲）とは異なり、私が正式に調整役をつとめた調査団のメンバー全員が賛同して署名した「報告書」の一部をなしているということを注意しておきたい。

(2) カント『諸学部の争い』

(3) ここでも参照すべきは、『諸学部の争い』で言及されているように、大学における「非哲学的な」諸学部のことである。

(4) 〔フェルナン・〕ブローデルによって引用された単語のこと。私たちはここで、神とは「スピノザの神＝実体がそうであるように学際的研究〔*interscience*〕の保証人」であるという〔アインシュタインが用いた〕その本来の文脈からこの単語を切り離して、この単語がおのずと私たちに予想させるところとは反対の意味に用いようとしている。

(5) この点に関していうなら、コレージュにおいて取り組まれる問題と研究計画《プログラム》は、先端技術・システム研究センター〔Centre pour l'étude des systèmes et des technologies avancées: CESTA〕のそれと交叉するものと思われる。コレージュは創設後すぐに、この方面ですでに開始されている議論を追跡し、ＣＥＳＴＡとのあいだで組織的におこなわれる交流の準備をしなければならない。

(6) それ自体としては、純粋理性的な学問の規範《ディシプリン》のもとに位置づけられるさまざまな分野《ディシプリン》の総体――純粋数学、純粋哲学、自然と人倫の形而上学――のこと。

(7) カントの時代にあっては、神学、医学、そして法学のことであったが、それらは近代化の途上にあった。

(8) コレージュ・ド・フランスは設立時に、〔ラテン語とギリシア語、ヘブライ語の研究のために〕三言語のコレージュと命名されたことを想起しよう。

キックオフ

(1) 〔「キックオフ」は、*Collège International de Philosophie: Sciences, Interscience, Art* に公表された。これは、一九八二年九月三〇日、フランソワ・シャトレ、ジャック・デリダ、ジャン＝ピエール・ファイユ、ドミニク・ルクールの連名で、国務大臣・研究産業省大臣ジャン＝ピエール・シュヴェーヌマンに提出された「報告書」の一部をなす。このテクストはその後、国際哲学コレージュが一九八三年秋に作成した刊行物 *Extraits d'un rapport pour le Collège International de Philosophie* に再録され、さらに一九八二年一一月二五日付の『テル *Tel*（*Temps Économie Littérature*）』誌第八号に「哲学の正統性」という題名のもとで部分的に公表された。

先に挙げた四氏は、国際哲学コレージュ創設の可能性を検討する「フランス政府調査団」のメンバーを務めた。このような制度を創設するというアイデアは、ＧＲＥＰＨ《グレフ》〔哲学教育研究グループ」による運動と研究活動、さらには「哲学の全国三部会」（p.253〔本書第1巻二三七頁〕を参照）における討議を通じて育まれたものと受け止められている。これらの取り組みは、七〇年代に政府が打ち出した高校《リセ》最終学年における哲学教育の削減、さらには廃止に抵抗するものだからだ。ジャン＝ピエール・シュヴェーヌマンは、フランソワ・ミッテランが共和国大統領に選出されてほどなくして、シャトレとデリダ、ファイユ、ルクールに〔哲学教育のあり方について〕公式に諮問した。「調査団」の調整役を務めていたデリダは、共同で構想案を練り上げようと呼びかけるべく、この調査団の名において公開書簡を一九八二年五月一八日付で全世界の教育者ならびに研究者に向けて発表した（この書簡が広く拡散したことについては、たとえば『ラ・キャンゼーヌ・リテレール（*La Quinzaine Littéraire*）』誌（一九八二年七月一―五日、第三七四号）、米国の『サブスタンス（*Substance*）』誌（一九八二年、第三五号）を参照）。それから四ヶ月後、書簡の広範囲にわたる拡散と寄せられた七五〇に及ぶ回答の検討を経て「調査団」は、自主独立した形態の教育研究制度としてコレージュを創設することを提言する「報告書」をまとめたのである。その前半は、提言の概略――コレージュの定義、運営方針、そして地位――に当てられている。後半には、四人のメンバーがそれぞれ個別に執筆して署名した「企画書」が掲載されている。そして、デリダが「報告書」に寄せた「企画書」が「キックオフ」に他ならない。国際哲学コレージュは一九八三年十月十日、パリのデカルト通り一番地に正式に設立された。ジャック・デリダが初代議長に就任、その後は、ジャン＝フランソワ・リオタール、ミゲル・アバンスール、エリアーヌ・エスクーバス、フィリップ・ラクー＝ラバルト、ミシェル・ドゥギーに引き継がれた。「キックオフ」はまず、トーマス・ペッパーにより「Sendoffs〔キックオフ〕」という題名で英訳されたのち、『イェール・フレンチ・スタディーズ（*Yale French Studies*）』誌（第七七号、特集「アーカイヴを読む――テクストと制度について」、ニューヘイヴン、イェール大学、一九九〇年）に発表された。」

（2）　この「計画案」の各章の末尾では、フランス政府調査団の活動期間中に私たちに寄せられたさまざまな文書に番号を付して参考資料として列挙する。すでに述べたように、これらの文書はすべて集約され、最終報告書に添付される予定である。この文書の形式は多岐にわたり、それが果たす役割もまた多様である（賛同を表明する書簡、助言、提案、参加や連帯を表明する文書、詳細に練り上げられた企画）。文書はフランスおよび海外から個人名で寄せられたり（教員、研究者、学生、芸術家、専門家、あるいは実務家）、グループ名あるいは組織名で寄せられたりした。参照する際にこれらの送付物をその種類ごとに区分するのではなく、伝統的な分類方法である主題別の区分にしたがうのみとした。もちろん、この報告書の冒頭ですでに注意を喚起したように、領域交差〔intersections〕ということに鑑みるなら、この区分は厳密なものではありえないだろう。いくつかの参考資料については、何度か掲載せざるをえなかった。

しかしながら、この種の主題別インデックスの作成は、たとえ大雑把でも有益に思われた。このインデックスによって、この報告書に初めて接する読者は、私たちに寄せられた文書とフランス政府調査団がおこなった意見交換の全体像を把握できるようになるのだ。この添付資料の価値と射程がより鮮明になり、その利用は容易になるだろう。とりわけ、この報告書にひとたび目を通せば、もしコレージュが創設されたあかつきに何から取り組むべきかを決定するうえで、そしてこれらの文書の執筆者にあらためて連絡しなければならないときに、この種のインデックスは不可欠となるだろう。［この註は、当然ながら本書では採録することのできない資料に関するものだが、とりわけこの報告書の準備状況に関して示唆的な価値をとどめている。］

(3)［Cf. Martin Heidegger, « Zeit und Sein », dans *Zur Sache des Denkens*, Tübingen, 1976［「時間と存在」『思索の事柄へ』辻村公一訳、筑摩書房、一九七三年］.〔ハイデガーは講演「時間と存在」（一九六二年）で、『存在と時間』第一部第三篇「時間と存在」で取り組まれるはずだった問題をとり上げ、存在と時間の固有なあり方の解釈を通じて、存在の真理、すなわち、存在の非腹蔵性の解明を試みている。彼は「es gibt Sein（存在がある）」「es gibt Zeit（時間がある）」というドイツ語の非人称表現に注目し、非人称主語 es を「それ」と解釈することで、これらの表現を「それが存在を与える」「それが時間を与える」とあえて読ませる。「存在が存在する」のではなく、「存在を存在せしめる働き」があり、存在とは私たちに送り遣わされた贈与である。ただし、存在を送り遣わすこの働きそのものは開示されず、つねにみずからを留保し退去したままにとどまっており、そうした状態が「存在の歴史的運命」と呼ばれる〕

(4)［Marcel Mauss, *Essai sur le don*, dans *Sociologie et anthropologie*, Paris, PUF, 1950 / 1980［「贈与論」『社会学と人類学 I』有地亨・伊藤昌司・山口俊夫訳、弘文堂、一九七三年］. この問題の全体はジャック・デリダのセミネール「時間を与える」で展開された。その二回分は講義録の形で転写され、ドイツ語で刊行された。« Donner le temps (de la traduction) ――*Die Zeit (der Übersetzung) geben* », Vortrag von J. Derrida, protokolliert v. E. Weber, dans *Zeit-Zeichen. Aufschübe und Interferenzen zwischen Endzeit und Echtzeit*, Ed. G. C. Tholen et M. O. Scholl, Weinheim, VCH, 1990］.

(5)［Denis Hollier (ed.), *Le Collège de Sociologie, 1937-1939*, Paris, Gallimard, 1979］.［『聖社会学――一九三七年―一九三九年』金子正勝・中沢信一・西谷修訳、工作舎、一九八七年］

(6)［この書簡（一九八二年五月一八日付）については、冒頭の註を参照］

(7)［CESTAは Centre pour l'étude des systèmes et des technologies avancées の略称。CREAは Centre de recherche d'épistémologie autonome の略称］

(8)［Cf. Placide Tempels, *La Philosophie bantoue*, trad. du hollandais par A. Rubbens, Élisabethville: Éditions Lovania, 1945; Paulin M. Hountondji, *Sur la « Philosophie africaine »*, Paris, Maspero, 1976］.［プラシド・タンペル（一九〇六―七七年）はフランシスコ会

派のベルギー人宣教師。中央アフリカでの伝道に失敗した経験から、バントゥー族の独自の思考様式を探究し、一九四五年に『バントゥー哲学』を著わした。タンペル神父は力と存在を等価値とする生ける力の観念をバントゥー族の世界観に見出し、彼らの自然観のなかに豊かな精神文化が根づいていると説く。ベナン共和国の哲学者ポラン・フントゥンジ（一九四二―）はタンペル神父がアフリカの一民族の世界観を哲学と表現する点を批判する。『バントゥー哲学』では生命や知恵、人格や力といった諸概念が曖昧にしか使用されず、狭義の意味での哲学として総合されていないと指摘される〕

（9）*Qui a peur de la Philosophie ?*, Flammarion, Champs, 1977, p.433 sq. Cf. aussi *Les États Généraux de la Philosophie*, Flammarion, Champs, 1979.

哲学と科学認識論に関する委員会による報告書

（1）〔以下、一九八九年三月に公表された「教科教育内容の検討のための諸原則〔*Principes pour une réflexion sur les contenus de l'enseignement*〕への緒言の冒頭を再録しておく。「国民教育省は、一九八八年末に教育内容を再検討するために委員会を設置した。ピエール・ブルデューとフランソワ・グロが共同で委員長を務め、ピエール・バケ、ピエール・ベルジェ、ルネ・ブランシェ、ジャック・ブーヴレス、ジャン＝クロード・シュヴァリエ、ユベール・コンダミヌス、ディディエ・ダクナ・カステル、ジャック・デリダ、フィリップ・ジュタール、エドモン・マランヴォー、フランソワ・マティが委員として名を連ねた。委員会の目的は、教育されるさまざまな知にいっそうの調和と統一をもたせるべく配慮しながら、再検討をおこなうことであった。

　委員会のメンバーは作業の第一段階として、その後の作業を規定する指針の定式化を任務としてみずからに課した。とりわけ教育の現場にこれらの指針が実践的にいかなる結果をもたらし、いかに適用されるかを念頭におき、注意を払いつつ、委員らは、既存の知識と今後の展望、定式化されるべき問いに内在する論理に起因する、文字どおり知的な訓練《ディシプリン》だけにしたがって、これらの指針を根拠づけるべく努めた。短期的な見通しのもとでカリキュラムを直截的な仕方で決定するのではなく、教育内容の段階的な変革に関する基本的な方向性を描き出そうとしたわけである。カリキュラムの変更はなるほど時間がかかるが、科学と社会の発展をできるだけたどり、さらには先取りするために不可欠である。

　専門分科会ではこの指針をうけて、知の主要な領域のそれぞれに関してより踏み込んだ検討を継続するか、あるいは新たに着手することが予定されている。一九八九年六月には進捗状況が報告される予定だが、理想的な教育の理想的なカリキュラムが提示されるのではなく、先に言及した指針がどのような影響をもたらすかを明らかにしつつ一連の所見が詳細にされるだろう」。

専門分科会の一つでは哲学と認識論が取り上げられ、ジャック・ブーヴレスとジャック・デリダが共同で委員長を、ジャック・ブランシュヴィック、ジャン・ドンブル、カトリーヌ・マラブー、ならびにジャン＝ジャック・ロザが委員をそれぞれ務めた。一九八九年六月、「哲学と科学認識論に関する委員会による報告書」は国民教育省に提出された。］

訳註

第Ⅱ部 権威からの転移——哲学の言語と制度

翻訳した方がよいとすれば I

〔1〕 idiome は、「特有の」を意味するギリシア語 idio に由来し、言い回しの水準では、ある分野、集団、個人に特有の語法、つまり「慣用表現、特有表現」を意味し、言語の水準では、ある国、地方、社会に特有の言語形態、つまり「特有言語」を意味する。

〔2〕 シャルル・ペギーの遺稿『デカルト氏とデカルト哲学に関する覚書補遺』に、「かくも足早に出かけたフランスの騎士、デカルト」とある。Cf. Charles Péguy, « Note conjointe sur M. Descartes et la philosophie cartésienne », *Œuvres en prose complètes* t. III, Paris, Gallimard, 1992, p.1280.

〔3〕 ブリュノーの原文では ensemble の後に de は入っていないので、日本語訳はそちらに従う。

〔4〕 「翻訳」を意味するラテン語 translatio、フランス語 traduction、ドイツ語 Übersetzung の原義はそれぞれ、「向こうへ運ぶ」「向こうへ導く」「向こうへ置く」である。

翻訳した方がよいとすればⅡ

〔1〕デカルト『方法序説』谷川多佳子訳、岩波文庫、一九六七年、九二頁。

〔2〕dissertatio は文書で書く論考を意味する一方で、discours は「演説」や「談話」の意味に見られるように口頭言語の含みがある。

〔3〕フィクション（fiction）の語源であるラテン語の動詞 fingere は「形作る、飾る、隠す」などの意味をもつ。

〔4〕ここから、本テクストのタイトルの les romans には、「小説」と同時に「ロマンス諸語」の含みがあることは明らかである。「小説」を意味する roman という語は、もともと中世にロマンス語で書かれた『薔薇物語』や騎士道物語を指していたが、やがて近世には奇想天外な物語のような意味を帯びていった。タイトルにダブルミーニングが見られるにせよ、本文のなかで roman は近世以降の意味合いが強いと考え、訳語はほぼ「小説」で統一した。

〔5〕フロイトが『機知』で言及している不作為で、個別には成り立つ抗弁を一緒におこなってつじつまが合わなくなること。

空位の講座

〔1〕本書第1巻二九三頁訳註〔43〕を参照。

〔2〕本書四二八頁原註（1）を参照。

〔3〕「諸学部の争い」『カント全集 第十八巻』角忍・竹山重光訳、岩波書店、二〇〇二年、三九頁。

〔4〕カント『純粋理性批判』（下）、篠田英雄訳、岩波文庫、一九六二年、一二七頁。

〔5〕同前、一二八頁。

第Ⅲ部　モクロス――大学の瞳

モクロス、あるいは諸学部の争い

〔1〕フリードリヒ・ヴィルヘルム二世（Friedrich Wilhelm II., 1794-1797）は、プロイセン王（在位は一七八六―九七年）。プロイセン王子アウグスト・ヴィルヘルムの長男で、「啓蒙専制君主」として有名なフリードリヒ二世（Friedrich II., 1712-1786）の甥。フリードリヒ二世の没後、王位を継承した。カントは一七八六年三月から半年間ケーニヒスベルク大学学長を務めたが、フリードリヒ・ヴィルヘルム二世が即位した（同年八月）のはこの時期である。その後カントは『たんなる理性の限界内の宗教』の公刊（一七九三年）により、フリードリヒ・ヴィルヘルム二世からキリスト教の教説を貶めたとして反感を買い、翌年、彼がカントに対して発した勅令（一七九四年）によって、カントは『諸学部の争い』第一部の大学論の元になった論文の公表を差し控えざるをえない事態に追い込まれたのであった。

〔2〕言語行為論にかんしてデリダ自身が直接関与した論争としては、「デリダ＝サール論争」として知られる一連の議論がある。Jacques Derrida, *Limited Inc.*, Galilée, 1990／ジャック・デリダ『有限責任会社』高橋哲哉・増田一夫・宮﨑裕助訳、法政大学出版局、二〇〇二年、を参照。

〔3〕ここで言及されているハイデガーの『芸術作品の根源』をめぐるデリダの読解は、以下を参照。Jacques Derrida, « Restitutions: de la vérité en pointure » in *La vérité en peinture*, Flammarion, 1980／ジャック・デリダ「返却〔もろもろの復元〕、ポワンチュールにおける真理の」『絵画における真理』下巻、阿部宏慈訳、法政大学出版局、一九九八年所収。

句読点

〔1〕ここでさしあたり「博士論文」と訳した原語の「thèse」は、語源上は「下に置く、据える」を意味し、のちほど本文で敷衍されるように多義的な語である。より一般的には（論証されるべき）「主張」や「命題」、また、哲学用語としては（とくに弁証法の一契機としての）「定立」や「テーゼ」を意味する。以下では、デリダがここで弁明している自身の「博士論文」がいかに紆余曲折を経て提出されるにいたったかという点、また、デリダの仕事が哲学的なテーゼを主張する様式そのものを問い質すものだといった点を念頭に置いていただきたい。

〔2〕ジャン・イポリット（Jean Hyppolite, 1907-1968）は、戦後フランスの哲学者。ストラスブール大学、ソルボンヌ大学で教鞭をとったのち、一九五四年から高等師範学校校長、一九六三年にコレージュ・ド・フランス教授を務めた。サルトルやレイモン・アロンと同期に高等師範学校に入学したイポリットは、

一九三〇年代にコジェーヴのもとで学んでおり、戦後フランスのヘーゲル受容に大きな貢献をした。とりわけ『精神現象学』の仏訳者として有名である。デリダの才能を見抜いた最初期の人物であるだけでなく、教え子にはフーコーやドゥルーズがおり、彼の指導のもとに多くの著名な哲学者・思想家が輩出したことでも知られる。邦訳に『マルクスとヘーゲル』（宇津木正・田口英治訳、法政大学出版局、一九七〇年）、『ヘーゲル精神現象学の生成と構造』（全二巻、市倉宏祐訳、岩波書店、一九七二、七三年）、『ヘーゲル歴史哲学序説』（渡辺義雄訳、朝日出版社、一九七四年）、『論理と実存——ヘーゲル論理学試論』（渡辺義雄訳、朝日出版社、一九七五年）ほか。

〔3〕トラン・デュク・タオ（Trần Đức Thảo, 1917–1993）（「チャン・デュク・タオ」と表記されることもある）は、ベトナムの現象学者。フランス領インドシナ時代のハノイに生まれ、一九三六年に渡仏、高等師範学校でメルロ＝ポンティに学んだ。フッサール現象学についての学位論文で博士号を取得（一九四四年）後、一九五一年に出版した『現象学と弁証法的唯物論』（書誌は原註（2）参照）で高い評価を受けた。同年ベトナムに帰国し、ベトナム国家大学で教鞭を執りながら、母国の独立に尽力した。九一年に健康上の理由でフランスに移住し、九三年にパリで死去。邦訳には、前掲『現象学と弁証法的唯物論』のほか、『言語と意識の起原』（花崎皋平訳、岩波書店、一九九八年）がある。

〔4〕ジャン・カヴァイエス（Jean Cavaillès, 1903–1944）は、戦前フランスの数理哲学者。フランスの古都サンメクサン生まれ。高等師範学校を経て、一九三八年ソルボンヌ大学で数学の基礎についての研究（主論文）と集合論の形成史をめぐる論文（副論文）で博士号を取得後、ストラスブール大学の助教授に就任。翌三九年に第二次世界大戦が勃発、対独レジスタンスの闘士として活動しながら、四一年にはソルボンヌ大学の代用教授に任命された。二〇世紀フランスの科学哲学を担うリーダーとして将来を嘱望されていたが、一九四四年ナチスの防諜機関に捕まり、アラスの要塞で銃殺された。邦訳に『論理学と学知の理論について』（近藤和敬訳、月曜社、二〇一三年）がある。

〔5〕モーリス・ド・ガンディヤック（Maurice de Gandillac, 1906–2006）は、フランスの哲学史家。アルジェリアのコレアに生まれる。一九四六年から七七年まで、ソルボンヌ大学教授。指導した学生にはデリダのほか、アルチュセール、フーコー、リオタール、ドゥルーズがいる。ニコラウス・クザーヌスやプロティノスについての著作があり、ヴァルター・ベンヤミンの仏訳者としても知られる。

〔6〕オイゲン・フィンク（Eugen Fink, 1905–1975）は、ドイツの現象学者。一九二八年フライブルク大学でフッサールの指導のもとで博士号を取得、三八年のフッサールの死まで私設助手を務めた。その後フッサール文庫の共同創設者となるためベルギーに移る。戦中はドイツ軍よりフランスに抑留されたが、解放後、四六年から七一年までフライブルク大学で教鞭をとった。邦訳に『ニーチェ全集別巻——ニーチェの哲学』（吉澤傳三郎

訳、理想社、一九六三年）、『遊び——世界の象徴として』（千田義光訳、せりか書房、一九七六年）、『フッサールの現象学』（新田義弘・小池稔訳、以文社、一九八二年）、『ヘーゲル——『精神現象学』の現象学的解釈』（加藤精司訳、国文社、一九八七年）、『超越論的方法論の理念——第六デカルト的省察』（新田義弘・千田義光訳、岩波書店、一九九五年）、『存在と人間——存在論的経験の本質について』（座小田豊ほか訳、法政大学出版局、二〇〇七年）などがある。

〔7〕ヘルダーリンの論じた詩法。とくに「音調の転移について」神品芳夫訳、『ヘルダーリン全集4——論文・書簡』河出書房新社、一九六九年、二三—二五頁、参照。

〔8〕デリダがこの国家博士号の学位審査を受けることにしたのは、パリ第十大学（ナンテール）でのポール・リクールの後任ポストについて打診があったことが発端である。デリダは当初固辞していたが、リクール本人をはじめとした周囲の人々から、このポストがデリダのために確保されていると説得されてこの審査を受け入れたのであった。審査そのものは成功裡に終わったものの、事態は暗転する。この後任ポストに立候補する段になってデリダはさまざまな妨害と裏切りに遭い、結果、リクールのセミネールに出たことすらない別の候補が選出された。詳しい経緯については、ブノワ・ペータース『デリダ伝』原宏之・大森晋輔訳、白水社、二〇一四年、とくに第二部・第一二章を参照。

大学の瞳

〔1〕以下でデリダが論じるように« le principe de raison »は、文脈に応じて異なった訳語をあてることができる。ここでは、少なくとも三つの文脈が想定されている。第一にライプニッツの有名な「充足理由律」——「なにものも理由なしにはない、あるいはいかなる結果も原因なしにはない（Nihil est sine ratione seu nullus effectus sine causa）」と定式化された原理——の文脈、第二に、大学の本質を「理性原理」にそくして説明したカントの『諸学部の争い』の文脈、第三に、ライプニッツの「充足理由律」を存在論的に再解釈して展開されたハイデガーの『根拠律』の文脈である。以下では、なるべく文脈ごとに訳し分けるが、デリダが主にハイデガーの『根拠律』を取り上げている点を考慮し、原則的には「根拠律」と訳すことにする。

〔2〕ジェームズ・T・シーゲル（James T. Siegel, 1937–）は、コーネル大学人類学およびアジア研究名誉教授。インドネシア研究の泰斗として知られ、ハーヴァード大学の学部時代にクリフォード・ギアツに学び、カリフォルニア大学バークレー校にて

博士号取得。赴任先のコーネル大学ではデリダと親交があったほか、同僚のベネディクト・アンダーソンとも親しく、アンダーソンはシーゲルを「今日のアメリカでもっとも注目すべき独創的な人類学者」と称讃している（『ヤシガラの椀の外へ』）。主著に、*Naming the Witch*（2005）; *A New Criminal Type in Jakarta: Counter-Revolution Today*（1998）、近著に、*Objects and Objections of Ethnography*（2010）.

〔3〕 デイヴィッド・グロスヴォーゲル（David Grossvogel, 1925–）は、コーネル大学比較文学およびロマンス文学研究名誉教授。主な著書に、*Limits of the novel : evolutions of a form from Chaucer to Robbe-Grillet*（1968）, *Mystery and its fictions : from Oedipus to Agatha Christie*（1979）.

〔4〕 旧約聖書『列王記』の預言者エリヤを意味する「エリー（Eli）」は、生後七日目に与えられたデリダの第二の名であり、後年までデリダ自身が知らなかったと言われている。デリダは、半ば戯れに預言者エリヤと自分とを重ね合わせるかたちで、この名に言及することがある（『ユリシーズ　グラモフォン——ジョイスに寄せるふたこと』などを参照）。

〔5〕 エズラ・コーネル（Ezra Cornell, 1807–1874）は、合衆国の電信事業における先駆者でありニューヨーク州上院議員。同じく州上院議員でミシガン大学の元教授アンドリュー・ディクソン・ホワイトともに一八六八年にコーネル大学を創立した。

〔6〕 デリダが引用しているシーゲルのテクスト（原註（2）参照）では、次の書物への言及がある（p.69）。Kermit Parsons, *The Cornell Campus: A History of Its Planning and Development* (Ithaca: Cornell University Press, 1968), pp.31–32.

〔7〕 イマヌエル・カント『判断力批判』の「崇高なものの分析論」、とくに「抑制（Hemmung）」のモティーフについては第二三節を参照。デリダは『絵画における真理』の「巨大なるもの」の章でカントの崇高論を読解している。Cf. *La vérité en peinture*, Flammarion, 1978, pp.136–168（『絵画における真理』上巻、高橋允昭・阿部宏慈訳、法政大学出版局、一九九七年、一九三—二三六頁。

〔8〕 Cf. Gerhard Löwenthal, Josef Hausen, *Wir werden durch Atome leben. Neue Hoffnung für die Menschheit.* Mit einem Geleitwort von Otto Hahn, Franz Josef Strauss. Berlin, Lothar Blanvalet, 1956.

〔9〕 文学研究や人文学の方法論は、デリダがパースを引いて「適用」の問いを指摘しているように、しばしば偶然性（特異な作品や才能など）に左右され、プロフェッショナリズムに適合しづらい面があるため、とりわけこの分野では大学教育の問題とともに論争が巻き起こった。この論争の前提をなす諸論点については、まずは本論文でデリダが参照しているサミュエル・ウェーバーの論文「プロフェッショナリズムの限界」（書誌は原註（8））を参照のこと。この論争に関連する文献は数多いが、特筆すべきものとしては「反プロフェッショナリズム」を主張したスタンリー・フィッシュの論文があり（Stanley Fish, "Anti-Professionalism," in *Doing What Comes Naturally: Change, Rhetoric, and the Practice of Theory in Literary and Legal Studies*, Duke

University Press, 1989, ch.11)、さらにそれに批判的検討を加えたウェーバーの別の論考もある(Samuel Weber, "How Not to Stop Worrying," in *Institution and Interpretation*, Expanded ed., Stanford University Press, 2002, ch.10)。また、両者の共有する、合衆国でのプロフェッショナリズムの議論の背景には、とりわけ七〇年代の次の書物がある。Burton J. Bledstein, *The Culture of Professionalism: the Middle Class and the Development of Higher Education in America*, New York, Norton, 1976; Magali Sarfatti Larson, *The Rise of Professionalism: A Sociological Analysis*, University of California Press, 1977.

〔10〕 あらゆる「現実」がテクストないしコンテクストとの関係に媒介されていることを述べたデリダの有名な文に「テクストの外というものはない」(『グラマトロジーについて』)というものがあるが、それに対して当該の引用文は「なんらかのテクストがあるということ」を「否定する」のが脱構築だとしており、まったく反対の誤解に基づいて脱構築を非難していることになる。デリダが「無知」を指摘しているのはそのためである。

哲学を讃えて

〔1〕 アビ改革による哲学教育の削減や改編を指す。本書第1巻三〇二頁訳註〔4〕を参照。

〔2〕 一九八一年五月十日、フランソワ・ミッテランが新しいフランス共和国大統領に選出されるが、その二日前の日付のGREPH《グレフ》宛の書簡で彼は哲学教育の変革の要望に応えている。書簡では中等教育における哲学の地位に関して、二点の約束が表明されている。「哲学教育は維持され、発展させられなければならないでしょう。この世界で生きて、行動するために、世界と自分たちの立場を皆がよりよく理解できるように批判的な教科はやはり重要です」「哲学教育は教員らが望むように、中等教育において拡張されるべきです。哲学教育を拡張させるための明確な方法は、教育課程が定義づけられる際に議論の対象となるでしょう。少なくとも、哲学教育は、後期過程〔高校〕の全コースにおいて必修として扱われねばならないでしょう」(「ル・モンド」紙、一九八一年五月二八日を参照)

〔3〕 アリス・ソニエ＝セイテ(Alice Saunier-Seïté, 1925-2003)は、ジスカール＝デスタン大統領の下で大学政務次官(一九七六—七七年)、大学行政大臣(一九七七—八一年)といった高等教育関連の要職を歴任した女性政治家。

〔4〕 公教育に携わる哲学教師協会(Association des professeurs de philosophie de l'enseignement public: APPEP)については、本書第1巻三〇七頁訳註〔4〕を参照。

〔5〕 哲学の内的かつ外的な隣接性については、本書三〇五、三〇七頁などを参照。

〔6〕 フランス語の動詞 travailler には「勉強する」「加工する」「磨きをかける」「影響を与える」「苦しめる」といった意味がある。

哲学という学問分野のアンチノミー

〔1〕 一九八一年、社会党のフランソワ・ミッテランはフランス大統領選挙で現職のヴァレリー・ジスカール＝デスタン大統領を破って当選を果たした。また、国民議会を解散しておこなわれた総選挙でも社会党が単独で過半数を獲得し、二四年ぶりに左派政権が誕生した。

〔2〕 「戒律（commandement）」は神が人間に授ける規範や教会が設けた規則のことで、モーゼの十戒が有名である。

〔3〕 hétérodidactique は接頭辞 hétéro-（他）と didactique（教育法）からなるデリダの造語で、「他律的な教育法＝他学」と訳出した。接頭辞 auto-（自己）を冠した autodidactique（独学、自律的な教育法）を意識した表現である。

さまざまなポピュラリティ

〔1〕 フランス語の形容詞 populaire は、デリダが指摘するように、社会的・歴史的な文脈によって多義的なニュアンスをもつ言葉である。populaire はラテン語 populus（民衆）に由来し、関連語に popularité（人気、人望）がある。populaire はまず、peuple（民衆）に由来する性質を表し、「民衆の、人民の、大衆の」といった含意がある。また、教養階級やブルジョワ階級と対比して民衆という社会階層を指し示す際には、「庶民的な、通俗的な」という意味で使用される。民衆のあいだで人物や事象が愛されている状態を指して、「人気のある、評判のよい、一般受けのする」といった意味ももつ。本論ではカント哲学の議論を踏まえて、populaire を「通俗的なもの」と主に訳出したが、文脈に応じて別の訳語を宛てている場合もある。日本語ではみえにくくなるが、peuple（民衆）、populaire（通俗的《ポピュラー》なもの）、popularité（通俗性《ポピュラリティ》）の関連を意識されたい。

〔2〕「彼〔テオプラストス〕はアテナイ人たちから非常な好意をもって迎えられていたので、ハグノニデス（Hagnonides）が不敬神の罪で彼を敢えて告発したときにも、この告発者自身のほうが裁判に敗れたばかりか、もう少しのことで罰金も科せられるところだったのである。」（ディオゲネス・ラエルティオス『ギリシア哲学者列伝』（中）、加来彰俊訳、岩波文庫、一九八九年、四七頁）

第Ⅳ部　補遺

「誰が哲学を恐れるのか」

〔1〕　哲学の全国三部会準備委員会の参加者一覧については、本書第1巻二六三頁を参照。

〔2〕　レジス・ドゥブレ（一九四〇年〜）はフランスの哲学者、作家。高等師範学校にてアルチュセールやデリダの元で学んだ後、キューバのハバナ大学で哲学教授を務め、一九六七年に『革命の中の革命』（谷口侑訳、晶文社、一九六七年）を発表。チェ・ゲバラのゲリラ活動を支援したため、ボリビアで懲役三〇年の刑を宣告される。国際的な釈放活動の結果、釈放されてフランスに帰国し、ミッテラン大統領のもとで左派知識人として活躍する。ドゥブレは九〇年代に「メディオロジー」を提唱し、思想や言説がメディア技術を介して文化的に組織される様相の分析を展開する。その着想は一九七九年、哲学の全国三部会での作業グループ「教育とメディア」での分析や、同年の著作『フランスにおける知識人の権力』に現れている。

〔3〕　*Cf. États Généraux de la philosophie (16 et 17 juin 1979)*, Flammarion, 1979, pp.205-207.

〔4〕　ベルナール＝アンリ・レヴィ（一九四八年〜）はフランスの哲学者、作家。一九六八年に高等師範学校に入学し、アルチュセールやデリダの元で学ぶ。一九七七年、『人間の顔をした野蛮』（西永良成訳、早川書房、一九八五年）を著し、スターリンによる大量粛清を社会主義国家による必然的な犯罪として非難し、マルクス主義思想が孕む全体主義の要素を厳しく批判した。B‐L・レヴィをはじめとして、アンドレ・グルックスマンやアラン・フィンケルクロートなど、学生時代に六八年五月革命を経験し、マルクス主義を断罪する若手の思想家たちは「新哲学者（nouveaux philosophes）」と呼ばれた。B‐L・レヴィは一九八〇年、非政府組織「飢餓に対する行動」をジャック・アタリらと結成するなど、数々の国際的な人道支援活動にも力を入れている。

複数のタイトル

〔1〕本論「複数のタイトル」は、一九八二年に国務大臣・研究産業省ジャン＝ピエール・シュヴェーヌマンに提出された報告書「国際哲学コレージュ——科学、学際的研究、芸術（*Collège international de Philosophie: Sciences, Interscience, Art*）」に収録されていた。本書四二八頁原註（1）を参照。

〔2〕transférence は接頭辞 trans-（越えて、横切って、移動して）とラテン語 ferre（運ぶ）からなる語で、接頭辞 inter-（あいだで）が付いた interférence（干渉）と語源は同じである。その動詞形 transférer で確認しておくと、transférer には「移動させる、移転する」「延期する」「転移する」（精神分析の用語）といった含意がある。

〔3〕学際性（interdisciplinarité）は、共通の課題や問題の解決に向けた複数のディシプリンの共同を指す。

　ディシプリン（discipline）はラテン語の discere（学ぶ）から派生した語で、「学問分野、専門分野、研究領域、学科」を意味し、いわば知識の部分や分枝を指す。学習には一定の規範が必要であるため、discipline には「規律、訓練」「生活規範、規則」の意味もあり、さらには「規律を逸脱した際の懲罰」の含意もある。ディシプリンは知識の秩序を整理する枠組みであり、一定の対象や主題、一連の方法論や組織的な探求様式、合理的な認識や論証、妥当な価値関与などによって各ディシプリンは区別される。一定の概念や方法、価値、規範に立脚した伝統的なディシプリンに対して、一九六〇年代後半から、複数のディシプリンの共同、すなわち、「学際性（interdisciplinarité）」が重視されるようになる。たとえば、環境問題のような複雑な課題については、自然現象の解明だけで済まされず、人間の経済活動や社会構造の解明、文明観の再考、人間と自然の共生に向けた倫理観の創出などが必要となり、自然・社会・人文科学の連携が要請される。

　本書では、研究教育において当時ますます重要性を増していた学際性を考慮しながら、デリダが interscience（学際的研究）や intersection（領域交差）といった表現を用いて、哲学とそれ以外の学問分野の共同を別の仕方で考案しようとしている点に留意されたい。

〔4〕limitrophie（隣接性）は形容詞 limitrophe（辺境の、国境の、隣接した）からデリダが考案した名詞。limitrophe はラテン語 limes（境界、国境）とギリシア語 trophos（養うもの）からなる語で、元々は国境守備兵に割り当てられる土地を形容した。

〔5〕GREPH《グレフ》に対するフランソワ・ミッテラン新大統領の応答については、本書二二八—二二九頁を参照。

〔6〕collégialité（合議制）はラテン語 collegium（同業者組合）に由来する語で、語源的には接頭辞 co-（共に）と legare（派遣する、委託する）からなる。関連語 collègue（同僚、同役、同業者）からもわかるように、同じ位階や同じ権利をもつ人々

が結集した状態を指す。デリダらが創設した国際哲学コレージュでは学術審査によって五〇名のプログラム・ディレクターが選出され、全員が同等の資格でセミネールを開催し、運営会議に参加するという合議制が採択されている。

キックオフ

〔1〕表題の原語は《Coup d'envoi》。coupには「打撃、衝撃」、envoiには「発送、送付」の意味がある。《coup d'envoi》という表現はある出来事の端緒や催事の幕開きを含意し、日常的にはラグビーやサッカーの「キックオフ」を意味する。国際哲学コレージュの創設のために執筆された本論では、ハイデガーによる「存在を命運として送り与えること」という哲学的主張を踏まえつつ、コレージュに「存在を送り与えること」が問われている。

〔2〕モーリス・ゴドリエ（Maurice Godelier, 1934-）はフランスの経済人類学者。フェルナン・ブローデルやクロード・レヴィ＝ストロースのもとで研究を積み、一九七五年、社会科学高等研究院の研究指導教授となる。主な著作の日本語訳として、『経済における合理性と非合理性――経済人類学への道』（今村仁司訳、国文社、一九八四年）、『人類学の地平と針路』（山内昶訳、紀伊國屋書店、一九七六年）、『観念と物質――思考・経済・社会』（山内昶訳、法政大学出版局、一九八六年）、『贈与の謎』（山内昶訳、法政大学出版局、二〇〇〇年）、『経済人類学序説』（今村仁司訳、一九八〇年、日本ブリタニカ）、『想像的なものの人間学』（山内昶・山内彰訳、文化科学高等研究院出版局、二〇一〇年）、『人類学の再構築――人間社会とはなにか』（竹沢尚一郎・桑原知子訳、明石書店、二〇一一年）がある。

〔3〕一九八一年、当時の研究産業省大臣ジャン＝ピエール・シュヴェーヌマンはゴドリエに国立科学研究センター（CNRS）の人文社会科学部門の改革案の作成を要請する。多様な専門分野の研究者との議論の末、報告書『フランスにおける人間と社会に関する諸科学』（*Les sciences de l'homme et de la société en France: analyses et propositions pour une politique nouvelle*, La Documentation française, 1982）がまとめられた。報告書で提案された「人間と社会に関する諸科学」部門の創設は採択され、ゴドリエは一九八二年から初代の部門部長を務めた。

〔4〕タイトル（題名、資格）と正統性をめぐる考察に関しては、本書第1巻の「特権」を参照。

〔5〕ギリシア語thesisは、動詞tithenai（置くこと、設えること）から派生した名詞で、「命題」や「主張」「肯定」を意味する。フランス語のthème（主題）もこれらに由来する名詞であ

る。また、ギリシア語の動詞 kategoreuein は、kata（下へ）と agoreuein（広場《アゴラ》で演説する）からなり、「非難する」「告発する」を意味する。法律用語だった名詞 kategoria（非難、告発）を「範疇」や「述語」という哲学用語に転用したのはアリストテレスとされている。

〔6〕フランス語 destiner は多義的な動詞である。仕事や用途などを誰かあるいは何かのために「割り当てる」「用意しておく」「送り宛てる」「差し当てる」という意味がある。また、何かを「予定する」「運命づける」という意味もある。destiner の語源はラテン語の destinare（決める、定める）だが、本論では同じ語源を共有する言葉として destination（宛先）、destin（命運）、destinée（運命）、destinateur（差出人）、destinataire（受取人）などが用いられている。

デリダは『絵葉書』（一九八〇年）の第一部「送る言葉（envois）」において、ハイデガーの「歴運（Geshick）」の議論を踏まえて、郵便的な構造を隠喩的に提示している。ハイデガーの存在が存在者に宿命的に贈与され、送り遣わされるのに対して、デリダが表現する郵便的な構造では、遅配や誤配といった事故、横領や忘却の可能性をともないながら、差出人から受取人へと遠隔的に送付物が送り宛てられるとされる（『絵葉書 I』若森栄樹・大西雅一郎訳、水声社、二〇〇七年、九六―一〇四頁を参照）。本論ではこうした文脈を踏まえて、destiner を「送り宛てる」と訳出した。

〔7〕「てこ（levier）」はデリダがカントに即して大学制度を論じる際の重要な形象である。本書「モクロス、あるいは諸学部の争い」を参照。

〔8〕ここではフランス語 université（大学）が uni-versité と分綴表記されている。uni- は「単一」「画一」という意味の合成語要素であり、大学という制度が知の全体性を目指す画一化の原理を内包していることが喚起されている。

〔9〕デカルト『方法序説』の言葉「良識とはこの世でもっともよく行き渡っているものである（Le bon sens est la chose du monde la mieux partagée）」が示唆されている。

〔10〕エレーヌ・シクスーは一九七四年、ヴァンセンヌ実験大学センターに「女性学センター（Centre d'études féminines）」を開設する。女性学センターは英米圏でのフェミニズム研究の興隆を踏まえつつ、比較文学、歴史、社会学などによる学際的研究を進める、フランスでは先駆的な組織である。現在はパリ第八大学で「女性学・ジェンダー研究センター（Centre d'études féminines et d'études de genre）」の名称で存続している。

〔11〕原語は décidabilité で、論理学における学術用語。ある公理化された体系のもとで形成される命題のすべてについて、これが定理であるか否かを決定しうる手続きを体系そのものが備えていることを意味する。

〔12〕J・L・オースティンの言語行為論についてのデリダの解釈に関しては「署名・出来事・コンテクスト」（デリダ『哲学の余白』下巻、藤本一勇訳、法政大学出版局、二〇〇八年）、この解釈をめぐる「デリダ＝サール論争」に関しては『有限責

任会社』（高橋哲哉・増田一夫・宮崎裕助訳、法政大学出版局、二〇〇二年）を参照。デリダは、言語活動における事実確認的な機能と行為遂行的な機能（約束や契約などある文を述べることが行為の遂行となるような機能）を区別する点でオースティンの言語行為論を評価する。しかし、行為遂行的発言が効力をもつためには発話者の意図に誠実さや真面目さといった条件が必要であり、芝居の台詞や独り言などが寄生的な用法として除外される点をデリダは現前の形而上学への後退として批判した。

〔13〕図書局（Direction du Livre）は一九七五年に創設されたフランス文化省の下部組織で、現在の名称は「図書・読書局（Direction du Livre et de la Lecture）」。書籍等の文化産業分野を担当し、フランス国立図書館（BNF）、ポンピドゥー・センター図書館（BPI）、国立図書センター（Centre national du livre）を監督する。

〔14〕第二次世界大戦後、フランスではラジオ・テレビ放送は国の直接ないし後見監督の下に置かれ、放送の公平性・平等性が統制されていた。放送技術の進展もあり、一九六〇年代から学生運動や市民運動によってラジオの海賊放送がおこなわれるようになる。既存のマスメディアでは伝えられない社会問題などが自由な口調で伝えられる「自由ラジオ」は、多元的な情報を求める世論から一定の支持を得た。八〇年代、ミッテラン政権下の改革で放送制度は大幅に自由化され、一九八一年に自由ラジオは「私営ローカルラジオ」として合法化された。

〔15〕ローマン・ヤーコブソンは『一般言語学』（川本茂雄監修、田村すゞ子他訳、みすず書房、一九七三年）のなかで、翻訳を三つに区分している。第一は「言語内翻訳」、すなわち、言い換え（rewording）は言葉の記号を同じ言語の他の記号で解釈することである。第二は、「言語間翻訳」、すなわち、本来の翻訳（translation）は言葉の記号を他の言語で解釈することである。第三は、「記号間翻訳」、すなわち、変換（transmutation）は言葉の記号を言葉でない記号体系の記号によって解釈することである。なお、デリダはヤーコブソンによる翻訳の区別が一つの言語の統一性や同一性を前提にしている点に疑義を呈し、言語のさまざまな境界線がもつ決定可能な形態をめぐって、ベンヤミンの翻訳論に依拠して考察を展開したことがある（「バベルの塔」『プシュケー——他なるものの発明 I』藤本一勇訳、岩波書店、二〇一四年）。

〔16〕本書四四一頁訳註〔2〕を参照。

哲学と科学認識論に関する委員会による報告書

〔1〕哲学視学総監（Inspection générale de philosophie）、教員養成視学総監（Inspection générale de la formation des maîtres）は国

民教育省が設置する監査部局の一部。本書第1巻三〇八頁訳註〔6〕も参照。

〔2〕国民教育一般組合（Syndicat général de l'Éducation nationale: SGEN）は一九三七年に設立された組合で、社会党系労働組合・フランス民主労働総連合（CFDT）の傘下にある。中等教育全国組合（Syndicat national des enseignements de second degré: SNES）はフランス最大の労働総同盟（CGT）の系列として一九四四年に創設された組合。高等教育全国組合（Syndicat national de l'enseignement supérieur: SNESUP）は一九五六年に設立され、現在は教員系としては最大の統一組合労連（FSU）の系列下にある。

〔3〕公教育に携わる哲学教師協会（Association des professeurs de philosophie de l'enseignement public: APPEP）については、本書第1巻三〇七頁訳註〔4〕を参照。

〔4〕国民教育司書連合（Fédération des enseignants documentalistes de l'Éducation nationale: FADBEN）は一九七二年に設立された団体で、中等・高等教育の現場での資料収集・活用の重要性を唱え、司書の高度な養成に寄与することを目的とする。

〔5〕教員教育大学センター（Institut universitaire de formation des maîtres: IUFM）は、一九九〇年から一九九一年にかけて段階的に設立された教員養成機関。現在のところ、各大学区に、したがってフランス各地に三二のＩＵＦＭがあり、小学校、中学校、高校の教員養成をおこなっている。教員教育大学センターが設置されるまでは、初等教育の教員は師範学校《エコール・ノルマル》で育成され、中等教育の教員は大学ないしは地方教員養成センター（Centre pédagogique régional: CPR）で養成されていた。伝統的にみて、前者は出自が貧しくても成績の優秀な学生が学ぶところ、後者はエリート的な色彩が強いところとされてきた。両者のあいだに生じる社会的格差を解消し、教員養成制度を一元化するために教員教育大学センターが設立された。

〔6〕大学区《アカデミー》（académie）は、国民教育省と高等教育・研究省によって管轄されるフランスの教育行政区域。地域圏に対応する形で現在、三〇の大学区が存在し、これら二省庁が実施する教育行政を各地域で展開させる役目を担う。ナポレオン一世が一八〇八年に帝国大学をフランス全土で二九の区域に分割したことが大学区の発端である。

〔7〕「教科教育内容の検討のための諸原則」、ピエール・ブルデュー『介入I——社会科学と政治行動 1961–2001』（櫻本陽一訳、藤原書店、二〇一五年）を参照。

〔8〕このカントの一文に対するデリダの読解に関しては、本書の「空位の講座——検閲、教師性、教授性」八八頁以下を参照。

〔9〕フランスの高校の普通教育課程では、二年次でバカロレア準備のために、「文科系（L）」「経済・社会系（ES）」「理系（S）」のなかから専門分野を選択する。高校の最終学年で「理科系」はC系（数学・物理・化学）やD系（生物・医学）などのコースに分かれる。また、技術教育課程のコースとして、F系（工業技術）、G系（商業）、H系（情報処理技術）などがある。

〔10〕「文化的遺産（héritage culturel）」はピエール・ブルデューの社会学用語。ブルデューは『遺産相続者たち――学生と文化』（戸田清訳、藤原書店、一九九七年）において、出身階層がもたらす高等教育での不平等の原因を家庭内での文化的遺産の相続という視点から解明した。

〔11〕職業教育高校（lycée professionnel）については、本書第1巻三〇九頁訳註〔10〕を参照。

〔12〕大学評価国家委員会（Comité national d'Évaluation）は、高等教育機関における教育活動の評価を主たる使命として一九八四年に設置された独立行政委員会。フランスにおける高等教育の「質保証」は主として、高等教育を管轄する省庁によるカリキュラムの事前審査、つまり「認可（habilitation）」と大学評価国家委員会による教育機関の事後審査、つまり「評価（évaluation）」から構成されている。委員会による評価の対象は教育・研究活動だけでなく管理運営にも及ぶ。ただ教員個人は評価対象とされず、大学審議会（Conseil national des universités）の業務となる。評価活動は教育機関がそれぞれ実施する自己評価の結果にもとづいて、委員会の評価委員が現地調査などをおこない、最終的に勧告を含む報告書を作成して公表するという段階を踏む。委員会は二〇〇〇年より大学評価の定期的な実施に取り組んでいる。

〔13〕ＤＥＵＧは「大学一般教育免状（Diplôme d'études universitaires générales）」の略語。大学の第一段階（二年間）では十系列ほどの多領域にまたがるカリキュラムが組まれており、既定単位を修得するとＤＥＵＧ免状を取得し、第二段階への進学資格を得る。

〔14〕アラブ文学の研究者アンドレ・ミケルは一九八九年、大学図書館の現状に関する報告書を当時の国民教育省大臣リョネル・ジョスパンに提出した（*Les bibliothèques universitaires: Rapport au ministre d'État, ministre de l'Éducation Nationale, de la Jeunesse et des Sports*, La Documentation française, 1989）。この報告書で大学図書館は大学における「災害地域の一つ」と表現されている。職員数ならびに研究資料をはじめとする備品が不足しており、閲覧者にとって十分な空間が用意されておらず、開館時間は限定的で、予算が全般的に不足していると指摘されている。

〔15〕ＧＡＲＡＣＥＳとは、「高等教育における予算と活動に関する分析・調査のためのグループ（Groupe d'analyse et de recherche sur les activités et les coûts des enseignements supérieurs）」のこと。このグループの答申をうけて大学の運営予算の配分が決定されるのだが、その際の評価基準が絶対評価方式であるため批判が多かった。一九九四年、ＧＡＲＡＣＥＳは、ＳＡＮＲＥＭＯ（Système analytique de répartition des moyens）という相対評価方式に取って代わられた。

訳者解題

本書は Jacques Derrida, *Du droit à la philosophie*, Galilée, 1990 の全訳である。原書で約六五〇頁もの本書には、一九七四年から一九九〇年にジャック・デリダが、主に哲学、教育、大学をめぐって展開した理論と実践が集約されている。一九七〇年代のアビ教育相による教育改革に抗するＧＲＥＰＨ《グレフ》（哲学教育研究グループ）の活動、「哲学の全国三部会」の開催、国際哲学コレージュの創立、哲学と科学認識論《エピステモロジー》に関する委員会の報告といった具体的な社会参加《アンガージュマン》に即して原理的な考察が積み重ねられる本書は、デリダの著作群のなかでも独特な闘いの熱気を帯びている。(1)

（1）原書裏表紙の紹介文冒頭には次のように記されている。「Du droit à la philosophie〔哲学への権利〕――このタイトルは戦闘的な書物を（理論と実践において、万人の哲学への権利を承認しなければならない）、また、哲学への権利に長い間結びついてきたものに関する省察と歴史の書物を告知する」。

事の発端は、一九七四年三月に発表された中等教育教員適正証《カペス》の審査委員会の反動的な報告書である。審査委員会は受験生の答案用紙にみられる斬新な発想を公然と批判し、伝統的な学術規範への回帰を示した。また、哲学の教職に就くための資格試験（中等教育教員適正証《カペス》と中等・高等教育教授資格《アグレガシオン》）ではポストが大幅に削減されてしまう。こうした哲学教育の縮小を試みる政府の動きに対して、四月、デリダは教師や学生ら約三〇名とともに、GREPH《グレフ》を設立するための「事前計画」を起草する（本書第1巻一三四頁）。GREPHの目的は、哲学と教育一般との本質的な関係、哲学を規定する教授法の効果、哲学教育制度の歴史的・社会的な背景を分析することである。目指されるのは、哲学教育に関する批判的理論の構築にとどまらず、哲学教育の現状を変革するという集団的実践でもある。[2]

一九七五年二月、教育相ルネ・アビは「教育制度の現代化のための提案」をおこない、現代社会の要請に応えるための教育改革に着手する。それまで中学校は学力・進路別に三種類のコースに分かれていたが、アビは、すべての子供が共通の中学校に通えるようにそれらを一元的に統合し、中等教育の民主化を図った。また、学校が知育や人格形成のみならず、職業教育の場としても位置づけられ、生徒の適正発見や進路指導が奨励された。アビ改革によるこうした中等教育の民主化・現代化の功績は大きいが、しかし、改革案では一方で哲学教育の大幅な削減も示されていた。それまで哲学は最終学年（高校三年次）で八時間の必修科目だったが、高校二年次の自由選択科目（週三時間）に変更される提案がなされたのだ。これは哲学教師からすれば、権威的な第二帝政期において教育相フォルトゥルが一八五二年に高校《リセ》の哲学級を廃止した改革以来、最大の改悪に映った。

GREPHはその名称が示すとおり、哲学教育の理論と実践をめぐる共同作業である。哲学の危機に抗して、GREPHには哲学教員だけでなく、学生や院生、一般市民までが参加した。六八年五月革命を経験した若手教員たちは社会制度の変革に敏感であり、彼らは六八年以後、教育制度が再び保守勢力の手に落ちていると感じていた。GREPHには六〇〇名の哲学教員がメンバー登録したが、当時、フランスの高校と大学の哲学教員が約二〇〇〇人だったことを考えるとかなりの規模である。パリを拠点にしていたGREPHの活動はフランス各地にも拡がり、さらにヨーロッパや北アメリカの国々にも賛同するグループが結成された。

こうした哲学教育をめぐる社会運動が継続されるなか、一九七九年六月一六―一七日にソルボンヌ大学で哲学全国三部会が開催される。この公開討論会は教員や学生のみならず一般市民の多数の参加を得て成功し、政府による哲学教育の削減案を後退させた。

一九八一年、左派のミッテラン政権成立とともに転機が訪れた。八二年、政府の依頼を受けて、フランソワ・シャトレ、ジャン＝ピエール・ファイユ、ドミニク・ルクールとデリダは哲学と教育に関する調査団を結成する。彼らは国内外の研究者や教員に公開書簡を送って意見を募り、寄せられた七五〇もの回答を検討した結果、哲学の研究教育機関の創設を計画する。報告書（その一部は本書の「複数のタイトル」と「キックオフ」[3]である）が政府に提出され、八三年十月十日、パリのデカルト通りに国際哲学コレージュが開設された。研究・技術、文部、文化の三大臣の支援を受けて創設されたコレージュは、科学、芸術、文学、精神分析、政治などの領域との非階層的で非中心的な交差によって、新しいタイプの哲学の可能性を目指した。[4]

デリダはコレージュの初代院長に選出され、軌道に乗るまでの期間、重要な役割を果たした。コレージュは国内外の五〇名のプログラム・ディレクター（六年毎の任期）の合議制によって運営され、セミナーやシンポジウ

（2）GREPHに関する最新の研究としては、Vivienne Orchard, *Jacques Derrida and the Institution of French Philosophy*, Legenda, 2010を参照。

（3）François Châtelet et al., *Le rapport bleu: Les sources historiques et théoriques du Collège international de philosophie*, PUF, 1998.

（4）国際哲学コレージュの制度設計とデリダの脱構築に関しては、西山雄二『哲学への権利』勁草書房、二〇一一年を参照。

ムなどの多様な研究教育プログラムはすべて無料で一般公開されている。ディレクターへの応募に学位などの資格《タイトル》は必要ではなく、原則的に誰にでも開かれており、実際、大学の哲学研究者だけでなく、高校教員、作家、芸術家などもディレクターとしてセミナーをおこなってきた。コレージュの指針となっているのは、哲学を教える権利と哲学を学ぶ権利、つまり「哲学への権利」を万人に開くという原理である。コレージュでは、大学をはじめとする従来の研究教育機関で周縁化され、排除され、非正統とみなされる主題や対象が奨励され、「哲学への権利が無価値で、否認され、禁止され、不可視にみえる地点で、この権利を設定すること」（本書第1巻一八頁）が重要視される。それゆえ、「哲学への権利」を送り宛てる（destiner）研究教育の現場をいかに形成すればいいのかという宛先＝使命（destination）の問題系は、その計画時からコレージュの主要な課題であった（本書第2巻三二四頁以下）。

国際哲学コレージュの活動は一定の成功を収めたが、準備段階から精力的に参加していたデリダの疲労はすぐさまピークに達した。膨大な事務仕事の負担、組織内の人間関係の緊張（とりわけファイユとの敵対関係）などから、そして、共同体の類《たぐい》を敬遠しようとする元来の気質から、デリダは一年で院長職を辞退する。

二〇一三年、国際哲学コレージュは創立三〇年目を迎えた。二〇一五年現在も存続しているが、新自由主義的な政策を主導するフランス政府はその運営予算を削減し続けており、コレージュは何度も深刻な危機に見舞われている。

本書に収録された二一のテクストは、その政治的・社会的・歴史的な文脈、考察対象となる研究教育制度、デリダ自身の立場、想定される宛先が実に多種多様である。読者の便宜を図るために、それぞれの概要を記しながら、論点を簡潔に提示しておきたい（多様なテクスト群を前にして戸惑う読者には、まず、自伝的な「句読点」から入ることを推奨しておく。巻頭に置かれているが、最後に執筆された原理論「特権」は後で読むとよいかもしれない）。

巻頭のマニフェスト的論考「特権　正当化のタイトルと導入的な注記」は一九八四年に社会科学高等研究院などで実施されたセミネール（担当講座名「哲学の諸制度」）をもとにし、九〇年夏頃に加筆訂正を加えて成立している。

第一節では、制度の権威的作用におけるタイトル（資格、題名、名称）の諸効果が検討され、資格を付与する権力の淵源はけっして現象しえないという制度的前提の逆説的な場所論《トピック》が示される。「〜とは何か」という根本的な問いを発する資格を有する限り、哲学は特有の特権を保持するが、「哲学とは何か」という自己反復的な問いは哲学を超過する。

第二―三節では、国際哲学コレージュの事例に即して、哲学の地平や哲学的制度の設立をめぐって考察が進められる。構成員の資格《タイトル》を問わず、正当化されえないものに優先権を与え、「哲学とは何か」という経験に準拠する点でコレージュは逆説的な制度である。コレージュは哲学の本質や宛先が事前に規定された場ではなく、哲学に対する関心を喚起する実験的思考の場として規定される。自己根拠づけはきわめて哲学的な問いだが、哲学とその制度の自己根拠など存在した試しはなく、現在時において実在しえない自己根拠が主題化される。

第四節では、テオプラストスの印象的な事例を糸口にして、哲学的経験への無媒介的で最短の道と、制度を介した哲学への迂回路が対照され、哲学の内在的な固有性と外在的な代補性が問われる。哲学は自然か制度かという対立の決定不可能な閾に深く関係するのは言語である。特定の自然言語の特権的な経験に条件づけられないまま、さまざまな言語の内外での複数的翻訳が実施される重要性が説かれ、そうした転移的な試みが哲学における「来たるべき民主主義」と呼称される。

第五節では、フランス人権宣言にまで遡って、哲学への権利の源流を探り、哲学の教育への権利の潜在的可能性が問われる。教育への権利のためには権利についての教育がある程度必要であるが、こうした循環的錯綜が実現されるためには言語能力や哲学的思考が欠かせない。哲学への権利は法的‐政治的装置によって外在的な仕方では確保されえず、哲学が哲学自身から権利を得るなかで、「思考」が哲学そのものを超えて自らの権利を告げる。

第六―八節ではカントの『人倫の形而上学』『純粋理性批判』が参照され、カント哲学が教育法や法措定の視座から論じられる。哲学者の言語を民衆が理解するための通俗性が感性的なものと知性的なものの区別とともに検討される。また、厳密で純粋な法が直線のアナロジーで表現され、アプリオリな純粋直観において呈示される点にカントの哲学的教育法が指摘される（第六節）。次に哲学におけるカントの絶対的な特権が問い質される。カントの批判と形而上学は教育法を呈示し、哲学教育の諸制度のための形式として機能してきた。カントの哲学的建築術は近代的な諸条件によって産み出され、哲学的言説を可能にする点で起源と反復の規範的形式である（第七節）。そして、ジャン＝リュック・ナンシーのカント論が援用されつつ、哲学と法廷モデルの象徴的関係が問題になる。最終審理の法廷という立場規定によって、哲学は権力を欠いた全能を確保する。哲学こそがあらゆる判断を判断し正当化する超司法主義を担い、あらゆる存在の彼方を目指す誇張法的論理の権威を得るものの、他の学問分野に対する学識ある無知にとどまると分析される（第八節）。

第九節では、ブルデュー社会学にかつての哲学的な覇権の欲望が潜んでいると指摘され、「完全な客観化」という彼のカント的企図に留保が付けられ、むしろ客観化の代補への応答責任が示唆される。

第I部「誰が哲学を恐れるのか」ではGREPH《グレフ》（哲学教育研究グループ）と哲学全国三部会の活動をめぐる講

演やインタヴュー、資料が収録されている。

「教員団体はどこで始まり、どこで終わるのか」は一九七四〜七五年の高等師範学校《エコール・ノルマル・シュペリウール》でのセミネールである。デリダは高等師範学校でのアグレジェ復習教師というみずからの職位と現場を内省的に問いつつ、教育の再生産と革新の関係を考察する。カニヴェ『哲学教師ジュール・ラニョー』が主に参照され、教育的関係の記号論的な解釈、哲学教師の制度的条件の歴史的変遷、体制権力に対する哲学の擁護などが論じられる。

「哲学教育の危機」は一九七八年にデリダが初めてアフリカ大陸で実施した講演で、冒頭からアフリカという場所性とコンテクスト性への配慮が語られる。哲学はあらゆる学を包括する円環知の権威を有するが、こうした権威を自己批判する運動が生じるのも哲学自身からであり、その事例としてアフリカの脱植民地化と脱構築の歴史的連関が指摘される。

「ヘーゲルの時代」（一九七七年）では、ベルリン大学教授だったヘーゲルが哲学教育改革の通達に関して文相アルテンシュタインに宛てた書簡から論点が引き出されていく。国家的官僚体制のもとで哲学教育が管理されつつあったヘーゲルの時代が考察されることで、現代の哲学教育の問題が実践的に描き出される。ヘーゲルは文相に宛てて自分の死後の未亡人と子供の生活を心配する書簡も送っている。哲学教育の将来を憂いて、自分の子供時代の思い出を語り、また自分の子供の将来を憂慮するヘーゲル。哲学が成熟する歴史を体系的に思惟した「大人の哲学者」ヘーゲルにとって、自らの過去はすべて幼年時代とされる。子供時代のヘーゲルは思弁的能力をいまだもたないが、しかし、ある仕方ですでに備えているという循環は、哲学に適した年齢という成熟度や進歩性を問いに付す。哲学の習熟度の再考はGREPHが取り組んだ重要な課題だった。フランスでは伝統的に哲学教育は高校の最終学年で実施されるべきだとされてきたが、GREPHによれば、哲学は漸進性にもとづくそうした従来の教育法とは相容れないとされる。一九七〇年代、アメリカの哲学者マシュー・リップマンが「子供の哲学」を創始し、その動きは現在世界各地で展開されているが、哲学の年齢をめぐるデリダの議論はこうした同時代の哲学の試みとも関連するだろう。

一九七五年に公表された「哲学とその学級」「分裂する教師団体」は、同年のアビ文相の哲学教育改革に対するデリダの主張を生々しく伝えている。取り上げられる論点は、六八年五月後から哲学教育に政治的な圧力が加えられてきた経緯、理系コースを重視することで文系と理系の学力格差が促進される傾向、技術－経済的な論理と結びついた教育改革の問題点、哲学の学生・教員数の削減を後押しする政治的動向、哲学教育が学生に提供してきた思考力・批判力の減退、新興の人文科学と哲学の関係、哲学教育を受けるのにふさわしい年齢や授業時間数の妥当性、等々である。

「全国三部会の哲学」は一九七九年に開催された同名の会議の冒頭におこなわれた講演である。デリダは全国三部会の指針を、いかなる特定の審級にも立脚しない参加者たちが、哲学への無条件的な関心によって合意《コンセンサス》を目指すこととする。現状をみると、政治による哲学の研究教育の抑圧が進展している一方、マスメディアによって手軽で便利な哲学が流行している。その対照性は著しいが、実は両者のあいだには補完関係がある。社会のなかで消費されやすい見せ物的《スペクタクル》な哲学が人気を博していることと、学校やアカデミズムにおいて哲学教育の縮減が進められることが相関し、社会のなかで批判的な思考力が失われる。こうした政治権力とメディア技術の連関を批判的に検討しつつ、デリダは哲学のための肯定を呼びかける。

第Ⅱ部「権威からの転移——哲学の言語と制度」は主にトロント大学での連続セミナーを基にしており、哲学に深い影響をもたらす言語活動と社会制度の問いが論じられる独特な翻訳論連作である。

「翻訳した方がよいとすればⅠ」（一九八四年）はデカルトの『方法序説』の有名な一節をめぐって、普遍的な哲学言語たるラテン語から自然言語たるフランス語への移行をめぐる法律的、政治的かつ教育的な争点を浮き彫りにする。フランス語が国家的制度として拡張される過程で、法権利的な主体と哲学的主体はいかに構成されるのか。一五三九年のヴィレル＝コトレ王令を発端として、行政や法律の文章でフランス語の使用が拡張されると王権もまた国内外に拡大し、人々に明晰かつ判明な理解を促すとする点でフランス語は哲学的な価値を帯びる。だが、フランス語が母語と規定されると、地方の諸方言に対する暴力的な抑圧が引き起こされ、みずからの方言の弁論のためにフランス語への翻訳が必要となる。『序説』のなかに書き込まれているのは、こうした言語の法律的－政治的な歴史の不均質な総体である。「私はフランス語で書いている」というデカルトの行為遂行的な語りはラテン語訳では省略されているが、言語に関する自己言及的な語りの消失こそが翻訳を開始させる特異点を標記している。

この議論は「翻訳した方がよいとすればⅡ」に引き継がれる。フランス語で書かれた『方法序説』のラテン語への翻訳はたんなる翻訳ではなく、規範的秩序への復帰であろう。これは権利上、起源でなければならなかったはずの正規的言語（ラテン語）への返還であり、『序説』がラテン語による『精神指導の規則』のフランス語訳ともみなせる以上、ここには翻訳の循環的道程がある。デカルトが意図したように、たしかに、通俗語による書物は万人が哲学を容易に理解する道筋をもたらすのだが、しかし、とりわけ「知力の弱い人たち」は、明晰判明な諸観念の明証性への直観的な到達──道筋のない道──が妨げられてしまう恐れがある。さらにデカルトは哲学の男性的権威から区別される女性たちに語りかけ、彼女らが「何がしかを理解できる」ように、もっとも容易なものへと順序よく至るまっすぐな道を構想するが、この通路が開かれるのは性的差異の無化という犠牲を払う中性的な主体に対してにすぎない。デカルトはアルディが構想した新言語を批判しつつ、意味と思考の単純な順序にもとづいて基本語とそれに対応する文字を制定する方法を普遍言語とする。普遍言語は可能で容易なのだが、しかし、その使用は「小説の国」においての話であるとされる。

「空位の講座」（一九八五年）では、カントの大学論をめぐって、検閲の問いが大学制度をめぐる理性の問いとして考察される。カントによる建築術的図式によれば、大学は社会から「力をともなう批判」を被るだけでなく、大学内部においても上級学部（神学、法学、医学）と下級学部（哲学部）のあいだにも検閲の境界線がある。現代社会ではあからさまな検閲は減少したものの、検閲が消滅することはなく、検閲の複雑化や多様化には注意する必要がある。複数の検閲がつねに錯綜するなかで最良の検閲とは何かを問うことが重要で、哲学部による非権力的な純粋理性の検閲能力、「哲学を学ぶことはできず、哲学することしか学ぶことができない」という教育のダブルバインドに置かれた「純粋理性の教師」の形象が例示される。

「翻訳の神学」（一九八四年）では、大学や哲学部の存在意義の問題が、カントとシェリングの批判的対話に即して翻訳の視座から検討される。カントが感性と悟性などのあらゆる諸審級の分離から大学の場所論を展開したのに対して、シェリングはそれらの分離そのものを思考するための根本知にまで遡行する。根本知の融一形式によってこそさまざまな次元の翻訳可能性が保証されるのであり、その最終審級は神の根本知だろう。大学制度に則して言うなら、哲学は偏在すると同時にどこにも存在せず、根本知をめぐる一般化された翻訳の技芸しかない。大学における諸学の生きた連関に到達するためには、哲学と宗教といった諸差異をこの根本知からたえず翻訳する必要があり、これこそが大学の使命にほかならない。

第Ⅲ部「モクロス——大学の瞳」では、主にカントとシェリングに依拠しつつ、大学の理念と哲学の原理が論じられる。

「モクロス、あるいは諸学部の争い」（一九八〇年）は、カントの『諸学部の争い』の読解に即して、大学の責任、自律と他律、事実確認的な言語と行為遂行的な言語、境界の問い、法権利の創設などが論じられる。カントは、大学において、上級学部（神学、法学、医学）と下級学部（哲学部）の終わりなき合法的な争いを認める。上級学部が政治権力の利害関心の影響下に置かれるのに対して、哲学部は真理への関心のみに導かれ、真理を公言する自由を有するのだ。こうした大学理性の一種の二律背反《アンチノミー》において、争点は、大学を方向づける政治的なモクロス（てこ）の複数の戦略をいかに見定めるかにある。

「句読点――博士論文の時間」（一九八〇年）は、国家博士号の公開口述審査の際に発表した原稿である。デリダは一九五〇年半ばに「文学的対象の理念性」、一九六七年にヘーゲルの記号論の解釈で博士論文の題目登録をしていた。だが、脱構築の実践を追求していくなかで彼はアカデミズムの古典的な著述方法に疑問を抱くようになり、指導教授イポリットの死によって博士論文の執筆を放棄してしまう。最終的に、友人らの助言を受けて、デリダは既刊の十冊の著書を「哲学の刻印――エクリチュールの解釈研究」という総題でまとめ、国家博士号の学位審査を受けた。この発表原稿では、そうした二五年間の自伝的遍歴が大学制度の権威との矛盾に満ちた関係に即して簡潔に証言されている。

「大学の瞳――根拠律と大学の理念」（一九八三年）では、大学の存在理由をめぐって、ライプニッツとハイデガーの根拠律の議論が参照される。大学はつねに根拠との本質的な関係において存在してきたが、根拠律は根拠を与え返すという責任の問いを示す。大学における根拠律は、基礎的研究と応用的研究、さらには、合目的化された研究との対立に関わる。技術の進展とともに、基礎的研究と合目的化された研究がますます不可分となるなかで、デリダは根拠律を問い直す「思考の共同体」の可能性を提示する。ただし、大学に関するこの新しい責任は積極的な計画とはなりえず、実利的政策や専門職業的な合目的性とは一線を画した、「大学についていかにして語らないか」という消極的な知恵にとどまる。

「哲学を讃えて」(一九八一年)は、GREPHの活動と政府側の交渉に関する、「リベラシオン」紙でのデリダのインタヴューである。GREPHによる哲学教育の拡大の提案に対して、ミッテラン大統領は前向きな公約を示したものの、具体的な政策は検討されないままだった。技術主義やテクノクラート重用主義への警戒を示しつつ、科学技術や文化のプログラムによって容易に規定されえない、別の仕方で哲学的な「思考」の可能性が語られる。

「哲学という学問分野のアンチノミー」(一九八四年)では、哲学というものの母型が孕むダブルバインド的構造が「七つの戒律」というスタイルで叙述される。哲学の外的ないし内的な合目的性、哲学の局所性と遍在性、哲学教育の可能性と不可能性、哲学に不可欠な制度の尊重と侵犯、自律的ないし他律的な哲学の教育、哲学の修得に必要な一定の時間と瞬間性、師の必要性と不要性が哲学のアポリアとして示される。

「さまざまなポピュラリティ」(一九八四年)では、哲学をめぐる《populaire (通俗的な、民衆的な、人気のある)》の多様な意味を分析するべく、カントの『人倫の形而上学』が引かれる。カントによれば、たしかに晦渋さのない通俗性は哲学に必要だが、超感性的な理性の体系は通俗的なものにはなりえず、理性そのものは民衆には接近できない。「無自覚な形而上学者」たる民衆の理性を覚醒させる社会‐教育法的な舞台装置の問いは、哲学への権利に深く関係しており、叡知的なものと感性的なもののあいだで教育制度を考案しなければならない。

第Ⅳ部「補遺」には主にフランス政府宛に作成された企画資料が収録されており、哲学教育に対するデリダの独自性を垣間見ることができて興味深い。

「誰が哲学を恐れるのか」(一九八〇年)はGREPHから哲学の全国三部会に至る活動を辿る回顧的な発言集である。後半では、全国三部会で哲学教育に対するメディアの影響が議論された際、B‐H・レヴィらが乱入してきた騒動について証言されている。

「複数のタイトル」「キックオフ」(一九八二年)は国際哲学コレージュの創設に向けての企画書で、デリダが執筆した部分の抜粋である。従来の覇権主義的で円環知《エンチクロペディー》的な哲学とは異なる仕方で「哲学の覚醒」「哲学的なものへの回帰」が生じているなかで、コレージュの目的は哲学的なものの意味や使命についての問いを展開させ、知の新たな形態との連携によって哲学を肯定することである。「学際性(interdisciplinarité)」が境界線が特定された既存の専門分野の連携であるのに対して、デリダは「領域交差(intersection)」を掲げ、行為遂行的な仕方で知の再編成を促し、研究教育の新たな形式を創出しようとする。大学モデルにみられるような専門分野の垂直的な階層秩序とは一線を画し、横断的、水平的、異質的な仕方でのさまざまな知の隣接性(limitrophie)が称揚される。現在の大学において「学際性」の理念は広く浸透しているが、八〇年代初頭という早い時期にデリダが従来の「学際性」からいかに距離をとり、「領域交差」という方針を打ち出したのかは興味深い事例である。

「キックオフ」は整合的なプログラムではなく、さまざまな共通主題に即した非‐体系的な計画案である。存在の歴史をめぐるハイデガーの哲学を踏まえつつ、受取人と差出人といった存在的次元の手前にある贈与や送付、宛先の思考が掲げられ、存在‐円環知的な大学モデルの垂直的な構造ではなく、横断的で水平的な連携が強調される。ハイデガーの事例や創設されるべき女性学などが挙げられ、哲学の限界をめぐる諸問題が提示される。今日の目的論と終末論の考察のために示されるのは、生命科学、医療技術、精神医学、法哲学、戦争といった主題である。また、宛先の言語活動を探究するために、記号論、語用論、遠隔通信技術、製作学が参照される。翻訳、横断、転移といった問題構制は狭義の翻訳論にとどまらず、異質な思考体系のあいだの交通をも射程に入れており、哲学の自民族中心主義を問いに付す仕方で構想されている。

「哲学と科学認識論に関する委員会による報告書」(一九八九年)は、国民教育省の依頼を受けてデリダがジャック・ブーヴレスと共同で作成した哲学教育の改革案である。GREPHの活動で探究された哲学教育の理念が盛り込まれつつ、哲学科目と他の科目との密接な連携や学際的科目の創案、哲学教育を入門－教育－深化のサイクルに拡充する提案、小論文方式から質問形式へのバカロレア試験の変更、普通教育課程と大学区ごとの特別な課程からなるカリキュラム改革、教員養成における哲学教育の導入といった基本的な方向性が示される。具体的な提言や教授法の研修内容も多数示されているが、哲学科目にもっとも疎遠な技術教育課程の学生に対して適切な教育モデルを考案できるかどうかに哲学教育の民主主義的な争点をみるという主張は興味深い。報告書は、哲学教育の共和主義的伝統を破壊するものだとして哲学教員らから酷評され、改革案に反対する署名活動が起こった。デリダはこうした哲学者らの反発に落胆し、哲学教育に関する社会的発言をしばらく控えている。

本書で探究されるもっとも重要な主題は哲学と制度の問いであり、教育や大学、出版といった数々の社会制度が脱構築の試練に曝される。そうした主題を象徴的に示すのが、多義的に解釈可能な題名《タイトル》Du droit à la philosophieである。法権利と哲学に関するこのフランス語表現は、「権利から哲学へ」という法的な諸構造と哲学の関係、「哲学に対して権利を語る」という呼びかけと宛先、「哲学を受ける権利」という正統なアクセス権を含意する。さらに、この表現を（Duを括弧に入れて）「哲学へとまっすぐに」と解釈すると、哲学の無媒介性とその制度的な媒介性が問われる（本書第1巻四—七頁）。

あくまでも哲学の諸制度を問いながら哲学の限界と可能性を論じようとするデリダの姿勢にもどかしさを感じる向きもあるかもしれない。だが、デリダにとって、大学や教育といった諸制度は哲学の副次的な要素などではなく、むしろ、哲学の正統性を根本的に規定し、その一定の主題や対象を非正統化し、周縁化し、排除するという特権を歴史的・社会的に形成する。デリダはこうした排除の構造を哲学の潜在的な可能性を減じるものとして問題視しつつ、哲学の正統性と非正統性を境界画定する諸制度の変形をあくまでも当の諸制度に則しておこなう。「脱構築とは制度という概念がつねに問題となる制度的実践である」（本書第1巻七五頁）。

GREPHの活動を通じて哲学への政治的圧力に抵抗する際、デリダは同業組合主義的な仕方で哲学をただ守るのではなく、哲学教育を変形し拡張させる変革を唱える。哲学教育の自然性や中立性がいかに人為的で政治的なものかが検討され、哲学のあり方そのものを変形する必要性が説かれる。たとえば、生徒の成熟度を根拠に哲学教育は最終学年でしか実施できないという主張に対して、デリダは哲学は自然主義的な進歩性とは相容れないとし、中学・高校の全学年で哲学教育を実施するべきだと訴える。「「脱構築」と呼ばれてきたものは、哲学的な学問分野の制度上のアイデンティティを曝け出すことでもある」（本書第1巻一四頁）。デリダは旧来の教員団体の保守的な発想にもあえて異議を唱える。教員団体が旧来の仕方で唱える「哲学の擁護」は政府が促進する「哲学の死」とある意味で通底しているとさえ表現される。「哲学の死」への懸念とは、円環知《エンチクロペディー》としての哲学への覇権主義的な信仰の裏返しであり、デリダからすれば、「哲学の覇権か死か」という二分法こそが脱構築されるべきだからである。「二つの戦線、二つの場面、二つの射程でつねに闘いながら、厳密で効果的な脱構築は現在の哲学制度の（実践的）批判を展開させると同時に、いわゆる「哲学」教育の積極的——むしろ肯定的——で大胆な、外的かつ内的な変形に参与しなければならないだろう」（本書第1巻一〇七—一〇八頁）。こうした脱構築の実践に対して、GREPHの斬新な試みこそが批判されるべきだとして、デリダらの活動から離反した者もおり、伝統的な組合「公教育に携わる哲学教師協会」との折り合いは悪かった。

デリダは生涯にわたって研究教育機関で教鞭を執り続け、彼の少なからぬ出版物はセミナーや講演をもとにしたものであるが、「デリダと教育」という主題はさほど注目されず、研究されてこなかった[5]。彼は『声と現象』（一九六七年）などの著作で脱構築の思想家として有名となり、研究教育活動の場をフランス国外に展開し始める。

一九七五年以降、アメリカのイェール大学で毎年セミナーが開催され、ポール・ド・マンらいわゆる「イェール学派」によって脱構築批評の勢いが世界中に拡散していく。デリダは七〇年代、『弔鐘』（一九七四年）や『絵葉書』（一九八〇年）など奇妙な実験的テクストを生産し続けた。「デリダ中期」とも呼称されることのあるこの秘教的な時期に、彼が実に精力的な仕方で哲学教育のための具体的な社会参加《アンガージュマン》を主導していたことは本書とともに強く記憶されるべきだろう。一九八〇年代に政治的・倫理的な転回を経て「デリダ後期」が始まるとされるが、研究教育制度をめぐる考察と社会実践はすでに「デリダ後期」へと連なる漸進的な契機となっている。実際、「来たるべき民主主義」という「デリダ後期」の重要表現がはじめて使用されるのは、本書（第1巻三三頁以下）での制度論の文脈においてである。デリダによる教育制度への介入は脱構築の応用編などではなく、「哲学という男根ロゴス中心主義の（肯定的）脱構築」（本書第1巻一〇四頁）そのものだったのである。

本書を刊行したあと、デリダは散発的ながらも教育や大学に関する講演をしている。ユネスコでの講演「世界市民的見地における哲学への権利」（一九九一年）では、カントのテクスト「世界市民的見地における普遍史の概念」を教育論として読み解き、哲学への権利の擁護と拡張という点でユネスコの哲学的な社会参加の役割を称揚している。[6] また、スタンフォード大学での講演「条件なき大学」（一九九八年）や、アテネ大学での「無条件性か主権か」（一九九九年）において、デリダは人文学における「すべてを公的に言う権利」こそが大学の無条件的な力をなすと主張する。[7] 保守すべき学問的自由とは別に、こうした無条件性こそが大学を脱構築的な仕方で活性化するのだ。本書では理性的建築物としての大学における検閲の問いが論究されていたが「すべてを公的に言う権利」は何でも無責任に表現しうる権利などではなく、多様化し複雑化する検閲を変容させるなかで行使される権利だろう。

＊

本書の翻訳に際しては、まず六名で分担して第一稿を作成し、互いの訳稿を見直して適宜修正を加えた。西山が訳語や文体の統一を図りつつ、最終的な調整をおこなった。訳文の検討に際しては、英訳 *Right to Philosophy, 1. Who's Afraid of Philosophy?; 2. Eyes of the University*（trans. Jan Plug, Stanford University Press, 2002/2004）も参照した。

なお、日本語の既訳として「ヘーゲルの時代」「哲学とその学級」には、白井健三郎訳（『ヘーゲルの時代』日本ブリタニカ、一九八〇年［新版、国文社、一九八四年］）、「大学の瞳」には、高橋哲哉訳（「大学の瞳＝被後見人——「根拠律」と大学の理念」、『他者の言語——デリダの日本講演』高橋允昭編訳、法政大学出版局、一九八九年所収）、「空位の講座」には、岩田靖夫訳（「哲学を教えること——教師、芸術家、国家——カントとシェリングから」、前掲『他者の言語』所収）がある。ただし、後者の二編がもとにしている来日講演用の原稿版は、本訳書で用いた単行本所収の版とはかなりの異同がある。いずれの日本語訳も対応する箇所については訳出の過程で随時参考にさせていただいた。

（5）主要な参考文献としては、*Derrida & Education*, edited by Gert J. J. Biesta and Denise Egéa-Kuehne, Routledge, 2001. *Derrida, Deconstruction and Education*, edited by Peter Pericles Trifonas and Michael A. Peters, Blackwell, 2003. Simon Morgan Wortham, *Counter-Institutions: Jacques Derrida And the Question of the University*, Fordham University Press, 2006. 二〇〇八年から講義録シリーズ（全四三巻）の刊行が開始されたが、これらの膨大な未公刊テクストによって、デリダが教育の実践を通じて思索を洗練させていく過程がますます浮き彫りになっていくだろう。

（6）*Le droit à la philosophie du point de vue cosmopolitique*, Unesco-Verdier, 1997;「世界市民的見地における哲学への権利」西山雄二訳、『現代思想』二〇〇九年一一月号。

（7）*L'université sans condition*, Galilée, 2001;『条件なき大学』西山雄二訳、月曜社、二〇〇八年。*Inconditionnalité ou souveraineté: L'université aux frontières de l'Europe*, Patakis, 2002.

記して御礼申し上げる。

翻訳には少なくない時間を要することになったが、みすず書房の鈴木英果氏には辛抱強く訳者の作業に併走していただき、訳文に的確な指示をしてくださった。心より感謝申し上げる次第である。

一九八三年十月―一一月、デリダは国際哲学コレージュが開設された直後に日本に滞在し、いくつかの講演とセミナーを実施した。そのなかには本書に収録されている哲学教育論（「空位の講座」）や大学論（「大学の瞳」）も含まれていた。西洋形而上学の脱構築が披露された哲学・文学的な内容の講演とは異なり、日本の聴衆のなかには、デリダが教育や大学を論じる姿に戸惑う向きも少なくなかったようである。なぜデリダがあえて哲学の制度論を講じる必要があるのか、という出会い損ねがあったのかもしれない。

今回、原書の刊行から二〇年以上を経て、『哲学への権利』の日本語訳を上梓することができた。この間、大学設置基準の大綱化による教養学部の衰退、独立行政法人化による国立大学の改革、研究教育のグローバル競争の激化など、日本の高等教育は激動を経てきた。反知性主義が社会に蔓延し、根本的に思考するための契機さえ見出しにくいようにみえる今日の日本において、大学の理念と現実、人文学の存在意義、哲学教育の可能性を原理的に問い直すために、諸制度の変革に社会参加《アンガージュマン》しつつ「哲学への権利」を説くジャック・デリダと私たちが再び出会う意味は、どんなに強調してもしすぎることはない。

二〇一五年九月

西山雄二

著者略歴

(Jacques Derrida, 1930-2004)

1930年アルジェに生まれる．20世紀を代表する思想家．現象学の再検討から出発し，ニーチェやハイデガーの哲学を批判的に発展させる．脱構築，差延，散種，グラマトロジーなどの概念を作り出し，ポスト構造主義を代表する哲学者と目される．高等師範学校等の講師を経て，1984年から社会科学高等研究院でセミネールを実施．同時代の諸問題を西洋哲学の根本問題とともに論じ，晩年は「来たるべき民主主義」の思考を練成させる．日本語訳された著書に『フッサール哲学における発生の問題』『エクリチュールと差異』『根源の彼方に　グラマトロジーについて』『声と現象』『哲学の余白』『基底材を猛り狂わせる』『有限責任会社』『盲者の記憶』『マルクスの亡霊たち』『法の力』『友愛のポリティックス』『アポリア』『歓待について』『ヴェール』『死を与える』『ならず者たち』『生きることを学ぶ，終に』『動物を追う，ゆえに私は（動物で）ある』などがある．

訳者略歴

西山雄二〈にしやま・ゆうじ〉 1971年生まれ．首都大学東京准教授．フランス思想専攻．著書に『哲学への権利』（勁草書房）ほか．訳書にジャック・デリダ『獣と主権者I』（共訳，白水社）『条件なき大学』（月曜社）ほか．

立花史〈たちばな・ふひと〉 1974年生まれ．早稲田大学等非常勤講師．フランス文学・思想専攻．著書に『マラルメの辞書学』（法政大学出版局）．訳書にジャック・デリダ『散種』（共訳，法政大学出版局）ほか．

馬場智一〈ばば・ともかず〉 1977年生まれ．長野県短期大学助教．哲学・倫理学・思想史専攻．著書に『倫理の他者』（勁草書房）ほか．訳書にアラン・バディウ『世紀』（共訳，月曜社）ほか．

宮﨑裕助〈みやざき・ゆうすけ〉 1974年生まれ．新潟大学准教授．哲学・現代思想専攻．著書に『判断と崇高』（知泉書館）ほか．訳書にジャック・デリダ『有限責任会社』（共訳，法政大学出版局），ポール・ド・マン『盲目と洞察』（共訳，月曜社）．

藤田尚志〈ふじた・ひさし〉 1973年生まれ．九州産業大学准教授．フランス思想専攻．著書に『人文学と制度』（共著，未來社）ほか．訳書にマルセル・ゴーシェ『民主主義と宗教』（共訳，トランスビュー）ほか．

津崎良典〈つざき・よしのり〉 1977年生まれ．筑波大学准教授．フランス哲学専攻．訳書にオリヴィエ・ブロック『唯物論』（共訳，白水社，近刊）ほか．

ジャック・デリダ

哲学への権利 2

西山雄二
立花　史
馬場智一
宮﨑裕助
藤田尚志
津崎良典
共訳

2015 年 11 月 13 日　印刷
2015 年 11 月 25 日　発行

発行所 株式会社 みすず書房
〒113-0033 東京都文京区本郷 5 丁目 32-21
電話 03-3814-0131(営業) 03-3815-9181(編集)
http://www.msz.co.jp

本文組版 キャップス
本文印刷所 三陽社
扉・表紙・カバー印刷所 リヒトプランニング
製本所 松岳社

ISBN 978-4-622-07875-3
[てつがくへのけんり]